TESI GREGORIANA
Serie Teologia

─────── **208** ───────

SEBASTIEN B. ABALODO

STRUCTURE ET THEOLOGIE DANS LE TRITO-ISAÏE

EDITRICE PONTIFICIA UNIVERSITÀ GREGORIANA
Roma 2014

Vidimus et approbamus ad normam Statutorum Universitatis

Romae, ex Pontificia Universitate Gregoriana
Die 4 mensis Iunius anni 2014

PROFF.SSA NURIA CALDUCH-BENAGES
REV. MICHAEL P. MAIER

© 2014 Gregorian & Biblical Press
Piazza della Pilotta, 35 00187 - Roma
books@biblicum.com - www.gbpress.net

ISBN 978-88-7839-**286**-1

PRELIMINAIRES

Ce travail reprend substantiellement la thèse de doctorat en théologie, défendue à la Grégorienne, Université Pontificale en Mais 2014.

Les études bibliques m'ont toujours fasciné et les livres prophétiques en particulier. Le personnage du prophète, sa profonde expérience mystique (qui apparaît dans les récits de vocation des prophètes), sa fidélité à Dieu, son combat pour la justice, sa sensibilité pour les pauvres et les opprimés font de lui l'homme de Dieu par excellence. Le livre d'Isaïe de par la variété, la richesse et l'importance de ses thèmes a attiré mon attention et surtout attisé ma curiosité. Venant d'un pays pauvre, je suis particulièrement touché par les thèmes de la justice, la consolation, le salut du juste et surtout l'espérance eschatologique que suscite le prophète Isaïe chez ses auditeurs. Outre cet intérêt personnel, il faut souligner les précieuses contributions des professeurs Charles Conroy et Roland Meynet qui ont fait grandir en moi, cet intérêt pour l'étude des prophètes. J'espère à travers cette étude suscité aussi chez les lecteurs un amour pour la justice et la fidélité et une espérance en un salut futur le pauvre et le juste.

Au terme de ce travail, je remercie avant tout Dieu pour tous ses bienfaits dans ma vie, dont cette recherccche qu'il m'a permis de réaliser. Mes remerciements s'étendent à mon Institut Religieux qui a eu confiance en moi et m'a accordé la possibilité d'entreprendre cette aventure. Mes gratitudes singulières au père André FÉTIS et au frère EDWARD Violett pour leur soutien. Un Merci particulier à la révérende sœur, professoresse Núria CALDUCH-BENAGES qui a dirigé ce travail avec compétence et avec une très grande patience, au révérend père, professeur Michael MAIER, le second lecteur et au père AMAURY BEGASSE DE DHAEM, président du jury, pour ses suggestions. Je remercie te tout cœur ma famille naturelle et en particulier mon papa Innocent ABALODO et ma maman Elisabeth ABALODO ainsi que tous ceux qui m'ont soutenu spirituellement et matériellement de près ou de loin durant les quatre ans passés loin mon pays pour ce travail. Que le Seigneur vous le rende au centuple!

INTRODUCTION GÉNÉRALE

Avec ses soixante-six chapitres, l'œuvre isaïenne est un des livres les plus fameux et les plus étudiés de la littérature biblique. Son étendu historique, ses variétés thématiques et sa profondeur théologique ne laissent aucun lecteur indifférent. Elle demeure avec le Psautier, les deux livres de l'Ancien Testament les plus cités dans le Nouveau Testament, témoignant de la perspicacité de leur contenu théologique. L'œuvre d'Isaïe est traditionnellement subdivisée en trois grandes parties: les Proto-Isaïe (chap. 1–39), le Deutéro-Isaïe (40–55) et le Trito-Isaïe (56–66). Au fil de l'histoire les différentes études bibliques sur Isaïe ont essayé de respecter ces trois grandes divisions non seulement en précisant leurs différents contextes historiques, mais en leur attribuant des contenus théologiques propres et plus ou moins autonomes. Avec l'émergence des approches synchroniques et canoniques, les études bibliques se sont de plus en plus intéressées à la continuité et à l'unité théologique de l'œuvre isaïenne. Cet intérêt entre dans le courant des études contemporaines qui privilégient le texte final et le message théologique du rédacteur final au détriment des fragments et de la composition historique du texte ou du livre. Il est de plus de plus question aujourd'hui d'affronter de grandes unités littéraires comprenant des livres entiers ou des contextes historiques très vastes en vue de présenter un message plus complet et plus unifié du texte final. Nous passons ainsi progressivement du schéma classique des études concentrées sur des fragments de chapitres voire des versets à une vision plus globale des textes bibliques. C'est dans ce contexte que se situe l'objectif de ce travail qui tentera de proposer une unité théologique des soixante-six chapitres du livre d'Isaïe.

En effet, le Proto, le Deutéro et le Trito-Isaïe reposent sur une tradition isaïenne commune et donc sur un fond de théologie commun. Comme une œuvre d'art qui ne se comprend que dans la complémentarité et les corrélations de ses éléments, l'œuvre isaïenne ne peut avoir un sens complet que vue dans son ensemble. Tout en étant conscient des défis qu'une entreprise si vaste implique, nous espérons pouvoir apporter une modeste contribution, aux nombreuses recherches faites dans ce domaine.

1. Motivation

Notre intérêt pour le livre d'Isaïe est d'abord né des thèmes importants et actuels dont il traite à savoir la promesse, le salut des justes, le culte qui plaît à Dieu, le jugement et la condamnation des ennemis de Dieu. Cet intérêt s'est plus porté vers le «Trito-Isaïe» qui insiste particulièrement sur la relation entre l'éthique et le salut, mettant ainsi l'homme face à ses responsabilités dans l'économie du salut. Il est à noter que les difficultés historiques et les doutes sur l'auteur du Trito-Isaïe ont contribué à la négligence et ce, pendant longtemps, des chaps. 56–66 du livre d'Isaïe. Ces chapitres ont même parfois été considérés comme un appendice insignifiant, aux messages des deux grands prophètes, considérés comme auteurs du Proto-Isaïe (1–39) et du Deutéro-Isaïe (40–55), appendice constitué d'une compilation de textes non organisés. Mais force est de reconnaître que le Trito-Isaïe a eu une valeur incontestable pour les communautés postexiliques. Ce sont ces dernières qui ont conservé ces textes et les ont transmis de génération en génération jusqu'aux communautés judéo-chrétiennes des premiers siècles. En effet, le Nouveau Testament trouve dans le Trito-Isaïe une source riche d'enseignements prophétiques. Cela se justifie par les nombreuses références au Trito-Isaïe que l'on y trouve. Le regain d'intérêt pour l'étude du Trito-Isaïe ces derniers temps est donc dû à une redécouverte de la valeur théologique et spirituelle de ce livre dans l'histoire du judéo-christianisme. C'est aussi une des motivations pour notre choix du Trito-Isaïe. Ainsi, en parcourant les différents auteurs et la littérature récente sur le livre d'Isaïe, nous avons pu faire les constats suivants:

- La tendance dominante est la recherche de l'unité du livre.
- Le Trito-Isaïe est considéré par la majorité des auteurs comme une unité en soi, mais pas indépendante des deux premières parties du livre.
- Diverses structures du livre ont été proposées, chacun des auteurs tentant de nous offrir des éléments d'interprétation du message du livre.

De ces constats nous est venue l'idée d'apporter notre contribution aux recherches actuelles sur l'unité du livre en nous appuyant essentiellement sur une étude du binôme «*structure et théologie*» du Trito-Isaïe. En effet nous n'avons trouvé aucune étude approfondie dans ce sens et nous pensons que cette approche pourrait être un nouvel apport dans les recherches sur le livre d'Isaïe en général et plus particulièrement sur cette section du livre.

2. Etat de la question

2.1 *Hypothèse de Bernhard L. Duhm, et les critiques à son hypothèse*

La distinction entre les chaps. 1–39 (Proto-Isaïe) et les chaps. 40–66 à été faite par le rabbin juif Ibn Ezra au XIIe siècle. Cette division a été la tendance dominante jusqu'en 1892 où le chercheur allemand Bernhard L. Duhm, proposa, en s'appuyant sur le contexte historique, une autre division faisant des chaps. 40–55 (Deutéro-Isaïe) et des chaps. 56–66 (Trito-Isaïe) deux unités indépendantes. Pour Duhm (1922)[1], le contexte historique des chaps. 40–55 est l'époque de l'exil tandis que les chaps. 56–66, contiennent des éléments postexiliques. Selon Duhm, les chaps. 56–66 s'adressent à une communauté déjà établie après l'exil, et dont les principaux sujets de discussions tournent autour du culte. Duhm suggère que l'auteur des chaps. 56–66 est distinct de celui des chapitres précédents et serait un prophète qui vivait à Jérusalem peu avant Nehemie et plus ou moins contemporain de Malachie. Cette hypothèse fut largement acceptée mais pas sans oppositions. Parmi les opposants à Duhm, citons Charles C. Torrey (1928)[2], James D. Smart (1965)[3] ainsi que Christopher R. Seitz (1992)[4]. Tous défendent l'unité des chaps. 40–66 et qualifient la distinction de Duhm de fragmentation injustifée.

2.2 *Débats relatifs à la division du livre en trois unités*

Les différentes réactions des pour et contre Duhm ont soulevé d'autres débats intéressants comme la question des auteurs ou de l'auteur des différentes unités; celle de la tradition ou des traditions de chaque unité; de la relation entre les différentes unités; de la continuité et de l'unité du livre entier. Ce dernier sujet est l'un des débats les plus

---

[1] Cf. B.L. DUHM, *Das Buch Jesaja*, XII-XXIII.
[2] Cf. C.C. TORREY, *The Second Isaiah*, 3-13; 92-107.
[3] Cf. J.D. SMART, *History and Theology*, 13-39.
[4] Cf. C.R. SEITZ, «Isaiah», 501-507.

actuels dans la recherche sur le prophète et son livre. Dans ce contexte, Paul Volz (1932)[5] proclame que le matériel contenu dans le Trito-Isaïe est trop divergent pour appartenir à un seul auteur. Il émet alors l'hypothèse que le Trito-Isaïe serait l'œuvre de divers prophètes, œuvre qui s'est étendue sur une longue période de temps. Ce point de vue diffère de Duhm pour qui le Trito-Isaïe serait l'œuvre d'un prophète unique. Karl Elliger (1928)[6] dans l'intention de défendre l'unité littéraire de l'œuvre, ira dans le même sens que Duhm, en considérant le Trito-Isaïe comme l'œuvre d'un disciple du Deutéro-Isaïe s'opposant ainsi à Volz. Comme nous le voyons, la distinction entre le Deutéro et le Trito-Isaïe par Duhm pose un problème d'auteur et d'unité littéraire du livre, difficile à résoudre. S'il est historiquement difficile d'admettre que l'auteur du Deutéro-Isaïe est le même qui est à l'origine du Trito-Isaïe, il n'est pas non plus évident d'affirmer que le Trito-Isaïe est l'œuvre d'un seul et même auteur. C'est dans ce sens que Paul D. Hanson (1979)[7] propose une solution intermédiaire en parlant d'unité de tradition avec des auteurs différents. Pour Hanson, le Trito-Isaïe découle d'une même tradition née des difficultés d'une communauté précise. Cependant, la diversité du matériel contenu dans le livre implique une diversité d'auteurs. Mais alors se pose la question de la relation entre les trois parties et de l'unité de tout le livre.

2.3 *La problématique de l'unité du livre*

Walther Zimmerli (1963)[8] affirme qu'il y a des similitudes entre certaines expressions du Deutéro et du Trito-Isaïe. Par conséquent, les deux œuvres peuvent provenir du même auteur. William L. Holladay (1997)[9] en se fondant sur une étude comparative du Deutéro et du Trito-Isaïe va dans le même sens que Zimmerli.

Mais divers chercheurs de plus en plus nombreux optent pour la continuité et l'unité du livre, même s'il s'agit de divers auteurs. Ainsi, Brevard S. Childs (2000)[10] dans son approche canonique, interprète les chaps. 40–66 comme l'accomplissement des prophéties des chaps. 1–39. Pour lui, ils n'ont un sens théologique que s'ils sont lus en relation avec les chaps. 1–39. Il est donc hors de question de concevoir le

---

[5] Cf. P. VOLZ, *Jesaja II*, XV-XXXII.
[6] Cf. K. ELLIGER, *Die Einheit*, 1-5; 42-74.
[7] Cf. P.D. HANSON, *The Dawn*, 32-134.
[8] Cf. W. ZIMMERLI, *Offenbarung*, 217-233.
[9] Cf. W.L. HOLLADAY, «Was Trito-Isaiah», 193-217.
[10] Cf. B.S. CHILDS, *Isaiah*, 1-5.

livre comme une compilation de différentes prophéties sans relations les unes avec les autres. Christopher R. Seitz[11] est de cet avis, et considère les 27 derniers chapitres du livre comme une grande conclusion de tout le livre. En effet, pour Childs et Seitz, un livre de la bible doit être théologiquement cohérent. Ce débat sur la continuité et l'unité du livre ne posera pas seulement le problème d'auteurs mais aussi celui des rédacteurs.

2.4 *La redécouverte du rédacteur comme théologien*

Si nous acceptons qu'une unité du livre est possible malgré la diversité des auteurs et des traditions, alors les rédacteurs ne peuvent plus être considérés comme de simples compilateurs ayant rassemblé de façon purement mécanique un matériel littéraire qu'ils ont transmis aux générations suivantes. En effet, des chercheurs renommés tels que Gerhard von Rad (1938)[12] et Martin Noth (1948)[13] démontrent dans leur étude du Jahwiste et du Deutéronomiste que les rédacteurs ont des compétences théologiques et une créativité littéraire indispensable à leur mission. Le préjugé selon lequel les rédacteurs sont des rassembleurs de textes qui ne peuvent qu'ajouter au texte original des commentaires insignifiants corrompant le message du texte et n'ayant aucun sens théologique est dépassé. Aujourd'hui, l'on reconnaît dans la personne du rédacteur les mêmes qualités qu'un auteur. Il est capable d'une relecture profonde en donnant une nouvelle interprétation aux textes originaux. Un intérêt nouveau et une attention particulière sont alors accordés à l'intention théologique du rédacteur. Cette redécouverte du rédacteur comme théologien donne lieu à une nouvelle considération diachronique des textes bibliques et conduit à l'hypothèse que tout texte final est composé selon une intention théologique précise du rédacteur à partir d'un texte de base. Ces nouvelles considérations du rédacteur ne sont pas sans impact sur les études récentes du livre d'Isaïe. Ainsi, Jacques Vermeylen (1977-78)[14] identifie un rédacteur dans les chaps. 1–35, lequel s'appuyant sur un texte plus ancien, fait une relecture théologique en relation avec les contextes historiques de ses contemporains. Brevard S. Childs (1979)[15] pour sa part se demande si le Deutéro-Isaïe (40–55) a réellement existé comme unité indépen-

---

[11] Cf. C.R. SEITZ, «Isaiah», 501-507.
[12] Cf. G. VON RAD, *Das formgeschichtliche*, 1-71.
[13] Cf. M. NOTH, *Überlieferungsgeschichtliche*, 152-218.
[14] Cf. J. VERMEYLEN, *Du prophète*, 451-454.
[15] Cf. B.S. CHILDS, *Introduction*, 311-336.

dante du Proto-Isaïe (1–39). Dans son étude du livre d'Isaïe, il affirme que les chaps. 1–39 ont été structurés en relation avec les chaps. 40–55. En d'autres termes, le Proto-Isaïe a été formé de sorte qu'il soit interprété à la lumière du Deutéro-Isaïe, lequel n'existe qu'en fonction du premier. Ronald E. Clements (1982, 1985)[16] voit des connections thématiques et textuelles entre le Proto-Isaïe et le Deutéro-Isaïe. Il en déduit que le Deutéro-Isaïe reprend et développe certains thèmes du Proto-Isaïe formant ainsi une unité que l'on ne peut ignorer dans l'interprétation du message. Rolf Rendtorff (1984)[17] va plus loin en examinant certains mots clés et un certain nombre de thèmes du Proto-Isaïe qui selon lui se retrouvent dans le Deutéro et le Trito-Isaïe. De son observation, il conclut que le Proto-Isaïe et le Trito-Isaïe trouvent leur source dans le Deutéro-Isaïe.

Notons que d'autres études et considérations défendent aussi l'unité du livre. Elles ne relèvent pas seulement des connexions thématiques et linguistiques entre les chaps. 1–39 et 40–66, mais elles défendent l'hypothèse selon laquelle les chaps. 1–39 sont conçus pour anticiper les chaps. 40–66, de sorte qu'aucune partie du livre ne peut être comprise de façon isolée. Chaque partie doit être lue comme faisant partie d'un tout unifié rédactionnellement.

2.5 *Les apports de la critique rédactionnelle*

Avec la redécouverte du rédacteur comme théologien, l'hypothèse de Karl Elliger (1928)[18] et de ses partisans d'un auteur unique est de plus en plus abandonnée. Différents auteurs se sont intéressés à la question de la critique rédactionnelle dans le contexte de l'unité du livre d'Isaïe. Claus Westermann (1966)[19], dans son commentaire sur Is 40–66, distingue quatre phases dans la rédaction du Trito-Isaïe. J. Vermeylen (1977-1978)[20] partage cet avis. Pour lui, il y a une première phase de rédaction dont le texte de base est composé d'un matériel préexilique, exilique et post exilique. Cette première rédaction est suivie d'autres rédactions avec, chaque fois, un ajout de matériel jusqu'à la forme finale que nous avons aujourd'hui. L'observance du Sabbat et la condamnation des idoles appartiendraient aux rédactions plus récentes.

---

[16] Cf. R.E. CLEMENTS, «The Unity», 117-129; «Beyond Tradition», 95-113.
[17] Cf. R. RENDTORFF, «Zur Komposition», 41-56.
[18] Cf. K. ELLIGER, *Die Einheit*, 1-5; 42-74.
[19] Cf. C. WESTERMANN, *Jesaja*, 237-246.
[20] Cf. J. VERMEYLEN, *Du prophète*, 451-454.

Seizo Sekine (1989)[21] et Klaus Koenen (1990)[22], ont également abordé le sujet de la critique rédactionnelle du Trito-Isaïe dans leurs œuvres respectives. Tous deux soutiennent que les chaps. 56–66 sont l'œuvre d'un rédacteur qui, se servant d'un matériel préexistant, l'a arrangé et adapté pour porter un message à ses contemporains. Selon Sekine, le matériel de départ serait constitué de textes divergents, indépendants et probablement d'auteurs différents. C'est donc le rédacteur, grâce à son génie littéraire, qui a unifié ce matériel. Koenen pour sa part pense que le rédacteur se serait servi d'un matériel préexistant mais l'aurait enrichi par ses propres apports. Cela dit, il est difficile pour tous ces chercheurs de préciser l'origine de chaque matériel ou texte de base d'où serait parti le rédacteur. Notons que un des apports importants de la critique rédactionnelle est le concept de la «tradition isaïenne»; c'est-à-dire un développement progressif d'un matériel de base dans un même contexte qui est celui du prophète Isaïe. Paul A. Smith (1995)[23], tout en reconnaissant et acceptant le concept de la tradition Isaïenne, affirme qu'une étude des chaps. 56–66 comme unité s'avère nécessaire comme point de départ pour la compréhension de la structure et de la formation du Trito-Isaïe ainsi que de tout le livre d'Isaïe. Même si le Trito-Isaïe n'a jamais existé comme unité indépendante, il est nécessaire de délimiter cette unité comme point de départ de toute étude sur le livre. Pour Smith, l'étude du Trito-Isaïe comme unité est une étape fondamentale pour la compréhension de tout le livre. Ainsi, une étude erronée du Trito-Isaïe conduirait forcément à une mauvaise compréhension de tout le livre.

2.6 *Le consensus sur les chaps. 60–62*

Si la majorité des commentateurs, ne suivent plus l'hypothèse de Karl Elliger quant à un unique auteur, un bon nombre d'auteurs s'accordent à reconnaître dans les chaps. 60–62, le noyau autour duquel s'est formé le Trito-Isaïe. Pour C. Westermann (1966)[24], ce noyau serait l'œuvre d'un unique auteur, de la période post exilique. Westermann considère le chap. 61,1-3, comme une prise de conscience par le prophète, de sa mission. A ce sujet, Westermann croit avec K. Elliger (1928)[25] que l'auteur de ce noyau est un disciple du Deutéro-Isaïe qui a

---

[21] Cf. S. SEKINE, *Die Tritojesajanische Sammlung*, 182-234.
[22] Cf. K. KOENEN, *Ethik*, 215-234.
[23] Cf. P.A. SMITH, *Rhetoric and Redaction*, 22-49.
[24] Cf. C. WESTERMANN, *Jesaja*, 236-246.
[25] Cf. K. ELLIGER, *Die Einheit*, 1-5; 42-74.

voulu poursuivre et adapter le message de son maître aux communautés juives postexiliques. Cette position est partagée par Karl Pauritsch (1971)[26], Seizo Sekine (1989)[27] et Klaus Koenen (1990)[28]. Tous attribuent également les chaps. 60–62 à un même auteur, qu'ils appellent le prophète du Trito-Isaïe. Des études plus récentes vont aussi dans le sens de l'unité et de la cohérence des chaps. 60–62. Citons pour exemples, les études de Wolfgang Lau (1994)[29], Jan Leunis Koole (1997)[30], Ulrich Berges (1998)[31] et Leszek Ruszkowski (2000)[32]. Toutes ces contributions permettent d'affirmer qu'il y a une tendance dominante au sujet de l'unité et de la cohérence des chaps. 60–62.

2.7 *Les apports de Marvin Alan Sweeney*

Les conclusions tirées de ces recherches nous obligent à reconsidérer notre approche du livre sur plusieurs plans: la méthodologie, la composition et l'interprétation. Sweeney en particulier tire des conclusions intéressantes et utiles pour une compréhension de la composition et de l'unité du livre. Elles sont les suivantes:

– Si les chaps. 1–39 sont composés pour anticiper les chaps. 40–66, cela implique que la structure du Proto-Isaïe prend aussi en compte les problématiques des chaps. 40–66. En d'autres termes, la structure des chaps. 1–39 est une sous-structure de tout le livre (1–66).
– Les questions théologiques soulevées dans le Proto-Isaïe ne peuvent se comprendre qu'en relation avec les chaps. 40–66. Par exemple, la chute de Babylone dans le Deutéro-Isaïe présuppose l'oracle contre Babylone du Proto-Isaïe.
– L'approche diachronique du livre connaît une nouvelle tournure. On ne parle plus de fragments d'oracles du prophète, développés progressivement par ses disciples en partant des premiers chapitres. L'approche de Rolf Rendtorff selon laquelle le Deutéro-Isaïe serait le noyau autour duquel se sont composés le Proto et le Trito-Isaïe a connu un large succès. Il ne s'agit pas de renier l'existence de fragments d'oracles de base, mais de mettre l'accent sur l'organisation structu-

---

[26] Cf. K. PAURITSCH, *Gemeinde*, 103-134.
[27] Cf. S. SEKINE, *Die Tritojesajanische Sammlung*, 182-234.
[28] Cf. K. KOENEN, *Ethik*, 215-234.
[29] Cf. W. LAU, *Schriftgelehrte, Prophetie*, 22-115.
[30] Cf. J. L. KOOLE, *Isaiah III*, 1-38.
[31] Cf. U. BERGES, *Jesaja*, 414-455.
[32] Cf L. RUSZKOWSKI, *Volk und Gemeinde*, 11-33.

relle et théologique qu'a voulu le rédacteur, dont les intentions jouent un rôle très déterminant dans le texte final qui nous est parvenu.

De ces conclusions, Sweeney déduit que les chaps. 1–39 étant une anticipation des chaps. 40–66, le Proto-Isaïe peut être considéré comme une préface de tout le livre. Une étude de la composition et de la structure de cette préface permettrait de comprendre la structure et la composition de l'ensemble des chaps. 1–66, d'où son étude sur l'unité rédactionnelle du livre d'Isaïe[33].

A travers ce bref parcours de l'état de la question, nous avons voulu montrer que l'une des problématiques actuelles de la littérature isaïenne est l'unité du livre. Nous convenons avec Sweeney que les recherches de Childs, Clements et Rendtorff, nous révèlent l'interdépendance des trois parties du livre et la nécessité de les comprendre comme formant une unité. Nous partageons également le rôle fondamental que joue le rédacteur dans la composition, la structure et le message théologique du texte final. Par ailleurs, le contexte historique et les intentions théologiques du rédacteur l'emportent sur l'intention primaire de l'auteur en ce sens que le rédacteur peut faire une relecture du texte original en l'adaptant aux réalités du temps. Cela implique que les perspectives herméneutiques du rédacteur sont très déterminantes dans le processus de la composition, de la structure, de la forme et de la présentation du texte final tel que nous l'avons.

2.8 *Hypothèse possible*

L'intuition de Marvin Alan Sweeney[34] comme nous l'avons noté reste une voie possible dans la recherche de l'unité de livre. Cependant, contrairement à Sweeney, nous privilégions les chaps. 56–66. En effet, si Sweeney considère le Proto-Isaïe comme une sorte de préface de tout le livre, nous pensons avec Christopher R. Seitz[35], que les chaps. 56–66, pourraient jouer le rôle d'épilogue, composé comme but ultime ou point culminant de l'œuvre du rédacteur. Ainsi partant de l'hypothèse de Rolf Rendtorff[36] selon laquelle le Trito-Isaïe serait composé pour faire le lien entre le Proto-Isaïe et le Deutéro-Isaïe, nous jugeons que le Trito-Isaïe est le nœud de l'unité du livre. Nous avons aussi relevé plus haut le rôle déterminant du rédacteur dans la composition, la forme

---

[33] Cf. M.A SWEENEY, *Isaiah 1-4*, 11-34.
[34] Cf. M.A SWEENEY, *Isaiah 1-4*, 11-34.
[35] Cf. C.R. SEITZ, «Isaiah», 501-507.
[36] Cf. R. RENDTORFF, «Zur Komposition», 41-56.

et le message théologique du texte final. Le Trito-Isaïe comme nœud d'unité sera du point de vue rédactionnel et théologique, la partie la plus indiquée pour nous illuminer sur l'ensemble du livre en tant qu'unité. Nous rejoignons ainsi Paul A. Smith[37], qui tout en défendant l'unité du livre, affirme qu'une étude sérieuse du Trito-Isaïe comme unité indépendante est indispensable à la compréhension de tout le livre.

Nous convenons avec Brevard S. Childs[38] et Christopher R. Seitz[39] qu'un livre biblique doit être théologiquement cohérent et ne peut en aucun cas être un ensemble d'éléments disparates. Le Trito-Isaïe ne se retrouve donc pas par hasard à la fin du livre. Le rédacteur doit avoir une intention théologique précise en le plaçant sous forme d'épilogue et clé de lecture de tout le livre.

Ainsi, nous pensons qu'une analyse de la structure et de la théologie du Trito-Isaïe peut constituer en soi une contribution dans la recherche de l'unité du livre.

3. Méthode de recherche

Nous partirons de l'hypothèse que le thème central du Trito-Isaïe peut servir d'unité thématique à tout le livre pour les trois principales raisons suivantes: 1) Les recherches de Rolf Rendtorff[40], Ronald E. Clements[41] et Brevard S. Childs[42] nous permettent de considérer le Trito-Isaïe comme l'épilogue de tout le livre (chaps. 1–66). 2) La redécouverte de l'importance des rédacteurs nous permet de déduire qu'il doit y avoir une cohérence théologique qui constitue l'unité du livre. 3) La place du Trito-Isaïe comme épilogue nous conduit à supposer qu'il peut constituer une synthèse du message théologique de tout le livre.

Pour mener à bien ce travail, nous nous appuierons sur les recherches que les différents auteurs ont réalisées sur la structure du «Trito-Isaïe». Par ailleurs, nous prêterons une attention particulière à la structure concentrique qui de par son originalité permet de percevoir le thème ou les thèmes centraux du texte. A travers l'analyse des différentes parties de cette structure, nous chercherons à découvrir le ou les thèmes centraux du texte. Notre approche sera essentiellement synchronique et cano-

---

[37] Cf. P.A. SMITH, *Rhetoric and Redaction*, 22-49.
[38] Cf. B.S. CHILDS, *Isaiah*, 1-5.
[39] Cf. B.S. CHILDS, *Isaiah*, 1-5.
[40] Cf. B.S. CHILDS, *Isaiah*, 1-5.
[41] Cf. R.E. CLEMENTS, «The Unity», 117-129; «Beyond Tradition», 95-113.
[42] Cf. B.S. CHILDS, *Introduction*, 311-336.

nique s'intéressant surtout au texte final. Une fois le thème central ou les thèmes centraux du Trito-Isaïe découvert(s), il ne nous restera qu'à vérifier si nous les retrouvons dans les deux premières parties du livre. En privilégiant l'approche synchronique, nous n'excluons pas l'approche diachronique ni toute autre approche pouvant contribuer à atteindre les objectifs du travail. Par ailleurs, vu la complexité et l'ampleur du thème, nous ne trouvons pas prudent de nous enfermer dans une méthodologie particulière. En un mot, tout en donnant un certain privilège à l'approche synchronique, nous restons ouvert aux autres approches s'il s'avère nécessaire.

4. Organisation du travail

Le travail sera réparti en cinq chapitres. Les deux premiers chapitres sont consacrés à une étude de la structure et des thèmes théologiques fondamentaux du Trito-Isaïe. Les trois derniers chapitres traitent essentiellement de l'unité et de la continuité du livre en cherchant à établir une unité thématique et théologique entre le Trito-Isaïe et le Deutéro-Isaïe d'une part, et entre le Trito-Isaïe et le Proto-Isaïe de l'autre.

L'objectif principal du PREMIER CHAPITRE est de proposer une structure originale du Trito-Isaïe, structure de laquelle découleront les principaux thèmes qui seront développés dans le chapitre suivant. Pour y parvenir, nous avons fait recours aux différentes structures proposées par des auteurs fameux. Une évaluation de ces structures, de leurs apports, et de leurs complémentarités nous a permis de faire une proposition de structure synthétique prenant en compte les importantes caractéristiques des structures connues. Ainsi, notre chapitre se divise en quatre parties principales. La première partie s'efforce de définir ce qu'est une structure, sa fonction et son importance dans la littérature en général et en particulier dans les écrits bibliques. La seconde partie est une présentation succincte des principales structures du Trito-Isaïe connues. Avec la troisième partie du chapitre commence notre recherche de la structure à proposer. Un ensemble de considérations thématiques et littéraires permettent de relever deux manières distinctes de structurer le Trito-Isaïe: une structuration concentrique et une structuration tripartite. La quatrième et dernière partie du chapitre se sert des conclusions de la précédente pour analyser et évaluer les deux types de structures, relevant d'une part leurs différents apports dans l'organisation du texte et leur complémentarité de l'autre. Elle se conclura avec une proposition de structure.

En s'appuyant sur la nouvelle structure proposée, le SECOND CHAPITRE a pour finalité la découverte des thèmes importants du Trito-Isaïe. La structure provenant non seulement des parallélismes littéraires mais aussi thématiques, il ne sera pas difficile de déduire les sujets importants du texte à partir de cette dernière. Ce second chapitre se subdivise en trois parties. La première partie est une présentation des thèmes importants découlant de la structure du texte. Cette présentation est une description des unités thématiques de la structure selon leur importance dans le livre. Ainsi deux binômes s'imposeront comme thèmes les plus importants, en l'occurrence le binôme «alliance-justice» d'une part et le binôme «élection-mission» de l'autre. La deuxième partie du chapitre, à travers l'étude d'un texte, va illustrer concrètement la présence des thèmes en question ainsi que leur importance dans le Trito-Isaïe. Le choix du texte n'est pas anodin. Il s'agit du chapitre 61 duquel provient le noyau central de la structure proposée. Enfin, la troisième partie attirera notre attention sur un sujet particulier et donc important dans le Trito-Isaïe. Il s'agit du thème de la justice et du culte. Ce sujet est particulier parce qu'il se concentre dans le chapitre 58 du livre qui traite uniquement du culte sans faire explicitement référence aux thèmes mentionnés plus haut.

Avec le TROISIÈME CHAPITRE, commence la recherche de l'unité du livre. Ce chapitre a l'ambition d'établir la relation entre le Trito-Isaïe et le Deutéro-Isaïe. Le second chapitre nous ayant permis de déterminer des axes thématiques importants autour desquels gravitent tous les autres sujets du Trito-Isaïe, ce chapitre s'intéresse particulièrement au rapport entre le Trito-Isaïe et le Deutéro-Isaïe. Nous partons de l'hypothèse que le second Isaïe est essentiellement lié au Trito-Isaïe par le binôme «élection-mission», qui nous semble à première vue le thème dominant du Deutéro-Isaïe. Notre objectif consiste donc à vérifier cette hypothèse sans négliger les autres thèmes communs aux deux livres tels que le salut, l'intervention de YHWH, sa souveraineté et l'universalité de son culte. Ce chapitre comporte quatre grandes parties. La première partie est un bref aperçu général sur le Deutéro-Isaïe, comprenant le contexte historique, et les grandes hypothèses sur les chants du serviteur souffrant. Nous prêtons une attention particulière à ces passages dès la première partie du chapitre parce qu'ils font partie des textes qui illustrent le plus le binôme «élection-mission» dans le Second-Isaïe. La seconde partie du chapitre présente la structure générale d'Is 40–55, et ses grandes unités littéraires et thématiques. Cette présentation mettra en relief la présence du binôme «élection-mission» comme l'un des thèmes dominants du Deutéro-Isaïe. Quant à la troisième partie, elle met en relief les rapports thématiques entre le Trito et le Deutéro-Isaïe. Elle est la plus longue et la plus importante en ce sens qu'elle établit des relations concrètes entre les thèmes traités dans le Trito-Isaïe et ceux qui se retrouvent dans le Deutéro-Isaïe. Enfin la quatrième partie du chapitre consiste en un choix et une étude de textes fondamentaux pouvant illustrer et confirmer les rapports thématiques relevés dans la partie précédente. Notre choix se porte sur les quatre chants du serviteur, lesquels sans aucun doute sont les plus indiqués pour illustrer le thème commun le plus important, confirmant ainsi notre hypothèse de départ.

Dans la même perspective que le précédent, le QUATRIÈME CHAPITRE pose la question de l'unité des trois parties du livre d'Isaïe et plus précisément celle de la relation entre le Trito-Isaïe et le Proto-Isaïe. Nous partons cette fois-ci de l'hypothèse que les chaps. 1–39 et 56–66 sont reliés par les thèmes de la justice et de l'alliance. Le binôme «alliance-justice» étant un des sujets fondamentaux du Trito-Isaïe, il s'agit de vérifier s'il est présent dans les chaps. 1–39. Ce chapitre se subdivise en quatre parties. La première partie nous situe dans le contexte historique du Proto-Isaïe en nous rappelant les évènements historiques signifiant pour la compréhension du texte et en nous présentant les principales hypothèses sur la formation du Proto-Isaïe. La deuxième partie se penche essentiellement sur la structure et les grandes unités littéraires et thématiques du premier livre. Parmi les grandes unités thématiques, nous notons une présence indéniable des thèmes de l'alliance et de la justice. Ces derniers peuvent être implicites ou explicites selon les contextes. La troisième partie du chapitre révèle les principaux thèmes communs au Trito et au Proto-Isaïe. Elle est la plus importante car elle répond à l'objectif principal du chapitre. Il s'agit d'établir de manière concrète les rapports thématiques entre Is 56–66 et Is 1–39. Parmi les thèmes communs, nous constaterons sans surprise la prédominance de l'alliance et de la justice. Enfin, dans la quatrième et dernière partie du chapitre, une analyse d'un passage choisi confirme l'hypothèse de départ en illustrant par des exemples précis la présence du binôme «alliance-justice» dans le Proto-Isaïe et leurs échos dans le Trito-Isaïe. A cet effet, notre choix s'est porté sur Is 1, reconnu par la grande majorité des auteurs comme un texte programmatique, introduisant non seulement les chap. 1–39 mais aussi toutes les trois parties du livre d'Isaïe (Is 1–66).

Le CINQUIÈME CHAPITRE est une forme d'épilogue qui confirme l'unité du livre d'Isaïe en établissant au-delà des thèmes un rapport théologique entre le Proto-, le Deutéro- et le Trito-Isaïe. Il comprend quatre grandes parties. La première partie nous présente les principaux modes d'approche théologique d'un texte biblique et leurs différents apports. Parmi les plus actuelles, les approches descriptives et confessionnelles focalisées sur la source ou le discours sont dominantes. La seconde partie est une tentative de présenter le visage et les attributs de Dieu qui sont communs aux trois parties du livre. En effet, nous notons que certains attributs de YHWH sont récurrents dans toute l'œuvre isaïenne. Dieu est souvent présenté comme le Saint, le Gouverneur de l'univers et le Maître de l'histoire, le seul Sauveur, unique et universel. Tous ces attributs forment des points d'intersection contribuant à unifier le livre autour d'un message commun. Quant à la troisième partie, elle se consacre au thème de la justice et sa portée théologique dans les trois parties du livre. Nul ne peut douter de l'importance de ce thème chez le prophète Isaïe. La dernière partie, pour sa part, se penche essentiellement sur le projet de salut de Dieu en mettant l'accent sur les traits communs à ce projet dans le Proto-, le Deutéro- et le Trito-Isaïe. Le salut de Dieu revêt en effet une double dimension sociale et historique d'une part, et eschatologique de l'autre. Toutes ces deux dimensions jalonnent toutes les trois parties du livre.

5. Observations critiques

Le contexte historique du Trito-Isaïe étant difficile à situer avec précision, l'essentiel du travail repose sur les hypothèses qui existent déjà sur l'Ancien Testament en général. Le texte de base sera le texte massorétique de la bible «Stuttgartensia» et son appareil critique. Nous n'entrons pas dans les débats sur l'historicité et la problématique de l'auteur ou des auteurs.

La structure d'un texte étant relative selon les auteurs, nous sommes conscients que cette étude comprend une dimension subjective et ne conviendra pas à tous. Néanmoins, la rigueur des analyses et de la méthode nous a permis d'atteindre globalement nos objectifs.

Enfin, nous sommes conscients que le projet est très vaste et la thématique très ample. Cela conduit inévitablement à une approche plutôt synthétique sans entrer dans les détails. Néanmoins, l'illustration des argumentations avec l'analyse de textes choisis a comblé du moins partiellement cette lacune et nous a permis d'atteindre globalement nos objectifs.

CHAPITRE I

Structure du Trito-Isaïe

Ce premier chapitre se consacrera à l'étude de la structure du Trito-Isaïe. En nous appuyant sur les études des auteurs qui ont déjà fait des recherches dans ce domaine, nous proposerons une structure qui nous aidera à mieux comprendre la composition du texte et son impact possible sur le contenu du message. Nous distinguerons dans ce chapitre quatre grandes parties dont, un bref rappel de la structure et de sa fonction dans un texte, une présentation et une analyse critique des structures les plus connues du Trito-Isaïe, des considérations littéraires et thématiques du texte, et une proposition d'une structure découlant des apports de toutes les analyses précédentes.

Il s'agira ainsi dans la première partie de relever le rôle fondamental de la structure dans la compréhension du Trito-Isaïe. Dans la seconde partie, nous présenterons les propositions de structure des auteurs renommés en faisant une présentation et une analyse critique de leurs structures respectives. La troisième partie sera centrée sur le texte lui-même en relevant des indices littéraires et thématiques utiles à sa structuration. La dernière partie enfin exploitera les résultats obtenus en vue d'une nouvelle proposition de structure du Trito-Isaïe.

1. La structure dans la composition littéraire

Toute composition littéraire est un ensemble organisé. Pour se faire comprendre, l'auteur ou le rédacteur d'une œuvre littéraire use de différents indices littéraires pour guider le lecteur dans sa recherche du message contenu dans l'œuvre. Il s'avère donc important que le lecteur perçoive l'organisation interne de l'œuvre, soit sa structure, s'il veut la comprendre.

1.1 *Généralités*

La structure est la manière dont les choses sont construites ou organisées pour former un ensemble. On parle aussi de l'ossature, de la tessiture ou de la composition d'une chose[1]. Toute construction ou organisation n'est pas le fruit d'un hasard et veut répondre à une nécessité ou atteindre un objectif précis. Ainsi, on peut parler de la structure d'un organe, d'une roche, d'un corps, d'un atome. En littérature, la structure fait allusion à la manière dont les divers éléments constituant un passage, un chapitre ou un livre sont organisés et reliés entre eux. Elle donne une forme, un visage, voire une identité à une œuvre. La structure n'est pas une simple architecture esthétique. Les unités littéraires et thématiques d'une œuvre ainsi que leur inter relation se dégagent dans sa structure. Elle est un guide touristique dans une ville inconnue qui instruit et indique en même temps le chemin à suivre pour ne pas perdre ses repères. Le lecteur avisé perçoit dans la structure le fil conducteur de la narration et ses dérivés. Elle permet au lecteur d'entrer en dialogue avec l'œuvre et de la comprendre. La clé d'interprétation de l'œuvre commence par la compréhension de sa structure, celle-ci est déterminante pour toute la portée sémantique d'une œuvre. La Bible en tant qu'œuvre inspirée mais aussi littéraire n'échappe pas à cette règle.

1.1.1 Indices définissant une structure dans la Bible

Tout en reconnaissant que la structure d'un texte peut varier selon le lecteur et donc être entachée d'une part de subjectivité, il convient de signaler que la construction d'une structure n'est pas arbitraire. Il y a des indices qui orientent tout lecteur dans son concept de la structure d'une œuvre littéraire[2]. En effet, diverses techniques littéraires sont en soi des indices permettant de définir une structure dans la littérature biblique. Les répétitions des mots, des expressions et même la répétition d'une construction ou structure grammaticale, forment (comme en musique) un motif qui revient et devient ainsi un indice de structuration d'une unité littéraire. Il est à préciser que toutes les répétitions n'ont pas la même importance. La répétition des mêmes racines est plus significative

---

[1] Cf. www.dictionnaire.reverso.net/francais-définition/structure.
[2] Cf. W. POPPER, *Studies in Biblical Parallelism*, I, 445-551; E.L. GREENSTEIN, «Parallelism», 41-70; S. BAR-EFRAT, *Narrative*, 197-223; R. MEYNET, *L'analyse rhétorique*, 217-278; *Lire la Bible*, 121-144; J. WELCH, *Chiasmus*, 118-169; J.T. WALSH, *Style and Structure*, 7-34; P. SANDERS, «Forms and delimitation», 264-276; A. BERLIN, *The Dynamics*, 1-29, 65-102, 127-141.

que la présence des synonymes ou des mots d'un même champ sémantique. Le lecteur avisé saura s'orienter au milieu des répétitions significatives dans sa recherche de la structure du texte. Les parallélismes et les symétries illustrent souvent des schémas ou des diagrammes qui ont une logique en soi et qui sont aussi des indices efficaces pour structurer le texte. La syntaxe en elle-même, l'ordre des mots, l'enchaînement des phrases et certaines formes grammaticales qui sont propres à la littérature hébraïque comme les particules consécutives dans les narrations sont aussi des éléments constitutifs de la structure.

1.1.2 Disjonctions et jonctions dans la structure

Comprendre la structure d'un texte est comprendre son architecture, c'est-à-dire les différentes unités qui le composent mais aussi le lien qui unit ces différentes parties. En d'autres termes, ce qui fait qu'elles forment un tout, en restant quand même des unités distinctes les unes des autres. Cette unité complexe et apparemment contradictoire n'est possible qu'à travers la technique des disjonctions et des jonctions[3].

a) *Disjonctions*

Les disjonctions sont les techniques de délimitation des différentes unités ou sous-unités qui forment la structure d'un texte. Elles permettent au lecteur avisé de percevoir les articulations et l'organisation interne du texte. Les indices les plus fréquents à observer dans la recherche des disjonctions sont les composantes de la narration à savoir, le sujet parlant, les personnages, le temps, les lieux, les répétions, les interruptions de discours et les séquences narratives. Parmi ces indices, les composantes de la narration sont les plus communes et les plus faciles à repérer.

b) *Jonctions*

Il convient maintenant de nous demander comment les unités littéraires forment une continuité et induisent des connexions entre elles dans une structure unique. Les jonctions sont les différentes manières dont les unités d'une structure sont liées entre elles.

La technique de jonction la plus commune reste encore une fois la répétition. Une fois la délimitation d'une unité faite, la continuité et la

---

[3] Ce chapitre traitant essentiellement des structures, nous jugeons nécessaire ce bref rappel sur les techniques d'organisation d'un texte.

connexion avec l'unité suivante ou précédente se font à travers différentes formes de répétions comme celle des racines de mots ou racines verbales; des constructions grammaticales; des phrases entières; ou bien des thèmes, idées ou concepts. Il s'agit d'un tissage[4] fait entre les deux unités. La continuité peut aussi être assurée par une répétition unique à la fin d'une unité et au début de la suivante comme pour former un lien ou un trait d'union. Enfin la connexion peut se faire à la fois par un tissage et un trait d'union.

1.2 *Structure concentrique*[5]

Nous allons maintenant nous focaliser sur la structure concentrique qui nous sera particulièrement utile dans notre étude du Trito-Isaïe. Comme son nom l'indique, la structure concentrique organise les unités littéraires d'un texte selon le modèle de la symétrie concentrique ABC D C'B'A'. En tant que structure, elle n'a pas une fin purement esthétique. Elle est un véritable outil d'interprétation et une clé de lecture efficace pour un lecteur avisé. En effet, la structure concentrique conduit le lecteur par étapes vers un thème central en passant par des thèmes secondaires qui sont comme des marches d'un escalier conduisant à un objectif précis. Elle n'est pas facile à détecter et ne fait pas toujours l'unanimité des différents lecteurs du texte. Mais certains indices comme les parallélismes, les symétries et les répétitions permettent toujours de repérer une structure concentrique sans trop de doute. En outre, les modes de présentation d'une structure concentrique laissent clairement apparaître les indices qui la justifient.

Un exemple tiré du Livre des Rois peut illustrer les modes ou modèles de représentation de cette structure. Le premier chapitre du premier livre des Rois (1R 1,33-35), relate une rivalité entre Adonias fils de Hagguith et Salomon fils de Bethsabée au sujet de la succession du roi David. Adonias tente d'usurper la royauté avec la complicité de Joab, fils de Cerouya et du prêtre Abiatar à l'insu du roi David. Le prophète Natan alerte le roi David par l'intermédiaire de Bethsabée, mère de Salomon, le successeur légitime du roi David. Ce dernier réagit en donnant des instructions au prophète Natan et au prêtre Sadoq en vue d'introniser immédiatement son fils Salomon. Les instructions pour l'intronisation qui apparaissent essentiellement en 1R 1,33-

---

[4] Le terme original utilisé est le mot anglais «thread»: cf. J.T. WALSH, *Style and Structure*, 184.
[5] Cf. note 2 dans 1.1.1.

35 forment une unité littéraire ayant une structure concentrique, illustrée comme suit:

> A *Vous ferez **monter** mon Fils **sur ma propre mule** (v. 33)*
> B ***Vous le ferez descendre** à Guihon (v. 33)*
> C *Et il sera consacré **roi sur Israël** (v. 34a)*
> D *<u>**Vous sonnerez le cor**</u> (Axe centrale) (v. 34)*
> C' *Vous direz: «Que vive **le roi Salomon!**» (v. 34b)*
> B' ***Vous remonterez** derrière lui (v. 35)*
> A' *Il ira **s'installer sur mon trône**, il règnera à ma place (v. 35)*

Dans ce schéma, les symétries, les parallélismes et les répétitions sont mis en relief par la structure elle-même. Un autre mode de représentation est la forme pyramidale avec le thème central au sommet:

> <u>Vous sonnez le cor</u>
> (C) ***roi** sur Israël - le **roi** Salomon*! (C')
> (B) *Vous **descendre** - Vous le ferez **remonterez*** (B')
> (A) *s'installer **sur mon trône** - monter **sur ma propre mule** (A')*

Ces deux modèles de représentation nous permettent d'affirmer que la symétrie concentrique offre non seulement une structure littéraire mais aussi une structure thématique du texte. Il y a soit une centralisation soit une ascension vers le thème central qui est dans le cas de notre exemple, l'intronisation du roi Salomon symbolisée par le son du cor. Les disjonctions et les jonctions qui gouvernent les interactions et la complémentarité entre les différentes unités du passage sont aussi clairement illustrées. En effet, le son du cor en lui-même n'aurait aucun sens pour le lecteur sans les thèmes secondaires. C'est cette ascension progressive des thèmes secondaires vers le thème central qui dirige le lecteur dans son interprétation du texte.

Ce qui est illustré ici dans ce petit passage peut se reproduire à une échelle plus grande. Ainsi tous les indices relevés plus haut, à savoir les répétitions, les parallélismes et les symétries, ne se remarquent pas seulement dans de petites unités littéraires. Elles peuvent aussi apparaître au niveau de chapitres entiers et jouer le même rôle d'indice de structuration. C'est ainsi que tout un livre de la Bible peut avoir une structure concentrique selon les symétries et autres indices pouvant se retrouver dans les chapitres de ce livre. Dans un tel cas, la structure joue un rôle encore plus fondamental en ce sens que l'interprétation de tout le livre, ses thèmes et son message transparaissent dans la structure. L'on pourrait donner des exemples de structures concentriques à une échelle plus grande[6], mais l'étude de la structure du Trito-Isaïe qui sera l'objet central de ce travail nous servira d'exemple et de réflexion.

2. Les structures concentriques du Trito-Isaïe

La critique rédactionnelle et la redécouverte du rédacteur comme théologien voire comme auteur, nous permettent d'affirmer, sans grand risque de nous tromper, que la structure d'un texte biblique est une architecture bien pensée et organisée pour répondre à un objectif précis. Joseph Blenkinsopp dira à ce propos que si le Trito-Isaïe ne peut pas être considéré comme une œuvre littéraire au sens moderne du terme, il ne peut pas non plus être considéré comme une simple compilation de textes. Il ajoute que la structure de la littérature antique est un vecteur de signification[7]. En effet, nul n'écrit pour cacher la signification de son message. Tout auteur ou rédacteur écrit pour se faire comprendre, et donc donne des critères d'interprétation au lecteur à travers des techniques littéraires. Dans cette conquête de la compréhension du message, le lecteur avisé perçoit ces indices d'interprétation, à travers la structure. Ainsi, divers chercheurs se sont intéressés à l'étude de la structure du Trito-Isaïe dans le but de mieux comprendre le contenu de son message. Si un certain nombre d'auteurs[8] voient dans le Trito-Isaïe, une division tripartite A-B-C formée respectivement des chaps. 56–59; 60–62; 63–66, divers autres auteurs[9] tendent plutôt à y voir une structure concentrique ou une structure pyramidale dont les chaps. 60–62 forment le centre ou le sommet. Comme nous pouvons le remarquer, il semble y avoir un consensus sur les chaps. 60–62. Il faut noter que les partisans de la structure concentrique ne sont pas unanimes sur les détails de la structure. Il y a deux tendances dominantes. La première place l'axe central de la structure au chapitre 61 tandis que la seconde considère les chaps. 60–62 comme l'axe central ou sommet de la pyramide.

---

[6] Ce sujet est amplement développé avec des exemples chez R. MEYNET, *L'analyse rhétorique* et J.T. WALSH, *Style and Structure*.

[7] Cf. J. BLENKINSOPP, *Isaiah 56–66*, 38-39.

[8] Cf. E. ACHTEMEIER, *The Community*, 29-149; M.A. SWEENEY, *Form and Intertexuality*, 46-62; L. RUSZKOWSKI, *Volk und Gemeinde*, 18-21; BLENKINSOPP, *Isaiah 56–66*, 38.

[9] Cf. É. CHARPENTIER, *Jeunesse du Vieux Testament*, 79-80; P.-É BONNARD, *Second Isaïe*, 318-319; R. LACK, *Symbolique*, 125; R. TOURNAY, «Bulletin», 121; N.K. GOTTWALD, *Hebrew Bible*, 507; G. POLAN, *Ways to Justice*, 15; J.N. OSWALT, *Isaiah 40–66*, 465; G.I. EMMERSON, *Isaiah*, 20; R.H. O'CONNELL, *Concentricity and Continuity*, 219; C.W. FITZGERALD, *Rhetorical Analysis*, 49.

CHAP. I : STRUCTURE DU TRITO-ISAÏE

2.1 *Étienne Charpentier et ses partisans*

Étienne Charpentier et ses partisans[10] forment le groupe qui place l'axe central de leur structure au chapitre 61. Ils ne distinguent pas forcément les mêmes symétries dans les autres chapitres du livre mais ils sont unanimes en ce qui concerne l'axe central.

2.1.1 Étienne Charpentier[11]

Étienne Charpentier compare la structure du Trito-Isaïe à un arc dont le chapitre 61 forme la clé de voûte. Il relève en effet six parallélismes et symétries thématiques entres les différents chapitres du livre. Ainsi, 56,1-8 correspond à 66,18-24 et forment ensemble la première symétrie allant vers le centre. Ces deux passages traitent essentiellement des conditions d'appartenance au peuple de Dieu. Il ne s'agit plus de juifs et d'étrangers, mais de fidélité à la loi du Seigneur. Par ailleurs, 56,6-7 et 66,18 insistent particulièrement sur le caractère universel de ce nouveau peuple de Dieu. La seconde symétrie thématique concerne 56,9–58 et 65–66,17. Ces passages traitent des reproches aux infidèles et des promesses aux fidèles. Le Seigneur menace d'un châtiment prochain ceux qui commettent les crimes et annonce par contre une récompense à ceux qui observent la loi. Charpentier voit également une correspondance entre 59,1-14 et 63,7–64,11. Ces passages apparaissent comme des psaumes confessant les péchés du peuple. Il y a une prise de conscience d'un besoin de salut mais aussi de l'infidélité qui éloigne ou empêche l'imminence du salut. La quatrième symétrie relie 59,15-20 et 63,1-6. Ici, le thème dominant est la vengeance du Seigneur. C'est en même temps le début de la délivrance pour les fidèles du Seigneur car la vengeance consistera en la manifestation de la force du Seigneur qui punira les pécheurs et récompensera les fidèles. Les chaps. 60 et 62 forment, quant à eux, la cinquième symétrie et décrivent la nouvelle Jérusalem tant espérée, lumière et joie de toutes les nations. La structure proposée par Charpentier s'illustre comme suite:

---

[10] Gregory J. Polan reprend exactement la structure de Charpentier sur le plan thématique comme sur le plan des unités littéraires. Pour cela, nous n'allons pas consacrer un paragraphe particulier à sa structure. Cependant, il vaut la peine de le mentionner comme partisan de Charpentier, car il est un des auteurs les plus récents à reprendre la structure de Charpentier telle qu'elle est, sans aucune modification. Cf. G.J. POLAN, *Ways to Justice*, 15.

[11] Cf. É. CHARPENTIER, *Jeunesse du Vieux Testament*, 79-80.

A 56,1-8 Conditions d'entrée dans le peuple
  B 56,9–58 Reproches. Promesses aux fidèles. «Sion» mère
    C 59,1-14 Deux psaumes: confession des péchés
      D 59,15-20 La vengeance; le vengeur divin
        E 60 La nouvelle Jérusalem
          F 61 L'Esprit du Seigneur est sur moi
        E' 62 La nouvelle Jérusalem
      D' 63,1-6 La vengeance; le vengeur divin
    C' 63,7–64,11 Deux psaumes: confession des péchés
  B' 65–66,17 Reproches. Promesses aux fidèles. «Sion» mère
A' 66,18-24 Conditions d'entrée dans le peuple

2.1.2 Pierre-Émile Bonnard[12]

Pierre-Émile Bonnard place également son axe central au chapitre 61 mais avec certaines unités littéraires différentes de celles de Charpentier. Dans sa structure, il isole le chap. 58 qui reste sans correspondance, contrairement à Charpentier qui l'associe au chap. 56 pour en faire une unité littéraire. Au point de vue découpage des unités, il y a un consensus entre Bonnard et Charpentier. Mais du point de vue thématique, ils n'y a pas unanimité. Ainsi, 56,1-6 et 66,18-24 forment la première symétrie concentrique allant des extrémités vers le centre, et traitent du respect du sabbat et du culte. Contrairement à Charpentier qui met l'accent sur les conditions pour devenir membres du nouveau peuple de Dieu, Bonnard met l'accent sur le culte. La seconde symétrie relevée est identique à celle de Charpentier. Il s'agit de 56,9–57,21 et 65,1–66,17 dont les thèmes dominants sont les reproches aux infidèles et les promesses aux fidèles. Le chap. 58 étant isolé, la symétrie suivante relie 59,1-15 et 63,7–64,11. Dans ces chapitres, l'aveu des péchés et les implorations constituent les sujets principaux. La quatrième symétrie formée de 59,15b-20 et 63,1-6 souligne la justice de Dieu, à la fois vengeur et rédempteur. Il faut noter que Bonnard met plus l'accent sur la rédemption et le salut que sur la vengeance. La dernière symétrie qui encadre l'axe central comprend les chaps. 60 et 62. Dans la structure de Bonnard cette symétrie traite de la gloire de Jérusalem, terre du salut et de la rédemption. Dans l'ensemble, les structure de Bonnard et de Charpentier ont en commun, non seulement l'axe central, mais diverses unités littéraires quoique les thèmes retenus soient assez différents. La structure de Bonnard s'illustre comme suit:

---

[12] Cf. P.-É. BONNARD, *Second Isaïe*, 318.

   A 56,1-8 Respect du sabbat, les étrangers venant à la Sainte Montagne
     B 56,9–57,21 Reproches. Promesses aux fidèles
       C 58,1-14 Reproches: jeûnes inauthentiques, sabbat frelaté
       C'' 59,1-15a Reproches. Aveu des péchés. Implorations
         D 59,15b-20 Dieu juste, vengeur et rédempteur, apportant le salut
           E 60,1-22 La gloire de Jérusalem
             F 61,1-11 Mission du prophète et son écho
           E' 62,1-12 La gloire de Jérusalem
         D' 63,1-6 Dieu juste, vengeur et rédempteur, apportant le salut
       C' 63,7–64,11 Aveu des péchés
     B' 65,1–66,17 Reproches. Promesses aux fidèles
   A' 66,18-24 Respect du sabbat, les nations venant à la Sainte Montagne

2.1.3 Raymond Tournay[13]

Parmi les partisans de Charpentier, Raymond Tournay propose la structure la plus détaillée et donc la plus originale de ce premier groupe d'auteurs. Il distingue sept parallélismes symétriques dans le texte avec l'axe central au chapitre 61, lequel est encadré par les chaps. 60 et 62 comme chez Charpentier. Cependant, il se distingue des autres par sa délimitation des unités littéraires et thématiques. Le premier parallélisme relie 56,1-9 et 66,18-24. Il nous parle du culte et les conditions pour devenir membre du peuple de Dieu. Notons que Tournay ne donne pas de titre particulier à la majorité des unités littéraires qu'il distingue, mais la précision de la délimitation de l'unité permet facilement au lecteur de comprendre le sujet traité dans chaque symétrie. Ensuite, 57,5ss[14] et 66,3.17 ainsi que 65,11, forment la seconde symétrie dont les sujets principaux sont les accusations de la part du Seigneur et les interrogations du peuple. Par ailleurs, 57,15-17 correspond à 66,1-9 et forment ensemble la troisième symétrie. Leur sujet commun est l'intervention imminente du Seigneur. Une quatrième symétrie unit 57,18-19 et 66,10-13 qui annoncent une consolation prochaine pour les fidèles. Quant à la cinquième symétrie, elle concerne 59,1-15a et 63,7ss qui expriment les lamentations du peuple, tandis que la sixième symétrie qui est constituée de 59,15ss et 63,1-6, annonce la vengeance du Seigneur. Enfin la dernière symétrie comprenant les chaps. 60

---

[13] Cf. R. TOURNAY, «Bulletin», 121.
[14] L'auteur lui-même laisse ces suspensions dans la représentation de sa structure. Même si nous imaginons les limites précises qu'il indique, nous préférons rester fidèles à sa représentation.

et 62, célèbre Jérusalem comme cité du salut universel. Voici comment s'illustre cette structure:

    A 56,1-9 Culte et conditions pour devenir peuple de Dieu
      B 57,5ss Accusations et interrogations
        C 57,15-17 Intervention imminente de Dieu
          D 57,18-19 Consolation pour les fidèles
            E 59,1-15a Lamentations nationales
              F 59,15ss Annonce de la vengeance
                G 60,1-22 Jérusalem, cité du Salut
                  H 61,1-11 Oracle messianique
                G' 62,1-12 Jérusalem, cité du Salut
              F' 63,1-6 Annonce de la vengeance
            E' 63,7ss Lamentations nationales
          D' 66,10-13 Consolation pour les fidèles
        C' 66,1-17 Intervention imminente de Dieu
      B' 66,3.17 Accusations et interrogations
    A' 66,18-24 Culte et conditions pour devenir peuple de Dieu

2.1.4 Observations critiques

Ce premier groupe rassemble les auteurs qui placent le centre de leur structure concentrique dans le chapitre 61. Pour tous ces auteurs, la proclamation messianique du chapitre 61 est le centre du message. Leur proposition est fondée sur une observation attentive du texte qui leur a permis de relever les répétitions et les symétries frappantes pouvant interroger tout lecteur avisé. Comme le relève Tournay[15], ces symétries sont consciemment planifiées pour donner une structure concentrique. Cependant, nous remarquons chez ces auteurs un certain malaise ou une difficulté à accepter certaines asymétries flagrantes comme le chap. 58 qui est du point de vue thématique déconnecté du reste. Chez Tournay, le chap. 58 est tout simplement ignoré, tandis que chez Charpentier, Bonnard, et Polan, ce chapitre est assimilé aux thèmes des reproches en général, lui faisant perdre son caractère particulier. A ce sujet, Bonnard reconnaît humblement que les symétries de la structure concentrique telle qu'il l'a proposée ne sont pas toutes évidentes[16]. Par ailleurs, le caractère pyramidal de la struc-

---

[15] Cf. R. TOURNAY, «Bulletin», 121.
[16] Cf. P.-É. BONNARD, *Second Isaïe*, 319.

ture concentrique demanderait à notre avis une structure plus détaillée du chap. 61 afin de parvenir à une clé de lecture plus spécifique du chapitre central et donc de toute l'unité. Ceci dit, la structure concentrique culminant sur le chap. 61 reste une proposition valide et utile pour le l'étude du Trito-Isaïe. Ainsi, son étude approfondie et détaillée ne pourra qu'être une initiative souhaitable dans le contexte des efforts fournis aujourd'hui pour mieux comprendre le message du Trito-Isaïe et du livre d'Isaïe en général.

2.2 Rémy Lack et ses partisans

Outre Étienne Charpentier et son groupe, il convient de souligner les propositions de Rémy Lack et ses partisans qui proposent aussi une structure concentrique du Trito-Isaïe mais avec un axe central plus ample couvrant les chaps. 60 à 62.

2.2.1 Rémy Lack[17]

Dans une étude sur la structuration symbolique du Trito-Isaïe, Rémy Lack distingue trois symétries concentriques. Dans le souci de ne pas trop morceler le texte, il organise sa structure en grandes unités littéraires avec un axe central allant du chap. 60 au chap. 62. Aussi trouve-t-il une correspondance entre les chaps. 56–58 et les chaps. 65–66, dont les thèmes centraux sont le rassemblement de toutes les nations dans la même foi, le culte à la montagne du Seigneur et la gloire du Seigneur. Lack relève un second parallélisme entre 59,1-14 et 63,7–64,11 qui traitent essentiellement de la justice de Dieu. La dernière symétrie qui encadre l'axe central est formée de 59,15-21 et 63,1-6 qui insistent sur l'intervention prochaine du Seigneur à travers son bras et sa force de vengeance. Cette organisation du texte donne le schéma suivant:

    A 56–58 Montagne. Rassembler. Gloire et lumière
      B 59,1-14 Main. Justice
        C 59,15-21 Bras. Gloire. Justice
          D 60–62 Rassembler. Lumière. Justice. Gloire
        C' 63,1-6 Bras. Justice
      B' 63,7–64,11 Bras. Justice
    A' 65–66 Montagne. Rassembler. Gloire et lumière

---

[17] Cf. R. LACK, *Symbolique*, 125.

2.2.2 *Grace I. Emmerson*[18]

Parmi les partisans de Lack figure Grace I. Emmerson qui distingue quant à elle cinq symétries, les chaps. 60–62, constituant toujours l'axe central. Elle relève pour commencer une correspondance entre 56,1-8 et 66,1-24 qui parlent essentiellement du culte, du sabbat et du temple. D'autre part, 56,9-12 et 66,3-4, forment la seconde symétrie et dénoncent les infidèles parmi lesquels des autorités religieuses. Une troisième symétrie relie 57,1–58,14 et 65,1-25. Ces unités assez longues condamnent l'idolâtrie sous toutes ses formes et annoncent des promesses faites par le Seigneur à ceux qui gardent fidèlement la loi. Quant à 59,1-15a et 63,7–64,12, ils constituent la quatrième symétrie. Leur thème central est la lamentation de la communauté sur son sort. La cinquième symétrie qui encadre l'axe centrale concerne 59,15b-20 et 63,1-6. Le Seigneur manifeste sa puissance en tant que guerrier divin et vengeur. Son intervention est en même temps le début du salut et de la réalisation des promesses qui se réaliseront complètement dans l'axe centre au chaps. 60–62.

```
A  56,1-8    Sur le Sabbat et le culte
 B  56,9-12  Dénonciation des leaders infidèles
  C  57,1–58,14  Condamnation de l'idolâtrie, promesse aux fidèles
   D  59,1-15a  Lamentation sur la communauté
    E  59,15b-20  Intervention du guerrier divin
     F  60–62  Promesses du salut
    E'  63,1-6  Intervention du guerrier divin
   D'  63,7–64,12  Lamentation sur la communauté
  C'  65,1-25  Condamnation de l'idolâtrie, promesse aux fidèles
 B'  66,3-4  Dénonciation des infidélités
A'  66,1-24  Sur le temple, le sacrifice et le culte
```

2.2.3 John N. Oswalt[19]

John N. Oswalt préfère ne pas trop entrer dans les détails dans sa recherche des symétries. Il présente ainsi une structure avec des parallélismes sélectionnés prudemment et qui se limitent aux symétries les plus évidentes du texte. Ainsi il mentionne une symétrie entre 56,1-8 et 66,18-24. Ces unités sont centrées sur les adorateurs étrangers et les conditions de leur intégration dans le peuple de Dieu. De leur côté

---

[18] Cf. G.I. EMMERSON, *Isaiah*, 20.
[19] Cf. J.N. OSWALT, *Isaiah 40–66*, 465.

56,9–59,15a et 63,7–66,17 forment la seconde symétrie. Ils proclament tous la pratique de la justice et le respect de l'éthique comme condition pour obtenir le salut. La troisième symétrie constituée de 59,15b-21 et 63,1-6, décrit l'intervention imminente du Seigneur en tant que guerrier pour venger les opprimés et punir les infidèles. Pour Oswalt, l'axe central 60–62 proclame une espérance eschatologique. Les promesses annoncées ne sont pas imminentes, mais suscitent et entretiennent une espérance qu'il qualifie d'eschatologique. Sa structure se présente ainsi:

> A 56,1-8 Adorateurs étrangers
> B 56,9–59,15a Justice et éthique
> C 59,15b-21 Le guerrier divin
> **D 60–62 L'espérance eschatologique**
> C' 63,1-6 Le guerrier divin
> B' 63,7–66,17 Justice et éthique
> A' 66,18-24 Adorateurs étrangers

2.2.4 Odil H. Steck[20]

Odil H. Steck présente une structure concentrique assez complexe. Il réunit plusieurs unités littéraires dans les mêmes symétries de sorte que dans une symétrie peuvent se retrouver plusieurs chapitres. On peut dire que sa structure est l'opposée de celle proposée par John N. Oswalt. Ce regroupement de plusieurs unités a permis à Steck de réduire les symétries à trois. Il relève pour commencer une correspondance entre 56,1-8 et 66,18-24. Ceux-ci traitent des nouvelles considérations ou conditions d'appartenance au peuple de Dieu. La seconde symétrie réunit 56,9–57,13; 57,14-21; 58 d'une part et 65,1-6; 65,17-25; 66,1-17 de l'autre. Toutes ces unités sont centrées sur les dénonciations et les accusations contre les idolâtries et les infidélités de tout genre. La troisième symétrie relie le chap. 59 à 63,1-6.7-14; 63,15–64,11. Ici, le thème dominant est les lamentations du peuple. Notons que Steck ne mentionne pas de façon explicite la fameuse intervention imminente du Seigneur qui vient se venger contre les infidèles. Il préfère la dissimuler dans le thème général des accusations. Selon, Steck, l'axe central 60–62 proclame le salut pour Sion.

---

[20] Cf. O.H. STECK, *Arbeitsblätter*, 21 (cité dans: U. BERGES, *Das Buch Jesaja*, 420).

A 56,1-8 Nouvelles considérations du peuple de Dieu
　B 56,9–57,13; 57,14-21; 58 Dénonciations et accusations
　　C 59 Lamentations du peuple
　　　D 60–62 Le salut pour Sion
　　C' 63,1-6.7-14; 63,15–64,11 Lamentations du peuple
　B' 65,1-16; 65,17-25; 66,1-17 Dénonciations et accusations
A' 66,18-24 Nouvelles considérations du peuple de Dieu

2.2.5 Norman K. Gottwald[21]

Norman K. Gottwald est l'auteur qui propose la structure la plus détaillée[22]. Contrairement aux auteurs précédents qui ont opté pour un minimum de symétries, Gottwald en compte six dont la première relie 56,1-8 et 66,7-24. Ces chapitres proclament l'extension du salut aux étrangers qui observent la loi. Ensuite 56,9–57,13 correspondent à 66,1-6. Ils soulignent la culpabilité des mauvais guides, responsables de l'égarement du peuple. La troisième symétrie met ensemble 57,14-21 et 65,17-25 dans lesquels le salut est proclamé pour les peuples. Par ailleurs 58,1-4 et 65,1-16 forment une quatrième symétrie et dénoncent les cultes corrompus. Une cinquième symétrie est constituée de 59,1-15a et 63,7–64,12 et décrit les lamentations et les confessions du peuple, tandis que la dernière symétrie formée de 59,15b-21 et 63,1-6, encadre l'axe central et est une théophanie du jugement qui consistera en une punition pour les infidèles et une récompense pour les fidèles. Il s'agit de la rédemption pour ceux qui observent la loi.

A 56,1-8 Proclamation du salut pour les étrangers
　B 56,9–57,13 Inculpations des mauvais guides
　　C 57,14-21 Proclamation du salut pour les peuples
　　　D 58,1-4 Dénonciation du culte corrompu
　　　　E 59,1-15a Lamentations et confessions des péchés
　　　　　F 59,15b-21 Théophanie du jugement/rédemption
　　　　　　G 60–62 Proclamation de la rédemption totale du peuple
　　　　　F' 63,1-6 Théophanie du jugement/ la rédemption
　　　　E' 63,7–64,12 Lamentations et confessions des péchés
　　　D' 65,1-16 Dénonciations du culte corrompu
　　C' 65,17-25 Proclamation du salut pour les peuples
　B' 66,1-6 Inculpation des mauvais guides
A' 66,7-24 Proclamation du salut incluant les étrangers

---

[21] Cf. N.K. GOTTWALD, *Hebrew Bible*, 507.
[22] Gottwald ne qualifie pas sa structure de concentrique, mais nous le citons parce que sa représentation respecte toutes les caractéristiques d'une telle structure.

2.2.6 Observations critiques

Ce second groupe d'auteurs préfèrent garder les chaps. 60–62 comme axe central. Ces chapitres sont en effet reconnus par la quasi-totalité des exégètes comme le noyau autour duquel s'est formé le Trito-Isaïe. Ainsi, pour Rémy Lack et son groupe, les symétries ne peuvent se dessiner qu'autour du noyau central, car les autres unités du Trito-Isaïe ne forment que les versants de ce noyau central. A ce sujet Oswalt trouve la proposition de Charpentier peu convaincante au niveau des symétries comme au centre de la symétrie[23]. Pour lui, le chapitre 61 ne peut à lui seul former le centre de la symétrie, c'est tout le noyau central formé des chaps. 60–62. Lack et Steck s'alignent pratiquement derrière Oswalt dans leur structuration du Trito-Isaïe, tandis que Emmerson et Gottwald tout en gardant le même noyau central comme axe de leur structure se démarquent de Oswalt, Steck et Lack en ce qui concerne les symétries autour de l'axe central. Gottwald en particulier relève plus de symétries autour de l'axe que ses partisans.

Tout en reconnaissant à ces auteurs leur grand effort d'observation et d'analyse, il faut dire que leur proposition est très prudente et ne prend surtout pas le risque de trouver un axe central plus précis. Oswalt le reconnaît humblement en affirmant que les chercheurs ne sont d'accord que sur les généralités de la structure concentrique du Trito-Isaïe. Sur les détails, beaucoup de divergences apparaissent[24]. Mais cette prudence constitue en même temps la faiblesse de leur proposition. Du fait que l'axe central s'étend à une unité littéraire de trois chapitres, il sera plus difficile de définir un thème central bien précis. Dans une structure concentrique, il y a un avantage à localiser l'axe central dans un chapitre ou une portion de chapitre bien délimitée. Cela facilite au lecteur la recherche du sujet ou des sujets principaux du texte. Par ailleurs, ces auteurs en cherchant à simplifier la structure se retrouvent avec des symétries regroupant plusieurs unités littéraires. Chez Steck en particulier, il sera difficile d'établir un tableau des symétries avec des correspondances claires entre les chapitres. Sur ce plan, Gottwald fait exception en présentant une structure assez détaillée bien que l'axe central s'étende sur trois chapitres.

---

[23] Cf. J.N. OSWALT, *Isaiah 40–66*, 463-466.
[24] Cf. J.N. OSWALT, *Isaiah 40–66*, 463-466.

2.3 *Robert H. O'Connell et Curtis W. Fitzgerald*

O'Connell et Fitzgerald se démarquent des auteurs précédents en proposant des structures concentriques un peu plus complexes et plus originales. O'Connell mentionne des pivots soit des transitions d'une symétrie à l'autre tandis que Fitzgerald trouve une hiérarchie thématique entre les différentes symétries.

2.3.1 Robert H. O'Connell[25]

O'Connell fait une proposition de structure concentrique asymétrique du Trito-Isaïe. Selon lui, le Trito-Isaïe doit être lu comme une dispute sur l'alliance[26]. Une telle lecture permet de repérer des unités et des sous-unités thématiques afin d'établir une structure du livre. Ainsi, se basant, sur une étude critique de ses prédécesseurs, il parvient à la conclusion que le Trito-Isaïe est formé de sept unités littéraires asymétriques et concentriques, plus des passages de transitions d'une unité à une autre, transition qu'il appelle pivot dans sa structure. Outre les pivots, O'Connell mentionne des intrusions de versets hors contexte qu'il met entre griffes ou entre parenthèses dans sa structure. Rappelons que pour O'Connell, le Trito-Isaïe va de 55,1 à 66,24. Par cette délimitation, il s'écarte des auteurs qui sont tous partisans de la subdivision du livre selon Duhm[27]. Par ailleurs, la structure d'O'Connell est complexe et difficile à décrire avec précision. Elle peut cependant être simplifiée en éliminant certains détails techniques sans trahir l'idée de l'auteur. Nous obtiendrons ainsi des symétries alternées avec les pivots qui servent de transition donnant à la structure son caractère concentrique asymétrique. Après simplification, 55,1–56,8 correspond à 65,2–66,24. Les deux unités consistent en une invitation à renouveler l'alliance. De son côté 56,9–57,13-21 est symétrique à 58,1–59,15a et 63,7–64,11; 65,2-7. Ces passages traitent des accusations, des exhortations et des appels à la conversion. Quant à 59,15b-20 et 63,1-6, ils forment aussi une symétrie et décrivent la venue du Messie vengeur.

L'axe central (61,1-3a) proclame le jour de la vengeance. Les symétries relevées forment en alternance avec les pivots la structure que nous propose O'Connell:

---

[25] Cf. R.H. O'Connell, *Concentricity and Continuity*, 219.
[26] Cf. R.H. O'Connell, *Concentricity and Continuity*, 219.
[27] Cf. B.L. Duhm, *Das Buch Jesaja*, XII-XXIII.

> A   55,1–56,8 Invitation à renouveler l'alliance et ses conséquences
> B 56,9–57,13 [14-15] 16-21 Accusation et ultimatum
>   A 57,14-15 Exhortation et pivot
> B' 58,1-8 [9a] 9b–59,15a Accusation et appel à la conversion
>   B 58,9a Pivot
>   C 59,15b-20 Prophétie de la venue du Messie, vengeur de Sion
>   (59,21) Nouvelle alliance à travers l'oint du Seigneur
>   D 60,1-13 [14-15] 16-20 Annonce de la rédemption à Sion
>   (60,14-15) Pivot
> **Centre**   **E 61,1-3a Pivot: Jour de la vengeance**
>   D' 60,21-22 [61,1-3a] 3b-11 Annonce de la rédemption à Sion
>   D'' 62,1-9 [10] 11-12 Annonce de la rédemption à Sion
>   62,10 Exhortation et pivot
>   C' 63,1-3 [4] 5-6 Portrait du vengeur de Sion
>   C'' Pivot: La venue du vengeur de Sion. Temps de la vengeance
> B'' 63,7–64:11; [65,1] 2-7 [?] Accusation, exhortation au repentir
>   (65,1) pivot «Me voici!»
> A' 65,2-7 [?], 8–66,24 Ultimatum: menaces et invitation à renouveler l'alliance

2.3.2 Curtis W. Fitzgerald[28]

Fitzgerald part de l'hypothèse que le Trito-Isaïe annonce le retour de YHWH à Jérusalem pour délivrer les opprimés et les fidèles, mais aussi pour punir ceux qui ont transgressé la loi. Par ailleurs, Jérusalem sera exaltée et deviendra le centre d'attraction de tout l'univers. Cette venue imminente de YHWH est exprimée six fois par la racine בא, en 56,1; 59,20; 61,1; 62,11; 63,1; 66,23. A ce thème principal s'ajoutent des thèmes secondaires tels que les accusations, les lamentations et confessions. Pour Fitzgerald, cette hiérarchie thématique est le fil conducteur du message et un indice efficace pour déterminer la structure du texte[29]. Aussi propose-t-il une structure tripartite et thématique autour des six passages annonçant la venue de YHWH. Chacune des trois parties est bâtie sur au moins un des six passages clés annonçant le venue de YHWH. Ainsi dans la première partie, 56,1 et 59,20 constituent les fondements de l'unité littéraire. En outre, 61,1 et 62,11, forment le noyau de la seconde partie tandis que 63,1 et 66,23 sont les piliers de la troisième partie. Notons que l'axe central, situé en 61,1-3, annonce la mission prophétique soit l'intervention imminente de YHWH qui est bien le thème central mentionné plus haut. Il y a donc

---

[28] Cf. C.W. FITZGERALD, *Rhetorical Analysis*, 49.
[29] L'étude de Fitzgerald étant une analyse rhétorique, les indices littéraires ont joué un rôle déterminant dans sa structure.

une logique thématique dans la structure proposée par Fitzgerald qui l'illustre comme suit:

>   A 56,1-8 Annonce de la mission
>   B 56,9-9,8 Accusation
>   C 59,9-15 Lamentation et confession
>   A' 59,16-21 Annonce de la mission
>   *A 60,1-3 Annonce de la mission*
>   *B 60,4-22 Changement du sort d'Israël*
>   **Axis: 61,1-3 La mission prophétique d'Isaïe**
>   *B' 61,4-62,9 Changement du sort d'Israël*
>   *A' 62,10-12 Annonce de la mission*
>   A 63,1-6 Annonce de la mission
>   B 63,7-64,12 Lamentation et confession
>   C' 65,1-66,17 Accusation
>   A' 66,18-24 Annonce de la mission

2.3.3 Observations critiques

Les propositions de O'Connell et Fitzgerald sont plus complexes mais aussi plus originales comme nous l'avons déjà relevé plus haut. O'Connell, en particulier introduit dans sa structure les asymétries et les pivots[30]. Une combinaison qui lui permet d'établir une cohérence interne entre toutes les parties de la structure tout en évitant la tentation de trouver des symétries douteuses ou de se retrouver avec des chapitres isolés. Les pivots constitués des insertions thématiques sans liens apparents avec le contexte servent de transition, donc de jonction entre les parties. Les asymétries créent un effet inattendu et attirent l'attention du lecteur sur un aspect particulier que l'auteur veut accentuer. Comme le dit O'Connell lui-même, sa structure est née dans le contexte de l'analyse rhétorique dont l'objectif principal est l'interprétation du texte à travers sa composition littéraire[31]. Cette structure complexe est d'une utilité indéniable pour une analyse rhétorique du texte. Mais force est de reconnaître que la proposition de O'Connell est trop complexe et difficile à cerner. La schématisation est trop technique et risque de créer des confusions plutôt que d'éclairer le lecteur qui cherche à

---

[30] Les méthodes de schématisations utilisées par O'Connell sont complexes. D'où la nécessité d'une simplification. Cf. R.H. O'CONNELL, *Concentricity and Continuity*, 231-236.

[31] Cf. notes 67 et 68.

comprendre le Trito-Isaïe à travers cette structure. La complexité de cette proposition reste donc son handicap majeur dans cette tentative de présenter une structure cohérente et complète du Trito-Isaïe. Une autre difficulté non négligeable réside dans la délimitation du texte. En effet O'Connell est de ceux qui associent le chap. 55 au Trito-Isaïe faisant des chaps. 55-66 une seule unité. Cet ajout rend la structure proposée encore plus complexe quoique justifiable.

Fitzgerald présente aussi une structure particulière qui s'appuie sur des sous-unités thématiques cohérentes en elles-mêmes et avec les autres. On pourrait parler ici de symétries «inter-unitaires» et «extra-unitaires». Sa structure se présente donc en trois sous-unités indépendantes en soi et cohérentes à travers des symétries «inter-unitaires» (symétries entre les versets d'une même partie), mais aussi reliées entre elles par des symétries «extra-unitaires» (symétrie entre les parties elles-mêmes), de sorte qu'elle présente l'aspect d'un grand ensemble avec des sous-ensembles. La proposition de Fitzgerald est cohérente et acceptable. Elle est thématique et fondée sur une lecture attentive du texte. Mais comme celle de O'Connell, la structure de Fitzgerald est conçue pour être au service de l'analyse rhétorique et ouvre peu de voies à d'autres genres d'interprétation du texte.

3. Considérations littéraires et thématiques

La structure d'un texte est perçue non seulement à travers une lecture attentive du texte, mais aussi par la capacité de noter et de relever les indices littéraires et thématiques caractérisant ce texte. Dans cette section, outre les observations littéraires signifiantes pour la structuration d'un texte, nous allons repérer le vocabulaire et les thèmes dominants du texte en vue d'une proposition de structure acceptable dans la quatrième partie.

3.1 *Considérations littéraires*

3.1.1 Délimitation du Trito-Isaïe

Depuis Duhm, la délimitation du Trito-Isaïe comme unité ne fait pas toujours l'unanimité entre les chercheurs. Une des dissensions importantes à ce sujet est la place du chap. 55 dans la subdivision du livre. On distingue deux tendances dominantes dont la première considère le chap. 55 comme un épilogue des chaps. 40-54 (Deutéro-Isaïe) et la seconde le qualifie d'introduction aux chaps. 56-66 (Trito-Isaïe). En effet, Roy F. Melugin et ses partisans soutiennent que le chap. 55 appartient au Deutéro-Isaïe. Pour eux, 55,6-13 forme une unité kérygmatique et constitue un épilogue à toute la collection[32]. Melugin relève des liens entre 55,1-6 et le chap. 54 comme le concept de l'alliance éternelle (54,10 וברית שלומי; 55,3 ברית עולם). Il ajoute que ce lien n'est pas purement mécanique ou littéraire, mais un principe théologique d'organisation. En outre, Melugin voit dans 55,6-13 et 40,4-8 une inclusion autour des chaps. 40–55. Pour se justifier, il relève des parallélismes entre 55,6-7 qui selon lui traite du retour de YHWH miséricordieux et 40,1-2 qui parle de la punition du Jérusalem, toujours dans le contexte du retour de YHWH. Il mentionne aussi des allusions à la captivité en 55,11-12 d'une part et 40,3-5 de l'autre. Enfin, Melugin voit un parallélisme entre la fidélité de Dieu en 40,6-8 et la faiblesse de l'homme en 55,8-9.

Paul D. Hanson, partisan de Melugin affirme aussi que le chap. 55 appartient au Deutéro-Isaïe mais en s'appuyant sur des critères littéraires. Pour lui, l'unité du Trito-Isaïe est fondée sur des bases métriques. Il affirme qu'une analyse poétique de ce chapitre montre que son style est de la période exilique alors que celui du Trito-Isaïe est de la période postexilique.[33] Mais la majorité des partisans de Melugin, vont plutôt dans la direction de Duhm[34] qui se base sur une analyse du vocabulaire pour affirmer l'unité du Trito-Isaïe, en reliant ainsi le chap. 55 au Deutéro-Isaïe.

Marvin A. Sweeney[35] et Robert H. O'Connell[36] sont les principaux opposants de Melugin. Pour Sweeney, le chap. 55 pourrait bien être une introduction au Trito-Isaïe. Il relève différents liens entre le chap. 55 et le chap. 56 dont le vocabulaire similaire entre 56,5 (שם עולם לא יכרת) et 55,13 (לא יכרת); 56,1(בורק) et 55,6 (קבור); 56,4 (חפץ) et 55,11 (חפץ); 55,12 (בשמחה) et 56,7 (ושמחתים).

Un autre argument de Sweeney[37] est l'utilisation des impératifs singuliers féminins en référence à Sion (comme peuple) dans le chap. 54, tandis que dans les chaps. 55 et 56 des impératifs masculins pluriels

---

[32] Cf. P.-É BONNARD, *Le Second Isaïe*, 30; R.F. MELUGIN, *Formation*, 172; H.C. SPYKERBOER, *The Structure and Composition*, 184-85; J.N. OSWALT, *The Book of Isaiah*, 432; C. WESTERMANN, *Isaiah 40–66*, 286-87; J.A. MOTYER, *Isaiah*, 343.

[33] Cf. P.D. HANSON, *The Dawn*, 33-46. Notons en passant la position de Alexander Rofé qui étend le Trito-Isaïe jusqu'au chapitre 54: Cf. A. ROFÉ, «The Extent of Trito-Isaiah», 128-135.

[34] Cf. B.L. DUHM, *Jesaia*, 418.

[35] Cf. M.A. SWEENEY, *Isaiah 1-4*, 216-218.

[36] Cf. R.H. O'CONNELL, *Concentricity and Continuity*, 218.

[37] Cf. M.A. SWEENEY, *Isaiah 1-4*, 216-218.

sont utilisés pour s'adresser au peuple en relation avec l'alliance. Il ajoute pour finir qu'en 55,6-13, le prophète exhorte le peuple à entrer dans l'alliance de manière active alors que dans les sections précédentes il parle de l'alliance sans aucun indice d'exhortation.

Pour O'Connell[38], la nature exhortative du chap. 55 le lie forcément aux chaps. 56–66. Selon lui, le Trito-Isaïe va du chap. 55 au chap. 66 avec une dispute sur l'alliance comme thème central. Il trouve la différence de style entre les chaps. 55 et 66 pas assez significative pour les séparer en deux sections différentes. Il relève par contre une relation thématique entre le chap. 66 et toute la section allant du chap. 55 au chap. 66.

Il y a des arguments valides pour l'une ou l'autre position, mais il faut reconnaître que la tendance actuelle des chercheurs est de rattacher le chap. 55 au Deutéro-Isaïe. En effet, l'unité du Trito-Isaïe (chaps. 56–66) peut être défendue de façon convaincante en démontrant que le chap. 56 ouvre une nouvelle section ou unité. Le premier indice qui montre un début d'unité est la classique expression «כה אמר יהוה» en 56,1, mais il est clair que ce seul indice ne suffit pas pour parler de nouvelle section puisque cette expression peut bien intervenir au milieu d'une section. Notons que l'auditoire du prophète ne semble plus être le même que celui du chap. 55. Toute l'introduction du chap. 56 (vv. 1-8), s'adresse à des fidèles composés de juifs, d'étrangers (56,3 הנכר) et des eunuques (56,4 סריסים). Les impératifs (שמרו, gardez et ועשו, pratiquez) en 56,1 s'adressent à tous sans aucune ségrégation. L'accent mis sur la fidélité et l'exhortation semble s'adresser à ceux qui observent déjà la loi. Les impératifs en 55,6 (דרשו, cherchez; קראהו, appelez), semblent plutôt un appel à la conversion. Le prophète s'adresse aux méchants et aux infidèles. Les mêmes constats peuvent être faits entre 55,7 qui s'adresse au méchant (רשע) et à l'homme injuste (איש און) et 56,4.6 qui concerne le בן הנכר (fils de l'étranger) et les סריסים (eunuques) qui observent la loi. Ces passages montrent clairement qu'il s'agit de deux exhortations bien distinctes ne visant pas les mêmes objectifs. Celle du chap. 55 est un appel à la conversion et s'adresse à ceux qui sont infidèles à l'alliance tandis que l'exhortation du chap. 56 est une incitation à persévérer dans l'observance de la loi adressée à tous ceux qui la gardent, quelle que soit leur origine.

Le concept de l'alliance ne semble pas non plus identique dans les deux chapitres. Tandis que le chap. 55 parle d'une alliance que le Sei-

---

[38] R.H. O'CONNELL, *Concentricity and Continuity*, 218.

gneur établira dans le futur (55,3 וְאֶכְרְתָה, je conclurai ou établirai), le chap. 56 parle d'une alliance déjà établie que le prophète exhorte à garder (56,4.6 מַחֲזִיקִים, ceux qui s'attachent). Enfin, on peut parler d'une inclusion confirmant l'unité des chaps. 56–66 formée des répétitions des racines comme suit: בוא (56,1 et 66,18); שבת (56,2 et 66,23); בית (56,5 et 66,20); שם (56,5 et 66,23); קבץ (56,8 et 66,18)[39].

Toutes ces observations nous permettent d'affirmer que les chaps. 56–66 forment une unité littéraire et thématique.

3.1.2 La structure tripartite et ses apports

La structure tripartite naît d'une considération diachronique, selon laquelle le Trito-Isaïe serait composé autour des chaps. 60–62 qui seraient le noyau d'origine. Ce noyau aurait été composé très tôt après l'exil. Autour de ce noyau se seraient formées progressivement deux unités composées des chaps. 56–59 et 63–66. Notons en passant qu'il n'y a pas unanimité sur l'unité des chaps. 63–66. Certains auteurs[40] y voient deux unités à savoir les chaps. 63–64 d'une part et les chaps. 65–66 de d'autre part. Mais dans l'ensemble la structure tripartite est largement acceptée[41]. Outre le consensus autour du noyau, les unités des chaps. 56–59 et 63–66 reposent sur une distribution équilibrée des paragraphes massorétiques selon Blenkinsopp[42]. Les deux unités comprennent à quelques exceptions près huit paragraphes chacune. Cela nous conduit donc à la formule A-B-A (56–59, 60–62, 63–66). Blenkinsopp ira plus loin en relevant aussi une structure tripartite à l'intérieur du noyau central autour de 61,1-3. D'après son observation ce noyau est entouré de deux unités équilibrées qui forment avec ce noyau une autre formule, a-b-a, à l'image de la formule A-B-A du Trito-Isaïe[43].

Comme nous le constatons, la structure tripartite reste très valide et présente des arguments convaincants pour le lecteur. Son approche diachronique a l'avantage de fonder la structure sur l'évolution thématique de la composition du Trito-Isaïe. Le consensus autour d'un noyau

---

[39] Cf. C.W. FITZGERALD, *Rhetorical Analysis*, 40-42.

[40] Parmi ceux qui proposent ou acceptent cette subdivision figurent par exemple: K. PAURITSCH, *Die neue Gemeinde*, 171-210; D.M. CARR, «Reading Isaiah», in *New Visions of Isaiah*, 204-218; E.U. DIM, *Eschatological Implications*, 31-51.

[41] Cf. E. ACHTEMEIER, *The Community and Message*, 29-103; S. SEKINE, *Sammlung*, 229-233; O.H. STECK, *Studien zu Tritojesaja*, 27-45; U. BERGES, *Das Buch Jesaja*, 462-483; M.A. SWEENNEY, *Form and Intertextuality*, 18-21.

[42] Cf. J. BLENKINSOPP, *Isaiah 56–66*, 38-39.

[43] Cf. J. BLENKINSOPP, *Isaiah 56–66*, 38-39.

central constitue un fondement solide pour la structure tripartite. La répartition équilibrée des unités 56–59 et 63–66 basée sur des observations littéraires reste valide. La structure a-b-a du noyau central, fondée sur une analyse de stiques, démontre que 61,1-3 est précédé de 44 stiques et suivi de 44 autres, le plaçant ainsi au centre du noyau (60–62). Cette analyse donne à la structure tripartite un caractère plus convaincant. L'emplacement de 61,1-3 au centre est loin d'être une pure coïncidence. Cela ressemble à une construction réfléchie, organisée et visant un objectif précis.

a) *Les chaps. 56–59*

Is 56,1 apparaît comme un verset programmatique de cette unité en deux volets: garder (שמרו, gardez) et pratiquer (ועשו, pratiquez) la loi pour être intégré au nouveau peuple de Dieu, et hériter d'un salut qui sera universel, non seulement national, et fondé sur la fidélité (56,2-8). La justice qui arrive (כי־קרובה ישועתי, car ma justice arrive) et le salut qui va se dévoiler seront à la fois rédemption pour les fidèles et dénonciation, condamnation, vengeance contre les infidèles. Notons le parallélisme entre 56,1 et 59,21 (אמר יהוה, oracle du Seigneur), ainsi que l'inclusion entre 56,1 (לבוא) et 59,20 (ובא).

Sur le plan lexical, un certain nombre de mots ou groupe de mots clés dominent cette unité. Ces mots et groupes peuvent être regroupés en diverses catégories dont trois essentielles. Le vocabulaire de la restauration qui inclut le salut, la justice, la paix, la guérison et le réconfort. Il se note en 56,1 צדקה משפט (salut, justice), 57,2 שלום (paix), 57,14 הרימו מכשול (faites sauter les obstacles), 57,15 ולהחיות לב נדכאים (et rendre la vie aux cœurs broyés), 57,18 ארפאהו אשלם נחמים (je guérirai, prodiguerai réconfort), 58,8 ארוכה (rétablissement ou guérison)[44].

Dans cette unité se remarque aussi le vocabulaire de la fidélité en 56,1 שמר צדקה (pratiquer la justice), 56,2 שמר שבת (observer le sabbat), שמר ידו מעשות כל רע (garder la main de tout mal), 56,4 שמר שבתותי (garder mes sabbats), ומחזיקים בבריתי (et se tiennent dans mon alliance).[45] Nous

---

[44] D'autres expressions exprimant la restauration se retrouvent dans bien d'autres passages comme 58,9 (le Seigneur répondra), 58,10 (lumière), 58,11 (guider, rassasier, saturé d'eau), 58,12 (rebâtira, relèvera, réparateur, restaurateur), 58,13 (jouissance, glorieux), 58,14 (jouissance, savourer), 59,16 (bras, salut), 59,17 (justice, casque de salut), 59,19 (rédempteur pour Sion).

[45] Ces mots et d'autres de ce genre se remarquent aussi en 56,6 (s'attacher au Seigneur, être serviteur, garder le sabbat, se tenir dans l'alliance), 59,19 (craindra le nom du Seigneur), 59,21 (alliance avec eux, Esprit sur toi).

remarquons également le vocabulaire de l'infidélité et de l'injustice en 56,11 כלם לדרכם פנו (se tourner vers son propre chemin), 57,1 הצדיק אבד (le juste périt), 57,3 נאף, זנה (adultère, prostituée) 57,4 שקר, פשע (révolte ou tromperie), 57,5 שחטי הילדים (immole les enfants), 58,1 חטאתם פשעם (fautes, révolte), 58,2 משפט עזב (abandonner le droit), 58,4 להכות מֶצה (querelle, disputes, frapper méchamment), 59,2 עונתיכם (perversités, faute)[46].

Relevons pour finir des expressions exhortant le culte authentique en 58,6 פתה חרצבות רשע (dénouer les liens de la méchanceté), התר אגדות (détacher les courroies), מוטה שלח (renvoyer libre), כל־מוטה תנתקו (mettre en pièces tous les jougs), 58,7 פרס לרעב לחמך (partager de ta nourriture avec l'affamé) עניים מרודים תביא בית (héberger les sans-abris), ערם כסיתו (couvrir les nus).

b) *Les chaps. 60−62*

Dans cette unité, on peut aussi parler de verset programmatique en 60,1 (קומי אורי, mets-toi debout, brille!); c'est la réalisation de ce qui est annoncé aux chaps. 56−59. Ceux qui sont restés fidèles sont ceux qui hériteront de ce salut (62,11). Le nouveau peuple fondé sur la fidélité, cette nouvelle Jérusalem universelle non seulement nationale, constituée des fidèles, devient la lumière de toutes les nations, un peuple ou une nation de saints (וקראו להם עם־הקדש, on les appellera peuple de saints) (62,12). Cette annonce se réalisera par l'envoyé, le messie au chap. 61.

Sur le plan lexical, les mots ou groupes de mots clés qui dominent cette unité peuvent être regroupés en diverses catégories dont le vocabulaire de la lumière en 60,1 אור (lumière), 60,3 אור, נגה (lumière, clarté), 60,5 נהר (rayonner), 60,19 יומם אור (soleil, lumière du jour), 60,20 ירח, אור (lune lumière), 60,21 et 61,3 פאר (splendeur), 62,1 נגה (clarté, flambeau qui brûle). Le vocabulaire du règne de Dieu incluant: la gloire de Dieu, la louange, la paix, le salut, la justice et d'autres expressions dénotant la présence de Dieu. Il se note en Is 60,1 כבוד יהוה קומי (debout, la gloire du Seigneur), 60,2 כבוד עליך (gloire sur toi), 60,17 שלום (paix), 60,18 ישועה (salut), תהלה (louange), 61,1 בשר (joyeux message), פקח־קוח

---

[46] L'on pourrait multiplier les exemples en mentionnant aussi 59,3 (paumes tachés de sang, tromperie, perfidie), 59,6 (paumes violentes), 59,7 (pieds vers le mal, pensées malfaisantes), 59,8 (pas le chemin de la paix, pas le droit), 59,12 (révoltes, fautes, perversités), 59,13 (révolter, rejeter, projeter extorsion, détournement, concevoir paroles trompeuses).

(éblouissement), 61,2 שנת־רצון (année de faveur), נקם (vengeance), לנחם (réconforter), 61,3 פאר (diadème), שמן (enthousiasme), מעטה (costume), תהלה (louange), הצדק (justice), להתפאר (se vanter)⁴⁷.

Il faut aussi relever le vocabulaire de la reconstruction et du rassemblement en 60,3 הלכו גוים (les nations marcheront), 60,4 נקבצו (rassemblent), באו־לך (vont arriver à toi), 60,6 יבאו (viendront), ישאו (apporteront), 60,7 יקבצו (sera rassemblé), 60,8 אל־ארבתיהם (idée de retour chez soi), 60,10 ובנו המתיך (rebâtiront les murs), 61,4 ובנו חרבות עולם (et rebâtiront les ruines du passé), יקוממו וחדשו ערי (relèveront, rénoveront la ville)⁴⁸.

c) *Les chaps. 63–66*

Le verset 63,1b peut être qualifié de programmatique, car il annonce le contenu de l'unité: אני מדבר בצדקה רב להושיע (c'est moi qui parle de justice, qui est grand pour sauver). La justice, le salut et la vengeance seront accomplis par Dieu lui-même. L'espérance profonde de la nouvelle Jérusalem universelle, peuple de saints, sera comblée (66,23-24). Sur le plan littéraire, 63,1 (בא) et 66,23 (בוא) forment une inclusion. La nouvelle Jérusalem est formée. Toutes les nations viennent se prosterner devant le Seigneur (66,23 בוא כל־בשר להשתחות לפני). Le Seigneur vient pour venger et rendre justice. On voit les dépouilles des ennemis du Seigneur (66,24 ויצאו וראו בפגרי האנשים הפשעים): plus de méchants, plus d'obstacles à la réalisation du bonheur promis, les pécheurs étant la cause des obstacles.

Trois catégories de mots dominent dans cette unité. La première est le vocabulaire de la colère de Dieu et de la restauration eschatologique en 63,1 רב להושיע, (grand pour sauver), 63,3 בחמתי (colère), 63,4 יום נקם (jour de vengeance), 63,5 זרעי (mon bras), וחמתי (ma fureur), 63,6 ואבוס (et j'écraserai), בחמתי (dans ma colère, fureur), 65,5 עשן (fumée, feu), 65,12 ומניתי לחרב (alors je vous recenserai pour l'épée), לטבה (égorger), 65,17 שמים חדשים (cieux nouveaux), וארץ חדשה (terre nouvelle), 65,18

---

⁴⁷ Ce vocabulaire se retrouve aussi en 60,6 (prêtre du Seigneur, officiants de notre Dieu), 61,7 (jubilation), 61,8 (alliance perpétuelle), 61,9 (descendance bénie), 61,10 (enthousiaste, habit du salut, manteau de justice, diadème), 61,11 (justice, louange en face des nations), 62,1 (justice, salut), 62,3 (couronne de splendeur), 62,8 (stabilité, louange), 62,11 (salut, salaire, récompense), 62,12 (peuple saint, rachetés du Seigneur, la recherchée).

⁴⁸ L'on peut aussi citer 60,12 (troupe des nations), 60,14 (iront vers toi), 60,16 (lait des nations), 61,5 (de toute provenance, fils de l'étranger), 61,6 (fortune des nations), 62,2 (nations verront ta justice, tous les rois ta gloire, nom nouveau).

מָשׂוֹשׂ וְגִילָה (exultation, enthousiasme)⁴⁹. La seconde regroupe le vocabulaire de la miséricorde de Dieu, des plaintes ainsi que des invocations du peuple que nous trouvons en 63,7 כְּרַחֲמָיו וּכְרֹב (selon ta tendresse et bonté), 63,9 בְּאַהֲבָתוֹ (dans ton amour); וּבְחֶמְלָתוֹ (et dans ta compassion), 63,16 אַתָּה אָבִינוּ (toi notre Père), גֹּאֲלֵנוּ (notre rédempteur), 63,17 שׁוּב (reviens), 63,19 לוּא־קָרַעְתָּ שָׁמַיִם יָרַדְתָּ (si tu déchirais les cieux et descendais)⁵⁰. La troisième catégorie est constituée du vocabulaire de la restauration et du rassemblement dans la même foi. Nous pouvons bien le remarquer en 65,21 וּבָנוּ, וְיָשָׁבוּ (rebâtiront, habiteront), וְנָטְעוּ וְאָכְלוּ פִרְיָם (et planteront et mangeront du fruit), 66,18 לְקַבֵּץ אֶת־כָּל־הַגּוֹיִם (rassembler toutes les nations), 66,20 וְהֵבִיאוּ אֶת־כָּל־אֲחֵיכֶם (amèneront vos frères), 66,23 כָל־בָּשָׂר לְהִשְׁתַּחֲוֹת לְפָנַי (toute chair viendra se prosterner devant moi)⁵¹.

3.1.3 La structure concentrique et ses apports

Le point fort de la structure concentrique sont avant tout les symétries qui permettent de découvrir, plus ou moins facilement, les différentes unités littéraires du passage, leurs relations internes et leurs relations les unes aux autres à travers les répétitions et les correspondances. Les différentes structures concentriques présentées dans la deuxième partie du travail convergent toutes vers le noyau central reconnu par les partisans de la structure tripartite à savoir les chaps. 60–62.

La structure concentrique permet une approche synchronique qui ne se fonde pas sur la critique rédactionnelle du texte. Ainsi cette structure nous indique le thème central qui en principe devrait se trouver dans l'axe central ou au sommet de la pyramide (si la représentation est pyramidale). Les correspondances et les symétries souvent fondées sur

---

[49] Nous retrouvons ce vocabulaire en 65,7 (rendrai en plein cœur), 65,13 (mangeront-faim, boiront-soif, jubileront-honte), 65,14 (malaise du cœur, esprit brisé, hurler), 66,6 (paie de retour à ses ennemis), 66,10 (jubiler, exulter, enthousiasme), 66,11 (rassasier, réconfort, jouissez), 66,12 (la paix, gloire des nations), 66,13 (réconforter), 66,14 (enthousiasme, revigorer), 66,15 (feu chars, menace, dettes, flammes), 66,16 (armé de feu, jugement, armé d'épée, transpercer), 66,17 (expier), 66,24 (dépouilles des révoltés, vermine ne mourra pas, feu ne s'éteindra pas, répulsion de toute chair).

[50] Cette même famille de mots se retrouvent aussi en 64,2 (descendrais, secouer les montagnes), 64,6 (cacher ton visage), 64,8 (ne t'irrite pas, ne te rappelle pas, regarde donc), 64,11 (tu resterais inactif), 65,8 (pas détruire l'ensemble), 65,9 (sortir une descendance, un héritier, mes élus), 65,19 (exulter, enthousiasme, ni pleurs, ni cris).

[51] Ce vocabulaire est aussi présent en 65,23 (descendance bénie), 65,25 (lion et bœuf, serpent, ni mal, ni destruction sur toute la montagne sainte), 66,19 (îles lointaines, annonceront ma gloire parmi les nations).

des observations perspicaces ou des analyses littéraires donnent à la structure concentrique une caractéristique scientifique et convaincante. Comme nous avons pu le noter, les différentes structures concentriques présentées nous donnent, malgré les divergences entre les auteurs, un ensemble d'unités littéraires et thématiques qui gravitent autour d'un axe dégagé du noyau central. Il est à noter que le consensus autour du noyau central n'est pas synonyme d'un consensus thématique[52]. C'est dire que la structure concentrique nous indique où se trouve le thème central sans le définir. Il ne s'agit pas d'une uniformisation, mais d'une canalisation ou une orientation.

La diversité d'opinions rend la recherche passionnante et diversifiée tout en restant dans la même structure. Le consensus sur le noyau central ou sur un axe central précis ne garantit pas non plus le consensus sur les différentes symétries. C'est ainsi que plus une structure concentrique est détaillée, plus apparaissent les divergences entre les auteurs. Mais force est de reconnaître que plus la structure est détaillée, elle nous oriente de façon plus précise dans notre compréhension du texte et dans notre recherche du thème central. C'est pour cela que divers auteurs[53] dans leur proposition d'une structure concentrique ne se sont pas contentés de fixer leur axe central sur le noyau du consensus, mais sont allés plus loin en étudiant la structure concentrique du noyau lui-même.

Cette audace nous permet d'établir une relation que nous qualifions de complémentaire entre les partisans de la structure tripartite et ceux de la structure concentrique. En nous appuyant sur les apports de la structure concentrique, nous allons définir quelques sous-unités thématiques des trois grandes unités de la structure tripartite, mettant en même temps en relief une complémentarité possible entre les deux types de structure.

3.2 *Considérations thématiques*

La lecture du Trito-Isaïe n'est pas facile. Les thèmes semblent variés, indépendants et sans une connexion logique entre eux. Mais les dernières approches du Trito-Isaïe dans une optique de la recherche de l'unité du livre d'Isaïe ont entraîné non seulement un nouvel engouement pour l'étude du Trito-Isaïe, mais une reconsidération plus atten-

---

[52] Cela se vérifie chez É CHARPENTIER, *Jeunesse du Vieux Testament*, 79-80 et R. TOURNAY, «Bulletin», 121, qui bien qu'ayant le même axe central dans leur structure, proposent des subdivisions thématiques différentes.
[53] Cf. É. CHARPENTIER, *Jeunesse du Vieux Testament*, 79-80; R. TOURNAY, «Bulletin», 121; P.-É. BONNARD, *Second Isaïe*, 318.

tive et plus profonde des thèmes que l'on y trouve. Ainsi l'on peut affirmer aujourd'hui qu'il est possible d'établir des liens entre les différentes unités thématiques du Trito-Isaïe et même d'y trouver une unité théologique. Les thèmes communément relevés lorsqu'on parle du Trito-Isaïe sont: le salut universel et la rédemption, la justice, le jeûne, le culte, le sabbat, le péché, la sainteté, l'éthique, la foi et le jugement de Dieu[54]. Mais pour rester dans le contexte de l'unité du livre, nous pensons que tous ces thèmes visent un objectif précis qui pourrait être considéré comme le thème principal autour duquel gravitent des thèmes secondaires. Une lecture attentive du Trito-Isaïe confirme les hypothèses[55] selon lesquelles les chaps. 60–62 seraient le noyau autour duquel se sont développées progressivement les autres unités littéraires.

Nous partageons aussi les propositions de structures concentriques qui placent le chap. 61 soit au centre soit au sommet de la pyramide, indiquant ainsi son rôle fondamental dans la recherche du thème principal. En nous appuyant sur le texte et les contributions des différentes structures proposées, nous faisons l'hypothèse que l'objectif principal du chapitre central est de faire renaître l'espérance d'un salut promis qui semble tarder. Cette hypothèse rejoint plus spécifiquement toutes les structures concentriques qui placent 61,1-3 au centre ou au sommet de la structure pyramidale[56]. S'il est vrai que ces versets du chapitre en question annoncent l'envoi en mission du prophète, il est aussi vrai que ces mêmes versets annoncent les destinataires du message du prophète, ceux vers qui il est envoyé, à savoir les prisonniers, les captifs, les pauvres. Par ailleurs le contenu du message à annoncer est aussi révélé: porter un joyeux message, annoncer une année de faveurs, la vengeance du Seigneur (en faveur du pauvre), réconforter les faibles, porter un diadème aux endeuillés. Ce bref discours intense résume pour nous l'objectif principal du sujet parlant qui n'est rien d'autre que porter l'espérance aux désespérés ou mieux encore, rallumer le feu de l'espérance dans les cœurs désespérés.

---

[54] La liste des thèmes ne peut être exhaustive. Elle varie selon les méthodes d'approche des textes bibliques.

[55] Cf. K. PAURITSCH, *Die neue Gemeinde*, 242-245; K. KOENEN, *Ethik*, 103-156; S. SEKINE, *Sammlung*, 68-104; J.L. KOOLE, *Isaiah III*, 28-30; W. LAU, *Schriftgelehrte*, 22-25; U. BERGES, *Das Buch Jesaja*, 427-429; L. RUSZKOWSKI, *Volk und Gemeinde*, 18-21.

[56] Cf. É. CHARPENTIER, *Jeunesse du Vieux Testament*, 79-80; P.-É. BONNARD, *Second Isaïe*, 318-319; R. TOURNAY, «Buletttin», 121; G.J. POLAN, *Ways to Justice*, 15; C.W. FITZGERALD, *Rhetorical Analysis*, 49.

Cela dit, en nous appuyant sur les apports de la structure tripartite et des différentes structures concentriques les plus connues, nous allons parcourir les différentes unités littéraires subordonnées à ce thème central en vue de parvenir à une proposition de structure mettant en relief l'architecture thématique et littéraire du texte. Mais avant d'aller plus loin, relevons les motifs ou les refrains qui reviennent un certain nombre de fois au long du Trito-Isaïe.

3.2.1 Les refrains thématiques

Nous entendons par refrain thématique ou motif, une série de thèmes qui reviennent plus d'une fois comme le refrain d'un chant. Parmi ces motifs citons la défense des opprimés illustrée en 57,15 (להחיות רוח שפלים, redonner vie aux esprits humbles). La défense du pauvre qui s'inscrit dans le thème de la consolation est un motif fréquent dans le Trito-Isaïe. On le retrouve aussi en 58,6-7, et surtout en 61,1-3 où le Messie est envoyé essentiellement vers les captifs, les prisonniers, les opprimés et les cœurs brisés. Par ailleurs, l'élection par l'onction de l'Esprit, se trouve en 59,21 (רוחי אשר עליך, mon Esprit qui repose sur toi), en 61,1 (רוח אדני יהוה עלי, l'Esprit du Seigneur YHWH repose sur moi), mais aussi en 63,11 sous forme de questionnement ou d'interrogation (איה השם בקרבו את־רוח קדשו, où est celui qui mit en eux son Esprit Saint?). Le choix du Seigneur se manifeste par son Esprit qui agit dans ses élus et les pousse à accomplir sa justice. Le thème du rassemblement et de la reconstruction est fréquent et peut se noter dans cette phrase en Is 56,8 (אדני יהוה מקבץ נדחי ישראל עוד אקבץ עליו לנקבציו, le Seigneur YHWH qui rassemble les dispersés d'Israël; je rassemblerai encore en plus de ceux que j'ai rassemblés). Remarquons dans cette dernière la racine «קבץ, rassembler» qui revient trois fois sous des formes diverses: מקבץ, אקבץ, לנקבציו. Le salut promis se manifeste par la reconstruction et le rassemblement des fils d'Israël et de toutes les nations en un seul peuple qui loue le Seigneur. Ce motif se note aussi en 60,14; 60,6; 61,4-5; 62,2-4; 66,18. Des interrogations sur la passivité de Dieu comme nous pouvons le noter en 58,3 (למה צמנו ולא ראית, pourquoi nous jeûnons et tu ne vois pas?), forment un motif qui se retrouve en 58,6-9; 59,1-2; 62,1; 63,15; 64,10-11; 66,5; 66,14. Ces interrogations expriment des plaintes et lamentations. La désobéissance qui se remarque en 65,1 (אמרתי הנני הנני אל־גוי לא־קרא בשמי, j'ai dit «me voici!» à une nation qui n'invoque pas ma voix) est un motif très présent exprimé par les dénonciations et menaces de vengeance. Il se retrouve dans divers passages dont 65,12 et 66,4.

3.2.2 Les sous-unités thématiques

A la lumière des structures concentriques présentées, les trois grandes sections de la structure tripartite à savoir les chaps. 56−59; 60−62; et 63−66 peuvent être subdivisées en sous-unités. Il y a presque unanimité sur les subdivisions des chaps. 56−59 dont les principales sous-unités sont:
  56,1-8: appel à la fidélité et universalité du vrai culte
  56,9−57,13: dénonciations et menaces contres les infidèles
  57,14-21: consolations aux victimes et menaces contre les méchants
  58,1-14: le vrai culte et la vraie observance du sabbat
  59,1-15a: réponse aux plaintes et dénonciation des péchés
  59,15b-21: promesses de manifestation de la justice du Seigneur

Tous les auteurs s'accordent par contre sur les subdivisions du noyau central 60−62 formé des trois chapitres qui le composent[57]:
  60: Sion lumière pour le monde (universalité)
  61: Messie porteur d'espérance eschatologique
  62: Jérusalem nouvelle (universalité)

Des divergences apparaissent quand il s'agit des sous-unités des chapitres 63−66, mais les subdivisons suivantes sont communément acceptées à quelques détails près:
  63,1-6: manifestation de la justice du Seigneur
  63,7−64,11: plainte, confession des péchés et profession de foi
  65,1-12: dénonciation des péchés, préservation des fidèles
  65,13-25: menaces pour les infidèles et consolations pour les fidèles
  66,1-9: dénonciation du faux culte et des plaintes non valides
  66,10-24: nouvelle communauté de foi universelle, nouveau culte
  (66,24, réalisation de la vengeance eschatologique, plus de méchants)

3.2.3 Les thèmes dans la structure tripartite

La structure tripartite, nous le disions, naît des considérations diachroniques qui situent le noyau originel dans les chaps. 60−62. A cet argument, Blenkinsopp[58] ajoute une hypothèse purement littéraire fon-

---

[57] Cf. É. CHARPENTIER, *Jeunesse du Vieux Testament*, 79-80; P.-É. BONNARD, *Second Isaïe*, 318-319; R. LACK, *Symbolique*, 125; R. TOURNAY, «Bulletin», 121; N.K. GOTTWALD, *Hebrew Bible*, 507; G. POLAN, *Ways to Justice*, 15; J.N. OSWALT, *Isaiah 40−66*, 465; G.I. EMMERSON, *Isaiah*, 20; O.H. STECK, *Arbeitsblätter*, 21; R.H. O'CONNELL, *Concentricity and Continuity*, 219; C.W. FITZGERALD, *Rhetorical Analysis*, 49.
[58] Cf. J. BLENKINSOPP, *Isaiah 56−66*, 38-39.

dée sur l'organisation du texte en paragraphes massorétiques. En effet, les unités des chaps. 56−59 et chaps. 63−66 sont composées chacune de huit paragraphes encadrant le noyau central et formant ainsi une structure littéraire du type A-B-A. La structure tripartite ne semble donc pas née des considérations thématiques du texte. Cependant, en nous inspirant de l'apport des unités thématiques de la structure concentrique nous pouvons proposer les thèmes suivants: dénonciations et promesses, réalisation de la promesse, temps du salut et de la vengeance comme le résume le schéma suivant[59]:

> A 56−59 Dénonciations et promesses
> **B 60−62 Réalisation des promesses**
> A' 63−66 Temps du salut et de la vengeance

3.2.4 Les thèmes et les symétries

Les unités et sous-unités nées de la structure concentrique ne suffisent pas à elles seules à former une structure. Elles sont reliées entre elles par des symétries thématiques qui permettent au lecteur d'établir des liens pouvant former une structure. Dans notre contexte, vu la longueur du texte à étudier, nous allons nous limiter à un petit nombre d'exemples de symétries thématiques pouvant être établies entre les unités et sous-unités. De ces symétries naîtra une structure concentrique possible.

Une lecture attentive du texte permet de noter diverses correspondances et symétries thématiques entre les différentes unités et sous-unités mentionnées plus haut. Ainsi, les thèmes de l'universalité et du culte sur la montagne sainte, relient 56,1-8 à 66,10-24: 56,7 אל־הר קדשי, sur ma sainte montagne; 66,20 על הר קדשי, sur ma sainte montagne; 56,8 אקבץ, מקבץ je rassemble, je rassemblerai et 66,18 לקבץ, pour rassembler.

Les dénonciations et les promesses unissent 56,9−57,13 et 66,1-9: 57,1 הצדיק אבד, *le juste meurt*; הרעה נאסף הצדיק, *la méchanceté emporte le juste*; 57,3 בני עננה, *fils de sorcière*; זרע מנאף ותזנה, *descendants de prostitué*; 57,6 שפכת נסך, *verser des libations*; 66,3 מכה־איש, *on abat un homme*; מברך און *on adore des vanités (idôles)*; ובשקוציהם נפשם חפצה, *et*

---

[59] Tous ces thèmes peuvent se retrouver dans les propositions de structures concentriques relevées plus loin en particulier chez É. CHARPENTIER, *Jeunesse du Vieux Testament*, 79-80), Bonnard (P.-É. BONNARD, *Second Isaïe*, 318-319) et Polan (G.J. POLAN, *Ways to Justice*, 15).

ils se plaisent dans des abominations; 66,4 ולא שמעו, *ils n'écoutent pas (soit n'obéissent pas)*; ויעשו הרע, *et font ce qui est mal*[60].

Les consolations dominent en 57,14-21 et 65,13-25: 57,14 פנו־דרך סלו־סלו, *préparez, la route, remblayez le chemin*; 57,15 אשכון ואת־דכא, *je redonnerai vie aux opprimés*; 57,18 וארפאהו, *je le guérirai*; ואשלם נחמים, *je prodiguerai confort (consolation)*; 57,19 ורפאתיו, *et je le guérirai;* שלום, *paix*; et 65,13 עבדי יאכלו *mes serviteurs mangeront*; עבדי ישתו; *mes serviteurs boiront*; 65,18.19 שישו וגילו, *réjouissez-vous, soyez joyeux*[61].

Les dénonciations des péchés, du faux culte, les fruits du culte authentique et la bénédiction des justes établissent une correspondance entre 58,1-14 et 65,1-12: 58,1 פשעם חטאתם, *leurs révoltes, leurs péchés*; 58,4 לריב ומצה, *querelles et disputes*; 65,1 לא־קרא בשמי, *n'invoque pas mon nom*, 65,2 עם סורר, *peuple rebelle*; 65,7 עונתיכם, *vos perversités*; 58,8 שחר אור, *lumière, aurore*; וארכתך מהרה, *et ta guérison rapide*; et 65,8 ברכה בו, *bénédiction à l'intérieur*; 65,9 יורש זרע, *descendance héritera*.

Les plaintes et la confession des péchés forment une symétrie entre 59,1-15a et 63,7–64,11: 59,2 עונתיכם, *vos perversités*; חטאותיכם, *vos péchés*; 59,3 בדם, *dans le sang*; בעון, *dans l'iniquité*; 59,7 מחשבותיהם און, *vos projets pervers*; 63,4 נחמא, *nous avons offensé*; 63,5.6 עדים, *impurs*; עוננו, *nos offenses*[62].

La justice et la vengeance du Seigneur (qui sont en même temps le moment du salut pour les opprimés et les pauvres) établissent une relation entre 59,15b-21 et 63,1-6: 59,16 זרעו וצדקתו, *son bras et sa justice*; 59,17 וילבש צדקה, *et s'est revêtu de justice*; כובע ישועה, *casque du salut*; בגדי נקם, *habit de vengeance*; 59,18 גמלות, *rétribution*; 63,1 מדבר בצדקה, *parle de justice*; להושיע, *pour sauver*; 63,3 באפי, *dans ma colère*; בחמתי, *dans ma furie*; 63,4 יום נקם, *jour de vengeance*; שנת גאולי, *année de rédemption*; 63,5 זרעי, *mon bras*; חמתי, *ma fureur*; באפי, *dans ma colère*[63].

---

[60] Les dénonciations et les promesses sont mentionnées chez É. CHARPENTIER, *Jeunesse du Vieux Testament*, 79-80; P.-É. BONNARD, *Second Isaïe*, 318-319; G.J. POLAN, *Ways to Justice*, 15.

[61] Le thème des consolations est relevé explicitement chez R. TOURNAY, «Bulletin», 121; tandis que la consolation est assimilée à la vengeance de Dieu chez R.H. O'CONNELL, *Concentricity and Continuity*, 219.

[62] Les plaintes et confessions des péchés apparaissent chez divers auteurs dont N.K. GOTTWALD, *Hebrew Bible*, 507; G.I. EMMERSON, *Isaiah*, 20; O.H. STECK, *Arbeitsblätter*, 21.

[63] La justice et la vengeance sont surtout relevées chez É. CHARPENTIER, *Jeunesse du Vieux Testament*, 79-80; P.-É. BONNARD, *Second Isaïe*, 318-319; G.J. POLAN, *Ways to Justice*, 15. Certains auteurs utilisent des terminologies différentes qui ex-

La célébration de Jérusalem comme lumière et salut des nations établit une symétrie entre les chapitres 60 et 62 qui encadrent l'axe central: 60,1 בא אורך, *ta lumière vient*; כבוד יהוה עליך, *la gloire du Seigneur sur toi*; זרח, *brille*; 60,2 עליך יזרח יהוה, *sur toi brillera le Seigneur*; כבודו עליך יראה, *sa gloire descendra sur toi*; 60,3 זרחך, *ta luminosité*; נגה, *clarté*; 60,4 כלם נקבצו, *tous se rassembleront*; 60,5 נהרת, *rayonnant*; 60,14 עיר יהוה, *ville du Seigneur*; קדוש ישראל, *le Saint d'Israël*; 60,20 אור עולם, *lumière éternelle*; et 62,1 כנגה צדקה, *comme une clarté, la justice*; ישועתה כלפיד, *la salut comme une torche*; 62,2 גוים צדקך, *les nations, ta justice (verront)*; מלכים כבודך, *les rois ta gloire*; 62,7 ירושלם תהלה בארץ, *Jérusalem, louange sur la terre*; 62,11 ישעך בא, *ton salut arrive*; 62,12 עם־הקדש, *peuple de saints*; עיר דרושה, *ville recherchée*.[64]

Les symétries à peine relevées donnent le schéma qui suit:

56,1-8 Universalité du culte
  56,9–57,13 Dénonciations et promesses
    57,14-21 Consolation
      58,1-14 Dénonciations du faux culte
        59,1-15a Plaintes et dénonciations
          59,15b-20 Justice du Seigneur
            60 Jérusalem lumière des nations
              61 Messie porteur du salut (consolation, et vengeance)
            62 Jérusalem salut des nations
          63,1-6 Justice du Seigneur
        63,7–64,11 Plaintes et confessions de péchés
      65,1-12 Dénonciations de péchés
    65,13-25 Consolation
  66,1-9 Dénonciations et promesses
66,10-24 Universalité du culte

---

priment également l'idée de la vengeance. C'est le cas de J.N. OSWALT, *Isaiah 40–66*, 465; G.I. EMMERSON, *Isaiah*, 20. Ces derniers parlent de l'intervention du divin guerrier. Gottwald, pour sa part, parle de la théophanie du jugement: cf. N.K. GOTTWALD, *Hebrew Bible*, 507.

[64] La célébration de Jérusalem prend aussi des terminologies différentes selon les auteurs. Ainsi, Bonnard parle de la gloire de Jérusalem (cf. P-É. BONNARD, *Second Isaïe*, 318-319), Tournay qualifie Jérusalem de «cité du salut» (cf. R. TOURNAY, «Bulletin», 121) et Lack sous-entend la gloire de Jérusalem sans être explicite (cf. R. LACK, *Symbolique*, 125).

4. Complémentarité des structures tripartite et concentrique

La structure tripartite et la structure concentrique loin de s'opposer peuvent être complémentaires. Chacune d'elles a en effet des particularités et des atouts pouvant éclairer le lecteur. Il s'agira ici de montrer comment exploiter les deux structures tout en respectant leurs originalités.

4.1 *Observations générales*

Une observation minutieuse des deux grands types de structures communément acceptées nous permet d'émettre l'hypothèse d'une complémentarité possible entre elles. En effet, les deux structures reconnaissent dans les chaps. 60–62 le noyau central même s'il y a une divergence au niveau de l'approche. S'il est vrai que la structure tripartite semble se contenter d'établir des unités littéraires autour de ce noyau central, l'observation que nous avons mentionnée plus haut relevant une mini structure tripartite a-b-a dans le noyau et ayant pour centre le 61,1-3 rejoint une grande partie des partisans de la structure concentrique dont E. Charpentier[65]. Les unités formées par les chaps. 56–59 et 63–65 se dessinent dans certaines structures concentriques comme celle de R. Lack et des partisans[66]. En outre, les correspondances ou symétries établies par les structures concentriques ne contredisent en rien les unités de la structure tripartite, mais les confirment tout en établissant des relations entre elles. En d'autres termes, la structure concentrique reprend les éléments de la structures tripartite tout en cherchant à établir des relations et à tisser des liens logiques entres ces parties à travers les différentes symétries relevées. Ces structures sont donc complémentaires et peuvent former ensemble une architecture riche et complète pouvant constituer en soi une clé de lecture de tout le Trito-Isaïe. La position de Blenkinsopp confirme cette complémentarité. Ce dernier tout en reconnaissant la structure tripartite, approuve la structure pyramidale qui n'est rien d'autre qu'une autre schématisation de la structure concentrique. Dans son commentaire il propose à côté de la structure tripartite, la structure pyramidale suivante [67]:

---

[65] Cf. É. CHARPENTIER, *Jeunesse du Vieux Testament*, 79-80; P.-É. BONNARD, *Second Isaïe*, 318-319; R. TOURNAY, «Bulletin», 121; G.J. POLAN, *Ways to Justice*, 15.

[66] Cf. R. LACK, *Symbolique*, 125; N.K. GOTTWALD, *Hebrew Bible*, 507; J.N. OSWALT, *Isaiah 40–66*, 465; G.I. EMMERSON, *Isaiah*, 20; O.H. STECK, *Arbeitsblätter*, 21.

[67] Cf. J. BLENKINSOPP, *Isaiah 56–66*, 61.

```
                    61,1-3
                  60 - 61 - 62
             59,15b-20    63,1-6
             59,1-15a     63,7-64,11
            56,9-58,14           65,1-16
           56,1-8                   66,18-24
```

En considérant la complémentarité possible observée sans aucune contradiction, nous proposons une structure synthétique qui serait une forme de conciliation ou harmonisation des deux grands types de structures communément acceptées et qui essaie d'intégrer tous les atouts et les apports de chaque type de structure pour en faire une architecture plus complète et plus efficace.

4.2 Structure synthétique

De nos observations peut naître une structure synthétique, prenant en compte tous les atouts de la structure tripartite et de la structure concentrique. Nous la représentons ainsi

```
56,1-8 Universalité du culte
   56,9-57,13 Dénonciations et promesses
      57,14-21 Consolation
         58,1-14 Dénonciations du faux culte
            59,1-15a Plaintes et dénonciations
59,15b-20 Justice du Seigneur
                  60 Jérusalem lumière des nations
                     61 Avènement du Messie (salut et vengeance)
                  62 Jérusalem salut des nations
63,1-6 Justice du Seigneur
   63,7-64,11 Plaintes et confessions de péchés
      65,1-12 Dénonciations de péchés
         65,13-25 Consolation
      66,1-9 Dénonciations et promesses
66,10-24 Universalité du culte
```

Notre proposition met en relief les trois unités de la structure tripartite tout en soulignant le caractère concentrique possible du texte. Les thèmes de la consolation et de la dénonciation (56–59; 63–66) convergent vers l'avènement du Messie (60–62)[68]. Ce dernier annoncera le

---

[68] Cet avènement est exprimé diversement selon les auteurs. Pour, O'Connell c'est «le jour de la vengeance» (cf. R.H. O' CONNELL, *Concentricity and Continui-*

salut et la vengeance qui ne sont rien d'autre que l'accomplissement des dénonciations et des consolations promises. Dans ce schéma apparaît donc clairement la complémentarité entre les deux structures.

4.3 *Considérations du chap. 61*

Le chap. 61 mérite une attention particulière. Sachant qu'une structure concentrique détaillée facilite la découverte des thèmes importants d'un texte, il s'avère utile d'étudier la structure du chapitre 61 reconnu par la quasi-totalité des auteurs comme l'axe central du Trito-Isaïe.

4.3.1 Une structure tripartite dans le chap. 61

Nous avions mentionné plus loin une structure tripartite interne dans le noyau central (chaps. 60–62) avec un centre en 61,1-3[69]. Cette structure est fondée sur une considération «stichométrique» de ce passage selon laquelle 61,1-3 est encadré de deux unités comprenant chacune quarante-quatre stiques formant ainsi une mini structure a-b-a dans la grande structure A-B-A. On aura ainsi une structure à deux échelles (I et II).

Cette hypothèse rejoint dans une certaine mesure Karl Pauritsch[70] qui divise le Trito-Isaïe en deux grandes parties, à savoir 56–60 et 62–66 convergeant vers le chap. 61, en arguant que le thème central est la bonne nouvelle aux pauvres qui ressort de ce chapitre. Nous inspirant de cette suggestion thématique, nous pouvons attribuer des thèmes à la seconde partie de la structure donnant le schéma suivant:

ECHELLE I (56–66)
56–59 Dénonciations et promesses
60–62 Réalisation des promesses
63–66 Temps du salut et de la vengeance

ECHELLE II (60–62)
60 Réalisation de la promesse
61,1-3 Bonne nouvelle du salut aux pauvres
61,4–62,12 Réalisation de la promesse

---

ty, 219), Fitzgerald parle de «mission prophétique» (cf. C.W. FITZGERALD, *Rhetorical Analysis*, 49), Tournay préfère l'expression «Oracle du messie» (cf. R. TOURNAY, «Bulettin», 121) et pour Lack c'est «le jour de la justice et de la gloire» (cf. R. LACK, *Symbolique*, 125).

[69] Cf. 3.2.
[70] Cf. K. PAURITSCH, *Ausgestossene*, 219-246.

Une structure à deux échelles est donc possible avec l'avantage de nous fournir plus de détails sur l'axe central.

4.3.2 Une structure concentrique dans le chap. 61

La découverte d'une structure tripartite dans le noyau central nous conduit à une autre curiosité. Celle de vérifier s'il n'y a pas de structure concentrique dans le chap. 61 tout comme c'est le cas pour la structure tripartite. Cette question nous a poussé à rechercher les symétries possibles dans le chap. 61.

En effet, une observation attentive des versets de ce chapitre nous révèle divers parallélismes symétriques dont les vv. 1 et 11 qui décrivent l'action du Seigneur envers tous les opprimés au v. 1 et toutes les nations au v. 11. (v. 1 לחבש לנשברי־לב לקרא לשבוים דרור ולאסורים פקח־קוח, panser les cœurs brisés, proclamer liberté aux captifs, libération aux prisonniers; et au v. 11 יצמיח צדקה ותהלה נגד, fera germer la justice et la louange en face des nations). L'universalité du salut est le sujet commun et dominant de ces versets. Les thèmes du réconfort, du bonheur et de la joie se trouvent dans les vv. 2 et 10 qui forment une seconde symétrie (v. 2 שנת־רצון, une année de faveur; יום נקם, jour de vengeance et v. 10 שוש אשיש ביהוה תגל, je suis joyeux dans le Seigneur, j'exulterai; בגדי־ישע, vêtement du salut; מעיל צדקה, manteau de justice; פאר, diadème). En outre, les vv. 3 et 9 mentionnent tous les deux, les bénédictions, les bienfaits et les dons du Seigneur à travers son envoyé. C'est en quelque sorte un portrait moral du peuple sauvé qui est décrit (v. 3 מעטה תהלה, manteau de louange; אילי הצדק, chêne de justice; להתפאר, rayonnant de splendeur; et v. 9 ונודע בגוים זרעם, descendance connue parmi les nations; זרע ברך יהוה, descendance bénie du Seigneur). Le v. 4 correspond pour sa part au v. 8. Tous deux traitent de la reconstruction et du relèvement, en d'autres termes de la nouvelle renaissance du peuple opprimé (v. 4 ובנו, et il rebâtiront; יקוממו, il relèveront; וחדשו, et ils rénoveront; v. 8 פעלתם, récompenses; וברית עולם, alliance perpétuelle).

Notons enfin les vv. 5 et 7 qui constituent la dernière symétrie et qui encadrent l'axe central. Ces versets s'étendent sur le passage d'un état de vie à l'autre. Le peuple passe de l'état de serviteurs à l'état de maîtres de domaine, de l'état de dépossédés à l'état d'héritiers, de l'état de tristesse à une joie infinie donc éternelle (v. 5 זרים ורעו צאנכם, les étrangers feront paître vos bétails; נכר אכריכם וכרמיכם, les étrangers seront vos laboureurs et vos vignerons; v. 7 בארצם משנה יירשו, ils posséderont la double portion de leurs terres; שמחת עולם תהיה להם, il seront dans la joie pour toujours ou la joie éternelle). Le v. 6 reste ainsi l'axe central qui révèle l'intimité entre le Seigneur et son nouveau peuple qui devient un peuple de prêtres et de serviteurs de Dieu (v. 6 כהני יהוה, prêtres du Seigneur; משרתי אלהינו, ministres ou officiants de Dieu)[71].

Les symétries observées dans le chapitre 61 nous donnent la structure concentrique suivante:

> v. 1 Action du Seigneur envers toutes les nations (universalité)
>> v. 2 Enthousiasme, exultation
>>> v. 3 Diadème, costume de louange (distinction)
>>>> v. 4 Reconstruction, relèvement
>>>>> v. 5 Passage de non-propriétaires à héritiers
>>>>>> **v. 6 Elus de Dieu: Prêtres, officiants du Seigneur (salut)**
>>>>> v. 7 Passage de serviteurs à maître des domaines
>>>> v. 8 Récompense, nouvelle alliance
>>> v. 9 Notoriété parmi les nations, bénédiction (distinction)
>> v. 10 Année de faveur, réconfort
> v. 11 Action du Seigneur envers tous les opprimés (universalité)

Une contradiction apparente se dessine entre les deux structures présentées dont les centres varient entre les vv. 1-3 pour la structure tripartite et les vv. 5-7 pour la structure concentrique. Mais il s'agit plus d'une complémentarité que d'une contradiction. En effet, les vv. 1-3 sont effectivement fondamentaux au point de vue thématique. Cependant ils ne forment pas l'axe central de la structure du chapitre. Ils forment plutôt une unité que nous qualifions de versets programmatiques et centre de tout le noyau (60–62). Ils présentent tout le programme du chapitre englobant aussi l'axe central. En ce sens, ils peuvent être considérés comme le centre du Trito-Isaïe. Mais les symétries de la structure concentrique du chap. 61 sont assez convaincantes pour déplacer l'axe sur les vv. 5-7 sans qu'il y ait contradiction. Le salut tant attendu se réalise parfaitement dans les vv. 5-7. Etre peuple de prêtres et ministres de Dieu est la réalisation complète du salut pour Israël. La consolation, la justice et la vengeance convergent et culminent dans le fait de devenir ce peuple de prêtres, peuple de saints. Cela dit, nous pouvons affirmer que les structures tripartites et concentriques du chap. 61 sont complémentaires.

---

[71] Nous retrouvons en miniature dans ce chapitre presque tous les thèmes relevés dans les structures de Charpentier et ses partisans (tels que la justice, la vengeance, les consolations et les promesses): cf. É. CHARPENTIER, *Jeunesse du Vieux Testament*, 79-80; P-É BONNARD, *Second Isaïe*, 318-319; G.J. POLAN, *Ways to Justice*, 15.

4.4 *Proposition de structure pour Is 56−66*

Des diverses observations faites, à savoir une complémentarité possible entre les deux types de structures (tripartite et concentrique) du Trito-Isaïe d'une part, et du chap. 61 d'autre part avec une structure à deux étages possible, nous suggérons pour le Trito-Isaïe une structure à deux échelles s'inspirant des apports des différentes structures étudiées. Cette structure forme un tout qui est représenté en deux étapes pour une question pratique.

ÉCHELLE I (56,1−66,24)

56,1-8 Universalité du culte
  56,9−57,13 Dénonciations et promesses
    57,14-21 Consolation
     58,1-14 Dénonciations du faux culte
    59,1-15a Plaintes et dénonciations
59,15b-20 Justice du Seigneur
        60 Jérusalem Lumière des nations
         61 Avènement du Messie (Salut et Vengeance)
        62 Jérusalem salut des nations
63,1-6 Justice du Seigneur
    63,7−64,11 Plaintes et confessions de péchés
     65,1-12 Dénonciations de péchés
    65,13-25 Consolation
  66,1-9 Dénonciations et promesses
66,10-24 Universalité du culte

ECHELLE II (61,1-11)

61,1 Action du Seigneur envers toutes les nations (universalité)
  61,2 Enthousiasme, exultation
    61,3 Diadème, costume de louange (distinction)
      61,4 Reconstruction, relèvement
        61,5 Passage de non- propriétaire à héritiers
         61,6 Elus de Dieu: Prêtres, officiants du Seigneur (le salut)
       61,7 Passage de serviteurs à maître des domaines
      61,8 Nouvelle alliance
    61,9 Notoriété parmi les nations, bénédiction (distinction)
  61,10 Année de faveur, réconfort
61,11 Action du Seigneur envers tous les opprimés (universalité)

L'échelle II est la structure détaillée du chapitre 61 qui nous permet de percevoir un thème central plus précis et qui ne couvre pas tout un chapitre[72]. Elle pourrait aussi être intégrée à la première

---

[72] Notons au centre de l'échelle I, «L'avènement du messie» qu'on retrouve aussi chez Steck et Gottwald au centre de la structure sous une autre terminologie. Tandis que le premier appelle cet avènement «Salut pour Sion» (cf. O.H. STECK, *Arbeitsblät-*

comme suit[73]:

  56,1-8 Universalité du culte
    56,9–57,13 Dénonciations et promesses
      57,14-21 Consolation
      58,1-14 Dénonciations du faux culte
    59,1-15a Plaintes et dénonciations
  59,15b-20 Justice du Seigneur
      60 Jérusalem lumière des nations
          61,1 Action du Seigneur envers toutes les nations (universalité)
          61,2 Enthousiasme, exultation
          61,3 Diadème, costume de louange (distinction)
          61,4 Reconstruction, relèvement
              61,5 Passage de non propriétaire à héritiers
                61,6 Elus de Dieu: Prêtres, officiants du Seigneur (le salut)
              61,7 Passage de serviteurs à maître des domaines
          61,8 Nouvelle alliance
          61,9 Notoriété parmi les nations, bénédiction (distinction)
          61,10 Année de faveur, réconfort
          61,11 Action du Seigneur envers tous les opprimés (universalité)
      62 Jérusalem salut des nations
  63,1-6 Justice du Seigneur
    63,7–64,11 plaintes et confessions de péchés
      65,1-12 Dénonciations de péchés
      65,13-25 Consolation
    66,1-9 Dénonciations et promesses
  66,10-24 Universalité du culte

Des deux formules proposées, nous préférons la structure à deux étages. Elle est plus originale et exploite bien les avantages de la structure concentrique en prenant le risque d'entrer dans les détails du chapitre central. Dans une structure concentrique, plus l'axe central est

---

ter, 21), le second le qualifie de « Rédemption totale du peuple» (N.K. GOTTWALD, *Hebrew Bible*, 507).

[73] En considérant l'ensemble des principales structures connues, nous constatons que la structure trito-concentrique intègre presque tous les grands thèmes relevés par les plus détaillées comme celle de É. CHARPENTIER, *Jeunesse du Vieux Testament*, 79-80; P.-É. BONNARD, *Second Isaïe*, 318-319; R. TOURNAY, «Bulletin», 121; N.K. GOTTWALD, *Hebrew Bible*, 507; G.J. POLAN, *Ways to Justice*, 15; G.I. EMMERSON, *Isaiah*, 20.

détaillé, plus les thèmes centraux apparaissent. Cette structure exploite tous les apports des structures proposées les plus connues et présente une synthèse thématique valide pour une étude du Trito-Isaïe. Sa forme tripartite fait paraître les trois grandes unités qui composent le livre. Sa forme concentrique révèle les sous-unités et leurs relations symétriques. Enfin, une hiérarchie thématique convergeant vers un thème central se dessine servant de guide pour une analyse thématique du texte. Cette structure peut concilier ou harmoniser les structures tripartites et concentriques du Trito-Isaïe tout en servant de clé de lecture pour une bonne compréhension du message du prophète.

5. Conclusion

Dans ce chapitre, nous avons voulu proposer une structure du Trito-Isaïe pouvant nous éclairer sur le message du livre. Pour y parvenir, il était nécessaire de bien connaître les importantes structures déjà proposées. C'est ainsi que nous avons fait dans la deuxième partie du chapitre une présentation et une analyse critique des grandes structures connues. Ces analyses nous ont fait remarquer deux grands types de structures dont la structure tripartite et diverses structures concentriques. Bien que la domination des structures concentriques soit indéniable, la structure tripartite garde son originalité et ses avantages. Il ne s'agit donc pas pour nous de privilégier l'une ou l'autre des structures, mais d'exploiter les apports de toutes ces structures en vue d'une proposition de structure complète et harmonieuse.

C'est ainsi que dans la troisième partie du chapitre, nous nous sommes attelés à relever les apports littéraires et thématiques des différentes structures étudiées en établissant des symétries littéraires et thématiques pouvant donner naissance à une structure justifiable. Il s'agissait maintenant de trouver la complémentarité entre la structure tripartite et les symétries découlant des structures concentriques étudiées. La recherche de cette complémentarité nous a poussé à proposer la structure à deux échelles dans la quatrième partie du travail. Cette structure a pour ambition d'harmoniser les deux types de structures. Comme toute structure, notre proposition présente des limites et ne conviendra pas à tous. Mais cet effort d'harmonisation a le mérite de mettre en relief la complémentarité possible entre la structure tripartite et les structures concentriques du Trito-Isaïe et de nous éviter la tentation d'écarter ou de privilégier forcément l'une ou l'autre structure[74].

---

[74] Bien que cette tentative de synthèse ait ses limites, relevons qu'elle est inclusive et exploite les apports de presque toutes les structures. Cela se note plus précisément dans les symétries et les thèmes qu'elle propose. Notons que son axe central est original et fait sa spécificité (61,6), mais elle ne rejette pas la proposition de Charpentier et ses partisans qui placent l'axe central dans tout le chap. 61: cf. É. CHARPENTIER, *Jeunesse du Vieux Testament*, 79-80; P.-É. BONNARD, *Second Isaïe*, 318-319; R. TOURNAY, «Bulletin», 121; G.J. POLAN, *Ways to Justice*, 15. En outre, sa forme trito-concentrique lui permet de rester en communion avec Lack et ses partisans qui mettent leur axe centre dans le noyau central allant du chap. 60 au chap. 62: cf. R. LACK, *Symbolique*, 125; N.K. GOTTWALD, *Hebrew Bible*, 507; J.N. OSWALT, *Isaiah 40-66*, 465; G.I. EMMERSON, *Isaiah*, 20; O.H. STECK, *Arbeitsblätter*, 21.

CHAPITRE II

Thèmes fondamentaux du Trito-Isaïe

Ce second chapitre aura essentiellement pour objectif d'exploiter la structure proposée au chapitre I pour déterminer les thèmes fondamentaux du Trito-Isaïe. Vu qu'une étude détaillée de tous les chapitres serait trop longue pour notre chapitre et disproportionnée par rapport aux autres chapitres, nous allons nous limiter à une sélection de passages selon leur pertinence pour le message du livre. Parmi ces passages, nous privilégierons le chapitre central (Is 61) qui selon la structure concentrique détient la clé de lecture de l'ensemble du livre, et Is 58 pour sa singularité thématique.

Ainsi ce second chapitre comprendra trois parties. La première partie sera consacrée à la présentation générale des principaux thèmes qui se dégagent de la structure. Il s'agit des binômes «alliance-justice» et «élection-mission». De cette présentation découlera la seconde partie du travail qui consistera en une illustration de ces thèmes à travers l'étude du chap. 61 sous ses différents aspects littéraires mais surtout thématiques. Cette analyse justifiera les thèmes retenus ainsi que leur relation avec les autres chapitres du livre. La troisième partie sera consacrée au chapitre 58 qui apparemment a une thématique assez particulière par rapport au reste du livre. Ce chapitre se focalise presque exclusivement sur le culte qui plaît à Dieu. L'objectif de cette partie sera de dissiper la singularité apparente du chap. 58 et d'établir une unité thématique du livre.

Dans notre étude des textes, nous privilégierons l'approche synchronique[1] du fait de la pauvreté des connaissances historiques sur le livre

---

[1] R.F. Melugin, dans sa critique des méthodes d'interprétation, reconnaît les atouts de l'approche synchronique: «Synchronic interpretation might seem to be a surer way

et surtout pour répondre à l'objectif principal du travail qui est de proposer une unité thématique et théologique du livre d'Isaïe à partir de la structure. Cet objectif nous conduit à nous intéresser plus au texte final qui est le travail théologique des rédacteurs qu'à l'histoire rédactionnelle du texte.

1. Les binômes «alliance-justice» et «élection-mission»

Une observation attentive des différentes composantes de la structure concentrique du livre nous permet de déduire deux binômes dominants très soudés autour desquels s'articule toute l'argumentation du texte. Il s'agit des binômes[2] «alliance-justice» et «élection-mission». Ces termes peuvent sembler vagues et génériques, car très usuels dans le vocabulaire biblique. Cependant, leur teneur peut varier selon le contexte.

Le terme ברית qui dénote l'alliance renvoie surtout à la conclusion de l'alliance de Dieu avec son peuple (Ex 20,1-21)). Mais dans la littérature prophétique, la ברית est surtout évoquée dans le contexte de la fidélité du peuple à l'alliance. Cette nuance est la spécificité de ce terme dans le binôme mentionné. Ainsi ce thème peut être explicite ou implicite dans un passage même si le terme ברית n'y figure pas. Le terme צדקה sur lequel nous reviendrons plus loin, se réfère en général à la justice de Dieu envers l'homme, mais aussi à celle de ce dernier envers le prochain. Chez les prophètes, la fidélité de l'homme à l'alliance est inséparable de sa pratique de la justice qui se manifeste concrètement par une vie conforme à la volonté de Dieu. Tel est le sens du terme dans notre contexte. Quant au binôme «élection-mission», il dérive des verbes בחר (élire, choisir) ou קרא (appeler) et שָׁלַח (envoyer en mission) qui caractérisent généralement les récits de vocation (I S 3,4; Jr 1,7; Is 42,1; Is 61,1). Ce binôme dénote donc l'appel et l'envoie en mission.

---

to find meaning. After all, we do have the book of Isaiah in its present form. We don't have to speculate about historical realities which supposedly lie behind the text. By using synchronic analysis we might seem to be on firm ground because we can interpret what is actually present before our very eyes» (R.F. MELUGIN «The Book of Isaiah», 46). Notons qu'il s'agit d'une critique de l'auteur sur les approches et leurs limites, mais cette critique révèle en même temps leurs atouts.

[2] Nous choisissons exprès l'expression «binôme» pour mettre en relief l'interrelation entre les thèmes en question. En effet, l'étude du texte nous montre qu'ils sont inséparables et que l'un implique l'autre. Ainsi l'alliance implique la fidélité et la fidélité se vit à travers la justice. De même, l'élection implique la mission, car Dieu choisit ou consacre toujours pour une mission.

CHAP. II : THEMES FONDAMENTAUX DU TRITO-ISAÏE 65

Nous allons ici justifier ces thèmes ainsi que leurs différents échos dans les autres chapitres du livre. Cela montrera comment la structure concentrique facilite la perception du message théologique des rédacteurs. Bien que ces thèmes forment un tout inséparable, nous allons les séparer pour des raisons méthodologiques afin de faciliter leur justification[3].

1.1 *Le binôme «alliance-justice»*

Une observation de la structure proposée au chapitre I (voir 4.4.1) en se limitant à la première échelle montre une série de thèmes liés à l'alliance et à la justice que nous pouvons résumer dans le tableau suivant[4]:

56,1-8 Universalité du culte
   56,9–57,13 Dénonciations et promesses
      57,14-21 Consolation
      58,1-14 Dénonciations du faux culte
   59,1-15a Plaintes et dénonciations
59,15b-20 Justice du Seigneur

63,1-6 Justice du Seigneur
   63,7–64,11 Plaintes et confessions de péchés
      65,1-12 Dénonciations de péchés
      65,13-25 Consolation
   66,1-9 Dénonciations et promesses
66,10-24 Universalité du culte

Par ailleurs, la seconde échelle de la structure donne un poids à ce binôme en le plaçant au centre de la structure concentrique montrant ainsi qu'il est un thème fondamental dans le livre, comme nous le rappelle le tableau ci-dessous:

60 Jérusalem, lumière des nations
61,5-7 Elus de Dieu: prêtres, ministres (le salut)
62 Jérusalem, salut des nations

Mais c'est surtout en considérant l'ensemble du livre que l'on constate que le binôme «alliance-justice» est une des charnières autour desquelles s'articulent plusieurs sujets du Trito-Isaïe. S'il est vrai que le thème de l'alliance dans la Bible insinue avant tout une élection et une mission, il implique diverses autres problématiques comme la

---

[3] La présentation des thèmes suivra un ordre décroissant de son importance dans les unités. Ainsi la présentation du binôme «alliance-justice» dominant dans les chaps. 56–59 et 63–66 donnera la priorité à ses unités tandis que le binôme «élection-mission», concentré dans le noyau central, privilégiera les chapitres en question.

[4] Nous préciserons plus loin en quoi ces thèmes sont liés au binôme «alliance-justice».

fidélité, et surtout la justice et ses diverses connotations et implications. Il s'agit concrètement de tout ce qui entre dans le champ sémantique de la fidélité à l'alliance comme la vengeance du Seigneur sur ses ennemis, la récompense au fidèle, la conversion, la consolation, le péché (plaintes et dénonciations), le culte et d'autres arguments similaires. Tous ces sujets cités parsèment tout le livre (voir les tableaux ci-dessus) et ne tirent leur sens que par rapport à l'alliance du peuple avec Dieu. Nous allons ainsi parcourir les différentes grandes unités du livre en vue de justifier plus clairement notre choix du binôme «alliance-justice» comme l'un des deux thèmes fondamentaux du livre autour desquels se greffent tous les autres sujets. Dans ce parcours, il ne s'agira pas d'une étude détaillée ni d'une exégèse de ces unités mais plutôt de relever des indices littéraires et thématiques justifiant notre choix.

1.1.1 Dans les chaps. 56–59

Dès le début de cette unité se note une forte exhortation à pratiquer la justice et à observer le droit (56,1)[5], et plus loin (56,2-4) à observer le sabbat, bref à être fidèle à la loi qui découle de l'alliance[6]. La fidélité à la loi dans ce contexte est synonyme de fidélité à l'alliance. L'universalité du culte, la louange et le rassemblement sur la montagne du Seigneur dérivent aussi de la fidélité à l'alliance. Par ailleurs, 56,4.6 mentionnent de façon explicite l'alliance qui est le fil conducteur de toute l'argumentation de l'unité[7]. Dans le même sens, les dénonciations et condamnations de l'infidélité (sous-entendu à l'alliance), sont évoquées dans le chap. 57 et particulièrement aux vv. 1 (הצדיק אבד, le juste périt), et 3 (זרע מנאף ותזנה, descendants d'un adultère et d'une prostituée)[8]. Les consolations promises dans les vv. 14-21 ne sont rien

---

[5] כה אמר יהוה שמרו משפט ועשו צדקה (ainsi parle le Seigneur: observez le droit et pratiquez la justice).

[6] Rappelons ici que la loi fait essentiellement allusion au décalogue conçu comme termes de l'alliance avec Dieu (Ex 20,1-17; Dt 5,6-21).

[7] En proclamant l'universalité du salut en 56,4, le Seigneur affirme que tous ceux qui gardent le sabbat et choisissent de vivre selon l'alliance entreront dans sa maison de prière: ובחרו באשר חפצתי ומחזיקים בבריתי (et choisissent de faire ce qui me plaît, et qui tiennent bon dans mon alliance). Nous retrouvons l'expression «se tenir dans l'alliance» en 56,6: ומחזיקים בבריתי (et qui se tiennent dans mon alliance). Christopher Begg le relève explicitement dans une étude sur le rapport des étrangers avec l'alliance: cf. C.T. Begg, «Foreigners in Third Isaiah», 98-103.

[8] Ces dénonciations continuent jusqu'au v. 12 et peuvent être résumées dans une infidélité à l'alliance.

d'autre qu'un appel à la conversion et à la fidélité à l'alliance[9]. Le chap. 59 commence par une réponse aux plaintes du peuple[10]. Ces plaintes expriment une mésentente entre le peuple et Dieu, mésentente due à la rupture de la relation entre le peuple et Dieu. Cette rupture de relation n'est qu'une conséquence de l'infidélité à l'alliance. Le v. 2 le confirme en dénonçant encore une fois les péchés du peuple, cause de cette séparation[11]. Plus loin dans les vv. 17-18, le Seigneur annonce sa justice et sa vengeance face aux infidèles qui ne se convertiront pas. C'est l'infidélité à l'alliance qui suscite la colère du Seigneur. Le v. 21 mentionne, quant à lui, explicitement une alliance particulière que le Seigneur fera avec ceux qui resteront fidèles[12]. La structure de cette unité illustre bien les observations notées:

56,1-8   Universalité du culte
  56,9–57,13 Dénonciations et promesses
  57,14-21 Consolation
  58,1-14   Dénonciations du faux culte
  59,1-15a Plaintes et dénonciations
  59,15b-21 Justice du Seigneur

1.1.2 Dans les chaps. 63–66

L'unité allant de 63–66 est sur le plan thématique parallèle aux chaps. 56–59[13] et par ce fait, est aussi dominée par le binôme «alliance-justice». En effet, le premier verset de l'unité annonce la justice du Seigneur qui consistera en une vengeance sur les infidèles. Les vv. 7-19 rappellent les merveilles du Seigneur tout en implorant sa miséricorde et font implicitement allusion à l'alliance, en l'occurrence au v. 11 avec la mention de Moïse[14]. Tout le chap. 64, qui est une confession de pé-

---

[9] Nous omettons le chap. 58 qui fera l'objet d'une considération particulière plus loin.

[10] Le peuple accuse Dieu d'être passif et de ne pas agir en sa faveur.

[11] כי אם־עונתיכם היו מבדלים בינכם לבין אלהיכם (mais ce sont vos offenses, qui ont mis une séparation entre vous et votre Dieu).

[12] ואני זאת בריתי אותם (et quant à moi, voici mon l'alliance avec eux). Précisons que le v. 21 est considéré comme un ajout tardif du fait qu'il soit en prose et non en vers comme les versets précédents. Pour plus de détails sur cet ajout et sa fonction dans le chap. 59, cf. P.-É BONNARD, *Le second Isaïe*, 395; J. BLENKINSOPP, *Isaiah 56-66*, 200-203.

[13] Voir la structure: chap. I.

[14] La figure de Moïse étant intimement liée à la sortie d'Egypte et surtout à l'alliance au Sinaï, son évocation dans ce verset renvoie au thème de l'alliance.

ché et un appel au secours, dénote une rupture de l'alliance. Quant aux chaps. 65–66, ils sont essentiellement centrés sur la vengeance contre les méchants et la récompense pour les fidèles et les opprimés composés de toutes les victimes des injustices et des infidélités condamnées. Dans le chap. 65, le Seigneur distingue et préserve ses serviteurs de la destruction[15]. Les vv. 11-12 mentionnent de graves dénonciations contre l'idolâtrie qui suscite la colère du Seigneur, tandis que les vv. 13-25 confirment la récompense des serviteurs de YHWH. Le chap. 66 va dans le même sens en condamnant avec plus d'acuité les abominations du peuple (vv. 3-4). Il proclame d'une part une nouvelle création formée exclusivement des repentis et des fidèles serviteurs et la destruction des ennemis de Dieu d'autre part[16]. Dans les vv. 11-14 la répétition de la racine נחם (conforter)[17] est une consolation promise à ceux qui sont fidèles à l'alliance. Un regard sur la structure de cette unité confirme les thèmes mentionnés:

    63,1-6 Justice du Seigneur
        63,7–64,11 Plaintes et confessions de péchés
            65,1-12 Dénonciations de péchés
            65,13-25 Consolation
        66,1-9 Dénonciations et promesses
    66,10-24 Universalité du culte

1.1.3 Dans les chaps. 60–62

Dans le noyau central[18] (60–62), nous avons deux allusions claires au binôme «alliance-justice» qui sont à noter. Il s'agit de l'axe central du chap. 61 (v. 6) qui renvoie au récit de l'alliance en Ex 19,6 à travers l'expression וקראו להם עם־הקדש (on les appellera peuple saint) qu'il a en commun avec ce passage[19], et de 60,21 avec la mention de la justice du

---

[15] Is 65,8: כן אעשה למען עבדי לבלתי השחית הכל (ainsi je ferai à cause de mes serviteurs afin de ne pas détruire l'ensemble).

[16] Ces considérations nous renvoient à 61,2 qui évoque le jour du Seigneur caractérisé par la punition mais aussi par la récompense: cf. A.J. EVERSON, «Isaiah 61,1-6», 69-73; O.H. STECK, «Der Rachetag», 323-338.

[17] Is 66,11: משד תנחמיה (d'un sein réconfortant); 66,13: אנחמכם ובירושלם תנחמו (je vous réconforterai et dans Jérusalem, vous serez réconfortés).

[18] Cette unité littéraire étant largement dominée par le binôme «élection-mission», nous nous limitons aux deux allusions les plus évidentes à l'alliance, mais aussi les plus pertinentes (61,6 et 62,12).

[19] Le chap. 19 du livre de l'Exode qui précède la conclusion de l'alliance est une exhortation à observer l'alliance qui sera conclue entre le YHWH et le peuple. En effet

peuple כלם צדקים (eux tous seront des justes). Par ailleurs, en évoquant la venue du Seigneur avec le salaire, 62,11 fait allusion à la vengeance et à la rétribution qui sous-entendent un appel à la conversion et à la fidélité à l'alliance.[20]

Toutes les observations et considérations faites dans ces différentes unités littéraires du Trito-Isaïe nous permettent d'affirmer que le binôme «alliance-justice» peut être considéré comme un thème central du livre. A ce propos, M.A. Sweeney[21] dans son analyse synchronique du livre d'Isaïe souligne fortement le thème de l'alliance. Il intitule toute l'unité allant de 55,1 à 66,24: «Exhortation à adhérer à l'alliance de YHWH». Cette unité couvre tout le Trito-Isaïe. Dans la subdivision de cette unité, il insiste de nouveau sur le thème de l'alliance et plus précisément dans les sous-titres. Il qualifie en effet 55,1-13 d'une instruction prophétique sur le rétablissement de l'alliance. Cette instruction prend la forme d'un appel à observer la loi et donc à être la fidélité à l'alliance, de 56,1 à 59,21. De 60,1 à 62,12, le salut est annoncé à la nouvelle communauté fondée sur l'observance de l'alliance et enfin une instruction concernant ceux qui seront membres de cette nouvelle communauté bâtie sur l'observance de l'alliance. Par cette analyse, Sweeney nous propose l'alliance comme thème fondamental de tout le Trito-Isaïe et confirme notre choix du binôme «alliance-juste» comme un des thèmes fondamentaux du livre. Citons dans le même sens J.N. Oswalt[22] qui dans sa réflexion sur la justice dans le livre d'Isaïe met l'accent sur la relation entre l'alliance, la justice et l'élection. En s'appuyant sur la fréquence du terme צדק dans tout le livre d'Isaïe (81 fois), il affirme que la justice que le Seigneur attend du peuple est la fidélité aux commandements et l'observance des préceptes, fruits de la fidélité à l'alliance.

Mais à côté de ce binôme se trouve un second dont il ne peut être séparé et qui est le binôme «élection-mission».

1.2 *Le binôme «élection-mission»*

Ces thèmes sont très liés et difficiles à séparer. Nous le constaterons dans l'étude du chap. 61, notamment au v. 1 où sont décrites à la fois

---

Ex 19,5 dit: אם־שמוע תשמעו בקלי ושמרתם את־בריתי והייתם לי סגלה מכל־העמים (si vous entendez ma voix et gardez mon alliance, vous serez ma part personnelle parmi tous les peuples).

[20] הנה ישעך בא הנה שכרו אתו ופעלתו לפניו (voici ton Salut qui vient, voici avec lui son salaire et devant lui sa récompense, 62,11).
[21] Cf. M.A Sweeney, *Isaiah 1-39*, 39-41.
[22] Cf. J.N. Oswalt, «Righteousness in Isaiah», 180-183.

l'élection et la mission du messager[23]. Ce binôme se concentre surtout dans le noyau central du livre (Is 60−62).

1.2.1 Dans les chaps. 60−62

Le renversement de la situation décrit dans le chap. 61, commence en fait au chap. 60. En effet, le binôme «élection-mission» se perçoit dès les premiers versets de ce chapitre et plus précisément dans les vv. 1-2. L'impératif de la seconde personne singulier קוּמִי (lève-toi) est une construction grammaticale[24] qu'on retrouve dans des récits de vocation. C'est le cas de l'appel d'Abraham où nous notons l'impératif de l'élection en Gn 12,1 לֶךְ־לְךָ מֵאַרְצְךָ (pars de ton pays!). Nous pouvons aussi citer dans le même contexte l'appel de Moïse dans le récit du buisson ardent où l'impératif de l'élection apparaît en Ex 3,10 לְכָה וְאֶשְׁלָחֲךָ (va, car je t'envoie!). La suite de 60,1 confirme l'élection en ajoutant וּכְבוֹד יְהוָה עָלַיִךְ (car la gloire du Seigneur est sur toi). Le contraste entre les ténèbres qui couvrent la terre (יְכַסֶּה־אֶרֶץ הַחֹשֶׁךְ) et la lumière du Seigneur sur Jérusalem (יִזְרַח יְהוָה וְעָלַיִךְ) au v. 2, est une façon imagée d'exprimer l'élection du nouvel Israël que symbolise Jérusalem.

A peine l'élection confirmée, le v. 3 enchaîne avec la mission de la Jérusalem nouvelle. Elle brille de la lumière du Seigneur parce qu'il l'envoie être lumière pour toutes les nations (וְהָלְכוּ גוֹיִם לְאוֹרֵךְ, et les nations marcheront vers ta lumière). Cette mission est étroitement liée à l'élection du nouvel Israël de laquelle elle est inséparable. L'on pourrait établir une relation entre la lumière que doit être le nouvel Israël dans le chap. 60 et la justice qui doit le caractériser dans 61,10. Ces deux métaphores visent un même objectif: assigner une mission à Israël[25]. La renaissance du peuple à travers un renversement de la situation n'apparaît plus clairement qu'après les vv. 2-4. Cela signifie que le rassemblement et la reconstruction dérivent tous deux de l'élection du

---

[23] Dans la présentation des chaps. 60−62, nous ne nous attarderons pas sur le chap. 61 qui fera plus loin l'objet d'une étude plus détaillée en tant que texte d'illustration des thèmes choisis.

[24] Nous appellerons cette construction «*l'impératif de l'élection*» pour signifier qu'il apparaît très souvent dans le contexte d'une élection ou d'un envoi en mission par le Seigneur. C'est le cas de la vocation de Jonas en Jon 1,2.

[25] A ce sujet, divers auteurs insistent sur le thème de la mission de messager du peuple d'Israël: cf. E. ACHTEMEIER, *The Community*, 89; D.E. GOWAN, «Isaiah 61,1-3, 10-11», 404-409; B.C. GREGORY, «The Postexilic», 479-496; E.A. MARTENS, «Impulses to Mission», 216-239.

peuple. En d'autres termes, c'est au nom de son choix d'Israël que le Seigneur intervient pour renverser la situation et confier une mission au nouvel Israël ainsi libéré[26]. Le v. 14 l'illustre très bien liant l'humiliation des oppresseurs d'Israël à son appartenance au Seigneur. Tous ceux qui bafouaient Israël se courberont devant lui en l'appelant Jérusalem[27] «ville du Seigneur». La structure des chaps. 60–62 illustre bien les observations relevées:

> 60 Jérusalem lumière des nations
> **61 Avènement du Messie (salut et vengeance)**
> 62 Jérusalem salut des nations

Certains parallélismes intéressants sont à noter dans les chaps. 60 et 61 qui confirment la continuité entre les deux chapitres sur le plan thématique. En effet 60,10 et 61,5 relèvent le passage de la servitude à la position de maîtres[28], 60,16 et 61,6 mentionnent le profit matériel que le nouvel Israël tirera des autres nations[29] tandis que 60,17 et 61,7 insistent sur le changement positif des réalités que connaîtra le peuple. En effet le revirement de la situation s'étend dans tout le chapitre et les versets cités ne sont que des exemples parmi tant d'autres dans le texte. En 60,17-20, cinq attributs caractérisent le nouvel Israël, qui sont le fruit de son élection. Il s'agit de la paix (שלום) de la justice (צדקה) au v. 17, du salut (ישועה) et de la louange (תהלה) au v. 18, et de la lumière (אור) aux vv. 19-20[30]. Les préfixes de la seconde personne du singulier dans לתפארתך (ta splendeur) et ואלהיך (ton Dieu) au v. 19 renvoient au thème de l'élection dans le sens d'un choix mutuel[31]. Le Seigneur est

---

[26] Dans ce contexte, Beuken identifie Israël au messager du chap. 61 qui est envoyé en mission: cf. W.A.M. BEUKEN, «Servant and Herald», 411-442; «The Main Theme», 66-86.

[27] Jérusalem symbolise ici tout le peuple d'Israël.

[28] Is 60,10: ובנו בני־נכר חמתיך (les fils de l'étranger rebâtiront tes murailles), d'une part; et Is 61,5: ובני נכר אכריכם וכרמיכם (des fils de l'étranger seront pour vous laboureurs et vignerons) de l'autre.

[29] Voir dans le même sens, Is 61,6: חיל גוים תאכלו (vous mangerez la richesse des nations); et 60,16: וינקת חלב גוים ושד מלכים תינקי (et tu suceras le lait des nations et tu suceras le sein des rois).

[30] Is 60,19: והיה־לך יהוה לאור עולם ואלהיך לתפארתך (et le Seigneur sera pour toi la lumière éternelle et ton Dieu ta splendeur) et 60,20: כי יהוה יהיה־לך לאור עולם (car le Seigneur sera pour toi la lumière éternelle).

[31] Le Seigneur choisit Israël mais Israël aussi le choisit. Les suffixes de la seconde personne du singulier supposent que le Seigneur est le Dieu Israël, tout comme Israël appartient au Seigneur. Nous le notons par exemple en Dt 26,16.18 dans la conclusion des engagements mutuels entre le peuple et YHWH; Dt 26,16: יהוה אלהיך מצוך (YHWH

lumière de ce peuple parce qu'il l'a choisi. La mission réapparaît au v. 21 en qualifiant le nouvel Israël de peuple de justes[32]. Toutes ces considérations sont des indices confirmant la domination du binôme «élection-mission» dans le chap. 60.

Comme nous le disions plus haut, ce binôme s'étend jusqu'au chap. 62. Ce dernier, s'ouvre avec la répétition d'une formule qui indique l'élection ou la prédilection: למען ציון (pour la cause de Sion), למען ירושלם (pour la cause de Jérusalem). Les vv. 2-3 ne font que confirmer le choix du nouvel Israël par le Seigneur notamment à travers les métaphores d'une couronne dans la main du Seigneur et d'une tiare dans la paume de Dieu. La main et les paumes expriment l'appartenance du peuple au Seigneur. Remarquons également le suffixe d'appartenance dans בכף־אלהיך (dans la paume de ton Dieu). Le nom nouveau dont sera appelé le nouvel Israël dénote aussi une élection. Appeler par un nom dans le contexte isaïen peut signifier choisir, comme nous le notons en Is 43,1 (לי־אתה קראתי בשמך, je t'ai appelé par ton nom, tu es à moi). Mais c'est surtout les vv. 4-5 qui expriment clairement le thème de l'élection à travers la métaphore du mariage et de l'amour. Cette terre élue passera du statut de l'abandonnée, la désolée, au statut de l'épousée, celle en qui le Seigneur met son plaisir. Les vv. 6-11 décrivent les engagements du Seigneur envers le peuple élu (le rassemblement et le renversement de la situation)[33], tandis que le v. 12 revient de façon très explicite à l'élection à travers des expressions typiques comme «peuple de saints», «la recherchée», «la non-abandonnée».

Relevons que la domination du binôme «élection-mission» dans les chaps. 60-62 n'exclut pas sa présence dans les autres unités. Reconnaissons cependant qu'il s'agit d'une faible présence avec des allusions brèves et isolées sans un développement soutenu[34]. Sans vouloir insister sur ces traces de présence du binôme en question, nous relevons ici des exemples confirmant cette présence.

1.2.2 Dans les chaps. 56-59 et 63-66

Dans les chaps. 56-59, une allusion explicite à l'élection se note en 59,21 dans l'affirmation: רוחי אשר עליך (mon esprit qui est sur

---

ton Dieu), et Dt 26,18: ויהוה האמירך היום להיות לו לעם סגלה (YHWH te déclare en ce jour d'être peuple qui est sa part personnelle).

[32] Is 60,21: ועמך כלם צדיקים (et ton peuple, tous seront des justes).

[33] Nous n'insisterons pas sur ces versets qui ne font que reprendre le renversement de la situation et le thème de la louange que nous avons déjà évoqué dans les chaps. 60 et 61.

[34] Cela se justifie par la domination du binôme «alliance-justice» dans ces unités.

toi)³⁵, ainsi que ודברי אשר־שמתי בפיך (et les paroles que j'ai mises en ta bouche). Cette dernière affirmation met plutôt l'accent sur la mission découlant de l'élection du prophète et qui sera de proclamer les paroles que le Seigneur lui dictera. Cette interprétation est très explicite dans la vocation du prophète Ezéchiel qui reçoit l'ordre de manger le rouleau de la parole de Dieu qu'il proclamera ensuite au peuple (Ez 3,1-11), ainsi que dans la l'élection et la mission de Jérémie (Jer 1,9). En ce qui concerne Is 63–66, l'on remarque un vocabulaire de l'élection à travers un possessif d'appartenance au Seigneur en 64,8 (עמך כלנו, ton peuple, c'est nous), 64,9 (ערי קדשך, tes villes saintes) 65,8 (עבדי, mes serviteurs), 65,9 (בחירי, mes élus), 65,13 et 66,14 (עבדי, mes serviteurs)³⁶.

Ceci dit, les observations ultérieures nous permettent d'affirmer la domination du binôme «élection-mission» dans le noyau central. Mais le renvoi au thème de l'alliance en 61,6 qui est le centre de la structure concentrique de ce noyau, subordonne³⁷ le binôme «élection-mission» à celui de «l'alliance-justice» sans pour autant nier son existence ni son importance dans cette section et dans le Trito-Isaïe en général.

Ce bref parcours de la structure du livre qui nous a permis de détecter les thèmes dominants peut laisser le lecteur sceptique. Ainsi nous jugeons nécessaire une confirmation de ces thèmes à travers l'étude d'un texte d'illustration qui fera l'objet de la deuxième partie du chapitre.

2. Texte d'illustration: Is 61, l'envoie en mission

2.1 *Justification du texte choisi*

En tant qu'axe central de la structure concentrique du Trito-Isaïe, le chap. 61 concentre en lui tous les thèmes importants du livre. Ainsi une analyse de chaque verset de ce chapitre nous permettra de déduire et d'établir une hiérarchie thématique autour d'un ou plusieurs sujets traités dans le livre. Dans notre cas précis, il s'agira d'une confirmation c'est-à-dire d'une illustration des deux binômes dominants et très soudés autour desquels s'articule toute l'argumentation du texte, à savoir les binômes «alliance-justice» et «élection-mission» que nous avons

---

[35] Cette formule se retrouve en 61,1 (pour plus de détail, voir: 1.3.1).

[36] Concernant ce thème, outre Oswalt que nous avons mentionné plus loin (cf. J. OSWALT, «Righteousness in Isaiah», 180-183), J. Blenkinsopp dans sa réflexion sur les concepts de serviteur(s) dans le livre d'Isaïe souligne fortement la relation entre l'élection et la mission du serviteur: cf. J. BLENKINSOPP, «The Servant and the Servants», 167-175.

[37] La structure concentrique mettant le thème principal au centre, les autres ne peuvent que lui être subordonnés.

déduits par la seule observation des différents parties de la structure du texte. Notre choix du chap. 61 se justifie d'abord par sa position centrale dans toutes les structures concentriques présentées au chapitre précédent. Ensuite notre proposition ayant présenté une structure détaillée du chapitre en question nous permettra de percevoir plus facilement les sujets importants qui selon les principes de la structure concentrique constitueront en même temps les thèmes fondamentaux du livre[38].

Avant de passer à l'analyse du texte proprement dit, quelques considérations générales du texte s'avèrent nécessaires pour une meilleure appréhension des problèmes et des sujets abordés dans le texte.

2.2 *Considérations diachroniques*

Le chapitre 61 se situe au centre d'une unité littéraire considérée comme le noyau originel de tout le Trito-Isaïe. En effet, il y a visiblement un consensus entre les chercheurs sur l'hypothèse des chaps. 60–62 comme l'unité littéraire originelle autour de laquelle s'est développé le Trito-Isaïe. Selon Paul Hanson, bien que les divergences persistent sur la question de la datation de l'auteur et de l'interprétation du message, presque tous les commentateurs s'accordent à voir en ces chapitres une unité et une cohérence du point de vue métrique, stylistique et thématique[39]. Sekine Seizo considère ces chapitres comme une entité cohérente en ce sens qu'ils traitent d'un même thème qui est le salut. Il y voit par ailleurs des connections verbales et thématiques[40]. Jacques Vermeylen[41] et Odil H. Steck[42], tout en considérant les chaps. 60–62 comme le noyau du Trito-Isaïe, ont émis l'hypothèse des micros-unités du point de vue rédactionnel de ce noyau. Ainsi Vermeylen, en évoquant des raisons thématiques, isole

---

[38] Pour souligner l'importance de ce texte, A.J. Everson le situe dans un contexte historique très déterminant pour le peuple à savoir celui de la reconstruction qui selon lui reste aussi un des thèmes les plus importants de ce chapitre: «The poem in chapter 61 presupposes a time of great discouragement and difficulty within the community. Again and again attention is focused on the theme of rebuilding in contrast to the theme of return to Zion prominent in chapters 40–55» (A.J. EVERSON, «Isaiah 61,1-6», 69). Quant à G. Bradley, il affirme explicitement que ce passage est l'un des plus fameux dans l'histoire des recherches bibliques: «Isaiah 61 is a text that has received an enormous amount of attention in the history of interpretation and in modern scholarly discourse» (G. BRADLEY, «The Postexilic Exile», 475).
[39] Cf. P. HANSON, *The Dawn of Apocalyptic*, 46.
[40] Cf. S. SEKINE, *Die Tritojesajanische Sammlung*, 101.
[41] Cf. J. VERMEYLEN, *Du prophète Isaïe à l'Apocalyptique*, 503.
[42] Cf. O.H. STECK, «Tritojesaja im Jesajabuch», 373-374.

60,1-4 qu'il considère comme matériel de base et qu'il attribue au prophète. Steck, dans le même sens, considère certaines unités des chaps. 60–62 comme des ajouts tardifs. Il isole particulièrement 60,17-22 et 62,10-12 qu'il considère comme des ajouts en évoquant des raisons historiques[43]. Mais le point de vue de ces auteurs reste encore très minoritaire. Il y a des arguments convaincants en faveur de l'unité et la cohérence des chaps. 60–62. En effet, le message des chaps. 60–62 traite essentiellement du salut de Jérusalem et son contenu s'adresse particulièrement à cette dernière. Par ailleurs, le message ne fait pas allusion à des communautés distinctes, mais à une seule et même communauté. Ces chapitres ne posent aucune condition pour participer ou bénéficier du salut imminent. Ils contiennent des thèmes qui leur sont propres tels que le rassemblement des fils de Sion, la reconstruction ou restauration, la glorification de YHWH, des considérations eschatologiques et le salut pour Jérusalem. Tous ces thèmes sont très dominants dans les chaps. 60–62 et faibles dans les autres chapitres du livre. Certaines terminologies comme le «Saint d'Israël» sont typiques dans cette unité littéraire. Tous ces éléments permettent d'affirmer l'unité des chaps. 60–62.

Des divergences surgissent par contre quand il s'agit du personnage central du chap. 61 et plus précisément en 61,1-3. O.H. Steck[44] et J. Vermeylen[45] par exemple placent les chaps. 60–62 dans le contexte d'une rédaction progressive. Ils ne voient pas en ces chapitres une unité indépendante. Pour eux, 61,1-2 ne fait pas forcément allusion à une personne, mais plus probablement à une communauté. Dans le même sens, James D. Smart[46] évite d'identifier l'acteur de 61,1-4 à une figure prophétique. Il l'identifie plutôt à Israël en tant que servant de Dieu. Pierre Grelot[47], quant à lui y voit un grand-prêtre, oint du Seigneur. P. Hanson[48], pense à un individu ou un groupe d'individus qui reprennent les paroles d'un prophète antérieur avec l'intention de s'identifier au serviteur du Deutéro-Isaïe en vue de donner plus d'autorité à leur message. Pour Paul A. Smith[49], il est plus convaincant de voir dans le personnage de 61,1-4 un prophète plutôt qu'une communauté. Il convient,

---

[43] Cf. O.H. STECK, «Tritojesaja im Jesajabuch», 373-374.
[44] Cf. O.H. STECK, «Tritojesaja im Jesajabuch», 375.
[45] Cf. J. VERMEYLEN, *Le livre Isaïe*, 361-406.
[46] Cf. J.D. SMART, *History and Theology*, 259-260.
[47] Cf. P. GRELOT, «Sur Isaïe LXI: La première consécration», 414-431.
[48] Cf. P. HANSON, *The Dawn of Apocalyptic*, 65.
[49] Cf. P.A. SMITH, *Rhetoric and Redaction*, 24.

avec Klaus Koenen[50], que le verbe «שלח, envoyer» suivi des infinitifs dans les textes bibliques renvoie souvent à une mission prophétique individuelle. Pour Willem A.M. Beuken[51], le concept de l'envoi en mission implique l'onction sur l'envoyé comme un prophète.

Le message et les auditeurs du personnage de Is 60,1-4 ont aussi fait l'objet de débats et de divergences parmi les commentateurs. Le message s'adresse-t-il à Israël comme peuple ou seulement aux pauvres, aux opprimés et aux prisonniers dans le peuple? Pour K. Koenen[52], il s'agit à la fois du peuple et des opprimés du peuple d'Israël. On ne peut pas faire une distinction nette entre Israël et les opprimés. Pour Claus Westermann[53], il s'agit de la libération des prisonniers au sein du peuple et non de la libération de l'exil. W.A.M. Beuken[54] privilégie l'hypothèse d'un conflit intercommunautaire. Il s'agit davantage des opprimés au sein de la communauté. P.A. Smith[55], en analysant les termes utilisés dans le passage, compare la mission du prophète à celle du serviteur du Deutéro-Isaïe et déduit que le message s'adresse à Jérusalem tout entière en tant que communauté. Roger N. Whybray[56] va dans le même sens en soutenant que le vocabulaire utilisé correspond plus à un contexte de déportation et de captivité par un peuple étranger, qu'à celui de l'oppression au sein du même peuple. Le prophète s'adresserait donc à toute la communauté juive vivant en Palestine et qui continue d'espérer en la réalisation des prophéties du Deutéro-Isaïe. Pour P.A. Smith[57] et R.N. Whybray[58], il s'agit dans ce passage de réaffirmer ou reconfirmer la réalisation des prophéties du Deutéro-Isaïe. La libération selon eux peut aussi être une métaphore exprimant la libération prochaine du peuple de ses frustrations. Quant à Brooks Schramm, il pense, que le prophète s'insurge contre un traditionnel culte syncrétiste[59] de YHWH qui se perpétrait au sein de la communauté.

Les différentes hypothèses émises sont toutes crédibles, mais restent des hypothèses étant donné que nous n'avons pas des documents histo-

---

[50] Cf. K. KOENEN, *Ethik*, 108-110.
[51] Cf. W.A.M. BEUKEN, «Servant and Herald», 415.
[52] Cf. K. KOENEN, *Ethik*, 109.
[53] Cf. C. WESTERMANN, *Jesaja 40–66*, 292.
[54] Cf. W.A.M. BEUKEN, «Servant and Herald», 418-419.
[55] Cf. P.A. SMITH, *Rhethoric and Redaction*, 25.
[56] Cf. R.N. WHYBRAY, *Isaiah 40–66*, 24.
[57] Cf. P.A. SMITH, *Rhetoric and Redaction*, 25.
[58] Cf. R.N. WHYBRAY, *Isaiah 40–66*, 24.
[59] Cf. B. SCHRAMM, *The Opponents of Third Isaiah*, 177.

riques suffisants pour faire des affirmations certaines sur l'identité du messager de 61,1-3, ni sur la communauté à laquelle il s'adressait. A ce sujet, nous partageons l'humilité de J. Blenkinsopp[60] qui reconnaît la pauvreté de nos connaissances historiques de cette époque.

2.3 *Texte et traduction*

Notre texte de base sera le texte massorétique de la BHS. Il ne pose aucun problème sérieux de critique textuelle. Ce texte est donc fiable et ne présente pas de grandes divergences avec les autres versions. Seules quelques petites divergences mineures qui n'ont aucune incidence sur la compréhension du texte. Il s'agit surtout de divergences touchant la vocalisation, le nombre, le genre et la terminologie. Nous ne jugeons donc pas pertinent de mentionner ces divergences[61]. Cela dit, nous proposons donc une traduction à partir du texte massorétique dans le tableau ci-dessous[62]:

רוּחַ אֲדֹנָי יְהוִה עָלָי	1a	L'Esprit du Seigneur YHWH est sur moi
יַעַן מָשַׁח יְהוָה אֹתִי	1b	parce que YHWH m'a oint,
לְבַשֵּׂר עֲנָוִים שְׁלָחַנִי	1c	il m'envoie pour porter la bonne nouvelle aux pauvres,
לַחֲבֹשׁ לְנִשְׁבְּרֵי־לֵב	1d	panser ceux qui ont le cœur brisé,
לִקְרֹא לִשְׁבוּיִם דְּרוֹר	1e	proclamer aux captifs la liberté,
וְלַאֲסוּרִים פְּקַח־קוֹחַ׃	1f	aux prisonniers, la délivrance,
לִקְרֹא שְׁנַת־רָצוֹן לַיהוָה	2a	pour proclamer l'année favorable de YHWH
וְיוֹם נָקָם לֵאלֹהֵינוּ	2b	et le jour de vengeance de notre Dieu,
לְנַחֵם כָּל־אֲבֵלִים׃	2c	pour réconforter les endeuillés,

---

[60] Cf. J. BLENKINSOPP, *Isaiah 56–66*, 43: «The source material for historical reconstruction in not abundant, and the information it provides is generally ideologically slanted and often unreliable. Much, too, has been lost or has survived only in fragments… ».

[61] S'il est vrai qu'il n'y a pas une unanimité sur la précision des termes choisis dans les diverses traductions, il n'y a pas non plus de divergences majeures sur le message de Is 61,1-11. Ainsi, pour les précisions lexicales et les détails de critique textuelle, nous vous renvoyons à: W. GENESIUS, *Philologisch-Kritischer und historiker Commentar über den Jesaia*, I, 56-106; A. RAVENNA, «Osservazioni sul testo di Isaia», 364-365; M. DAHOOD, «Textual Problems in Isaiah», 400-409; «Some Ambiguous Texts in Isaiah», 41-49; P.-É BONNARD, *Le second Isaïe*, 368-380; 413-423; E. TOV, «Textual Criticism of the Hebrew Bible 1947-1997», 61-81; D. BARTHÉLEMY, *Critique textuelle*, 421-426;
BLENKINSOPP, *Isaiah 56–66*, 173-183; 218-231; A. SCHENKER – P. HUGO, «Histoire du texte et critique textuelle de l'Ancien Testament dans la recherche récente», 11-33.

[62] Pour les détails sur la composition métrique et rythmique, nous vous renvoyons à J. MORGENSTERN, «Isaiah 61», 109-121.

3a	לָשׂוּם לַאֲבֵלֵי צִיּוֹן	pourvoir aux endeuillés de Sion,
3b	לָתֵת לָהֶם פְּאֵר	leur offrir un diadème,
3c	שֶׁמֶן שָׂשׂוֹן תַּחַת אֵבֶל	l'huile de la joie à la place du deuil,
3d	מַעֲטֵה תְהִלָּה תַּחַת רוּחַ כֵּהָה	un onguent de louange et non un esprit de faiblesse,
3e	וְקֹרָא לָהֶם אֵילֵי הַצֶּדֶק	et on les appellera térébinthe de justice,
3f	מַטַּע יְהוָה לְהִתְפָּאֵר:	plantation de YHWH rayonnant de splendeur.
4a	וּבָנוּ חָרְבוֹת עוֹלָם	Et ils rebâtiront les ruines éternelles.
4b	שֹׁמְמוֹת רִאשֹׁנִים יְקוֹמֵמוּ	Ils restaureront les dévastations d'autrefois
4c	וְחִדְּשׁוּ עָרֵי חֹרֶב	et ils rénoveront les villes ruinées,
4d	שֹׁמְמוֹת דּוֹר וָדוֹר:	les désolations de générations en générations,
5a	וְעָמְדוּ זָרִים וְרָעוּ צֹאנְכֶם	et les étrangers se lèveront et feront paitre votre bétail,
5b	וּבְנֵי נֵכָר אִכָּרֵיכֶם וְכֹרְמֵיכֶם:	les fils d'étranger seront vos laboureurs et vos vignerons.
6a	וְאַתֶּם כֹּהֲנֵי יְהוָה תִּקָּרֵאוּ	Et ils vous appelleront prêtres de YHWH,
6b	מְשָׁרְתֵי אֱלֹהֵינוּ יֵאָמֵר לָכֶם	ils diront de vous, ministres de notre Dieu.
6c	חֵיל גּוֹיִם תֹּאכֵלוּ	Vous vous nourrirez de la richesse des nations,
6d	וּבִכְבוֹדָם תִּתְיַמָּרוּ:	vous vous vanterez de leurs fortunes.
7a	תַּחַת בָּשְׁתְּכֶם מִשְׁנֶה	A la place de votre honte, sera la double portion,
7b	וּכְלִמָּה יָרֹנּוּ חֶלְקָם	et du malheur, ils se réjouiront de leur héritage.
7c	לָכֵן בְּאַרְצָם מִשְׁנֶה יִירָשׁוּ	Ainsi ils hériteront de la double portion dans leur terre.
7d	שִׂמְחַת עוֹלָם תִּהְיֶה לָהֶם:	Il y aura pour eux une joie éternelle.
8a	כִּי אֲנִי יְהוָה אֹהֵב מִשְׁפָּט	Car moi YHWH, j'aime la justice,
8b	שֹׂנֵא גָזֵל בְּעוֹלָה	je hais le vol par le moyen de l'injustice
8c	וְנָתַתִּי פְעֻלָּתָם בֶּאֱמֶת	et je leur donnerai la récompense dans la vérité
8d	וּבְרִית עוֹלָם אֶכְרוֹת לָהֶם:	et je conclurai avec eux une alliance éternelle.
9a	וְנוֹדַע בַּגּוֹיִם זַרְעָם	Et leur descendance sera connue parmi les nations,
9b	וְצֶאֱצָאֵיהֶם בְּתוֹךְ הָעַמִּים	et leurs rejetons parmi les peuples.
9c	כָּל־רֹאֵיהֶם יַכִּירוּם	Tous ceux qui les verront les reconnaîtront
9d	כִּי הֵם זֶרַע בֵּרַךְ יְהוָה:	parce qu'ils sont la descendance bénie par YHWH.
10a	שׂוֹשׂ אָשִׂישׂ בַּיהוָה	Je suis vraiment enthousiaste dans YHWH.
10b	תָּגֵל נַפְשִׁי בֵּאלֹהַי	Mon esprit exulte en mon Dieu
10c	כִּי הִלְבִּישַׁנִי בִּגְדֵי־יֶשַׁע	car il m'a vêtu des vêtements du salut.
10d	מְעִיל צְדָקָה יְעָטָנִי	Il m'a enveloppé de la robe de la justice,
10e	כֶּחָתָן יְכַהֵן פְּאֵר	tel un fiancée, tel un prêtre avec un diadème,
10f	וְכַכַּלָּה תַּעְדֶּה כֵלֶיהָ:	telle une fiancé parée de ses ornements.
11a	כִּי כָאָרֶץ תּוֹצִיא צִמְחָהּ	Comme la terre fait pousser ses germes
11b	וּכְגַנָּה זֵרוּעֶיהָ תַצְמִיחַ	et comme le jardin fait pousser ses semences,
11c	כֵּן אֲדֹנָי יְהוִה יַצְמִיחַ צְדָקָה	ainsi le Seigneur YHWH fera pousser la justice
11d	וּתְהִלָּה נֶגֶד כָּל־הַגּוֹיִם:	et la louange devant toutes les nations.

2.4 Délimitation

La délimitation du chap. 61 ne pose pas de problèmes particuliers. Très peu d'auteurs contestent son unité[63]. La caractéristique principale du chap. 61 est le changement du sujet parlant. De 60,22 (אני יהוה, moi YHWH) où le personnage principal est le Seigneur lui-même qui parle, on passe à l'envoyé du Seigneur en 61,1. C'est ce même sujet parlant qui garantit l'unité du texte. Il est le seul personnage central et parle à la première personne en particulier dans le v. 1 et dans le v. 10 נפשי (mon âme), באלהי (en mon Dieu), הלבישני (il m'a vêtu), יעטני (il m'a enveloppé). Les suffixes de la première personne du singulier dans les exemples cités mettent un accent particulier sur le sujet parlant et structurent le texte autour de son message, assurant l'unité du texte. La répétition du terme פאר (diadème) au v. 3 et au v. 10 contribue à l'unité du texte en reliant la promesse du diadème aux endeuillés (v. 3) à l'action de grâce célébrée pour les bienfaits du Seigneur (v. 10). Les termes צדקה (justice) תהלה (louer) mettent une relation entre les promesses faites par le messager aux vv. 1-3 et la célébration de leur réalisation dans les vv. 10-11. La répétition de l'expression אדני יהוה (Seigneur YHWH) au début et à la fin du chapitre (v. 1 et v. 11) est une forme d'inclusion confirmant son unité. Dans le même sens on pourrait relever le vocabulaire de la végétation comme facteur d'unité: אילי הצדק (térébinthes de la justice), מטע יהוה (plantation du Seigneur), au v. 3 et תוציא (fait sortir), צמחה (germes), גנה (jardin), זרועה (semence), יצמיח (fera germer), au v. 11. Par ailleurs, le chap. 62 introduit un nouveau sujet centré sur Jérusalem, confirmant ainsi la délimitation du chap. 61. Tous ces éléments sont des indices suffisamment convaincants pour confirmer l'unité du texte[64].

2.5 Structure

2.5.1 Les structures connues

Le chap. 61 a beaucoup attiré l'attention des chercheurs. Avant de revenir sur notre proposition de structure de ce chapitre, il convient de relever les diverses structures pertinentes connues.

P. Hanson[65], U. Berges[66] et C.W. Fitzgerald[67] subdivisent le chap. 61

---

[63] Cf. 1.1 et 1.2.
[64] Cf. A. FEUILLET, «Introduction au livre d'Isaïe», 181-197; W. LAU, *Schriftgelehrte*, 22.
[65] Cf. P. HANSON, *The Dawn*, 53.
[66] Cf. U. BERGES, *Jesaja*, 443.
[67] Cf. C.W. FITZGERALD, *Rhetorical Analysis*, 226-241.

en trois strophes composées des vv. 1-3, 4-9 et 10-11. L'unité thématique et sémantique des vv. 1-3 est claire. Il s'agit du messager qui annonce sa mission. Sur le plan littéraire, les infinitifs construits introduits pas la particelle «לְ» au v. 2a: לִקְרֹא (pour proclamer) et au (v. 3a) לָשׂוּם (pour mettre, attribuer, pourvoir) assurent la continuité et l'unité de ces versets. Quant aux vv. 4-9, ils sont caractérisés par la reconstruction et le renversement de la situation actuelle. La reconstruction (וּבָנוּ) au v. 4a et la bénédiction de Dieu (בֵּרַךְ יהוה) au v. 9d forment une inclusion illustrant ce reversement de la situation. En ce qui concerne les vv. 10-11, ils constituent une unité thématique qui est une expression de joie et d'action de grâce. Sur le plan littéraire, cette unité se caractérise par le retour à la première personne du singulier au v. 10a (אָשִׂישׂ, je me réjouirai). Celle-ci qui pourrait bien être le messager du v. 1. Enfin, la répétition de l'expression אֲדֹנָי יהוה (Seigneur YHWH) aux vv. 1a et 11c peut être considérée comme une inclusion autour du message confirmant la mission de messager du Seigneur du sujet parlant. Cette structure thématique est logique et convaincante.

Il existe d'autres propositions de structure thématique. P.-É. Bonnard[68] par exemple trouve également trois parties formées des vv. 1-4, 5-9 et 10-11. Bonnard relie le v. 4 aux vv. 1-3. Il ne donne aucune justification particulière à cette préférence mais cela suppose que, pour lui, l'annonce de la mission va jusqu'au v. 4. G.A.F. Knight[69] propose une structure à quatre strophes qui comprend les vv. 1-3, 4-7, 8-9, 10-11. Il subdivise les vv. 4-9 en deux parties dont les vv. 8-9 qui mettent particulièrement un accent sur l'action du Seigneur dans ce renversement de l'ordre précisément au v. 8a: כִּי אֲנִי יהוה (car c'est moi YHWH). K. Pauritsch[70] et C. Westermann[71] vont dans le même sens en proposant eux aussi quatre parties à l'exception du v. 10 qu'ils rejettent le qualifiant d'un ajout tardif inséré entre le v. 9 et le v. 11. J. Muilenburg[72] y voit cinq subdivisions à savoir les vv. 1-3, 4-5, 6-7, 8-9, 10-11. Il subdivise en effet les vv. 4-9 en trois pour mettre en relief les éléments constitutifs du renversement de la situation qui sont: la reconstruction et l'asservissement des étrangers (vv. 4-5), les bénéfices du nouvel Israël (vv. 6-7) et l'action du Seigneur en faveur de son peuple (8-9).

---

[68] Cf. P.-É. BONNARD, *Le Second Isaïe*, 415.
[69] Cf. G.A.F. KNIGHT, *The New Israel*, 42.
[70] Cf. K. PAURITSCH, *Gemeinde*, 107.
[71] Cf. C. WESTERMANN, *Isaiah 40–66*, 371.
[72] Cf. J. MUILENBURG, «Isaiah 40–66», 708.

J.A. Motyer[73], J.N. Oswalt[74] et J. Blenkinsopp[75] ont en commun la simplicité de leur structure. En effet, ils subdivisent le chap. 61 en deux parties. Tandis que Blenkinsopp trouve deux unités qui sont les vv. 1-7 et 8-11, Oswalt opte pour les vv. 1-3 et 4-11. L'on peut dire que pour Blenkinsopp, l'annonce de la mission va jusqu'au v. 7 alors que Oswalt convient avec les auteurs précédents sur l'unité des vv. 1-3. Motyer, quant à lui, rejette les vv. 10-11 qu'il rattache au chap. 62 et propose comme unités les vv. 1-4 et 5-9[76].

La majorité des propositions tournent autour des trois grandes subdivisons thématiques relevées en première position.

2.5.2 Notre proposition

La diversité des structures proposées pour le chap. 61 montre que nous sommes très loin d'une unanimité entre les auteurs. Dans un tel contexte, il est très difficile de se prononcer pour ou contre un auteur spécifique. Cette diversité dénote aussi un certain relativisme assez subjectif et peu fiable. Cela nous a poussé à proposer la structure concentrique ci-dessous:

> v. 1 Action du Seigneur envers toutes les nations (universalité)
> > v. 2 Enthousiasme, exultation
> > > v. 3 Diadème, costume de louange (distinction)
> > > > v. 4 Reconstruction, relèvement
> > > > > v. 5 Passage de non-propriétaire à héritiers
> > > > > > **v. 6 Elus de Dieu: prêtres, officiants du Seigneur**
> > > > > v. 7 Passage de serviteurs à maître des domaines
> > > > v. 8 Nouvelle alliance
> > > v. 9 Notoriété parmi les nations, bénédiction (distinction)
> > v. 10 Année de faveur, réconfort
> v. 11 Action du Seigneur envers tous les opprimés (universalité)

La structure concentrique, bien que relative, laisse moins d'espace à la subjectivité. Elle nous impose une organisation thématique autour d'un axe central et nous réserve parfois des surprises qui poussent à la recherche et motivent la réflexion. Dans notre cas, le v. 6 qui se retrouve au centre devient un défi pour le lecteur. Aucun commentateur n'a jamais donné une importance particulière à ce verset dans le Trito-

---

[73] Cf. J.A. MOTYER, *Isaiah*, 376-380.
[74] Cf. J.N. OSWALT, *Isaiah*, 458-466.
[75] Cf. J. BLENKINSOPP, *Isaiah 56–66*, 218-227.
[76] Les auteurs ne donnent pas de titres particuliers aux subdivisions.

Isaïe. Seule une structure concentrique du chapitre nous lance le défi de faire une analyse du chapitre partant de ce verset. Une lecture attentive du chapitre dissipe pourtant cette difficulté apparente comme nous le verrons plus en détail dans les prochains paragraphes. Pour le moment, notons simplement que les vv. 1-3, qui sont communément reconnus comme centre du noyau originel du Trito-Isaïe (60–62) et le v. 6 ont en commun ce que nous appellerons le vocabulaire, soit le champ sémantique[77] de l'élection ou de l'appartenance soit un ensemble de mots déterminant un élu de Dieu, un consacré à Dieu ou un envoyé de Dieu. C'est dans ce sens qu'au v. 1, nous avons l'état construit רוח אדני (l'Esprit du Seigneur) et les suffixes de la première personne singulier dans עלי (sur moi), אתי (me ou moi) et שלחני (m'envoie) qui dénotent l'élection tandis qu'au v. 6, il y a deux états construits כהני יהוה (prêtres de YHWH) et משרתי אלהינו (officiants de notre Dieu) qui expriment l'appartenance à Dieu.

De cette observation naît une relation entre les vv. 1-3 et le v. 6 qui serait l'élection par YHWH (v. 1), et l'appartenance ou consécration à YHWH (v. 6) pour une mission. D'autre part, l'on peut relever une complémentarité entre les vv. 1-3 jouant dans le chapitre un rôle programmatique (qui est l'élection du messager et son envoi en mission) et le v. 6 au centre, rappelant et confirmant l'élection du peuple comme peuple de prêtres et ministres officiant pour YHWH et donc en mission aussi pour le Seigneur.

2.6 *Analyse de Is 61*

En nous appuyant sur la structure concentrique proposée, nous allons procéder à l'analyse du texte en mettant un accent sur le centre. L'objectif et l'originalité de cette approche est d'ouvrir les horizons de notre lecture habituelle de ce passage. Ici, nous considérerons les versets selon les parallélismes et les symétries de la structure du texte.

2.6.1 Le messager (vv. 1-3)

Les vv. 1-3 forment une unité littéraire et thématique difficile à séparer. Ils traitent du messager et de sa mission. Le v. 1 commence par une déclaration solennelle attirant l'attention de l'auditeur à la fois sur la personne qui parle et sur son message. Ceci donne autorité à sa per-

---

[77] Nous entendons ici par «champ sémantique», non seulement les mots, mais aussi les expressions et les groupes de mots qui ont une relation quelconque avec le sujet en question.

sonne et à son message: רוח אדני יהוה עלי (l'Esprit du Seigneur YHWH repose sur moi). Cette affirmation met l'accent sur l'élection du messager par Dieu qui le consacre à sa mission[78]. Autrement dit, sa mission vient du Seigneur. L'élection constitue la raison d'être de sa mission ou la justification de cette dernière. Nous retrouvons cette justification dans le récit de vocation du prophète Amos lorsqu'il est rejeté. Pour réaffirmer son autorité, le prophète fait le récit de son élection ou de sa consécration par Dieu en vue de la mission (Am 7,12-15)[79].

Le débat classique que suscite le v. 1 est la question de l'identité de ce messager[80]. Nous n'allons pas nous lancer dans les considérations historiques de cette question[81]. Cependant, trois affirmations peuvent être faites du messager: il est prophète, il est roi et il est prêtre. En effet, le prophète est souvent présenté comme celui qui agit par la force de l'esprit. Dans le livre des Nombres, Josué est choisi pour succéder à

---

[78] Is 61,1-3 est un des textes qui donnent au livre d'Isaïe un caractère missionnaire, au sens de porter la bonne nouvelle de YHWH à ceux qui ne la connaissent pas. E.A Martens affirme en ce sens que le livre d'Isaïe a plus de caractéristiques missionnaires qu'on ne le pense en général: «When students select the topic of "Mission in Isaiah" they amaze me with the abundance of material they discover. The topic has also been worked diligently by scholars. A conventional position is that Isaiah envisions God's salvation coming to the nations; in that process, Israel has a mediating role. An extreme opposite claim is that there is no missionary view in this (Is 66,18-21) nor, in fact in any other one from the book of Isaiah. However, missional nuances and emphases emerge even beyond the conventional position...» (E.A. MARTENS, «Impulses to Mission in Isaiah», 215).

[79] Dans ce passage, le prophète Amos est sommé par Amacya de quitter Béthel et d'aller prophétiser à Juda, d'où il est originaire. Amos répond en déclarant qu'il n'était pas prophète mais bouvier et traitait les sycomores quand le Seigneur l'a appelé en lui disant d'aller prophétiser à son peuple Israël.

[80] G. Bradley, n'hésite pas à l'affirmer dans son étude du passage en question: «One of the first challenges confronting the interpreter of Isaiah 61 is the determination of the speaker, a conclusion that I intimately intertwined with one's larger views about the compositional history of the book» (G. BRADLEY, «The Postexilic Exile», 479).

[81] Sur ce sujet, cf. O.H. STECK, «Tritojesaja im Jesajabuch», 37 et P.A. SMITH, *Rhetoric and Redaction*, 24; tous deux pensent que le sujet parlant est le prophète auteur du Trito-Isaïe qui s'est appuyé sur un matériel plus antique qui est formé des chaps. 60–62; R.N. WHYBRAY, *Isaïe 40−66,* 240 et J.N. OSWALT, *Isaïe 40−66,* 56, identifient le sujet parlant au serviteur du Deutéro-Isaïe au chap. 53. Ils se justifient en affirmant que celui qui parle décrit la mission d'une tierce personne et non sa propre mission; J.D. SMART, *History and Theology*, 259-60, pense qu'il s'agit du peuple d'Israël; P.D. HANSON, *The Dawn*, 65-67, voit dans le sujet parlant une personnalisation des disciples du Deutéro-Isaïe; J. BLENKINSSOP, *Isaïe 56−66*, 220-26, émet l'hypothèse d'un personnage historique qui serait le roi Cyrus qualifié par le prophète comme instrument de Dieu pour libérer le peuple.

Moïse en raison de la présence de l'Esprit en lui (Nb 27,18) et le Deutéronome précise qu'il était rempli de l'Esprit de sagesse (מלא רוח חכמה) après que Moïse lui a imposé les mains (Dt 34,9). Elisée demande une double part de l'Esprit de son père Elie pour pouvoir lui succéder (2R 2,9). Le prophète Ezéchiel est porté par l'Esprit dans une de ses visions (Ez 3,12). Michée est rempli de force et de courage grâce à l'Esprit (Mi 3,8). C'est donc l'Esprit qui autorise ou rend possible la mission du prophète[82]. Dans le contexte isaïen, c'est même l'Esprit qui fait parler le prophète (59,21). C'est donc lui qui, dans notre texte (61,1-3a) permettra à notre messager d'annoncer, de proclamer et de conforter.

Notre messager est aussi roi et prêtre parce que le rite de l'onction s'applique plutôt aux prêtres et aux rois dans le contexte biblique. Lev 8,1-12 décrit la consécration des premiers prêtres au cours de laquelle Moïse utilise l'huile de l'onction pour consacrer Aaron. Dans divers passages du livre de l'Exode apparaît également le rite de l'investiture des prêtres et plus précisément d'Aaron et de ses fils avec la mention de l'onction (Ex 28,41; 29,7; 30,30). Le livre des Juges (Jg 9,8.15), le premier livre des Rois (1R 1,39), le premier livre de Samuel (1S 9,16; 16,13) et le deuxième livre de Samuel (2S 2,4) décrivent, quant à eux, des cérémonies de sacre de roi avec l'onction, confirmant ainsi que le messager pourrait aussi être roi. Nous retrouvons dans tous ces textes la racine משח (oindre). Cependant nous trouvons dans le premier livre des Rois un cas d'onction de prophète. En effet, dans le récit de la théophanie, dans laquelle le Seigneur se manifeste à Elie, il lui demande d'oindre Jehu roi d'Israël et Elisée prophète à sa place (1R 19,16). Dans notre passage, Is 61,1-3a, l'onction du prophète peut être symbolique et veut mettre l'accent sur la consécration à Dieu et à sa mission en ce sens que le prophète est réservé et mis à part, par et pour le Seigneur[83].

De ces observations, nous pouvons qualifier le messager de prophète, roi et prêtre. On pourrait aussi penser à un messie royal d'autant que le

---

[82] Cf. M.D. BRATCHER, «Salvation Achieved», 177-179. L'auteur met clairement l'accent sur la relation entre l'Esprit reçu par l'onction et la mission qui en découle. Citons dans le même contexte Knight, qui considère l'onction comme une force pour la mission confiée au prophète. Dieu principal acteur, agit par l'Esprit: cf. G.A.F. KNIGHT, *The New Israël*, 50-53 et J. SCULLION, *Isaiah, 40-66*, 176.

[83] C'est l'onction de l'Esprit qui donne autorité au messager: cf. R. KOCH, «Der Gottesgeist und der Messias», 241-268; 376-403; *La théologie de l'Esprit de Yahvé dans le livre d'Isaïe*, 419-433; G.J. POLAN, «Salvation», 90-97; P.D. HANSON, *Isaiah 40–66*, 223-224; S. AUSÍN, «El Espíritu Santo en la comunidad escatológica», 97-124; P.D. MISCALL, *Isaiah*, 139.

rite de l'onction et la venue de l'Esprit de Dieu sont mentionnés dans l'investiture des deux premiers rois d'Israël à savoir le couronnement du roi Saül (1S 10,1) et celui du roi David (1S 16,13). William J. Dumbrell[84] dans ce contexte relève quatre éléments caractérisant le roi messie. D'abord, le roi est un choix divin. Ensuite, la personne choisie est ointe. Cette onction lui confère des dons particuliers de l'Esprit et enfin les manifestations de son pouvoir et de sa mission sont publiques et visibles. L'hypothèse du roi messie renvoie à Is 11,1-2 qui annonce un roi descendant du roi David sur qui reposera l'Esprit de YHWH (רוח יהוה ונחה עליו).

Les arguments relevés jusqu'ici nous poussent donc à déduire que le sujet parlant ne parle pas de lui-même ni de sa propre mission. Il n'est qu'un porte-parole du messie de Dieu. Nous pouvons à la rigueur affirmer que le sujet parlant se réfère à lui-même tout en parlant de la mission d'un autre qui serait le messie. C. Torrey[85] affirme dans ce sens que le choix du terme משח n'est pas accidentel ni insignifiant; il nous confirme que le serviteur dont il est question est le messie. D'ailleurs le sujet parlant reconnaîtra, comme nous le verrons plus loin au v. 11, que ce qu'il proclame est l'œuvre de Dieu. Il ne remplit pas lui-même les conditions requises pour une telle mission. Cette œuvre de Dieu sera accomplie par son messie.

Si, du point de vue littéraire, il est assez aisé de séparer et de distinguer chaque verset du chapitre, du point de vue thématique, certains versets sont très soudés. C'est le cas des vv. 1b-3 qui annoncent la mission du messager. Après avoir insisté sur son élection et sa consécration par le Seigneur, le messager révèle la mission pour laquelle il est choisi. En d'autres termes, les raisons de sa consécration. La conjonction causale יען (parce que) introduit la raison du choix et la mission est annoncée par une série d'infinitifs construits à savoir לבשר (porter une bonne nouvelle), לחבש (panser), לקרא (proclamer), לנחם (réconforter), לשום (mettre, faire porter), לתת (donner). La particule תחת (au lieu de, à la place de), met un accent sur le renversement de la situation.

Le message s'adresse à ceux qui vivent dans la détresse en général et qui ne sont pas heureux comme nous l'indiquent les mots et expressions suivantes: לנשברי־לב (les cœurs brisés), לשבוים (les captifs), ולאסורים (et les prisonniers), כל־אבלים (tous les endeuillés). L'évocation de la cendre (אפר) au v. 3 fait penser à la pénitence. Ces personnes en détresse peuvent donc être un groupe de pénitents qui recherchent Dieu et

---

[84] Cf. W.J. DUMRELL, *Covenant and Création*, 139-141.
[85] Cf. C.C. TORREY, *The Second Isaiah*, 453.

lui demandent pardon[86]. Les deux verbes les plus importants du programme de la mission du messie sont בשר (porter la bonne nouvelle) et שלח (envoyer). Ils sont par ailleurs complémentaires en ce sens que l'un exprime l'envoi en mission (שלח) tandis que l'autre indique l'objectif de la mission (בשר). Nous retrouvons בשר dans divers contextes bibliques, avec le même sens (Jr 20,15; 1R 1,42). Ce terme peut aussi évoquer la venue ou l'intervention du Seigneur pour la délivrance et la libération d'un plus fort (Na 2,1)[87]. Le couple (בשר et שלח) dénote donc l'idée d'un messager de la bonne nouvelle. Par ailleurs, l'infinitif construit לחבש (panser) qui est ici au sens figuré, résume tout le réconfort et la guérison que la bonne nouvelle comporte. Nous retrouvons ce sens dans d'autres passages bibliques comme Os 6,1[88].

Le v. 2 introduit une nouvelle catégorie qui concerne le temps de YHWH: שנת־רצון ליהוה (l'année favorable de YHWH), ויום נקם לאלהינו (le jour de vengeance de notre Dieu). Notons avant tout que «année et jour» sont des indicateurs de temps. Ainsi l'année de YHWH et le jour de Dieu peuvent indiquer un temps spécifique ou une période de temps en général. Dans le contexte isaïen, le terme רצון (faveur) insinue la «bonne volonté d'agir»[89]. Le temps ou l'année de faveur est donc le moment où le Seigneur décide de répondre ou d'exaucer les demandes de ses adorateurs, de tous ceux qui l'invoquent à travers les prières[90]. Le jour du Seigneur (יום ליהוה) par contre fait souvent référence au jour du jugement comme il apparaît en Is 2,12. C'est également le jour de la vengeance (נקם). La racine נקם apparaît trois fois dans le Trito-Isaïe (59,17, 61,2 et 63,4) et dans les trois cas, la vengeance exprime l'intervention vigoureuse du Seigneur pour combattre ses ennemis et

---

[86] Ce comportement pénitentiel apparaît de manière plus explicite en Is 58,5 où la cendre est aussi mentionnée.

[87] Dans son annonce de la venue du messie libérateur, le prophète Nahum utilise le participe présent du verbe בשר (הנה על־ההרים רגלי מבשר, voici que court sur les montagnes l'annonciateur de la bonne nouvelle). Dans le contexte isaïen, cette racine se trouve aussi en Is 40,9a; 41,47; 52,79.

[88] Le prophète Osée appelle le peuple à revenir vers le Seigneur qui pansera leurs plaies (ויחבשנו, et il nous pansera). De même en Ez 34,4; Is 3,7; 1,6, cette racine signifie panser.

[89] Cf. P.-É. BONNARD, *Second Isaïe*, 417. Bonnard étudie en détail cette expression, qu'il résume comme le moment choisi par le Seigneur pour accomplir des promesses.

[90] La racine רצון est très fréquente chez le prophète Isaïe et apparaît par exemple en Is 49,8 (בעת רצון, dans le temps de la faveur). On la retrouve également avec le même sens en Is 56,7 et 60,7.

sauver son peuple⁹¹. Dans notre texte, la notion du jugement est implicite. Le jour du Seigneur se caractérise par la vengeance contre ses ennemis⁹².

La dernière phrase du v. 2: לנחם כל־אבלים (pour conforter tous les endeuillés) est très significative étant donné que la racine de l'infinitif construit לנחם (pour conforter)⁹³ est le mot clé des chaps. 40–66, voire du titre de cette unité (Is 40,1)⁹⁴. Le réconfort promis aux endeuillés (אבלים)⁹⁵ est la prémisse du renversement de la situation dans laquelle vit le peuple. Mais seuls les justes vivront ce renversement de la situation qui est plus explicite au v. 3. La triple répétition de תחת (au lieu de)⁹⁶ dans le verset est une volonté manifeste de mettre un accent sur le changement qui surviendra sur le plan social et spirituel. Le contraste entre la réalité présente et la consolation annoncée apparaît surtout dans la métaphore de la cendre et la couronne. Selon James Muilenburg, le jeu de lettres entre les deux mots אפר et פאר est une figure de style (la paronomasia)⁹⁷ servant à accentuer le contraste. En effet, le mot אפר

---

⁹¹ Cf. A.J. EVERSON, «Isaiah 61,1-6», 69-73. L'auteur met l'accent sur le double aspect de punition et récompense de l'intervention du Seigneur. Steck va dans le même sens: cf. O.H. STECK, «Der Rachetag», 323-338.

⁹² En s'appuyant sur le contexte historique et biblique, Everson donne une interpétation originale des expressions «année favorable» et «jour de vengeance»: «The expressions "year of the Lord's favor" and "day of the vengeance of God" are of particular interest. The first term may well be an allusion to the ancient tradition of sabbatical rest within the community, a tradition which extended not only to the seventh day but to the seventh year…According to both the Book of the Covenant and the Deuteronomic traditions, the land was to lie fallow every seven year, property was to be restored to original owners, and most important, slaves were to be set free…it is possible that Trito-Isaiah was alluding either to Sabbath or Jubilee year themes, particularly when he stresses the thought of liberation for those who are captive or bound….The second expression is part of the tradition of the day of Yaweh. In the preexilic era, prophets used this concept to describe, anticipate, and interpret momentous events, usually different events of war» (A.J. EVERSON, «Isaiah 61,1-6», 70-71).

⁹³ Pour plus de précision, voir J. STOEBE, «נחם», *THAT* II, 59-66; H. SIMIAN-YOFRE, «נחם», *ThWAT* V, 366-384.

⁹⁴ La racine נחם apparaît deux fois dans le premier verset de l'unité allant des chaps. 40–66 (נחמו נחמו עמי יאמר אלהיכם, Confortez! Confortez! mon peuple dit notre Dieu). Elle se retrouve aussi en 51,3.12.19; 66,13.

⁹⁵ La racine נחם se retrouve en 57,18 et 60,20 toujours dans un contexte de la consolation du peuple par YHWH qui change le deuil en joie.

⁹⁶ פאר תחת אפר (un diadème au lieu de la cendre); שמן ששון תחת אבל (un onguent de louange au lieu de la désolation); מעטה תהלה תחת רוח כהה (un manteau de louange au lieu d'un esprit de langueur).

⁹⁷ Pour plus de détails, voir W.WATSON, *Classical Hebrew Poetry*, 242.

(cendre) est symbole de l'humiliation (2S 13,19)⁹⁸, de la contrition (Is 58,5) et de la tristesse (Is 61,3). Le terme פאר pour sa part signifie couronne ou turban et dénote la beauté (Is 60,7.21) et l'élégance (Ez 44,18)⁹⁹. Dans notre contexte, ce terme n'a pas un sens littéral, mais il exprime la joie que la rédemption du Seigneur apportera au peuple. Ce constat se confirmera en 61,10 où nous retrouverons la racine פאר dans l'action de grâce du messager. Notons aussi l'expression שמן ששׂון (huile de la joie) qui renforce le contraste avec le deuil. Il s'agit d'une huile que les hommes versaient sur leur tête pour exprimer la joie, l'huile étant considérée comme une bénédiction de Dieu¹⁰⁰.

L'intervention salutaire du Seigneur est aussi décrite comme un manteau ou un costume dont le peuple est vêtu. Un manteau protège le corps mais identifie aussi la personne, sa fonction et sa mission. Cette dernière fonction semble celle de notre contexte. En effet, le v. 3 parle de מעטה תהלה (manteau de louange). Il s'agit de caractériser le peuple et de lui donner une nouvelle identité. La louange et la justice sont le nouveau portrait du peuple. La métaphore du térébinthe אילי צדקה (térébinthe de justice) démontre combien cette justice doit être solidement enracinée dans le peuple. Les destinataires du message, formés des opprimés mais aussi des justes et des convertis, constitueront ainsi un nouveau peuple que nous pouvons nommer le nouvel Israël qui vit dans la louange de YHWH et dans la justice¹⁰¹.

2.6.2 La reconstruction (vv. 4-9)

Les vv. 4-9 dévoilent le contenu du message qui doit être porté au peuple. Le v. 4 introduit le thème de la reconstruction avec les verbes au futur ובנו (et ils rebâtiront) et יקממו (et ils restaureront). L'objet de la reconstruction est à la fois matériel, moral et spirituel¹⁰². Il s'agit des

---

⁹⁸ Tamar, violée et humiliée, se couvre la tête de cendre (ותקח תמר אפר על־ראשה, et Tamar pris la cendre sur la tête).
⁹⁹ En Ez 44,18 פאר indique un vêtement utilisé par les prêtres ou les personnes de haute classe sociale (פארי פשתים יהיו על־ראשם, des turbans, ils auront sur la tête).
¹⁰⁰ En Dt 11,14, l'huile est citée parmi les dons et bienfaits de Dieu. En Qo 9,8, l'homme heureux doit avoir des vêtements blancs et de l'huile sur la tête.
¹⁰¹ Le nouvel Israël sera aussi purifié des ennemis de Dieu et des envahisseurs étrangers. Seuls ceux qui se convertiront et adoreront YHWH seront membres du nouvel Israël.
¹⁰² Cf. M.D. BRATCHER, «Salvation Achieved», 177-179. L'auteur considère la reconstruction comme manifestation concrète du salut qui couvre le matériel et le spirituel. M.C. Barnes va plus loin en se référant à une restauration eschatologique: «…Isaiah also offers consoling words that promise a coming restoration from exile.

anciennes ruines (חרבות עולם) et des désolations passées (שממות ראשנים). Bien que la reconstruction des ruines se réfère aux destructions matérielles subies, elle a un second sens qui se réfère à la consolation morale du peuple[103]. Les désolations ont un sens plus large qui englobe tous les dommages matériels, moraux et spirituels dont le peuple a souffert. La répétition de חרבות (ruines) et שממות (désolations) avec les trois verbes évoquant la reconstruction ובנו (et ils rebâtiront), וקוממו (et ils restaureront), וחשדו (et ils rénoveront) souligne fortement la renaissance du peuple. A partir du v. 5, le renversement de la situation devient plus concret. Le peuple sera servi par les étrangers. Notons que ici, les termes זרים (étrangers) et ובני נכר (fils de l'étranger) ont un sens très large pouvant insinuer aussi les envahisseurs. Ceux qui dans le temps soumettaient le peuple deviendront les serviteurs du peuple. L'insistance sur les travaux manuels et sur les possessifs צאנכם (vos bergers), אכריכם (vos laboureurs) כרמיכם (vos vignerons) met en relief le statut de supériorité du nouvel Israël.

Le v. 6, centre de la structure concentrique, se distingue des versets précédents sur le plan littéraire et sur le plan thématique. Le discours prend l'allure d'un dialogue avec l'introduction du pronom personnel de la seconde personne du pluriel (אתם) et ses suffixes (כם). Le changement de ton et le passage de la troisième à la seconde personne du pluriel font se demander si le messager s'adresse aux mêmes destinataires. Mais rien dans le texte ne permet de penser à d'autres destinataires que ceux annoncés dans les versets précédents. Nous concluons donc que ce changement de style est une manière de rendre le langage plus direct et plus vivant. Ces destinataires formés de gens en détresse et qui s'interrogent sur leur sort dans la prière forment ensemble le peuple ou la classe sociale que le messager vouvoie avec ואתם (et vous). Le titre de sacerdoce attribué au nouvel Israël nous renvoie à l'onction du v. 1. Une relation naît ainsi entre le messager et ses destinataires. Tout comme le messager, les destinataires deviennent des élus et oints en tant que prêtres et ministres du Seigneur.

Le niphal imperfect תקראו (vous serez appelés) révèle la caractéristique universelle de cette nouvelle mission du peuple. Ils seront appelés ainsi parce que ce sera une réalité visible et qui s'imposera. Ici encore,

---

But his promise isn't that one day they will be able to return to Jerusalem. His promise is that one day a servant of the Lord will restore all creation to the glory of paradise» (M.C. BARNES, «The Spirit of the Lord is upon Me», 397).

[103] Cette thématique est plus explicite en Is 58,12 (ובנו ממך חרבות עולם, et on rebâtira à partir de toi, les ruines du passé).

c'est le contraste entre le nouveau statut du peuple par rapport aux étrangers et envahisseurs qui est fortement souligné. Rappelons que le sacerdoce représentait une haute classe sociale qui vivait des offrandes du peuple. Il s'agissait d'une race choisie, consacrée au service de YHWH et à la médiation entre le divin et l'humanité. En qualifiant le peuple de prêtres, le messager lui attribue non seulement un précieux statut social, mais lui confère une mission. Celle du peuple élu. En effet, les expressions כהני יהוה (prêtres de YHWH), משרתי אלהינו (ministres de notre Dieu) se retrouvent en Ex 19,6 dans le contexte général de la sortie d'Egypte et plus particulièrement de l'alliance[104]. Le Seigneur fait sortir son peuple d'Egypte et établit l'alliance avec lui. Israël devient son peuple particulier, qui devra être à son service comme un prêtre mis à part pour le service exclusif de YHWH [105]. Dans ce contexte, le terme כהן (prêtre) de YHWH prend aussi la signification de שרת (serviteurs) de YHWH[106]. En effet la racine שרת apparaît très souvent dans le service du culte[107].

En nous rappelant que les destinataires sont les opprimés et les endeuillés, nous pouvons affirmer que le renversement de la situation annoncée et la restauration annoncée dès le v. 1 atteint son point culminant dans le v. 6. Ce sont ces mêmes destinataires qui seront mis à part au service de YHWH. Ainsi, ils seront le symbole du nouvel Israël après la restauration et la vengeance. Ils bénéficieront de tous les avantages liés au statut du prêtre: חיל גוים תאכלו (ils mangeront les biens des peuples). Le verbe תאכלו est à prendre ici au sens figuré et évoque les prescriptions de Moïse sur les offrandes aux prêtres. Puisque ces derniers ne possédaient pas de bien propres, ils se nourrissaient des offrandes apportées pour le sacrifice (Ex 29,32; Lev 6,19). Le nouvel Israël de par son statut de prêtre vivra des biens que toutes les nations apporteront pour offrir le

---

[104] ואתם תהיו־לי ממלכת כהנים וגוי קדוש (et vous serez pour moi un royaume de prêtres, une nation sainte). Notons que «קדוש, saint» prend ici le sens de consacré, mis à part. Cette affirmation se vérifie aussi en Ex 29,1: וזה הדבר אשר־תעשה להם לקדש אתם לכהן לי (et c'est ce que tu feras pour les consacrer à mon sacerdoce).

[105] D'autres passages de la Bible qualifient aussi Israël de peuple de prêtres (Ex 15,11-17; Lev 20,22-26).

[106] Cf. P.-É. BONNARD, *Second Isaïe*, 419. L'auteur s'étend sur cette allusion à Ex 19,6 en rappelant que c'est tout le peuple qui devient serviteur du Seigneur. Oswalt, quant à lui, met l'accent sur le rôle d'intercession d'Israël entre le Seigneur et les nations: cf. J.N. OSWALT, *The Book of Isaiah*, 571.

[107] Dt 10,8: לעמד לפני יהוה לשרתו (pour se tenir devant YHWH et le servir), ainsi que Dt 17,12: הכהן העמד לשרת שם את־יהוה אלהיך (le prêtre qui se tient debout pour servir le nom de YHWH ton Dieu). La racine שרת apparait aussi en Ex 28,31.35.43; Nb 3,6; 8,26; 18,2, toujours dans le contexte cultuel.

sacrifice à YHWH. Le terme גוים souligne le caractère universel du sacerdoce du nouvel Israël. Il sera le médiateur entre YHWH et toutes les nations étrangères. Ici, notons que l'oppression du peuple était surtout le fait des nations étrangères et à leur ignorance de YHWH. Lors de la vengeance[108], tous les ennemis de YHWH formés des infidèles et des idolâtres seront éliminés. Seuls les fidèles et les convertis survivront. Ainsi, le peuple opprimé et toutes les nations purifiées des oppresseurs viendront avec leurs offrandes rendre culte à YHWH dans le nouvel Israël. Ce dernier se nourrira et se glorifiera de la grandeur de ces nations: תתימרו ובכבודם (et de leur gloire, vous vous enorgueillirez), signe de sa domination sur les étrangers, autrefois envahisseurs et oppresseurs mais, aujourd'hui serviteurs et pourvoyeurs pour le nouvel Israël.

Le v. 7 continue la bonne nouvelle de la renaissance du peuple en mettant en parallèle les conditions passées et celles présentes du peuple pour mieux faire apparaître le contraste. Ainsi la particule תחת (au lieu de) réapparaît au début du verset pour introduire ces contrastes que sont l'exaltation par la double portion (משנה הלקם) au lieu de l'abaissement (בשתכם, leur honte), la joie (ירנו, vous crierez de joie) au lieu de la tristesse due à l'humiliation (כלמה). L'expression משנה הלקם fait allusion au Dt 21,17 qui demande une double portion de l'héritage au fils aîné[109]. Le nouvel Israël sera le fils aîné qui bénéficie de la double portion. Cette dernière sera reçue de la part de YHWH et sera la cause de leur joie éternelle. Notons que la structure du verset est construite de sorte qu'il y ait un passage de la honte à la joie qui ne finira pas: שמחת עולם (joie éternelle). Le parallélisme entre la joie éternelle et l'alliance éternelle du v. 8 établit encore une fois une relation entre ce renversement de la situation et l'alliance de YHWH avec le peuple élu[110].

La particule כי introduit le v. 8 en assurant la continuité du message. Mais le contenu du verset commence avec une affirmation très solennelle: כי אני יהוה (car je suis YHWH). Ce changement de style a pour objectif de marquer l'importance du message donné et d'attirer l'attention du destinataire non sur le sujet parlant, mais sur celui qui l'envoi. Il s'agit de YHWH qui entre en dialogue direct avec le peuple et lui com-

---

[108] La vengeance du Seigneur est annoncée déjà dans le v. 2, mais elle est décrite en détail dans le chap. 66 où l'on voit les cadavres de ceux qui se sont révoltés contre Dieu (66,24).

[109] Dans le partage de l'héritage, même si le fils aîné est celui de la femme que l'homme n'aime pas, il doit une double part de son héritage (Dt 21,15-17).

[110] Noter le parallélisme entre: שמחת עולם תהיה להם (la joie éternelle sera pour eux) au v. 7 et וברית עולם אכרות להם (et je conclurai une alliance éternelle avec eux) au v. 8.

munique sa volonté et son projet[111]. Les parallélismes antinomiques אהב (aime), שׂנא (hais) et משׁפט (justice) עולה (injustice) révèlent les attributs de YHWH en mettant l'accent sur son amour pour la justice. Cela renvoie au v. 3 où le nouvel Israël est nommé אילי הצדק (térébinthes de la justice), chargé de manifester la splendeur du Seigneur, laquelle splendeur dans ce contexte ne sera rien d'autre que sa justice. Ainsi l'alliance éternelle promise sera fondée sur la justice[112]. L'évocation de l'alliance confirme l'allusion à Ex 19,6 relevée au v. 6 dont l'expression ואתם (et vous) renvoyait à l'alliance. Cette alliance sera scellée entre YHWH et le nouvel Israël dans lequel règnera désormais la justice. L'accent mis sur la justice signifie que les malheurs du passé étaient le fruit de l'injustice et des ennemis de YHWH. D'autre part, si la justice est un attribut de YHWH: אני יהוה אהב משׁפט. (je suis le Seigneur qui aime la justice), elle doit être aussi un attribut de son peuple. Enfin la récompense promise aux fidèles est à comprendre en relation avec le v. 2 qui évoquait ויום נקם (et le jour de la vengeance)[113]. Ce jour ne sera pas seulement un jour de vengeance mais un jour de récompense.

Le v. 9 étend la renaissance du peuple et toutes ses conséquences positives à la descendance du peuple élu (זרעם, leur descendance). Tout comme l'alliance sera éternelle (v. 8), le renversement de la situation que vivra le peuple sera éternel, allant de génération en génération. Le bonheur que vivra le peuple, fruit des bénédictions de Dieu, fera partie de son identité. Tous ceux qui les verront, les reconnaîtront à travers les bénédictions de Dieu: זרע ברך יהוה (la descendance que YHWH a bénie). C'est le caractère universel et éternel de la renaissance qui apparaît clairement dans ce verset[114].

2.6.3 L'exultation de joie du messager (vv. 10-11)

Il n'y a pas unanimité chez les chercheurs[115] au sujet des vv. 10-11. De par leurs thèmes différents, divers auteurs les considèrent comme

---

[111] C'est la formule type des grandes déclarations de YHWH qui se trouve aussi en dans la proclamation des dix commandements: אנכי יהוה אלהיך (Ex 20,2).

[112] Cette pensée est reprise en Ml 3,16-18 où le Seigneur confirme son élection pour les justes, qui seront son peuple particulier, qu'il écoutera et pour qui il sera un père.

[113] Cf. A.J. EVERSON, «Isaiah 61,1-6», 69-73. L'auteur préfère l'expression *vindication* qui implique punition et récompense au terme *vengeance*. Steck va dans le même sens: cf. O.H. STECK, «Der Rachetag», 323-338.

[114] Ces bénédictions du nouvel Israël et de sa descendance contrastent avec l'extermination des impies et de leur descendance (Is 66,24; Ml 3,18-20).

[115] Voir le paragraphe sur les structures proposées (1.3.1 et 1.3.2).

des ajouts tardifs au chap. 61[116]. Mais à notre avis, une continuité aussi bien littéraire que thématique se dessine dans ces deux versets. Sur le plan littéraire, les métaphores du vêtement, de la justice et de la beauté: בגד־ישע (habit de salut), מעיל צדקה (manteau de justice), אילי צדקה (térébinthe de justice), מעטה תהלה (manteau de louange), פאר (diadème ou turban) qui se retrouvent aux v. 3 et v. 10 assurent l'unité du v. 10 avec les versets précédents. Sur le plan thématique, la joie célébrée dans les vv. 10-11 est explicitement liée à la justice du Seigneur annoncée dans les versets précédents (vv. 1-9). Cette justice inclut tout le renversement de la situation opéré par le Seigneur et décrit dans tout le chap. 61. Pour ces raisons, les vv. 10-11 s'insèrent très bien dans ce chapitre. Ainsi le v. 10 commence avec une explosion de joie qui devient une louange venant du fond du cœur: שוש אשיש ביהוה תגל נפשי באלהי (je suis enthousiasmé, dans le Seigneur, mon âme s'extasie en mon Dieu). C'est une des plus fortes expressions de joie dans le langage biblique[117].

Le choix du terme נפשי (mon âme), révèle la profondeur de la joie qu'exprime cette louange. Elle n'est pas superficielle, elle vient du fond de l'être, נפש représentant l'essence de l'être dans l'anthropologie biblique. Les expressions ביהוה (en YHWH) et באלהי (en mon Dieu) établissent une relation intrinsèque entre la joie et YHWH qui en est la source, la cause. La particule כי introduit les raisons de la louange qui sont la manifestation du salut et de la justice du Seigneur. Puisque la joie, le salut et la justice sont des entités abstraites, les métaphores du vêtement et du mariage sont utilisées pour les extérioriser (v. 10). Notons que les vêtements choisis dans ces métaphores sont circonstanciels et définissent l'identité de la personne: מעיל צדקה (manteau de justice) וככלה תעדה כליה (et comme une mariée parée de ses joyaux), פאר (le diadème ou le turban du prêtre) sont tous des tenues caractérisant leur statut. C'est désormais le salut et la justice qui caractériseront le nouvel Israël. Notons le verbe יעטני qui a une connotation de protection, de sécurité (il m'a drapé dans), mettant ainsi l'accent sur l'acteur principal. C'est le Seigneur lui-même qui assurera la sécurité du peuple. De même, la conjugaison du verbe הלבישני (il m'a vêtu) au hiphil parfait et la répétition du suffixe de première personne dans les

---

[116] Cf. 1.3.1.

[117] On retrouve des formules similaires dans d'autres situations de grande joie comme le cantique d'Anne en 1S 2,1 (עלץ לבי ביהוה, mon cœur exulte dans le Seigneur) et le Magnificat dans le Nouveau Testament (Lc 1,46b-47). En ce sens Knight appelle ce verset le Magnificat: cf. G.A.F. KNIGHT, *The New Israel*, 59; Koenen parle d'hymne: cf. K. KOENEN, *Ethik*, 118; tandis que Scullion l'intitule «Action de grâce»: cf. J. SCULLION, *Isaiah, 40-66*, 178.

deux verbes conjugués (הלבישני et יעטני) mettent en relief le rôle incontournable du Seigneur, acteur principal de l'événement heureux, tandis que le nouvel Israël n'en est que le récepteur.

Au v. 11, la métaphore passe des vêtements à la végétation. Cette métaphore souligne le passage de l'invisible au visible à travers les termes צמחה (ses germes) et זרועיה (ses semences). Un germe qui sort de la terre, un jardin qui fait germer ses semences rendent visibles une réalité qui auparavant était invisible. D'autre part, germer, c'est porter et donner la vie. C'est transformer un grain qui meurt en une réalité plus belle et plus grande. De la même façon, le salut et la justice du peuple élu se manifestant à tous. L'allusion aux nations (כל־הגוים, toutes les nations) montre le caractère universel de cette manifestation. C'est cette visibilité qui donne un caractère universel à la justice et au salut dont bénéficiera le nouvel Israël aux yeux de toutes les nations du monde. Enfin tout comme le v. 10, le v. 11 insiste sur l'acteur principal de ce prodige en le mentionnant explicitement: אדני יהוה יצמיח (moi YHWH, je ferai germer).

2.6.4 Conclusion de l'analyse

En partant du principe que les thèmes essentiels d'une structure concentrique se trouvent au centre, nous avons fait une analyse de Is 61 qui s'y trouve. Cette dernière ainsi que le parcours attentif des grandes unités littéraires de la structure du Trito-Isaïe nous permet d'y établir une hiérarchie thématique dans laquelle les binômes «l'alliance-justice» et «élection-mission» sont prioritaires. A ces derniers sont subordonnés les autres thèmes comme: la souveraineté de Dieu vainqueur de ses ennemis, le salut, les dénonciations, les plaintes et lamentations ainsi que l'universalité du culte qui appartiennent tous au champ sémantique des binômes en question. S'il est donc vrai que le Trito-Isaïe traite d'une variété de thèmes, cette étude nous montre que les problèmes abordés n'ont pas la même importance, les uns étant prioritaires aux autres. Ainsi, la relation entre le Trito-Isaïe et les deux autres parties du livre à savoir le Deutéro et le Proto-Isaïe se reposera surtout sur les thèmes les plus importants.

3. **La justice et le culte dans Is 58**

Tout en étant une partie intégrante du Trito-Isaïe, le chap. 58 garde un aspect qui lui est propre. Celui de se focaliser presque exclusivement sur le culte et la justice sociale. Dans la structure concentrique du livre, il n'est pas facile de trouver un chapitre explicitement symétrique à celui-ci[118], un signe de son originalité. Dans cette partie du travail, nous jugeons nécessaire de ressortir cette particularité thématique du chapitre qui devient en fait une particularité du Trito-Isaïe. Il ne s'agira pas d'une étude ou une exégèse du chapitre, mais d'une analyse du chapitre en ciblant les aspects particuliers pertinents pouvant contribuer à la justification des thèmes que nous retiendrons importants dans le Trito-Isaïe.

3.1 *Considérations diachroniques*

Is 58 forme une unité littéraire très claire avec deux thèmes bien distincts: le jeûne (vv. 1-12) et le Sabbat (vv. 13-14). Mais plusieurs auteurs dont R. N. Whybray[119] et J. Blenkinsopp[120] voient en cette unité une apparence trompeuse. Selon eux et leurs partisans, le noyau originel de Is 58 comprenait seulement les vv. 1-3a et 5-9a. Ce noyau originel serait une réplique du prophète à une plainte des juifs, déçus du silence apparent de Dieu qui ne donne aucune réponse au jeûne du peuple et qui le prive de ses bénédictions. A cette lamentation le prophète répond que leur jeûne n'est pas celui qui plaît à Dieu et donne une nouvelle définition du jeûne avec des conditions éthiques nécessaires pour que ce jeûne plaise à Dieu. Claus Westermann[121] est dans la même ligne de pensée, mais trouve le noyau originel dans les vv. 5-7 qui seraient une réponse à la plainte de 3a. Toujours selon ces auteurs, les vv. 3c-4 de notre texte seraient une interpolation abrupte qui dévie un peu de la problématique posée dans les versets précédents. Par ailleurs, ils donnent une définition du jeûne différente des vv. 5-7. Cela est une incohérence qui est signe d'un ajout tardif. Les vv. 9c-12 seraient une répétition en d'autres termes des vv. 6-9b ajoutés plus tard. Il n'y a aucune référence au jeûne et le vocabulaire est assez différent. Il s'agit alors d'un ajout tardif. Pour finir, les vv. 13-14 qui forment une unité thématique différente seraient une expansion tardive du texte.

Cette hypothèse nous paraît plausible parce que du point de vue syntaxique et sémantique, les vv. 1-3b et 5-9b forment une unité claire et

---

[118] Bien que le chap. 59 continue partiellement une des problématiques touchées qui est l'indifférence ou le silence du Seigneur face aux appels du peuple, il ne se focalise pas explicitement sur la relation entre le culte et l'éthique sociale comme le fait le chap. 58.
[119] Cf. R.N. WHYBRAY, *Isaiah 40–66*, 212.
[120] Cf. J. BLENKINSOPP, *Isaiah 56–66*, 176.
[121] Cf. C. WESTERMANN, *Jesaja 40–66*, 264-271.

logique. Par ailleurs, les vv. 13-14 traitent d'un thème bien distinct des versets précédents. D'autres hypothèses ont été émises telles que celles de Klaus Koenen[122] qui pense que les vv. 1-2 sont une introduction tardive. Jacques Vermeylen[123], quant à lui, trouve que seuls les vv. 3b-4 et 13-14 sont d'une tradition tardive.

Notons que toutes ces hypothèses ont été rejetées par Paul Allan Smith[124] qui défend de toutes ses forces l'unité des chaps. 58–59, ainsi qu'Elizabeth Achtemeier[125] qui voit en Is 58 une unité inséparable dès son origine. Paul Volz[126] et Seizo Sekine[127] sont aussi partisans de l'unité de Is 58. Ils rejettent surtout l'hypothèse de la tradition tardive des vv. 13-14 qui semble plus convaincante que les autres[128].

Reconnaissons cependant que ces hypothèses n'ont pas une incidence significative sur le message théologique du texte étant donné que nous nous intéressons au texte final et non à sa genèse. Nous n'allons donc pas élaborer une histoire de la théologie de ce chapitre, car le noyau original et ses expansions ne divergent pas du point de vue théologique. A ce propos, nous sommes d'accord avec Joseph Blenkinsopp selon lequel le texte final serait une amplification théologique du noyau originel. Il voulait ainsi répondre aux crises de foi des juifs qui se demandaient pourquoi les promesses annoncées dans le Deutéro-Isaïe ne se réalisaient pas. Is 58 répond en posant des conditions. Les promesses sans condition des chaps. 40–55 sont maintenant conditionnées par un engagement éthique et religieux cohérent avec les rites[129].

3.2 *Texte et traduction*

Ce chap. 58 non plus ne pose aucun problème sérieux de critique textuelle. Le texte massorétique que nous avons est fiable et ne présente pas de grandes divergences avec les autres versions. Les diverses traductions ne comportent que de petites divergences mineures qui n'ont

---

[122] Cf. K. KOENEN, *Ethik*, 91-93; A.P. SMITH, *Rhetoric and Redaction*, 103.
[123] Cf. J. VERMEYLEN, *Du Prophète*, 466; A.P. SMITH, *Rhetoric and Redaction*, 107.
[124] Cf. P.A. SMITH, *Rhetoric and Redaction*, 103-114.
[125] Cf. E. ACHTEMEIER, *The Community and Message of Isaiah 56-66*, 60.
[126] Cf. P. VOLZ, *Jesaja II*, 228-229; B. SCHRAMM, *The Opponents of Third Isaiah*, 136.
[127] Cf. S. SEKINE, *Die Tritojesajanische Sammlung*, 130; B. SCHRAMM, *The Opponents of Third Isaiah*, 137.
[128] Il est effectivement probable que les vv. 13-14 soient un ajout tardif vu leur unité thématique.
[129] Cf. J. BLENKINSOPP, *Isaiah 56–66*, 182.

CHAP. II : THEMES FONDAMENTAUX DU TRITO-ISAÏE 97

aucune incidence sur la compréhension du texte[130]. Nous proposons alors la traduction suivante en nous appuyant sur le texte massorétique:

קְרָא בְגָרוֹן אַל־תַּחְשֹׂךְ	1a	Crie à pleine voix, ne te retiens pas!
כַּשּׁוֹפָר הָרֵם קוֹלֶךָ	1b	Comme une trompette, élève ta voix,
וְהַגֵּד לְעַמִּי פִּשְׁעָם	1c	annonce à mon peuple leur rébellion
וּלְבֵית יַעֲקֹב חַטֹּאתָם׃	1d	et à la maison de Jacob leurs péchés.
וְאוֹתִי יוֹם יוֹם יִדְרֹשׁוּן	2a	C'est moi qu'ils cherchent jour après jour
וְדַעַת דְּרָכַי יֶחְפָּצוּן	2b	et dans la connaissance de mes voies ils mettent leur plaisir.
כְּגוֹי אֲשֶׁר־צְדָקָה עָשָׂה	2c	Comme une nation qui pratique la justice
וּמִשְׁפַּט אֱלֹהָיו לֹא עָזָב	2d	et n'abandonne pas les décrets du Seigneur,
יִשְׁאָלוּנִי מִשְׁפְּטֵי־צֶדֶק	2e	ils me demandent des jugements de justice,
קִרְבַת אֱלֹהִים יֶחְפָּצוּן׃	2f	ils mettent leur plaisir dans la proximité de Dieu.
לָמָּה צַּמְנוּ וְלֹא רָאִיתָ	3a	Pourquoi nous jeûnons et tu ne le vois pas?
עִנִּינוּ נַפְשֵׁנוּ וְלֹא תֵדָע	3b	Nous nous humilions et tu ne le remarques pas?
הֵן בְּיוֹם צֹמְכֶם תִּמְצְאוּ־חֵפֶץ	3c	Vois-tu! le jour de ton jeûne, tu fais ton plaisir
וְכָל־עַצְּבֵיכֶם תִּנְגֹּשׂוּ׃	3d	et tu exploites tous tes employés.
הֵן לְרִיב וּמַצָּה תָּצוּמוּ	4a	Vois-tu! Dans les querelles, les disputes tu jeûnes
וּלְהַכּוֹת בְּאֶגְרֹף רֶשַׁע	4b	et tu frappes du poing avec méchanceté.
לֹא־תָצוּמוּ כַיּוֹם	4c	Vous ne jeûnez pas comme il le faut en ce jour
לְהַשְׁמִיעַ בַּמָּרוֹם קוֹלְכֶם׃	4d	pour faire entendre là-haut votre voix.
הֲכָזֶה יִהְיֶה צוֹם אֶבְחָרֵהוּ	5a	Est-ce ceci le jeûne que j'ai choisi,
יוֹם עַנּוֹת אָדָם נַפְשׁוֹ	5b	le jour où l'homme doit s'humilier,
הֲלָכֹף כְּאַגְמֹן רֹאשׁוֹ	5c	est-ce courber sa tête comme un jonc,
וְשַׂק וָאֵפֶר יַצִּיעַ	5d	s'étaler dans la cendre dans des vêtements de sac,
הֲלָזֶה תִּקְרָא־צוֹם	5e	c'est ce que tu appelles jeûne,
וְיוֹם רָצוֹן לַיהוָה׃	5f	un jour de faveur auprès de YHWH?
הֲלוֹא זֶה צוֹם אֶבְחָרֵהוּ	6a	N'est-ce pas ceci le jeûne que je désire,
פַּתֵּחַ חַרְצֻבּוֹת רֶשַׁע	6b	délier les chaînes de la méchanceté,
הַתֵּר אֲגֻדּוֹת מוֹטָה	6c	détacher les courroies du joug,
וְשַׁלַּח רְצוּצִים חָפְשִׁים	6d	renvoyer libres les opprimés,
וְכָל־מוֹטָה תְּנַתֵּקוּ׃	6e	briser tout ce qui est joug?
הֲלוֹא פָרֹס לָרָעֵב לַחְמֶךָ	7a	N'est-ce pas partager ton pain avec celui qui a faim?
וַעֲנִיִּים מְרוּדִים תָּבִיא בָיִת	7b	Et les pauvres sans abri, tu hébergeras?
כִּי־תִרְאֶה עָרֹם וְכִסִּיתוֹ	7c	Si tu vois quelqu'un nu, tu l'habilleras,
וּמִבְּשָׂרְךָ לֹא תִתְעַלָּם׃	7d	et de ton semblable, tu ne te détourneras pas.
אָז יִבָּקַע כַּשַּׁחַר אוֹרֶךָ	8a	Alors ta lumière surgira comme l'aurore,
וַאֲרֻכָתְךָ מְהֵרָה תִצְמָח	8b	ta guérison très vite arrivera,
וְהָלַךְ לְפָנֶיךָ צִדְקֶךָ	8c	ta justice marchera devant toi,
כְּבוֹד יְהוָה יַאַסְפֶךָ׃	8d	la gloire du Seigneur sera ton arrière-garde.
אָז תִּקְרָא וַיהוָה יַעֲנֶה	9a	Alors tu appelleras et YHWH répondra.

---

[130] Pour les détails sur les divergences lexiques et les problèmes textuels, cf. note 61 qui nous présente les différents auteurs et leurs critiques textuelles sur le livre.

9b	תִּשְׁוַּע וְיֹאמַר הִנֵּנִי	Tu crieras au secours et il dira: me voici!
9c	אִם־תָּסִיר מִתּוֹכְךָ מוֹטָה	Si tu élimines de chez toi le joug,
9d	שְׁלַח אֶצְבַּע וְדַבֶּר־אָוֶן׃	le doigt accusateur et les paroles maléfiques,
10a	וְתָפֵק לָרָעֵב נַפְשֶׁךָ	si tu partages ta richesse avec l'affamé,
10b	וְנֶפֶשׁ נַעֲנָה תַּשְׂבִּיעַ	et si avec ta richesse tu satisfais l'humilié,
10c	וְזָרַח בַּחֹשֶׁךְ אוֹרֶךָ	alors ta lumière brillera dans les ténèbres
10d	וַאֲפֵלָתְךָ כַּצָּהֳרָיִם׃	et ta nuit sera comme la lumière de midi.
11a	וְנָחֲךָ יְהוָה תָּמִיד	Et le Seigneur te guidera pour toujours,
11b	וְהִשְׂבִּיעַ בְּצַחְצָחוֹת נַפְשֶׁךָ	il rassasiera ton gosier en pleine fournaise,
11c	וְעַצְמֹתֶיךָ יַחֲלִיץ	et il renforcera tes os.
11d	וְהָיִיתָ כְּגַן רָוֶה	Tu seras comme un jardin bien irrigué,
11e	וּכְמוֹצָא מַיִם	comme une source d'eau
11f	אֲשֶׁר לֹא־יְכַזְּבוּ מֵימָיו׃	qui ne manque point d'eau.
12a	וּבָנוּ מִמְּךָ חָרְבוֹת עוֹלָם	Et ils reconstruiront à partir de toi, les ruines du passé.
12b	מוֹסְדֵי דוֹר־וָדוֹר תְּקוֹמֵם	Ils relèveront les fondations des générations et générations.
12c	וְקֹרָא לְךָ גֹּדֵר פֶּרֶץ	Et tu seras appelé le réparateur des murs tombés en ruine,
12d	מְשֹׁבֵב נְתִיבוֹת לָשָׁבֶת׃	restaurateur des rues à habiter.
13a	אִם־תָּשִׁיב מִשַּׁבָּת רַגְלֶךָ	Si tu t'abstiens de faire des pas le jour du sabbat,
13b	עֲשׂוֹת חֲפָצֶיךָ בְּיוֹם קָדְשִׁי	de faire ton plaisir le jour de ma sanctification.
13c	וְקָרָאתָ לַשַּׁבָּת עֹנֶג	Si tu appelles le Sabbat: délice
13d	לִקְדוֹשׁ יְהוָה מְכֻבָּד	pour le Saint YHWH le Glorieux,
13e	וְכִבַּדְתּוֹ מֵעֲשׂוֹת דְּרָכֶיךָ	si tu l'honores en évitant de suivre tes chemins,
13f	מִמְּצוֹא חֶפְצְךָ וְדַבֵּר דָּבָר	de faire ton propre plaisir et dire des paroles vaines,
14a	אָז תִּתְעַנַּג עַל־יְהוָה	alors tu trouveras ta joie dans le Seigneur.
14b	וְהִרְכַּבְתִּיךָ עַל־(בָּמוֹתֵי)בָּמֳתֵי אָרֶץ	Je te conduirai sur les hauteurs de la terre
14c	וְהַאֲכַלְתִּיךָ נַחֲלַת יַעֲקֹב אָבִיךָ	et je te ferai héritier de Jacob ton Père.
14d	כִּי פִּי יְהוָה דִּבֵּר׃ ס	Ainsi, la bouche de YHWH a parlé.

3.3 *Délimitation*

Le chap. 58 forme une unité thématique bien délimitée. Il traite du culte et plus spécifiquement du jeûne, du sabbat et des dévoiements de leurs objectifs par le peuple. Cette unité est confirmée dans le texte massorétique par les signes «ס»[131] et «פ»[132] qui se retrouvent à la fin du chap. 57 (v. 21), donc au début du chap. 58 et à la fin du même chapitre. En effet, du chap. 57 au chap. 58, nous assistons à un changement clair de destinataire qui marque le début d'une nouvelle unité thématique. Tandis que qu'au chap. 57 le sujet parlant s'adresse au peuple dont il dénonce l'injustice et la méchanceté (אין שלום לרשעים, point de paix pour les méchants, v. 21), au chap. 58, le destinataire est avant tout le prophète qui est chargé d'annoncer au peuple ses péchés (קרא בגרון, crie à

---

[131] «Setuma» du codex de Leningrad.
[132] «Petucha» du codex d'Aleppo.

pleine voix!, v.1). Sur le plan littéraire l'emploi du mode impératif à la seconde personne du singulier, en 58,1, confirme le changement du destinataire. Par ailleurs, au chap. 59, le principal destinataire change encore. Il s'agit du peuple qui reçoit une réponse directe à sa plainte contre Dieu dont il attend une intervention imminente (כי אם־עונתיכם, c'est à cause de vos iniquités, v. 2). Toutes ces observations nous permettent d'affirmer que le chap. 58 forme une unité thématique claire.

Les vv. 13-14 semblent un ajout plus tardif par rapport aux précédents, élargissant la problématique au sabbat. Il y a cependant une cohérence littéraire entre ces deux versets et les versets précédents à travers le schéma «conditions-conséquences»[133] formant ensemble une unité bien délimitée.

3.4 *Structure*

Diverses structures du chap. 58 ont été proposées que nous pouvons classer en deux catégories. L'on peut distinguer des structures selon les thèmes et des structures concentriques. Nous n'allons pas nous étendre sur ces propositions ni proposer une structure de ce chapitre. En effet nous partageons les structures concentriques proposées que nous verrons bientôt.

3.4.1 Les structures selon les thèmes

Il s'agit des auteurs qui ont proposé une structure en partant des thèmes traités dans le chapitre. Parmi ces derniers, relevons R.N. Whybray[134] qui distingue deux grands thèmes: le jeûne et le Sabbat, avec six parties. Il ne donne pas de sous-titre à chaque partie mais commente chaque partie comme unité: vv. 1-3a; vv. 3b-4; vv. 5-7; vv. 8-9a; vv. 9b-12; vv. 13-14. De même, C. Westermann[135] relève deux grands thèmes: le jeûne et le Sabbat mais avec sept parties. A la différence de Whybray, Westermann isole le v. 5 comme entité indépendante constituant à lui seul une partie: vv. 1-3a; vv. 3b-4; v. 5; vv. 6-7; vv. 8-9a; vv. 9b-12; vv. 13-14. L'on pourrait voir un certain lien entre la proposition de Westermann et la structuture concentrique de G.J. Polan[136] qui a son centre au v. 5. Notons que Westermann et

---

[133] Ce schéma constitue le fil conducteur du texte et garanti son unité littéraire. Il s'étend surtout des vv. 6-14.
[134] Cf. R.N. WHYBRAY, *Isaiah 40−66*, 210-218.
[135] Cf. C. WESTERMANN, *Jesaja 40−66*, 264-271.
[136] Cf. 4.4.2

Whybray tiennent compte des considérations diachroniques dans la proposition de leur structure.

B.S. Childs[137], pour sa part, signale quatre parties qu'il commente comme unité: vv. 1-4; vv. 5-9a; vv. 9b-12; vv. 13-14. J. Blenkinsopp[138] y voit cinq parties qu'il commente comme unité sans donner de titre. Il tient aussi compte des considérations diachroniques: vv. 1-3a; vv. 3b-4; vv. 5-9a; vv. 9b-12; vv. 13-14. Relevons aussi E. Achtemeier[139] qui propose cinq parties avec des subdivisions différentes de celles de Blenkinsopp: vv. 1-3a; vv. 3b-5; vv. 6-9; vv. 10-12; vv. 13-14. F. Knight[140] pour sa part distingue quatre grands thèmes: la plainte du peuple, la réponse de Dieu, la vraie spiritualité et le Sabbat, mais mentionne six parties dans le texte: vv. 1-3b; vv. 3c-5; vv. 6-7; vv. 8-9a; vv. 9b-12; vv. 13-14. En ce qui concerne P.A. Smith[141], il divise le texte en deux grandes sections avec des subdivisions internes à savoir: vv. 1-5; subdivisés en deux: vv. 1-2; vv. 3-5; et vv. 6-14; subdivisés en trois: vv. 6-9a; vv. 9b-12; vv. 13-14. Quant à P.-É. Bonnard[142], il distingue cinq parties plus une introduction qui est le v. 1: introduction; vv. 2-3b; vv. 3c-5; vv. 6-7; vv. 8-12; vv. 13-14.

Cette diversité de structures selon les thèmes nous montre qu'il n'y pas d'unanimité entre les auteurs et nous laisse perplexe en ce qui concerne le choix des principaux thèmes du texte: d'où la nécessité de considérer d'autres propositions de structures.

3.4.2 Les structures concentriques

Gregory J. Polan et John D. W. Watts s'écartent des auteurs précédents en proposant plutôt des structures concentriques. En effet, Polan[143] mentionne cinq symétries thématiques dont la première relie 58,1b à 58,14. Ces versets ont un thème commun qui est la maison de Jacob. La seconde symétrie est formée de 58,2 et 58,13 qui traite de la volonté de Dieu. Par ailleurs, 58,3a correspond à 58,10b-12 et posent explicitement la question du jeûne. Une quatrième symétrie rassemble 58,3a-4a et 58,6b-9. Ces unités littéraires dénoncent directement et indirectement le faux jeûne. Enfin la dernière symétrie regroupe 58,5a.b

---

[137] Cf. B.S. CHILDS, *Isaiah*, 476-481.
[138] Cf. J. BLENKINSOPP, *Isaiah 56-66*, 172-183.
[139] Cf. E. ACHTEMEIER, *The Community and Message*, 50-61.
[140] Cf. F. KNIGHT, *The New Israel*, 22-30.
[141] Cf. P.A. SMITH, *Rhetoric and Redaction*, 101-115.
[142] Cf. P.-É. BONNARD, *Le Second Isaïe*, 368-379.
[143] Cf. G.J. POLAN, *The Ways of Justice*, 231-233.

et 58,6a qui proclament le vrai jeûne. Le centre de la symétrie (58,5c) pose la question fondamentale du texte qui est de savoir quel jeûne préfère le Seigneur.

> A Déclare à la maison de Jacob ses transgressions (v. 1b)
> B C'est moi qu'ils cherchent jour après jour jour ... (v. 2)
>   C Pourquoi nous jeûnons... tu ne le remarques pas? (v. 3a)
>   D Voyez-vous... frappant du point... (vv. 3b-4a)
>   E Doit-il être comme cela le jeûne... sac et cendre (v. 5a.b)
>   **F Est-cela ...un jour qui a faveur... YHWH? (v. 5c)**
>   E' Le jeûne que je préfère....(v. 6a)
>   D' Délier les liens... (vv. 6b-9)
>   C' Et tu cèdes à l'affamé... (vv. 10b-12)
> B' Si tu t'abstiens de marcher... (v. 13)
> A' Alors...Je te ferai savourer le lot de Jacob ... (v. 14)

Watts[144] est aussi partisan de la structure concentrique et relève quatre symétries thématiques dans le texte. Ainsi, le vv. 1 et 14d forment la première symétrie qui traite de l'annonce de YHWH au peuple. Les vv. 2-3 correspondent pour leur part aux vv. 13-14c. Ils traitent explicitement du culte. La troisième symétrie formée du v. 4 et du v. 12 mentionne le contraste entre le faux et le vrai culte tandis que la dernière symétrie qui regroupe les vv. 5-8 et les vv. 10-11 proclame le jeûne authentique. L'axe central situé au v. 9 donne une réponse à la lamentation du peuple en décrivant le jeûne que le Seigneur préfère. Watts justifie sa position par les thèmes qui se répètent dans les couples AA', BB':

A YHWH annonce le sujet: péchés et révoltes (v. 1)
  B *Le culte: ce qu'ils aiment faire (vv. 2-3)*
    C Le culte: occasion de violence, inacceptable (v. 4)
      D Le culte acceptable: aider et libérer (vv. 5-8)
        E Lorque tu cesseras de faire le mal, tu pourras prier (v. 9)
      D' Si tu t'occupes des affamés et ...., tu seras béni (vv. 10-11)
    C' Restaurateur de l'ordre et réparateur des murs (v. 12)
  B' *Le culte: si tu observes le Sabbat comme il le faut tu seras béni (vv. 13-14c)*
A' Le Seigneur a parlé (v. 14d)

---

[144] Cf. J.D.W. WATTS, *Isaiah 34–66*, 272-273.

Ces deux structures concentriques sont très pertinentes car elles mettent au centre de leur structure les questions fondamentales du chap. 58. Tandis que Polan met au centre la question du *jour favorable* au Seigneur, Watts y voit la question de la *réponse du Seigneur*. Toutes deux peuvent nous guider dans la recherche des thèmes principaux du texte.

3.5 *Analyse de Is 58*

Comme au chap. 61, l'analyse du texte ne sera pas systématique. Elle consistera surtout à démontrer la présence de l'un ou l'autre des thèmes que nous proposons comme fondamentaux dans le livre.

3.5.1 La lamentation du peuple (vv. 1-3)

Le v. 1 annonce une convocation. Cette dernière a pour but de dénoncer au peuple ses פשעם (révoltes) et חאתם (péchés)[145]. Ce peuple en question est la בית יעקב (la maison de Jacob) expression usuelle chez Isaïe pour nommer le peuple d'Israël (Is 2,5.6; 10,20; 46,3; 48,1). Dans le même contexte, B. Schramm[146] fait noter que le suffixe de première personne singulier dans לעמי (à mon peuple) veut mettre l'accent sur le peuple comme communauté appartenant à Dieu, donc son élection du peuple. Les déviations religieuses et morales sont au centre de la dénonciation du prophète. Dans la lignée des prophètes préexiliques Osée (8,1) et Michée (3,8)[147], notre prophète doit emboucher la trompette pour annoncer à Israël ses nombreux péchés déjà dénoncés en partie en Is 57 et Is 59. Dans la même ligne de pensée, P.A. Smith, O.H. Steck et E. Achtemeier considèrent le v. 1 comme l'annonce de la mission du prophète[148]. En reprenant ces formules des prophètes antérieurs, le prophète nous fait comprendre qu'il parle ainsi avec le consentement de Dieu. La trompette est un cri d'alarme. Elle avertit le peuple des dangers et des calamités qui le menacent. Ici, le prophète dénonce des déviations qui sont: vouloir concilier la pratique religieuse avec une conduite immorale et l'amour de Dieu avec l'oppression des faibles. Dans ce sens, Peter Miscall considère la trompette comme un appel au juge-

---

[145] Knight va plus loin en parlant de rupture de l'alliance: cf. G.A.F. KNIGHT, *The New Israel*, 23.

[146] Cf. B. SCHRAMM, *The Opponents of Third Isaiah*, 133.

[147] Cf. W. SCHOTTROFF, «Unrechtmässige», 263-278. L'auteur fait remarquer que les dénonciations sont une caractéristique générale des prophètes de cette époque.

[148] Cf. O.H. STECK, «Beobachtungen», 178; A.P. SMITH, *Rhetoric and Redaction*, 104; E. ACHTEMEIER, *The Community*, 53.

ment[149]. Le caractère moralisant de ce texte a fait penser à un sermon prononcé dans une synagogue et mis sous forme d'oracle[150]. Il y a un changement de ton abrupt entre le commandement donné au prophète au v. 1: והגד לעמי פשעם (et annonce à mon peuple ses péchés) et la suite du texte. Le commandement serait une citation d'un texte prophétique, suivi du sermon. Ce changement abrupt ne se trouve pas dans les autres oracles comme Is 57,1-13.

Au v. 2 commence une accusation contre le peuple[151]. Il est un «גוי, une nation» qui a abandonné les préceptes et les lois de Dieu. Il ne fait pas la volonté de Dieu et pourtant il se prend pour un peuple qui n'a rien à se reprocher (voir aussi 55,6). La particule de comparaison כ dans la combinaison כגוי, marque ce contraste entre ce que le peuple est en réalité et ce qu'il prétend être[152]. Se prétendant sans faute, respectant la justice et le droit, il exige que Dieu réponde à ses invocations (voir aussi 45,11). Aussi se plaint-il de son apparente passivité. Cette plainte se retrouve en Ml 3,14 où le peuple se demande à quoi bon servir le Seigneur. Selon R.N. Whybray[153] nous n'avons aucune certitude qu'il s'agisse d'une ironie dans ce verset. Le peuple croit sincèrement faire la volonté de Dieu, sauf qu'il se trompe. Il ne se rend pas compte que sa conduite ne plaît pas à Dieu. B. Schramm[154] hésite aussi à voir une ironie dans ce passage. B. Childs est dans la même ligne de pensée. Selon lui[155], l'expression ישאלוני משפטי־צדק (ils me demandent des jugements justes) est une demande du peuple que Dieu lui fasse justice. C'est-à-dire prendre des décisions justes envers lui et contre ses adversaires, car il jeûne et cherche le Seigneur dans la droiture. Il est difficile de prendre position face à ces différentes hypothèses toutes plausibles. La seule certitude que nous avons est qu'il s'agit d'une lamentation du peuple qui ne sent pas écouté par Dieu.

Le v. 3 a deux parties sémantiquement et syntaxiquement bien distinctes. Le 3a et 3b sont une interrogation tandis que les 3c et 3d sont un début de réponse qui se poursuit dans le v. 4. Pour cette raison, J.

---

[149] P.D. MISCALL, *Isaiah*, 133.

[150] Cf. R.N. WHYBRAY, *Isaiah 40-66*, 212.

[151] Risto Nurmela cite dans ce contexte Is 58,2 parmi les textes les plus importants sur la justice et le jugement: cf. R. NURMELA, *The Mouth of the Lord*, 98.

[152] Pour Knight, la racine «חפץ» dans le v. 2f, peut signifier la volonté de Dieu. C'est donc un peuple qui prétend faire la volonté de Dieu: cf. G.A.F. KNIGHT, *The New Israel*, 24.

[153] Cf. R.N. WHYBRAY, *Isaiah 40-66*, 212.

[154] Cf. B. SCHRAMM, *The Opponents of Third Isaiah*, 134.

[155] Cf. B.S. CHILDS, *Isaiah*, 477.

Muilenburg[156] et O.H. Steck[157] préfèrent lire le 3a et 3b avec les versets précédents. Steck se justifie en évoquant le changement du sujet parlant et le parallélisme entre le 3c et le 4a qui commencent tous par הן (voici). P.A. Smith et G.J. Polan voient au contraire une unité dans les vv. 3-4. Pour Smith[158], la répétition de la racine צום (jeûne) et ses dérivés dans les vv. 3-4 garantit leur unité. Polan[159] avance l'argument du dialogue. Il ne faut pas interrompre la question-réponse du v. 3. La particule interrogative למה signifie dans ce contexte «pourquoi? comment se fait-il que?».

Cette première partie du verset exprime une plainte adressée à Dieu. Le peuple se lamente, car il jeûne et fait pénitence, mais il n'est pas entendu par Dieu. Il s'agit d'une rupture de dialogue. C'est une accusation typique du peuple qui reproche à Dieu sa passivité et son silence face ses préoccupations. En effet, à cette époque, le jeûne était organisé pour implorer l'intervention de Dieu dans une situation de calamité ou de catastrophe naturelle (cf. Jr 36,9; Jl 1,14; 2,12). Dans notre contexte, le peuple vit la situation difficile de l'occupation perse et attend impatiemment la restauration. Face à elle, le peuple multiplie les jeûnes et les cultes pour implorer l'intervention de Dieu qui semble tarder à venir. Il serait intéressant selon J. Blenkinsopp de se demander pourquoi le peuple se plaint seulement de l'inefficacité du jeûne et non des autres cultes. Sa réponse est que le jeûne était convoqué dans des situations de crise extrême pour implorer une intervention immédiate de Dieu[160].

La seconde partie du verset (v. 3b) change de ton. De la plainte, on passe à une réponse ou mieux une réplique à la plainte. L'interjection הן exprime une réplique directe à une question. Cette deuxième partie du verset est un début de la dénonciation ou de la déclaration au peuple de ses «פשעם, révoltes» et «חטאתם, péchés» comme le proclame le v. 1. Le jeûne du peuple consiste à faire ce qui leur plaît. Leurs intérêts propres priment sur la vraie dévotion. En plus ils exploitent «עצביכם, vos gens de peines», c'est-à-dire ceux qui travaillent pour eux, transgressant ainsi la volonté de Dieu (cf. Jl 2,5-16; Dt 15,2-3). Prétendre aimer Dieu

---

[156] Cf. J. MUILENBURG, «Isaiah 40-66», 678; P.A. SMITH, *Rhetoric and Redaction*, 108.
[157] Cf. O.H. STECK, «Zu jungsten Untersuchungen», 211-212; A.P. SMITH, *Rhetoric and Redaction*, 108.
[158] Cf. P.A. SMITH, *Rhetoric and Redaction*, 109.
[159] Cf. G.J. POLAN, *Ways*, 186-187; P.A. SMITH, *Rhetoric and Redaction*, 109.
[160] Cf. J. BLENKINSSOPP, *Isaiah 56-66*, 178.

et molester son prochain sont des attitudes incompatibles dénoncées par tant d'autres prophètes (Am 2,8; 5,21-24; Os 6,6; Is 1,11-17; Jr 7). L'appel de leur prière ne peut être entendu parce que leur conduite contredit leur culte religieux[161].

3.5.2 Le jeûne qui plaît au Seigneur (vv. 4-7)

Le v. 4 continue l'annonce aux peuples de ses péchés commencée dans la deuxième partie du v. 3. Il est introduit par הן, la même interjection que 3c. Les deux constructions infinitives להכות (du verbe נכה, frapper) et להשמיע (du verbe שמע, faire entendre) sont des hiphils qui mettent l'accent sur l'action du peuple qui est mauvaise. Le message central du verset est que le peuple a oublié la véritable intention ou plutôt le véritable objectif du jeûne. Pour cela, K. Koenen préfère parler d'une explication au peuple de ses péchés plutôt que de dénonciation[162]. Il est clair que l'intention du peuple en jeûnant n'est pas les querelles et les disputes. Mais en ignorant le vrai objectif du jeûne et centré sur ses propres intérêts, il n'arrive même plus à éviter le mal le jour du jeûne. Il est à noter que le jeûne comme institution n'est pas le problème en soi. Ce qui est condamné est le fait que ce jeûne ne témoigne d'aucune charité ni envers Dieu ni envers le prochain.

Le v. 5 est une remise en cause de la manière dont le peuple jeûne sous forme de trois interrogations introduites par la particule interrogative ה en 5a (הכזה יהיה צום אבחרהו, doit-il être comme cela, le jeûne que je préfère?), en 5c (הלכף כאגמן ראשו, s'agit-il de courber sa tête comme un jonc?) ainsi qu'en 5e (הלזה תקרא־צום, est-ce cela que tu appelles un jeûne?)[163]. Une critique négative et sarcastique du jeûne du peuple se dégage de ce verset[164]. La condamnation de la façon de jeûner du peuple est totale et radicale. Il y a incompatibilité entre le rite et l'esprit qui l'accompagne. Cette critique vient du Seigneur lui-même

---

[161] Cf. J.D. SMART, *History and Theology*, 246 (l'aspect superficiel du culte est souligné); E. ACHTEMEIER, *The Community*, 54 (l'illusion du peuple qui croit bien jeûner est mentionnée); J.D.W. WATTS, *Isaiah, 34-66*, 27 (les déviations dans le jeûne sont clairement relevées); B. WEBB, *The Message*, 225-227 (les dangers du culte extérieur sont soulignés); R.E. RUBENSTEIN, *Thus Said the Lord*, 41 (la critique du culte est relevée).

[162] Cf. K. KOENEN, *Ethik*, 94: «Der Herold hat die Aufgabe, seine Stimme zur Anklage zu erheben, um dem Volk zu erklären, warum seine Klagende Stimme in der Hohe nicht erhört wird».

[163] Oswalt qualifie dans ce sens le v. 5 comme un appel à un examen de conscience: cf. J.N. OSWALT, *The Book of Isaiah*, 505.

[164] L'ironie exprimée à travers les métaphores 5c et 5d se retrouve en Mt 6,16.

d'autant plus qu'il parle en première personne au v. 5a. Ce n'est pas ce genre de jeûne qui plaît au Seigneur[165]. G.J. Polan et C. Westermann isolent le v. 5 qui constitue pour eux une unité en soi et un point de transition. P.A. Smith et J. Muilenburg[166], quant à eux, préfèrent unir le v. 5 aux versets précédents. Smith[167] argumente en s'appuyant sur la répétition de la racine צום et du ton négatif du verset qu'il trouve parallèle au ton des versets précédents. Ces hypothèses tout en gardant chacune sa spécificité sont en fait complémentaires. En effet le v. 5 du point de vu thématique est une transition qui nous fait passer de la dénonciation du faux jeûne, à la proclamation du jeûne authentique. Du point de vu littéraire, il reste uni aux versets précédents par sa construction interrogative et son ironie.

Le v. 6 s'ouvre par une question rhétorique introduite par la combinaison הלוא (n'est-ce-pas?), composée de deux particules: l'interrogative ה et la négative לוא Suivent trois propositions infinitives décrivant chacune le jeûne qui plaît au Seigneur: פתח חרצבות (dénouer les liens), התר אגדות (détacher les courroies) et ושלח רצוצים (et renvoyer libre).

Ces passages rentrent tous dans le contexte de l'éthique, du social et du culte[168]. Après la critique négative des versets précédents, commence l'instruction sur le véritable jeûne qui continuera dans le verset suivant. Cette insistance sur le devoir d'affranchir les opprimés est selon Bonnard liée au souvenir de la servitude du peuple en Babylonie. Eux qui ont fait l'expérience de l'oppression, ne devraient pas faire aux autres ce qu'ils ont souffert en Babylonie[169]. Déjà Dt 15,12-15 prescrivait au peuple dans ce même contexte de rendre la liberté aux esclaves car il a été esclave en Egypte et sait par conséquence que l'esclavage est inhumain. Le v. 6 établit une hiérarchie de valeur claire. La charité prime le jour du jeûne sur tout autre acte. On ne peut pas séparer le jeûne de l'amour du prochain. Leslie J. Hoppe va plus loin en identifiant l'oppression des autres

---

[165] Ce message se retrouve en Is 1,11.
[166] Cf. J. MUILENBURG, «Isaiah 40–66», 680; P.A. SMITH, *Rhetoric and Redaction*, 109.
[167] Cf. P.A. SMITH, *Rhetoric and Redaction*, 109.
[168] La réflexion de Michael L. Barré sur le jeûne insiste aussi sur l'aspect de la justice social qui est la vraie charité et signe de la conversion intérieure; cf. M.L. BARRE, «Fasting», 94-97. J. D. Smart pour sa part dénonce l'aspect spectaculaire du culte au dépend des dispositions intérieures essentielles pour un vrai culte: «God looks upon the heart and life…He cannot be deceived by ostentatious appearances of humility» (J.D. SMART, *History*, 246).
[169] Cf. P.-É. BONNARD, *Le Second Isaïe*, 374-378.

à l'idôlatrie[170]. Notons que le prophète ne préconise pas la substitution du jeûne par la charité. Il veut plutôt dire que la charité est un élément indispensable du jeûne. Smith[171] voit en ce verset, le point de transition passant de ce qu'il ne faut pas faire à ce qu'il faut faire.

Le v. 7 constitue avec le verset précédent une unité sémantique, que nous indique la répétition de la combinaison interrogative הלוא, laquelle se retrouve en 6a et 7a. Ainsi le v. 7 est une suite logique des instructions sur le véritable jeûne. Tandis que les infinitifs dominaient au v. 6, au v. 7, c'est la deuxième personne du singulier qui domine. Le Seigneur s'adresse personnellement à chaque membre du peuple. C'est la formule classique de la loi (cf. Ex 20,3-17). Ce verset prend plus le ton d'une exhortation que d'un sermon à travers les expressions: פרס לרעב (partager ton pain avec celui qui a faim), מרודים תביא בית (tu hébergeras les sans-abris), ערם וכסיתו (et le nu, tu le couvriras). L'expression ומבשרך (et ton semblable, quelqu'un de ta chair) a la connotation d'un homme quelconque et non seulement un compatriote. C'est donc un appel à l'amour envers tout homme en tant qu'être humain[172].

3.5.3 Les fruits du jeûne qui plaît à Dieu (vv. 8-12)

Le v. 8 est introduit par la particule אז (alors) qui a fonction d'adverbe ici. Il exprime une conséquence. Du point de vue sémantique le v. 8 donne les conséquences de la condition posée en 7c et 7d. Ici commence une série de conséquences positives dérivant du vrai jeûne: יבקע כשחר אורך (ta lumière brillera comme l'aurore), וארכתך מהרה תצמח (ton rétablissement vite arrivera). Le prophète offre au peuple une issue pour sortir de sa situation. Il faut noter que ces conséquences positives sont directement liées à la vie éthique du peuple[173]. Le Seigneur remet dans la main du peuple son destin.

Comme nous l'avions dit plus haut (voir 1.3.1), certains biblistes dont J.D.W. Watts voient en Is 58 une structure concentrique dont le v.

---

[170] Cf. L.J. HOPPE, «Fasting and Idolatry», 44: «The sin of idolatry runs much deeper. It meant forgetting that God whom Israel worshipped was a God who takes the side of the oppressed demands justice for the poor and liberates slaves».

[171] Cf. P.A. SMITH, *Rhetoric and Redaction*, 109.

[172] E. Achtemeier, P.D. Hanson, et A. Davies soulignent fortement cet aspect éthique: cf. E. ACHTEMEIER, *The Community*, 54; P.D. HANSON, *Isaiah 40-66*, 204; A. DAVIES, *Double Standards*, 34-57.

[173] C'est dans ce sens que Thomas L. Leclerc et Mark Gray, tiennent comme thèmes essentiels de Is 58, la justice et le culte; cf. T.L. LECLERC, «Justice and Worship», 347-358; M. GRAY, *Rhetoric and Social Justice*, 73-115.

9 est le centre. Dans ce verset le Seigneur donne une réponse explicite à la lamentation du peuple. Ce dernier l'accuse de ne pas exausser ses prières (למה צמנו ולא ראית, pourquoi nous jeûnons et tu ne vois pas?). La première partie du verset continue les conséquences commencées au 8a. En effet, le 9a est introduit par la même particule consécutive que la 8a à savoir אז. Il y a donc une unité sémantique qui va du v. 8a au v. 9a.

Nous convenons avec Watts[174] que cette première partie du verset est le point culminant de l'instruction sur le jeûne. Le Seigneur répond toujours à celui qui vit le vrai jeûne. L'expression «הנני, me voici» exprime une présence active du Seigneur auprès du peuple s'il jeûne selon ses instructions. Nous retrouvons des formules parallèles en 52,6; 65,1; Jr 33,3 et Ps 91,15. Dans tous ces contextes, cette expression dénote une promesse de bénédiction, de protection et de salut à ceux qui suivent la volonté de Dieu, qui rejettent la méchanceté et font le bien. Cela signifie l'établissement d'un dialogue entre ces personnes et Dieu qui entendra et répondra à leurs appels. Ici, le salut n'est pas présenté comme un état d'être, mais comme un rapport de dialogue entre Dieu et le peuple. La deuxième partie du v. 9 est du point de vue sémantique parallèle au 7c en ce sens qu'elle repose des conditions, reprenant les instructions sur le vrai jeûne.

Au v. 10, l'instruction continue à la deuxième personne du singulier. Elle est de plus en plus personnalisée, plus concrète et insiste encore une fois sur la charité envers les affamés. Selon Victor A. Hurowitz, le terme נפש dans l'expression לרעב נפשך désigne la substance qui fait vivre, soit la nourriture. Il s'agit de donner au pauvre ce qu'il lui faut pour vivre[175]. Les exemples se multiplient comme si le Seigneur voulait épuiser la totalité des cas d'oppression que vit le peuple. La métaphore de la lumière et des ténèbres dans וזרח בחשך אורך (et ta lumière brillera dans les ténèbres), se retrouve en Is 42,16; 45,7; 59,9-10; 60,1-3. Le Seigneur est la lumière de l'homme juste. Ainsi, la vie de l'homme juste, éclairé par Dieu, devient lumière éclairant aussi les autres. Selon J. Blenkinsopp[176] la métaphore de la lumière exprime l'accomplissement de toutes les aspirations du peuple (Is 42,16).

---

[174] Cf. J.D.W. WATTS, *Isaiah 34-66*, 272-273.
[175] Cf. V.A. HUROWITZ, «A Forgotten Meaning», 52: «Alternatively nefes may simply have undergone the same semantic development in Hebrew as it did in Akkadian. Just as the Akkadian word for living came to mean "(sustenance of life)" so it was in Hebrew. In either case, nefes has the meaning of food or sustenance, and the phrase in Isaiah may safely be translated "you shall set out your food/sustenance" to the poor».
[176] Cf. J. BLENKINSOPP, *Isaiah, 56–66*, 180.

Les vv. 11 et 12 sont une description riche en métaphores des conséquences du jeûne selon les instructions du Seigneur. Certaines images comme וכמוצא מים (et comme une fontaine d'eau), כגן רוה (comme un jardin irrigué), ont toujours une connotation positive, annonçant le salut ou une victoire portée par le Seigneur. La métaphore de la fontaine d'eau est signe de bénédiction et de prospérité dans le contexte biblique[177]. C'est le contraire de la malédiction qu'on trouve en Is 1,30 (כגנה אשר־מים אין לה, comme un jardin sans eaux). L'idée centrale ici est que l'homme juste ne manquera de rien où qu'il soit, dans les régions arides comme dans les régions irriguées. Les os solides sont signe de force et de vigueur. Le v. 12 fait penser à la situation historique concrète que vivait le peuple. L'expression (ובנו ממך חרבות עולם, et on reconstruira de toi les ruines de toujours) se retrouve surtout dans le contexte post-exilique. Nous sommes dans un contexte historique semblable en 61,4 (חרבות עולם ובנו, et on reconstruira les ruines du passé), lors de la reconstruction du peuple où le salut était vu sous un angle concret de la reconstruction de la ville et de ses murailles. Même dans un tel cas concret et matériel, notre texte nous dit que la restauration n'est possible que si le peuple jeûne selon les instructions du Seigneur. Au v. 12, on pourrait entrevoir une personnification du peuple à qui le prophète s'adresse à la deuxième personne du singulier. Ce peuple personnifié, s'il pratique la justice et le jeûne selon les instructions du Seigneur, sera capable de rebâtir les dévastations, relever les fondations abandonnées de génération en génération et sera ainsi appelé «גדר פרץ, réparateur de brèche»[178]. Rappelons que la restauration des murs de la ville était une condition nécessaire pour la sécurité et la prospérité du peuple. Il est possible que le chap. 58 finisse sur ces promesses[179] de bonheur et de récompense pour le peuple qui jeûne selon les instructions de Dieu et par amour pour le prochain[180], car l'unité thématique des vv. 1-12 est très claire. Ces promesses peuvent aussi avoir une dimension eschatologique en réponse à 44,26 selon B. Childs[181].

---

[177] Elle se retrouve en Is 41,18; Jr 15,18 et Ps 23,2.

[178] Ici, la relation entre le salut et la justice est explicite. Ce thème est amplement développé chez K.-C. PARK, *Die Gerechtigkeit Israels*, 199-285.

[179] Dans ce contexte, Williamson montre bien qu'il y a une relation entre les promesses et leurs réalisations: cf. H.G.M. WILLIAMSON, «Promises», 153-160.

[180] Achtemeier insiste sur ce point en mettant une relation entre le jeûne authentique et le renoncement à soi: cf. E. ACHTEMEIER, *The Community*, 59.

[181] Cf. B.S. CHILDS, *Isaiah*, 480.

3.5.4 Les fruits du sabbat qui plaît au Seigneur (vv. 13-14)

Les vv. 13-14 interrompent l'unité thématique du texte tout en gardant son unité syntaxique. Nous passons brusquement du jeûne au sabbat sans aucune transition. Mais le texte respecte la structure (conditions et conséquences) qui forme le fil conducteur de ce texte. Cette rupture thématique fait penser à un ajout ultérieur pour élargir les instructions sur le véritable jeûne au sabbat. Probablement, l'incohérence entre le jeûne et les actes du peuple se remarquait aussi le jour du sabbat. Alors des auteurs inspirés ont rajouté les vv. 13-14 pour élargir la thématique au sabbat.

Le v. 13 constitue ainsi à lui seul toute une instruction sur le véritable sabbat. On n'est pas sûr si toutes les lois de l'observation du sabbat étaient déjà écrites à cette époque ou pas. Il se peut que l'observation du sabbat ait connu des négligences graves au retour de l'exil. Ce verset aurait alors pour objectif de rappeler le peuple à l'ordre. La situation économique difficile de l'époque a peut être conduit à des abus et à l'exploitation du prochain même le jour du sabbat. Le v. 13 dénonce ainsi ce qu'il ne faut pas faire[182] et annonce ce qu'il faut faire[183]. Il est en parfaite syntonie avec les instructions sur le jeûne, constituées aussi de dénonciations et d'annonces[184]. Sanctifier le jour du sabbat implique des actes concrets. Ici, l'amour de Dieu passe au premier plan et est déterminant pour le salut[185]. La stique 13f (מצוא חפצך דבר דבר, faire ton propre plaisir et parler vainement) met en garde contre l'égoïsme humain, toujours tenté de mettre ses intérêts en première place. Ainsi, éviter de tomber sur une bonne affaire signifie: éviter les affaires malhonnêtes, égoïstes et douteuses. Parler vainement (דבר דבר) implique aussi les palabres, les paroles mensongères, les calomnies et les médisances[186] avec une volonté délibérée ou non délibérée d'exploiter le prochain. Notons qu'ici, le repos n'est pas au centre du jour du sabbat, mais la gloire de Dieu et sa sainteté. Rappellons aussi que le sabbat est

---

[182] אם־תשיב משבת רגלך עשות חפציך (Si tu t'abstiens de faire des pas le jour du sabbat).

[183] וקראת לשבת ענג לקדוש יהוה מכבד (Si tu appelles le Sabbat: délice, pour le Saint YHWH le Glorieux).

[184] Nous retrouvons cette thématique en Is 56,2; 66,23; Ez 20,12-13; 22,8; Ex 23,12; 31,15.

[185] Pour des informations plus amples sur le sabbat et ses exigences, cf. J. MEINHOLD, *Sabbat und Woche*, 1-52; E. VOGT, *Sabbat im AT*, 1008-1011; N.A. BARACK, *A History of Sabbat*, 8-122; E. SPIER, *Der Sabbat*, 11-104.

[186] Voir aussi Pr 10,19: ברב דברים לא יחדל־פשע (quand la parole est abondante, le péché ne cesse pas).

intrinsèquement lié à la sortie d'Egypte d'après Dt 5,15. C'est parce que Israël a été libéré de l'esclavage qu'il a le devoir de lutter pour la liberté d'autrui. C'est dans ce sens que Bohdan Hrobon[187] voit dans le sabbat non seulement une dimension cultuelle, mais aussi une dimension éthique et sociale.

Le v. 14 présente les conséquences de la juste observation du sabbat, selon les instructions du v. 13. Il commence ainsi avec la particule adverbiale אז qui exprime une conséquence. Il forme une unité sémantique avec les vv. 11 et 12, et présente sous forme d'images les réalités d'un peuple sauvé[188]. Mais c'est surtout 14a qui résume en une affirmation la récompense de l'observation du sabbat: אז תתענג על־יהוה (alors, tu trouveras ta jouissance en YHWH). Tout comme les vv. 11-12 présentent les promesses et bénédictions de Dieu pour l'homme qui vit le jeûne selon la volonté de Dieu, le v. 14 présente les promesses et les bénédictions de Dieu pour l'homme qui vit le sabbat selon la volonté de Dieu. Le texte dans son ensemble présente les voies ou conditions du salut et les réalités ou conséquences de ce salut[189].

3.5.5 Conclusion de l'analyse

Cette analyse du texte nous permet de dégager le thème principal de ce chapitre à savoir le culte et l'éthique sociale. Mais cette éthique sociale est essentiellement fondée sur l'observance de la loi et donc la fidélité à l'alliance. Le problème de fond ici est le rapport entre la rédemption et la fidélité à l'alliance. Ces considérations permettent d'affirmer que le binôme «alliance-justice» est encore une fois dominant dans le chap. 58. Toutefois, le thème de l'élection n'est pas totalement absent et apparaît explicitement dans le v. 1 à travers le suffixe possessif de la première personne du singulier dans והגד לעמי (annonce à mon peuple).

L'analyse du chap. 58 nous révèle ainsi un autre thème important du Trito-Isaïe qui est le culte authentique. Mais cette critique du culte veut donner une réponse au peuple qui reproche à Dieu de ne pas agréer leur offrande et de ne pas répondre à leurs appels. Il est en fait question du

---

[187] Cf. B. HROBON, *Ethical Dimension*, 162-165.

[188] Les conditions et les promesses semblent indissociables pour le prophète. H.G.M. Williamson souligne à ce sujet la relation complexe entre les conditions et les promesses dans les discours prophétiques: «An examination of "if...then" announcements of Isaiah 58 helps us to understand the close and complex relationship between condition and promise in prophetic speech» (H.G.M. WILLIAMSON, «Promises, Promises!», 153).

[189] Voir aussi Is 1,20; 40,5; Dt 32,13.

salut du peuple à travers un culte qui plaît à Dieu. Dans sa réponse aux reproches du peuple, le prophète réaffirme la puissance et la souvraintenté de Dieu qui est prêt à agir en faveur du peuple (58,6-14) à condition que ce dernier lui offre un culte authentique (le jeûne et le sabbat n'étant que des exemples de culte). Nous pouvons ainsi établir une hiérarchie thématique en donnant la priorité au thème du salut à travers le culte authentique, symbole de la fidélité à l'alliance. A ce dernier sont subordonnés les thèmes de la fidélité et surtout de la souveraineté de Dieu qui reste l'unique sauveur malgré sa passivité apparente.

4. Conclusion

Ce second chapitre s'est donné comme objectif d'exploiter les apports de la structure concentrique proposée au chapitre I pour déterminer les thèmes fondamentaux du Trito-Isaïe. A ce sujet, deux chapitres du livre ont particulièrement retenu notre attention. Le chap. 61 qui est le centre de la structure concentrique et le chap. 58 qui se distingue par sa focalisation exclusive sur le culte authentique. Une analyse orientée nous a permis de retenir deux binômes complémentaires et inséparables qui forment les charnières autour desquelles gravitent tous les autres thèmes du livre. Il s'agit des binômes «alliance-justice» et «élection-mission». Pour y parvenir, nous avons privilégié certaines unités, voire certains versets en raison de leur position significative dans la structure concentrique.

Ainsi, la structure du chap. 61 dont le centre est le v. 6 nous permet d'affirmer que l'alliance et la justice (qui se résument en la fidélité à l'alliance)[190] constituent de par leur situation au centre de la structure le premier binôme dominant de tout le livre. En effet, l'analyse du texte montre que 61,6 renvoie à Ex 19,6. Or, le chap. 19 de l'Exode traite de la proposition de l'alliance au peuple, proposition dans laquelle il déclare au peuple qu'il sera un peuple de prêtres à son service, affirmation reprise en Is 61,6. Les trois premiers versets du chap. 61 sont des versets programmatiques et revêtent de ce fait une importance particulière. D'ailleurs, divers auteurs[191] les proposent comme centre de la structure concentrique de tout le livre. L'analyse de cette unité nous montre que l'élection et la mission forment le binôme dominant de ces versets. Un parcours attentif des grandes unités de la structure (56–59, 60–62, 63–66), nous a permis de confirmer la domination des binômes en question.

---

[190] La fidélité à l'alliance entraîne les bénédictions de Dieu tandis que l'infidélité suscite la colère et la vengeance de Dieu.

[191] Voir chap. I. 2.2.

Par ailleurs, l'analyse du chap. 58 nous révèle un autre thème fondamental qui est le salut à travers le culte qui plaît à Dieu. Ce dernier s'inscrit aussi dans le champ sémantique de l'alliance et de la justice. En effet, la dénonciation du faux culte est concrètement un appel à la fidélité à l'alliance et à la justice. Nous proposons ici un petit tableau récapitulatif qui montre comment les questions soulevées et les sujets abordés dans le Trito-Isaïe s'enracinent dans les deux thèmes principaux à savoir «alliance-justice» et «élection-mission»:

Chaps.	Champ sémantique "alliance-justice"	Champ sémantique "élection-mission"
56–59	56,1-8 Universalité du culte 56,9–57,13 Dénonciations et promesses 57,14-21 Consolation 58,1-14 Culte authentique et salut 59,1-15a Plaintes et dénonciations 59,15b-20 Justice du Seigneur	59,21 L'Esprit du Seigneur sur son élu
60–62	61,6 Renvoie à Ex 19,6 sur l'alliance 60,21 Mention du juste 62,11 Salaire pour les fidèles à l'alliance	60 Jérusalem, lumière des nations 61,5-7 Tout le peuple est élu 62 Jérusalem, salut des nations
63–66	63,1-6 Justice du Seigneur 63,7–64,11 Confessions de péchés 65,1-12 Dénonciations de péchés 65,13-25 Consolation 66,1-9 Dénonciations et promesses 66,10-24 Universalité du culte	64,8 "ton peuple" 64,9 "tes villes saintes" 65,8 "mes serviteurs" 65,9 "mes serviteurs" 65,13 "mes serviteurs" 66,14 "mes serviteurs"

Ce tableau montre le primat du binôme «alliance-justice» sur celui de «l'élection-mission» et confirme la justification des deux binômes comme piliers des thèmes traités par le Trito-Isaïe. Par ailleurs, 56,1 et 66,24 forment une inclusion quand il s'agit de la fidélité à l'alliance: 56,1 est une exhortation à être fidèle à l'alliance tandis que 66,24 décrit le mauvais sort réservé à ceux qui se révoltent contre Dieu et qui sont infidèles à l'alliance[192]. Si ces binômes s'avéraient présents dans le Proto et le Deutéro-Isaïe, ils pourraient contribuer à l'unité du livre. Les chapitres suivants nous le diront.

---

[192] 56,1: שמרו משפט ועשו צדקה (observez le droit et pratiquez la justice). Et ensuite, 66,24: וראו בפגרי האנשים הפשעים בי (et ils verront les cadavres des hommes qui se sont révoltés contre moi).

CHAPITRE III

Rapports thématiques entre le Trito-Isaïe et le Deutéro-Isaïe

Avec ce chapitre, nous abordons le sujet très actuel de l'unité du livre du prophète Isaïe. En effet, le second chapitre nous a permis de déterminer des axes thématiques importants autour desquels gravitent tous les autres sujets du Trito-Isaïe. Ce chapitre s'intéressera particulièrement à la relation entre le Trito-Isaïe et le Deutéro-Isaïe. Nous partirons de l'hypothèse que le second Isaïe est essentiellement lié au Trito-Isaïe par le binôme «élection-mission», qui nous semble à première vue le thème dominant du Deutéro-Isaïe. Notre objectif consistera donc à vérifier cette hypothèse sans négliger les autres thèmes communs aux deux livres tels que le salut, l'intervention de YHWH, sa souveraineté et l'universalité de son culte.

Ainsi, le chapitre comportera quatre grandes parties. La première partie sera un bref aperçu général sur le Deutéro-Isaïe, comprenant le contexte historique et les grandes hypothèses sur les chants du serviteur souffrant. Nous prêterons une attention particulière à ces passages dès la première partie du chapitre parce qu'ils font partie des textes qui illustrent le plus le binôme «élection-mission» dans le Second-Isaïe. La seconde partie du chapitre présentera la structure générale d'Is 40–55 et ses grandes unités littéraires et thématiques. Quant à la troisième partie, elle mettra en relief les rapports thématiques entre le Trito et le Deutéro-Isaïe et enfin la quatrième partie consistera en un choix et une étude de textes fondamentaux pouvant illustrer et confirmer les rapports thématiques relevés dans la partie précédente. L'analyse des textes cherchera surtout à montrer la forte présence et la prédominance du binôme «élection-mission» dans le Deutéro-Isaïe (tout comme nous l'avions remarqué au chap. II dans le Trito-Isaïe).

1. Contexte historique du Deutéro-Isaïe

Des faits historiques ainsi que des personnages historiques ont marqué ou même peut être inspiré les auteurs sacrés. Il ne s'agira pas ici de faire une histoire de toute l'époque du livre, mais de relever les faits et les personnages marquant pouvant influencer notre interprétation du message.

1.1 *La chute de Jérusalem*

Le contexte historique et littéraire dans lequel se situe Is 40–55 commence avec la chute de Jérusalem sous le règne de Nabuchodonosor, roi de la Babylonie en 587 a.C. Dans cette conquête, la ville a été envahie et le royaume de Juda a été réduit en une province babylonienne. Des milliers d'habitants furent déportés et d'autres partirent en exil. Il est cependant très difficile d'établir des statistiques historiques exactes sur le nombre des déportés. C'était une situation désastreuse. Jérusalem n'était pas la seule ville dévastée et presque toutes les villes fortifiées étaient en ruine. Par conséquent, certaines villes furent abandonnées pour toujours et d'autres pour plusieurs générations[1]. La croissance démographique chuta à cause des nombreuses pertes humaines et de la déportation. Les structures sociales et économiques furent désorganisées. Nous n'avons pas de sources historiques décrivant la vie concrète que menait le peuple en ces périodes de dures épreuves. Seuls quelques textes bibliques y font allusion: Jr 30 évoque la troisième déportation sans fournir aucun détail sur la vie des déportés. Ez 8,1; 12,21-28; et 14,5, font allusion à la vie des exilés sans entrer dans les détails. Cependant, la description faite en Jr 40–43 des premiers épisodes après la défaite, fait penser à un territoire extrêmement désorganisé et sans loi. Soulignons que nous n'avons pas de données historiques concrètes sur l'administration territoriale de Babyloniens pouvant confirmer ou infirmer ces descriptions.

La conquête de Juda fut suivie d'un série de déportations jusqu'à la restauration du culte à Jérusalem par Darius 1er. Il est très difficile de connaître les conditions de vie auxquelles était soumis le peuple juif à cette époque. Par ailleurs, des recherches archéologiques montrent que les destructions subies bien qu'importantes n'ont pas fait disparaître les infrastructures sociales et culturelles[2]. Les Babyloniens visaient surtout

---

[1] Des passages bibliques comme Is 58,12 en témoignent.
[2] Pour plus de détails historiques sur ce sujet, cf. M. NOTH, *The History of Israel*, 253-346; J.L MCKENZIE, *Second Isaiah*, xxiv-xxx; J.H. HAYES, *Isaiah, the Eight-*

Jérusalem en tant que capitale politique et religieuse qu'ils considéraient comme ville rebelle. Vers la fin de l'empire néo-babylonien, les juifs ont été disséminés dans les territoires autour de la méditerranée. Ces petits groupes d'émigrés avaient aussi une organisation sociale et culturelle qui leur permettait de garder leur identité et même de la renforcer à travers des commémorations cultuelles et religieuses (Ez 8,1; 14,1; 20,1).

1.2 *La chute de la Babylonie et le règne de Cyrus*

Il est communément accepté que la chute de la Babylonie et le règne de Cyrus[3] ont eu une influence considérable sur le Deutéro-Isaïe[4]. Cyrus est mentionné d'une manière implicite ou explicite dans certains passages du livre surtout dans l'unité qui va du chap. 40 au chap. 48 et notamment en 41,2; 44,28 et 45,1. La mission historique de Cyrus semble être le thème central de cette unité. L'auteur lui attribue une mission providentielle même si cette mission est subordonnée au destin du peuple juif (41,1-5.25; 45,1; 46,11). Sa mission dans l'histoire est de précipiter la chute de l'empire Babylonien (43,14; 48,14-15), de libérer les prisonniers et les déportés en particulier, les descendants de la Judée (42,6-7; 43,5-7; 45,13), de restaurer Jérusalem, de lui redonner son éclat de l'époque; en reconstruisant le temple et les villes dévastées par la conquête babylonienne (44,26-28; 45,13). Le roi Cyrus en question est le roi de Perse (Cyrus II, 559-530 a.C) qui est mentionné au début du livre d'Ezra (1,1-3) comme celui qui a émis un décret permettant le retour des Juifs en Judée. Ces allusions à Cyrus dans les chaps. 40–48 peuvent être une preuve que cette section du livre a été composée dans la dernière décade de l'empire néo-babylonien (550-539 a.C.). Il est probable qu'en l'an 587 Jérusalem fut attaquée, le Roi Joachim, ses collaborateurs et une partie de la

---

Century Prophet, 17-46; J.R. BARTLETT, «Edom and the Fall of Jerusalem, 587 BC», 13-24; G.A.F. KNIGHT, *Deutero-Isaiah*, 28-30; J. BRIGHT, *A History of Israel*, 229-333; J.D.W. WATTS, *Isaiah 34–66*, XXXVI-XLIX; 503; W.J. DOORLY, *Isaiah of Jerusalem*, 16-65; A. RAINER, *A History of Israelite Religion*, 443-503; J. BLENKINSOPP, *Isaiah 40–55*, 92-110; O. BÄCHERSTEN, *Isaiah's Political Message*, 64-84.

[3] Les auteurs sont concordants sur le règne et rôle de Cyrus dans la libération du peuple du joug des Babyloniens: C.C. TORREY, *The Second Isaiah*, 3-50; J.L. MCKENZIE, *Second Isaiah*, xxiv-xxx; C. WESTERMANN, *Isaiah 40–66*, 3-6; R.N. WHYBRAY, *Isaiah 40–66*, 21-25; J.D.W. WATTS, *Isaiah 34–66*, 505-530; P.D. HANSON, *Isaiah 40–66*, 1-11; B. MARCONCINI, *Il libro di Isaia*, 5-10.

[4] Cf. J.L. MCKENZIE, *Second Isaiah*, xxv-xxx; J. BLENKINSOPP, *Isaiah 40–55*, 92-104.

population active déportés. Les Babyloniens ne s'étaient donc pas limités à la déportation des vaincus. Ils détruisirent le temple, le palais royal et les murs de la ville (2R 25,8-10). La destruction de Jérusalem fut donc un acte voulu et délibéré et serait née d'un soupçon d'une alliance des juifs avec l'Egypte, principal rival des Babyloniens. La soumission de la Judée par Babylone fut totale et sans conditions (597, 587, 582 a.C.).

La défaite de la Babylonie face à Cyrus en 539 ouvre une nouvelle ère dans l'histoire de la Judée. Les Perses, par principe, respectent l'autonomie locale et religieuse. En effet, Cyrus adopta une méthode de décentralisation politique et religieuse qui allégea la peine des déportés pour ensuite émettre un décret permettant le retour des exilés. Il est à noter que les interprétations théologiques extra-bibliques de ces évènements politiques et historiques ont une affinité avec certains textes prophétiques dont Is 40–55[5].

La littérature postexilique a été majoritairement écrite par des groupes revenus de la déportation qui ont gardé une forte conscience de la continuité entre l'Israël préexilique et les survivants postexiliques. Cette forte conscience est l'une des caractéristiques les plus frappantes de la littérature postexilique et des communautés juives en exil. Les historiens ne connaissent aucun autre groupe social qui ait pu maintenir son identité ethnique et religieuse après la conquête babylonienne. Cette capacité de maintenir leur identité leur a permis de survivre à un désastre qui a duré des années. Cela fait croire que les populations en exil vont trouver ou se sont constitué une forme de structure sociale qui leur a permis de survivre. Avec la destruction du temple à Jérusalem, le culte public a pris fin. Il est probable que la synagogue qui est une assemblée de culte sans sacrifice ait pris naissance durant l'exil. La synagogue aurait ainsi permis au peuple de garder sa foi, ses traditions religieuses et surtout son espoir de retrouver sa terre. Un élément de ces assemblées liturgiques pourrait bien être les exhortations des prophètes à l'espérance. Il est possible que certains discours et les oracles du Deutéro-Isaïe aient été proclamés au début dans les synagogues étant donné que c'est surtout les communautés exiliques qui ont conservé et préservé les traditions littéraires d'Israël[6].

---

[5] Des textes religieux extra-bibliques attribuent par exemple la chute de Babylone à la colère du Dieu Marduk qui a abandonné cette terre pour vingt-et-un ans (ANET 308-311).

[6] Cf. R.H. KENNETT, *The Composition of the Book of Isaiah*, 1-25; J.L. MCKENZIE, *Second Isaiah*, XXV-XXX.

1.3 Composition

Diverses hypothèses ont été émises sur la composition du Deutéro-Isaïe ainsi que sur l'auteur ou les auteurs possibles. Nous en relèverons quelques-unes en guise d'exemples sans trop rentrer dans des détails historiques qui ne sont pas l'objectif du travail.

1.3.1 Hypothèses sur le lieu de la composition du livre

Il faut rappeler que nous n'avons pas de sources historiques précises sur la composition du Deutéro-Isaïe. L'hypothèse la plus commune est que le prophète ait prononcé ses premiers oracles sous l'empire babylonien[7]. Cette hypothèse renforce par ailleurs la distinction entre le Proto-Isaïe et le Deutéro-Isaïe. La force de cette dernière s'enracine surtout dans les chaps. 40–48. Un parcours de ces chapitres permet d'affirmer que l'auteur connaît bien les habitudes, les traditions religieuses et intellectuelles, les divinités, les pratiques magiques et astrologiques des Babyloniens (44,25; 46,1-2.7; 47,1.12-13). D'autre part, l'auteur manifeste un enthousiasme montrant l'attente impatiente d'un exode des exilés, de Babylone vers leur terre d'origine à l'image de l'exode de l'Egypte vers la terre promise (40,3-11; 42,15-16; 48,20-22; 49,9-12).

D'autres hypothèses, bien que moins répandues, ont été émises sur le lieu de la composition du livre. Parmi ces dernières, notons celle de Charles C. Torrey[8] et de Sigmund Mowinckel[9], qui proposent la Palestine comme lieu de la composition. Selon eux, les références géographiques de l'auteur sont plus compatibles avec la Palestine qu'avec la Babylonie (41,1.5; 42,4.10-11; 49,1).

Reconnaissons cependant que les arguments pour la Babylonie ont aussi des points faibles. Par exemple, l'auteur n'a pas forcément besoin de vivre en Babylonie pour connaître leurs traditions religieuses. Les contacts entre les cultures du Moyen-Orient sont faciles et fréquentes. En outre, la question de l'exode ne peut pas être limitée à la Babylonie vu que la diaspora juive allait au-delà des frontières de la Babylonie.

Cela dit, les sources historiques non bibliques étant insuffisantes pour nous permettre de donner des affirmations sûres et étant obligé de nous limiter aux informations tirées des textes bibliques, on peut supposer que les chaps. 40–48 ont pour origine la diaspora babylonienne.

---

[7] Cf. J. BLENKINSOPP, *Isaiah 40–55*, 102-104.
[8] Cf. C.C. TORREY, «The Influence of Second Isaiah», 24-36.
[9] Cf. S. MOWINCKEL, *Die Komposition*, 87-112.

Pour le reste des chapitres, notre pauvreté historique ne nous permet pas de faire d'hypothèses valides sur leur origine ni sur le lieu de leur composition. Nous pouvons les attribuer, mais sans trop de conviction à la même origine que les chaps. 40–48.

1.3.2 Les étapes de la composition

Le Deutéro-Isaïe dans son ensemble est cohérent, mais cette cohérence peut être l'œuvre d'un rédacteur qui a su unifier des fragments d'origines diverses. C'est ainsi que les chercheurs se sont penchés sur la question de la composition du livre et des étapes de cette composition. Hans-Jürgen Hermisson[10] compare le Deutéro-Isaïe à une cathédrale antique paraissant de l'extérieur comme œuvre artistique unique et homogène, mais qui, en réalité, est le fruit de diverses constructions et réfections de différentes époques. L'intérêt que portent les chercheurs sur les étapes de la formation diverge d'un chercheur à l'autre. Pierre-Émile Bonnard[11] et Jan L. Kool[12], tout en admettant la variété des genres littéraires du livre sont plus impressionnés par l'unité de sa composition. John L. Mckenzie[13] s'interroge particulièrement sur le processus de la composition. Roy F. Melugin[14] est très sceptique sur le sujet et se demande s'il est possible d'en dire quelque chose de crédible. Norman Whybray[15], quant à lui, prend une position intermédiaire. Il est impressionné par l'unité théologique du livre au point qu'il se demande si un éditeur pouvait à partir de fragments divers arriver à une telle unité théologique. Parmi les hypothèses sur le processus de la formation du livre, celle de Odil H. Steck[16] est la plus complexe, mais aussi la plus élaborée. Il distingue trois principales étapes qui ont pour thème central Sion. Les chaps. 40–48 et 52,7-10 seraient le noyau originel qui a été développé et réinterprété selon les époques. Steck situe la première rédaction entre 539 et 520, du début de la chute de la Babylonie au temps de Haggai. Vers le milieu du cinquième siècle, une deuxième rédaction avec une réinterprétation des chants du serviteur aurait vu le jour. La réaction finale daterait de 270 a.C. avec une seconde nouvelle interprétation des chants du serviteur qui se référerait à une

---

[10] Cf. H.-J. HERMISSON, «Der verborgene Gott», 134.
[11] Cf. P.-É. BONNARD, *Le Second Isaïe*, 28-36.
[12] Cf. J.L. KOOL, *Isaiah*,14-18; 33-36.
[13] Cf. J.L. MCKENZIE, *Second Isaiah*, 31-37.
[14] Cf. R.F. MELUGIN, *Formation*, 82.
[15] Cf. R.N. WHYBRAY, *Isaiah 40–66*, 26-29.
[16] Cf. O.H. STECK, «Israel und Zion», 173-207.

minorité de dévots. Les chaps. 49–53 ne représenteraient qu'un développement du thème énoncé dans le noyau original. Cette hypothèse de Steck a été partiellement reprise par un de ses disciples, Reinhard Gregor Kratz[17], qui situe également le noyau original dans 40,1–52,10.

Cela dit, reconnaissons qu'il nous est impossible de reconstruire avec exactitude les étapes de la composition du livre étant donné que les auteurs et les rédacteurs concernés sont aujourd'hui inaccessibles.

1.3.3 Auteur ou rédacteur?

L'unité du Deutéro-Isaïe pousse Paul Volz[18] à suggérer que le Second Isaïe[19] était lui-même collecteur et éditeur de ses discours. De cette hypothèse découle la question de savoir si l'auteur était avant tout un prédicateur ou un écrivain. C'est ainsi que Karl Elliger[20] apportera sa contribution sur cette question en proposant que l'auteur du Trito-Isaïe est l'éditeur des écrits du Second Isaïe, écrits auxquels il aurait ajouté sa propre contribution qui est le Trito-Isaïe. Cette hypothèse n'a pas eu de succès vu que le Trito-Isaïe n'est pas plus cohérent que le Second Isaïe. Mais qu'il s'agisse d'un éditeur ou pas, la cohérence du livre fait croire que le Deutéro-Isaïe a laissé à son éditeur un travail déjà organisé. Cela ne signifie pas forcément que le Second Isaïe ne soit pas un orateur[21]. Nous savons que tous les livres prophétiques proviennent de traditions orales qui ont été mises par écrit sous diverses formes. Les oracles mis par écrit sont souvent sans contexte précis et rangés selon des critères que nous ignorons. Si le Second Isaïe a été d'abord un orateur, ou prédicateur, il y a lieu de se demander dans quel contexte il a prononcé ses oracles. Cette question n'est pas facile à résoudre. Nous savons que les prophètes prêchaient dans les sanctuaires, les lieux de culte, dans les cours de roi et dans les lieux publics comme le marché. Il est fort probable que le Second Isaïe ait été d'abord un orateur et par la suite un auteur. Ceci expliquerait le fait que ses discours soient plus organisés que ceux des autres prophètes.

---

[17] Cf. R.G. KRATZ, «Der Anfang», 400-419.
[18] Cf. P. VOLZ, *Jesaja II*, XXXV.
[19] Nous utiliserons la terminologie «Second Isaïe», aussi bien que pour le livre que pour l'auteur. Toutefois, le contexte sera clair pour éviter toute confusion.
[20] Cf. K. ELLIGER, *Deuterojesaja*, 6-65.
[21] D'autres auteurs du même avis pourraient être mentionnés comme: C.C. TORREY, *The Second Isaiah*, 3-50; C. WESTERMANN, *Isaiah 40–66*, 3-9; R.N. WHYBRAY, *Isaiah 40–66*, 21-29; R.F. MELUGIN, *Formation*, 1-5; J.A. MOTYER, *The Prophecy*, 25-27; B.S. CHILDS, *Isaiah*, 1-5; H.G.M. WILLIAMSON, *The Book Called*, 1-18.

1.4 *Hypothèses sur les chants du serviteur*

Les chants du serviteur forment une unité thématique importante du Deutéro-Isaïe et méritent une attention particulière. Ils sont déterminants dans la compréhension du message du livre et diverses hypothèses ont été émises quant à leur origine et leur insertion dans le Deutéro-Isaïe[22].

1.4.1 Relation avec le contexte du Deutéro-Isaïe

L'expression «Chants du Serviteur», désigne un groupe de quatre textes (Is 42,1-9; 49,1-6; 50,4-9; 52,13–53,12)[23] repérés et isolés par B. Duhm dans son fameux livre intitulé *Das Buch Jesaja*[24]. Ce dernier émit l'hypothèse que ces textes sont un ajout tardif qui dateraient de la même époque que le Trito-Isaïe. Aujourd'hui, l'unité littéraire de ces textes est reconnue par presque tous les critiques de l'Ancien Testament. Des divergences apparaissent par contre quand il s'agit de leur origine et de leur interprétation. A ce sujet, les questions fondamentales posées concernent l'auteur, l'identité du serviteur, sa mission, la relation des chants entre eux et leur relation avec le contexte général du livre.

La figure du serviteur de YHWH, apparaît explicitement ou implicitement dans chacun des chants[25]. Cependant, le titre de serviteur n'est ni réservé ni particulier à ces textes. Il se retrouve dans les autres passages du livre et est appliqué à Israël (44,2; 45,4; 48,20). Dans notre contexte, il apparaît comme une personne qui a reçu une mission particulière de la part du Seigneur. J.L. Mckenzie[26] résume chacun des quatre chants comme suit, en mettant particulièrement en relief le sujet parlant et la mission du serviteur: en 42,1-4, le sujet parlant est YHWH en personne,

---

[22] Pour d'autres détails sur ce sujet voir: J.S. PLOEG VAN DER, *Les chants du serviteur*, 1-20; R.F. MELUGIN, *The Formation*, 98; 168-169; P. GRELOT, *Les poèmes du serviteur*, 67-73; P. BEAUCHAMP, «Lecture et relectures», 325-330; F. VARO, «Los cantos del siervo», 79-80; R. MEYNET, «Le Quatrième chant du serviteur», 432-434; C. CONROY, «The Four Servant Poems», 80-90; E. LAPOINT, «Le serviteur de Yahvé», 61-66; U. BERGES, «The Literary Construction», 28-38.

[23] La délimitation des chants peut varier d'un auteur à l'autre. Nous en reparlerons plus loin.

[24] Cf. B.L. DUHM, *Das Buch Jesaja*, 284.

[25] Lindsey souligne bien cet aspect dans tous ses articles sur les chants du serviteur: cf. F.D. LINDSEY, «The Call of the Servant», (part 1), 12-30; «The Commission of the Servant», (part 2), 129-143; «The Commitment», (part 3), 216-227; «The Career of the Servant», (part 4), 312-327; «The Career of the Servant», (part 5), 21-36.

[26] Cf. J.L. MCKENZIE, *Second Isaiah*, XXXIX-XLII.

qui annonce l'élection de son serviteur en qui il met son Esprit afin qu'il puisse accomplir sa mission, laquelle se fera sans violence. Dans le second chant, à savoir 49,1-6, le sujet parlant est le serviteur qui annonce son élection de la part de YHWH, pour restaurer Israël et porter la lumière du salut à toutes les nations. Le troisième chant, Is 50,4-9, met l'accent sur les obstacles rencontrés dans la mission. Le sujet parlant est le serviteur qui relate ses propres difficultés tout en affirmant qu'il connaîtra le succès parce que le Seigneur est avec lui. Quant au quatrième chant qui va de 52,13 à 53,12, il a la particularité d'insister sur la souffrance et l'innocence du serviteur. Le sujet parlant est difficile à identifier. Le serviteur est un sujet qui a souffert et est mort. Mais sa mort devient une valeur suprême pour un groupe d'individus, dont le sujet parlant. Le serviteur considéré injustement comme coupable sera vengé et sa mort portera fruit[27].

S'il est communément accepté que les chants du serviteur sont d'origines différentes du reste du livre, il est difficile de le démontrer avec conviction. L'opinion selon laquelle la suppression de ces textes n'interrompt pas la continuité dans le livre[28] est insuffisante. Divers autres passages du livre peuvent être supprimés sans interrompre la continuité dans le Deutéro-Isaïe, l'organisation du livre n'étant pas si rigoureuse. L'argument le plus convaincant demeure dans l'unité thématique des quatre chants. Il serait extrêmement difficile de trouver d'autres passages qui, isolés du contexte et mis ensemble entre eux, dégagent les mêmes caractéristiques et une unité thématique comme les chants du serviteur. Cependant ces passages ne forment pas une unité littéraire. Ils ne peuvent pas être lus comme un seul et même texte. Chaque chant est une unité littéraire. On peut supposer des relations ou des progressions d'un chant à l'autre. Mais il est indéniable que chaque chant est intelligible et compréhensible ou difficile en lui-même. On pourrait aussi rétorquer que les réponses (42,5-9; 49,7-13; 50,10-11) qui suivent les trois premiers chants les présupposaient et donc garantissent l'unité littéraire avec les chapitres suivants. Une telle affirmation est peu convaincante, car les réponses ne viennent pas forcément du même auteur. Elles peuvent être un ajout tardif d'un auteur connaissant les chants du serviteur. D'autre part, l'intelligibilité des chants en eux-mêmes fait plus croire que chacun vient d'un auteur différent ou alors d'un même auteur, mais à des moments spécifiques et bien distincts de sa carrière. En ce sens, les réponses viennent probablement d'un auteur distinct.

---

[27] Cf. J.L. MCKENZIE, *Second Isaiah*, XXXIX-XLII.
[28] Cf. J. BLENKINSOPP, *Isaiah 40–55*, 76-81.

L'hypothèse allant en faveur d'un même auteur ne peut non plus être rejetée. Les divergences de style et de vocabulaire entre les réponses d'une part et entre ces dernières et les chants d'autre part, sont trop faibles pour parler d'auteurs distincts. De ce fait, les réponses peuvent être bien avoir été introduites par l'auteur qui a inséré les chants du serviteur dans le Deutéro-Isaïe.

1.4.2 Controverses sur l'auteur des chants

Le Deutéro-Isaïe serait-il l'auteur des quatre chants[29]? Montrer que les chants peuvent être isolés sans interrompre la continuité thématique du livre est une façon de répondre négativement à cette question. Mais rien ne nous autorise à répondre par une affirmation radicale. Vu que l'unité littéraire du livre dans son ensemble n'est pas très rigoureuse, l'argument de la continuité est insuffisant pour rejeter l'hypothèse d'un auteur unique. Dans son introduction au livre d'Isaïe, J.L. Mckenzie[30] propose quatre réponses possibles à cette question. Ces chants pourraient être une insertion par le Second Isaïe d'un texte plus antique. Il n'est pas non plus exclu qu'ils soient l'œuvre du Deutéro-Isaïe, mais insérés dans le livre par un éditeur postérieur. On peut aussi supposer que les chants du serviteur aient été composés et insérés dans le livre par un même auteur postérieur. Une ultime possibilité selon McKenzie serait que les chants pourraient être l'œuvre d'un auteur postérieur, mais insérés dans le livre par un éditeur distinct de l'auteur. Dans tous les cas, le travail de l'éditeur revêt une importance particulière, car il est celui qui a tissé le lien entre les chants et le contexte du Deutéro-Isaïe. Cette hypothèse diverge beaucoup de celle de Ernest Sellin[31] et Karl Elliger[32], selon laquelle les trois premiers chants seraient du Deutéro-Isaïe lui-même et le quatrième, de l'un de ses disciples que K. Elliger identifie avec le Trito-Isaïe. McKenzie pense que l'éditeur a inséré ces chants en pensant que le serviteur était le Deutéro-Isaïe, mais sans connaître les vraies intentions de l'auteur original.

---

[29] Les hypothèses varient selon les auteurs, mais nous n'allons pas nous étendre sur ces débats d'ordre historique. Pour les détails, nous vous renvoyons aux auteurs suivants: J.S. PLOEG VAN DER, *Les chants du serviteur*, 1-20; P.-É. DION, «Les chants du serviteur», 17-38; P.-É. BONNARD, *Le second Isaïe*, 123-284; P. GRELOT, *Les poèmes du serviteur*, 67-73; P. BEAUCHAMP, «Lecture et relectures», 325-330.
[30] Cf. J.L. MCKENZIE, *Second Isaiah*, XXXIX-XLII.
[31] Cf. E. SELLIN, *Das Gottesknechtsproblem*, 73-93; 145-173.
[32] Cf. K. ELLIGER, *Deuterojesaja*, 6-65.

Pour S. Mowinckel[33], la question de l'auteur n'est pas importante, mais plutôt celle l'identité du serviteur. Le fait que cette réponse ne se trouve ni dans la suite des chapitres ni dans le contexte général du Deutéro-Isaïe, nous porte à croire que ce dernier n'en est pas l'auteur. Autrement, nous pourrions répondre facilement à la question de l'identité du serviteur et de sa relation avec le reste du livre. La controverse sur l'identité du serviteur met en doute la paternité du Deutéro-Isaïe sur les chants. Les autres apparitions du terme «serviteur» dans le Second Isaïe n'ont rien de commun avec le serviteur des quatre chants.

Tout porte ainsi à croire que l'auteur des quatre chants est distinct du Deutéro-Isaïe. Un éditeur les aurait insérés dans le Second Isaïe avec l'intention d'identifier le serviteur au Deutéro-Isaïe. Cet éditeur serait aussi l'auteur des réponses. Il est plus probable que les quatre chants soient d'un même auteur plutôt que d'auteurs différents. Il pourrait être aussi un disciple du Deutéro-Isaïe. Faute de documents historiques fiables pouvant permettre une affirmation précise sur l'auteur des chants, nous nous contentons de ces hypothèses qui, bien que crédibles, nous laissent sur notre faim.

2. Structure et organisation des unités thématiques de Is 40−55

Le Second Isaïe diffère des autres livres prophétiques de son époque par sa forme et sa structure unitaire. Il est clair que l'unité thématique et la progression de la pensée sont pas systématiques comme dans les œuvres littéraires modernes et contemporaines, mais le lecteur peut percevoir dans le Second Isaïe une continuité qu'on ne trouve en général pas dans les écrits bibliques de son époque. Il ne s'agit certainement point d'une collection d'oracles disparates[34]. Il convient donc de s'interroger sur cette organisation interne du livre qui veut certainement répondre à un objectif donné.

Les tentatives de reconstruction du processus de la composition du livre ont permis de distinguer deux grandes unités thématiques qui sont: les chaps. 40−48 dominés par des oracles pour Israël ou la maison de Jacob et les chaps. 49−55 dont les centres d'intérêt sont Sion et Jérusalem. Cependant les chercheurs sont d'accord pour affirmer que ces deux parties prouvent pas une diversité d'auteurs[35].

---

[33] Cf. S. MOWINCKEL, *He That Cometh*, 188.

[34] Les auteurs sont concordants sur la cohérence des oracles: cf. S. MOWINCKEL, *Die Komposition*, 87-112; 242-260; P.-É BONNARD, *Le second Isaïe*, 21-28; R.F. MELUGIN, *The Formation*, 98; 168-169.

[35] Cf. T.K. CHEYNE, *The Prophecies of Isaiah*, 178; S. MOWINCKEL, *Die Kom-

2.1 Deux grandes parties

Diverses voix se distinguent dans les différents messages du livre mais les critiques ne sont pas unanimes sur leur nombre ni leur origine. Il y a consensus seulement sur les deux grandes unités thématiques notées dans les hypothèses sur la composition du livre à savoir les chaps. 40-48 et 49-55[36]. J.L. Mckenzie[37], sans entrer dans les détails, subdivise les chaps. 40-48 en vingt-deux poèmes incluant le chant du serviteur avec sa réponse, et les chaps. 49-55, en huit poèmes distincts dont trois chants du serviteur et deux réponses. L'un de ces poèmes est très long et va de 51,1 à 52,12, constituant en lui seul un poème en deux parties. Il précise cependant que ces subdivisions ne sont pas rigoureuses et servent à guider le lecteur en indiquant les variations de thèmes et de sujets dans le livre. La structure du livre en deux grandes unités correspond au contenu et aux personnages de ce dernier.

2.1.1 Les chaps. 40-48

Dans cette première partie, l'auteur s'adresse à des auditeurs qu'il appelle Jacob ou maison d'Israël (41,1; 43,22; 45,19; 48,1.12). Ces derniers pourraient bien être la communauté exilique de Babylone. Les thèmes de ces poèmes sont variés, mais la promesse du retour des exilés et la restauration sont les plus dominants. Le prophète présente YHWH comme le vrai Dieu, le créateur de l'univers et maître de l'histoire. L'auteur utilise les formules littéraires typiques des prophètes, à savoir les visions, les révélations, les promesses, les consolations, les exhortations mais aussi les reproches et les sarcasmes[38]. Certains passages ont des caractéristiques particulières qui sont soit une doléance (41,20-29), soit des hymnes (42,10-13 et 44,23). La continuité entres ces différentes unités littéraires est bien illustrée dans l'appel du prophète en 40,1-11. Dans ce passage, il y a trois personnages. Aux vv. 1-8, les sujets parlants sont YHWH et deux voix,

---

position, 87-112; 242-260; C. STUHLMULLER, *Deutero-Isaiah*, 1-29; J.N. OSWALT, *Isaiah 40-66*, 8-9; K. KIESOW, *Exodustexte im Jesajabuch*; 23-168; H.-J. HERMISSON, *Studien zur Prophetie*, 117-123; 148-149; J. BLENKINSOPP, *Isaiah 40-55*, 59-61.

[36] Cf. J.L. MCKENZIE, *Second Isaiah*, XXXI-XXXVII; P.-É. BONNARD, *Le second Isaïe*, 20-30.
[37] Cf. J.L. MCKENZIE, *Second Isaiah*, XXXI-XXXII.
[38] Cf. O. EISSFELDT, *The Old Testament*, 339; U. BERGES, *Jesaja 40-48*, 43-46.

avec trois discours distincts tandis que dans les vv. 9-11, le prophète s'adresse au messager. Mais tous ces discours sont reliés à l'appel du prophète et commencent par l'annonce de la miséricorde pour finir avec celle de la venue de YHWH.

Ces discours forment ensemble une introduction suivie du poème sur la création en 40,12-31, lequel forme une unité dans sa conception et dans son exécution. Dans l'ensemble, il s'agit dans les chaps. 40–48 d'une alternance de promesses et de reproches selon le poème jusqu'au chapitre 48 où les deux thèmes apparaissent à la fois. Cette alternance fait penser à une construction consciente et harmonieuse loin d'une compilation d'oracles disparates.

2.1.2 Les chaps. 49–55

La deuxième partie du livre est centrée sur Sion. Elle est composée des poèmes de Sion avec les trois derniers chants du serviteur. Les auditeurs sont identifiés à Sion et à Jérusalem. La ville est ruinée et abandonnée mais attend une glorieuse restauration. On ne peut pas parler d'un changement radical de thème surtout du point de vue théologique. Il s'agit plutôt d'un changement de perspective. C'est dans ce sens que certains critiques[39] considèrent cette unité comme un développement tardif des chaps. 40–48, représentant le point culminant des espérances et des attentes suscitées par les victoires de Cyrus.

Cette partie que nous pouvons intituler «les poèmes de Sion» démontre une cohérence interne plus rigoureuse et difficile à répartir en des discours distincts comme nous avions pu le faire dans la première partie. Ici, les discours portent sur les promesses. Le prophète utilise de brillantes images et des allusions au passé pour les rendre plus vivantes et réelles et créer chez l'auditeur un sentiment de joie et d'impatience face au salut imminent. Il crée ainsi l'espoir en rassurant sur l'accomplissement du salut.

2.2 *Thèmes dominants*

Il est assez facile de faire une liste des thèmes traités ou évoqués dans le Deutéro-Isaïe. Dans les paragraphes suivants, nous relèverons les sujets pertinents autour desquels gravitent les problèmes que pose le livre.

---

[39] Cf. S. MOWINCKEL, *Die Komposition*, 87-112; 242-260; J. BLENKINSOPP, *Isaiah 40-55*, 59-61.

2.2.1 Le salut[40]

A première vue, le salut est le thème principal du livre qui annonce l'accomplissement de la promesse faite aux exilés[41]. Cyrus est le sauveur choisi par YHWH pour accomplir cette promesse. Cette délivrance d'Israël du joug des babyloniens est souvent décrite avec le vocabulaire de la sortie d'Egypte et de la traversée du désert (43,15-17; 48,21; 51,9-10). Le prophète exhorte le peuple à oublier le passé et à se tourner vers le futur parce que le Seigneur interviendra et fera pour eux des merveilles plus grandes que celles faites dans le passé (43,18). Mais il ne manque pas aussi de rappeler au peuple que le salut se manifeste à travers le jugement. Les malheurs d'Israël viennent de son infidélité et de son obstination dans le péché (42,18-25, 43,22-28; 48,1-2). Le jugement vient rétablir le culte, la gloire de YHWH et le salut des justes. Le prophète relève le contraste entre la fidélité d'Abraham et l'infidélité du peuple (51,1-2) pour expliquer les raisons de son malheur. Ainsi le jugement de Dieu s'est accompli à travers la déportation en exil. Maintenant, c'est le temps de la compassion et du salut. En un mot, le salut s'accomplira par une intervention de Dieu en faveur de son peuple.

2.2.2 YHWH le vrai Dieu créateur de l'univers

Pour nourrir la foi et l'espoir du peuple, le Second Isaïe ne se limite pas aux merveilles accomplies par YHWH dans le passé. Il insiste sur la souveraineté de YHWH comme unique et vrai Dieu, créateur de l'univers[42] (51,9-10). Le long poème de la création en 40,12-26 veut démontrer que les nations et leurs gouverneurs (ici, c'est Babylone qui est indexée) ne sont rien devant le créateur de l'univers, qui est aussi le maître de l'histoire et gouverne le monde et ses habitants. L'univers étant la preuve de sa puissance invincible et infatigable, il est toujours prêt à sauver ceux qui espèrent en lui (40,28-31). Le Créateur, supérieur à tous les dieux et à toutes les divinités, accomplit toujours ses projets sans faille. C'est lui qui envoie son élu pour délivrer le peuple (44,24-28; 45,12-13).

---

[40] Nous incluons ici le salut et tous ses dérivés comme: le pardon, la miséricorde, la tendresse, la délivrance, la justice de Dieu.
[41] Cf. J.L MCKENZIE, *Second Isaiah*, LVI-LXXI; R.N. WHYBRAY, *Isaiah 40–66*, 30-38; J.A. MOTYER, *The Prophecy*, 13-17; B. MARCONCINI, *Il libro di Isaia*, 14-19; J. BLENKINSOPP, *Isaiah 40–55*, 104-111.
[42] Cf. J.A. MOTYER, *The Prophecy*, 13-17; B. MARCONCINI, *Il libro di Isaia*, 14-19; J. BLENKINSOPP, *Isaiah 40–55*, 104-111.

Le prophète associe la création à l'histoire d'Israël en décrivant les événements de l'Exode en 51,9-10 pour montrer que la sortie d'Egypte n'est pas l'œuvre d'une divinité quelconque, mais la révélation du créateur comme gouverneur de l'histoire et de l'humanité. En d'autres termes, celui qui a sorti Israël de l'Egypte n'est pas autre que celui qui a créé l'univers, capable de vaincre tous les obstacles naturels et humains qui se dressent sur le chemin du salut tracé pour son peuple. C'est une présentation de la création mettant l'accent sur le Créateur (40,21.28; 45,11-12; 48,12).

2.2.3 Le binôme «élection-mission»

Ce binôme est le cœur du message du Deutéro-Isaïe. Il ne fait pas l'objet d'un développement particulier dans le livre, mais est sous-entendu et présent dans tous les thèmes cités plus haut[43]. La mission d'Israël est de rendre témoignage de son expérience concrète de Dieu à toutes les nations. Pour ce faire, il doit d'abord prendre conscience de son statut de peuple élu. Dans ce sens, la mission et l'universalité du salut sont deux thèmes inséparables dans le Second Isaïe. Israël a expérimenté le salut et doit annoncer YHWH aux nations comme le Dieu qui sauve.

En subordonnant le thème du salut à celui de la mission, nous n'entendons pas minimiser son importance. En effet, le livre commence par un discours sur la proclamation du salut (40,1-2). Le salut est aussi présenté sous forme de théophanie en 40,9-11 décrivant YHWH comme un berger, plein de tendresse. Dans les poèmes de Sion (49,14-16; 50,1-3; 51,17-23; 54,1-10; 55,6-9), le thème principal est clairement le salut. Le salut est annoncé pour cette cité en termes de restauration et retour de l'exil. Ainsi, Sion sera repeuplée (49,19-23), elle va retrouver sa beauté (52,1-2.9-10), et sera encore plus grande et plus prospère que par le passé (44,1-3.11-12; 55,1-3). Mais ce salut est offert gratuitement (44,25; 48,9.11) pour qu'Israël soit témoin de la puissance et de la gloire de Dieu auprès de toutes les nations. Israël est donc sauvé pour une mission auprès de toutes les nations. Pour parler en termes pastoraux, on pourrait dire qu'Israël est appelé à être un missionnaire universel. La souveraineté de YHWH va désormais au-delà des frontières du peuple élu. Ce n'est plus un Dieu national mais universel (45,9-13). Certes, Israël est sauvé, parce qu'il est précieux pour le Seigneur, mais il est précieux parce qu'il a une

---

[43] Cf. C. WESTERMANN, *Isaiah 40-66*, 9-20; R.N. WHYBRAY, *Isaiah 40-66*, 30-38; R.F. MELUGIN, *Formation*, 13-26.

mission précieuse que le Seigneur n'a confiée qu'à lui. Sa destinée est unique en son genre à cause de la mission qu'il reçoit du Seigneur. Voilà pourquoi le thème du salut reste, malgré son importance, subordonné au thème de la mission dans le message du prophète.

Pour remplir sa mission, le peuple élu est renouvelé (48,28-31) dans la foi, l'espérance et le courage. Il doit vaincre tout obstacle (41,15-16). Le Seigneur sera sa force (41,17-20; 42,15-16) et l'Esprit du Seigneur et ses bénédictions l'accompagnent (44,3). La régénération du désert devient symbole de la régénération du peuple (44,1-5). Le nouvel Israël ainsi régénéré sera prêt pour sa mission universelle et la nouvelle alliance avec le Seigneur en sera le signe (54,3). Le second Isaïe est concret quant à cette mission du peuple élu[44]. Il s'agit d'amener les nations à reconnaître et confesser des vérités de foi en YHWH. L'insistance sur le thème de la création veut prouver que YHWH est le seul Créateur (40,18-25) et défie les dieux étrangers démontrant qu'il est le Dieu unique (45,20-21.24-25). Il est également le Dieu qui sauve (43,10-13; 44,24-28; 45,20-25; 48,12-15; 51,4-6.12) et qui gouverne le monde et le cours des événements (41,1-4. 25-26; 43,14; 44,24-28; 45,1-7.8-13; 46,8-11; 48,14-15; 54,15-17). Ainsi, le second thème mentionné, à savoir YHWH créateur de l'univers, est aussi subordonné au thème de la mission. En d'autres termes, l'histoire de la délivrance d'Israël révèle la puissance de YHWH non seulement à Israël, mais aux autres nations dont il défie les dieux d'en faire autant et ainsi leur montrer leur infériorité. Le peuple élu qui expérimente en première personne cette souveraineté de YHWH est envoyé en mission non pour proclamer un Dieu abstrait, mais un Dieu vivant qui agit et gouverne le monde. Les expériences exceptionnelles et les bénédictions dont bénéficie Israël sont au service de sa mission car il deviendra lui-même médiateur des bénédictions entre Dieu et toutes les nations.

Le binôme «élection-mission» est donc présent et constitue le fil conducteur des différentes questions abordées dans le livre.

3. Thèmes communs au Trito et au Deutéro-Isaïe

Cette brève présentation du Deutéro-Isaïe n'est pas un objectif en soi. Elle va nous permettre de relever les rapports de ce dernier avec le Trito-Isaïe dans le but de montrer la continuité thématique des deux

---

[44] Cf. A.A. MACRAE, «The Servant of the Lord», 218-227; J.N. OSWALT, «The Nations in Isaiah», 41-51; «Servant of All», 85-94.

livres. Il s'agira plus concrètement de déterminer les thèmes communs qui dominent dans les deux livres contribuant ainsi à leur unité.

3.1 *La venue du Seigneur*

Dans la structure et l'organisation thématique du Deutéro-Isaïe, il ressort que le thème du salut est fortement présent. Tandis que dans le Deutéro-Isaïe le salut est essentiellement l'accomplissement des promesses faites par le Seigneur[45], dans le Trito-Isaïe il prend une dimension eschatologique et se manifeste surtout par la vengeance du Seigneur. Cette dernière se manifestera concrètement par un renversement de la situation à l'issue duquel les opprimés deviendront les maîtres et les oppresseurs les serviteurs (Is 60-62). Le salut dans le Deutéro-Isaïe qui est imminent[46] et concrétisé par le retour de l'exil et la restauration (Is 45)[47] semble par contre un accomplissement futur dans le Trito-Isaïe (Is 66)[48]. Cependant le salut se présente dans les deux cas comme un processus à deux étapes à savoir un état de misère ou une catastrophe, qui nécessite une intervention puissante du Seigneur pour un jugement en vue d'une restauration de la justice. Dans ce processus, c'est la venue du Seigneur, en d'autres termes, son intervention dans une situation de misère qui sauve et donne le salut. Divers passages du Deutéro et du Trito-Isaïe illustrent bien ce concept du salut. Le Deutéro-Isaïe, qui prône surtout une restauration imminente par une intervention du Seigneur, n'insiste pas sur l'état de misère. Is 42,25 décrit cependant la désolation que vit le peuple victime des atrocités de la guerre. Des allusions implicites à l'exil et à la déportation sont fréquentes, indiquant aussi un état de misère (43,6.8.28; 47,6; 48,20)[49]. Face à cette misère, le Seigneur intervient et déclenche le processus du salut. C'est surtout Is 40,9-11 qui illustre bien cette intervention du Seigneur YHWH qui vient avec vigueur, son bras assurant sa souveraineté. Il est comparé à un berger qui vient rassembler son troupeau. L'allusion au salaire et à la récompense signifie implicitement que l'intervention du Seigneur est accompagnée d'un jugement à savoir une restauration dans laquelle les fidèles seront récompensés et les méchants punis. Par ailleurs, Is 42,13 décrit le Seigneur comme un héros qui va en guerre, manifeste sa jalou-

---

[45] Cf. 2.2.1.
[46] Cf. J.L. MCKENZIE, *Second Isaiah*, 26-27.
[47] Cf. J.L. MCKENZIE, *Second Isaiah*, 77-81.
[48] Cf. J. BLENKINSOPP, *Isaiah 56-66*, 293-294; E.U. DIM, *Eschatological Implication*, 239-266.
[49] Cf. J.L. MCKENZIE, *Second Isaiah*, 99.

sie et est prêt à agir tandis que 43,14 est encore plus concret en présentant le Seigneur comme celui qui lance une expédition à Babylone pour faire sortir les fugitifs. D'autres textes comme Is 43,11-14; 45,1; 49,8, 51,5 et 52,1-12 vont dans le même sens.

Le salut comme une intervention du Seigneur YWHW dans une situation de misère se retrouve également dans le Trito-Isaïe[50]. Dans ce dernier, la désolation du peuple se manifeste surtout à travers ses lamentations et ses plaintes. Ainsi, les chaps. 58 et 59 mettent en relief la plainte du peuple face à une passivité apparente de YWHW qui ne répond pas à leurs prières et à leur jeûne. Mais c'est surtout Is 63,15-19 qui décrit la désolation du peuple qui se sent abandonné et errant sans destination précise. Dans sa désolation, il espère une intervention très vigoureuse du Seigneur du haut des cieux (לוא־קרעת שמים ירדת; si tu déchirais les cieux et tu descendais![63,19]). Cette dernière apparaît brièvement en 62,1; 63,1 et 63,5. Dans ces versets, le Seigneur promet d'agir pour la cause de Sion (62,1), son acte est en faveur de la justice (63,1) et son bras est l'instrument de la justice qu'il apporte (63,5). Tout en gardant le même schéma du salut que le Deutéro-Isaïe, le Trito-Isaïe met un certain accent sur la dimension eschatologique du Salut qui ne se réduit pas au retour de l'exil, à la libération présente des oppresseurs ni à la restauration présente des villes et du temple. C'est ainsi qu'en Is 66,12-16 l'intervention du Seigneur se présente comme un jugement de tous les êtres. Des métaphores comme le feu, le char et l'épée, illustrent l'aspect judiciaire de la venue de YHWH. Elle sera réconfort, paix, joie et jubilation pour les justes mais condamnation pour les ennemis de YHWH. La dimension eschatologique du salut est plus explicite en 66,22-24, qui parle de cieux nouveaux, d'une terre nouvelle et des dépouilles des ennemis de Dieu, lesquels seront définitivement éliminés du peuple[51].

3.2 *La souveraineté de YHWH*

L'affirmation permanente de la souveraineté de YHWH est une des caractéristiques communes au Deutéro et au Trito-Isaïe. Elle constitue

---

[50] Thompson le relève bien dans son commentaire du livre d'Isaïe en qualifiant YHWH de «victorious God» dans son analyse du chap. 49, cf. M.E.W. THOMPSON, *Isaiah: Chapters 40–66*, 84. Dans le même sens, il intitule les chaps. 65–66 «Judgement and Salvation» dans lesquels il décrit comment Dieu intervient pour sauver à travers un jugement juste, cf. *Isaiah: Chapters 40–66*, 165-171.

[51] Cf. J. BLENKINSOPP, *Isaiah 56–66*, 313-315; E.U. DIM, *Eschatological Implication*, 239-266.

dans les deux contextes une exhortation du peuple à se détourner des idoles et à se confier à YHWH, l'unique et vrai Dieu. Dans le Deutéro-Isaïe, les chaps. 40−41 sont essentiellement consacrés à ce thème[52]. La transcendance du Seigneur et la suprématie de son intelligence sont magnifiées en Is 40,12-14. Aucune idole ne peut être comparée à lui (40,18). Il est le Créateur de l'univers, il est Dieu pour l'éternité, nul ne peut sonder son intelligence, son énergie est inépuisable, il ne se fatigue ni ne faiblit (40,28). Pour confirmer sa souveraineté, le Seigneur convoque les idoles et leurs serviteurs à un affrontement (41,21-24). L'unique Dieu qui sauve et qui réalise ses promesses est YHWH[53] (43,11-13). Il a non seulement créé l'univers mais aussi le maintient et dirige les événements de l'histoire (45,12.18)[54]. Le Seigneur affirme de façon radicale sa souveraineté en 46,9 en affirmant que les idoles ne sont que néant en face de lui[55]. Le message théologique de la souveraineté de YHWH est avant tout la profession de la foi en un seul Dieu qui est YHWH. En ce sens, toutes les dénonciations de l'idolâtrie dans le Trito-Isaïe deviennent aussi affirmation de la souveraineté du Seigneur. En effet, 57,6-7 dénonce le culte aux idoles en le qualifiant de vain. En d'autres termes, les offrandes aux faux dieux sont sans effets, et signes que ces dieux ne sont pas des dieux. Pour sa part, 57,15 souligne la transcendance de YHWH en le qualifiant de Saint, de Haut placé mais qui entend le cri des opprimés. En implorant l'intervention du Seigneur en sa faveur en 63,19 et 64,3-7, le peuple confesse la souveraineté de YHWH, lui demandant de l'exercer sur la terre en tant que sauveur et libérateur (63,19). Par ailleurs le peuple reconnaît en YHWH un Dieu exceptionnel, incomparable dont nul ne peut reproduire les actes (64,3). Soulignons cependant que la souveraineté de YHWH dans le Trito-Isaïe

---

[52] Cf. 2.2.2.

[53] Goldingay souligne cette souveraineté de Dieu dans son commentaire de Is 40,21-44 et 41,1-20 qu'il intitule respectivement: «Compare to the Creator, rulers are nothing» et «YHWH's Unique Power». Ces titres sous-entendent que YHWH est le Tout-Puissant et Créateur de l'univers, cf. J. GOLDINGAY, *The Message of Isaiah*, 53; 79.

[54] Cf. J.L. MCKENZIE, *Second Isaiah*, 73-74.

[55] C'est dans ce sens qu'il faut comprendre Lee, lorsqu'il affirme que la souveraineté de YHWH est la dimension essentielle du monothéisme annoncé par le prophète: «Creation and Redemption both involve God overcoming the forces of evil; the prophet is not interested in monotheism as theorical concept; but is more concerned with YHWH's efficacious sovereignty and saving power for his people» (S. LEE, *Creation and Redemption*, 126). Dans le même contexte, H.-J. Kraus appelle YHWH «Der Erste und der Letzte» pour souligner sa souveraineté (H.-J. KRAUS, *Das Evangelium*, 64).

prend aussi une dimension eschatologique dans le chap. 66 en particulier, où toute chair reconnaîtra enfin sa suprématie et viendra se prosterner devant lui (66,23), tandis que les rebelles et tous ceux qui le rejetteront seront éliminés définitivement de la création (66,24)[56]. Il s'agira donc d'un monde nouveau dans lequel aucun dieu, excepté YHWH, ne sera reconnu et adoré.

3.3 *L'universalité du culte à YHWH*

L'universalité du culte à YHWH est intrinsèquement liée à sa souveraineté. Elle est fondée sur la reconnaissance des prodiges de YHWH qui suscitera la foi chez tous les peuples de l'univers. Ces derniers accourront vers le temple de Jérusalem, symbole de la présence de Dieu au milieu des hommes pour lui rendre un culte. Ce culte est universel d'abord parce qu'il est rendu au Créateur de l'univers et ensuite parce qu'il n'est plus réservé à Israël, mais à tous les peuple qui cherchent Dieu dans la justice en vivant selon ses commandements et en restant fidèle à son alliance. Cependant la foi en YHWH est rendue universelle par le serviteur à travers lequel les prodiges du Seigneur se réalisent et sont annoncés à toutes les nations (par le même serviteur). C'est en ce sens que Is 49,6 présente Israël comme le serviteur privilégié de YHWH qui est chargé de porter la lumière de la vérité à toutes les nations et donc de rendre son culte universel[57]. Dans ce même contexte, certains messages de YHWH s'adressent directement à toutes les nations invitant à la conversion et à l'adhésion à son culte. C'est le cas de Is 49,1 et 51,5-6 où le Seigneur présente respectivement son serviteur et son plan de salut aux nations et aux îles lointaines. Mais c'est surtout dans le chant du serviteur souffrant que l'universalité du culte est plus explicite dans le Deutéro-Isaïe. Tous les peuples et les rois sont émerveillés devant la révélation du serviteur souffrant[58] (Is 52,13−53,12). Cet émerveillement est une conversion et une adhésion implicite au culte de YHWH (Is 52,13-15).

---

[56] Cf. F.C. HOLMGREN, *With Wings as Eagles*, 124; J. BLENKINSOPP, *Isaiah 56−66*, 315-317; E.U. DIM, *Eschatological Implication*, 239-266.

[57] Hanson le mentionne en présentant le serviteur comme celui dont la mission s'étend à toutes les nations: «...one bearing a commission that extends beyond domestic affairs to the welfare of the nations» (P.D. HANSON, *Isaiah 40-66*, 126). Ulrich, parle quant à lui de «World-wide Salvation» pour désigner l'universalité du salut chez le prophète Isaïe (E.S. ULRICH, *A Theology of Salvation*, 136).

[58] Cf. J.L. MCKENZIE, *Second Isaiah*, 131-136; H.-J. Kraus, pour sa part, intitule Is 45,20-25 «Rettung für die Welt» faisant explicitement allusion à l'universalité du salut dans son commentaire (H.-J. KRAUS, *Das Evangelium*, 85).

Dans le Trito-Isaïe, l'universalité se note dès le premier chapitre. En effet, le culte de YHWH n'est plus désormais réservé à Israël, mais à tous ceux qui gardent le droit et pratiquent la justice (56,1). Ainsi, 56,3-8 présente YHWH comme celui qui rassemble toutes les nations autour d'un culte unique. L'étranger qui observe la loi et le sabbat ne sera pas rejeté (56,6). Dans les chaps. 60-62 non seulement l'universalité est plus fortement présente, mais elle prend un caractère eschatologique, car le Seigneur sera lui-même la lumière de Jérusalem (60,1 et 60,19)[59] qui à son tour deviendra la lumière du monde entier. Les nations et les rois vont se diriger vers elle (60,3). Tous les peuples lointains afflueront et se rassembleront dans la ville du Seigneur (60,4). Un seul et unique culte sera offert à YHWH sur son autel (60,7). Il est à noter que dans le Trito-Isaïe l'universalité du culte est aussi liée au renversement eschatologique de la situation qui verra les oppresseurs d'Israël devenir ses serviteurs et surtout serviteurs de YHWH (60,14). C'est dans cette optique que 61,6 qualifie le peuple d'Israël de prêtres du Seigneur. Ils deviendront les médiateurs entre YHWH et les nations étrangères toutes converties qui apporteront leurs offrandes à l'autel du Seigneur. Dans le même contexte, 62,2 insiste sur la gloire de Jérusalem que toutes les nations et tous les rois de la terre verront et reconnaîtront. Le chap. 66 combine l'universalité du culte à l'intervention eschatologique du Seigneur qui vient dans le feu et les chars (66,15) pour rassembler et faire connaître sa gloire à toutes les nations de toutes les langues. Il est à préciser que connaître la gloire de YHWH implique une confession de foi en son nom. Il s'agit donc d'une unité autour du culte de YHWH qui deviendra un culte unique et universel.

3.4 *L'élection et la mission*

En termes d'unité et de continuité, l'élection et la mission constituent ensemble la grande charnière autour de laquelle le Deutéro et le Trito-Isaïe forment leur point d'intersection. Nous avons noté dans les deux parties une présence indéniable du binôme «élection-mission»[60]. Mais dans les deux cas, c'est l'élection du serviteur et sa mission qui constituent l'essentiel de ce thème. Il s'agit plus précisément du messager des quatre chants du serviteur dans le Deutéro-Isaïe et du messie oint dans le chap. 61 du Trito-Isaïe. Nous n'allons pas nous étendre sur

---

[59] Cf. J. BLENKINSOPP, *Isaiah 56-66*, 211-213; E.U. DIM, *Eschatological Implication*, 239-266.

[60] Cf. 2.3.3 pour le Deutero-Isaïe et chap. II, 3.2, pour le Trito-Isaïe.

ce thème amplement développé dans le chapitre II de notre travail. Mais pour mieux percevoir les relations possibles du serviteur et sa mission dans les deux parties du livre d'Isaïe, il s'avère nécessaire de se pencher sur l'identité du serviteur dans chacun des cas.

3.5 *Le serviteur et sa mission dans Is 40−66*

Le thème de la mission, bien que sous-entendu dans l'ensemble du Deutéro-Isaïe, apparaît de façon plus explicite dans certains passages dont les chants du serviteur[61]. Bien que son identité soit difficile à déterminer, son statut d'élu envoyé par YHWH est clair dans tous les chants[62]. Dans le Trito-Isaïe, le messager de 61,1-3 pose également un problème d'identité, mais son élection et sa mission sont explicites[63].

3.5.1 Le serviteur comme collectivité

Cette interprétation refuse de voir dans le serviteur un individu, mais la personnification d'un groupe d'individus[64]. Une des plus anciennes interprétations du serviteur l'identifie au peuple d'Israël. Cette interprétation s'appuie sur le fait que certains passages du livre qualifient explicitement Israël de serviteur (41,8; 44,1-2; 49,3). Du point de vue diachronique, cette interprétation se heurte au fait que les chants du serviteur forment une entité séparable du reste du livre. Du point de vue synchronique, l'Israël serviteur n'est pas l'Israël historique[65]. Il est un concept qui dépasse l'Israël historique. Israël serviteur reçoit la mission de proclamer la parole et d'enseigner 42,1-4; d'être la lumière des nations et le moyen de salut (49,6). Israël a aussi souffert et a accompli

---

[61] Ce sujet est amplement traité chez: C.C. TORREY, *The Second Isaiah*, 135-140; J.L. MCKENZIE, *Second Isaiah*, XXXVIII-LV; R.F. MELUGIN, *Formation*, 90-121 et J. BLENKINSOPP, *Isaiah 40−55*; 76-81.

[62] Par exemple: J.S. PLOEG VAN DER, *Les chants du serviteur*, 1-20; P.-É. DION, «Les chants du serviteur», 17-38; P.-É. BONNARD, *Le second Isaïe*, 123-284; P. GRELOT, *Les poèmes du serviteur*, 67-73; P. BEAUCHAMP, «Lecture et relectures», 325-330.

[63] C'est dans ce contexte que Berges affirme que le serviteur des chants doit être interprété en relation avec le serviteur hors de ces passages (dont le messager de Is 61,1-3): «The Servant in the Ebed-Songs and the Servant outside these texts has to be seen, read and interpreted in a very closely related manner» (U. BERGES, «The Literary Construction», 35).

[64] C'est la tendance dominante de Lindsey dans son interprétation des chants: cf. F.D. LINDSEY, «The Call of the Servant», (part 1), 12-30; L.E. WILSHIRE, «Servant of the Lord», 356-367; J.M. RIMBACH, «Model Servant», 12-20; A. BONORA, *Isaia 40−66*, 115; A.S. MALLER, «Isaiah's Suffering Servant», 243-249.

[65] Cf. J.L. MCKENZIE, *Second Isaiah*, XXXVIII-LV.

cette mission dans la souffrance (50,4-9; 52,13–53,12). Dans le quatrième chant, la mort et la résurrection d'Israël sont faciles à comprendre dans le contexte de la restauration. Mais cette interprétation se heurte à un problème dans le second chant. En effet, dans ce chant, le serviteur apparaît comme un agent de la restauration pour Israël. Il s'agit donc d'un personnage distinct d'Israël. Pour surmonter cet obstacle, l'Israël serviteur a été réduit à la minorité des fidèles formée des prophètes et de pieux dévots. Mais rien dans les chants ne permet de le penser. Une solution fut trouvée en considérant Israël comme un idéal à atteindre. Nous sortons donc complètement de l'histoire pour concevoir un Israël idéal à qui Dieu a confié une mission. Le serviteur devient une projection dans le futur de ce que Israël est appelé à devenir.

Certains passages, comme 41,21-29; 45,14-15 et 52,1-4, supportent cette hypothèse. Dans les deux premiers, Israël est le témoin du vrai Dieu et l'instrument de sa reconnaissance par les autres nations tandis que dans le dernier, le serviteur devient la révélation de YHWH aux nations et le garant de l'alliance. Il ne s'agit clairement pas de l'Israël historique dans ces textes. Cependant, le quatrième chant du serviteur met en difficulté cette opinion. Il est contradictoire que l'Israël idéal souffre et meure alors qu'il a la mission de manifester la gloire de YHWH auprès de toutes les nations surtout dans un contexte de restauration. D'autre part, on ne peut pas éliminer toute trace de l'historicité dans l'interprétation du serviteur parce qu'on idéalise un fait concret. Donc il faut partir de l'histoire pour idéaliser. Cela dit, certains aspects de cette interprétation comme la mission du serviteur et sa relation avec YHWH restent valides.

3.5.2 Le serviteur comme individu

C'est l'interprétation la plus répandue et la plus diversifiée[66]. Elle ne voit pas dans le serviteur une collectivité, mais une personne qui peut être historique ou un personnage littéraire créé par l'auteur. Par ailleurs, ce personnage peut être situé dans le passé ou dans le futur.

La première personne qui nous vient en tête quand il s'agit de l'identification du serviteur à un personnage historique est le Second Isaïe lui-même. La troisième personne du singulier et la progression des

---

[66] Pour une approche plus approfondie de ce sujet voir: J.S. PLOEG VAN DER, *Les chants du serviteur*, 1-20; L.E. WILSHIRE, «Servant of the Lord», 356-367; P. GRELOT, *Les poèmes du serviteur*, 67-73; P. WILCOX – D. PATON-WILLIAMS, «The Servant Songs», 79-102.

chants font penser à une expérience personnelle du prophète[67]. Mais cette identification se heurte au quatrième chant qui décrit la souffrance et la mort du serviteur. Face à cette difficulté, les partisans de cette hypothèse supposèrent que les trois premiers chants furent du prophète et le quatrième de l'un de ses disciples qui a fait une relecture de la mort violente de son maître comme couronnement de sa mission et accomplissement mystérieux du dessein de Dieu qui le vengera et le ressuscitera. Les défenseurs de ce point de vue furent confrontés à d'autres difficultés au point que même S. Mowinckel[68], grand partisan de cette opinion l'abandonne en 1931. Ils finirent tous par reconnaître que la mission du serviteur était distincte de celle du prophète. Le message était adressé à Israël et à Jérusalem. Par ailleurs, le prophète ne parle nulle part de lui-même. Il ne relate nulle part sa propre vocation comme il en est pour le Proto-Isaïe (Is 6,1-13), Jérémie (Jr 1,1-19) ou Ezéchiel (Ez 1,1-27). Rien, tout compte fait, ne permet de voir dans le serviteur le second Isaïe lui-même.

D'autres personnages historiques, Zorobabel, Joachim et Moïse furent identifiés au serviteur sans trop de conviction. B. Duhm[69] le considère comme un maître de la loi historiquement inconnu qui est mort d'une mort violente. S. Mowinckel, après l'abandon de sa première hypothèse, identifiera le serviteur à un prophète inconnu de l'école isaïenne qui conçoit sa mission comme serviteur et qui serait mort d'une mort violente. Il se justifie en relevant que la mission du serviteur va au-delà de celle du Second Isaïe. Plus tard, S. Mowinckel[70] et Max Haller[71] mettront une relation entre Cyrus et le serviteur en considérant le serviteur comme l'anti-Cyrus. Cyrus était adorateur de faux dieux et l'envoyé de Marduk, dieu des Babyloniens. Le serviteur est l'adorateur du vrai Dieu YHWH et aussi le vrai libérateur. Par ailleurs, Cyrus libère par la violence, tandis que le serviteur sauvera par son enseignement, sa soumission et le sacrifice de soi à travers la souffrance et la mort.

A côté de ce concept du serviteur comme personnage dans le passé s'est développé aussi celui du serviteur comme personnage historique du futur, représentant une personne attendue et qui va se manifester dans l'avenir, donc dans l'histoire du peuple[72]. Cette hypothèse fait

---

[67] Cf. P. VOLZ, *Jesaia* II, 164-167.
[68] Cf. S. MOWINCKEL, *Die Komposition*, 87-112; 242-260.
[69] Cf. B. DUHM, *Das Buch Jesaja*, 284.
[70] Cf. S. MOWINCKEL, *He That Cometh*, 187-257.
[71] Cf. M. HALLER, *Die Kyros-lieder*, 261-277.
[72] Cf. J. VAN DER PLOEG, *Les chants du serviteur*, 149-160; 190-200.

penser au messie annoncé pour rétablir le règne de David (Is 9,1-6; 11,1-9, et Jr 23,5-6). Mais le messie décrit dans ces textes bibliques exhibe de fortes caractéristiques royales qui contrastent avec l'humilité du serviteur.

Malgré tous ces efforts, il faut reconnaître que toutes les tentatives d'identification du serviteur à un personnage historique dans le passé comme dans le futur n'ont pas eu de succès. C'est ainsi qu'une troisième hypothèse de serviteur comme individu fut proposée.

3.5.3 Le serviteur comme figure idéale

Un personnage idéal est un personnage qui n'est pas supposé avoir existé dans l'histoire. C'est peut être un concept trop subtil pour la théologie de l'Ancien Testament, mais les chants du serviteur font partie des passages les plus subtils de l'Ecriture sainte. Ivan Engnell[73] trouve dans ce contexte une relation entre les chants du serviteur et un rituel babylonien qui consiste en une cérémonie d'humiliation et de repentance, signe d'une mort symbolique en vue de renaître plus fort. Cet argument n'est pas convaincant, vu l'hostilité que démontre le Second Isaïe envers la religion babylonienne. La théorie de la figure idéale s'appuie essentiellement sur les recherches de Harold Henry Rowley[74] et de Henry Wheeler Robinson[75]. Selon ces derniers, il n'est pas rare dans la Bible de voir dans des personnages l'accomplissement des attentes du peuple. Le concept même du messie qu'attend Israël naît dans ce contexte. Ainsi le serviteur récapitule en lui tous les dons et toutes les qualités dont un individu ou une collectivité a besoin pour accomplir la mission que YHWH lui confie[76]. Il n'a aucun trait historique particulier, ni une profession particulière. Il n'est ni roi ni guerrier. Il est un serviteur. Sa mission particulièrement difficile finit aussi par un succès particulier qui est sa mort. En lui, l'histoire d'Israël atteint son accomplissement. Il concentre en lui toutes les qualités des grands personnages du peuple dans le passé et celle d'un messie attendu. Dans une telle considération, la tension entre la collectivité et l'individu n'existe plus. Le serviteur reste un individu, mais qui est un idéal à atteindre par tout serviteur de YHWH en-

---

[73] Cf. I. ENGNELL, *The Ebed-Yahweh*, 54-90.
[74] Cf. H.H. ROWLEY, *The Servant of the Lord*, 3-20.
[75] Cf. H. WHEELER ROBINSON, *The Hebrew Conception*, 49-62.
[76] Cet aspect est bien approfondi chez: L.E. WILSHIRE, «Servant of the Lord», 356-367; F.D. LINDSEY, «The Call of the Servant», (part 1), 12-30; P. WILCOX – D. PATON-WILLIAMS, «The Servant Songs», 79-102; R. MEYNET, «Le Quatrième chant du serviteur», 420-440.

voyé en mission, tout comme par Israël, peuple élu envoyé aussi en mission. Il ne s'agit pas d'une prédiction d'un personnage qui existera dans le futur, mais d'une intuition perspicace du prophète sur les voies mystérieuses du salut par YHWH.

Le point culminant du thème de «l'élection-mission» se trouve ainsi dans cette intuition du prophète. Si le serviteur est conçu comme personnage idéal, la mission prend aussi une connotation idéale. La mort et la résurrection du serviteur (52,13−53,12) signifient que sa mission connaîtra un succès malgré son échec apparent. Les fruits de sa mission ne se verront pas de son vivant, mais il sera vengé dans le futur. Israël est appelé à devenir ce serviteur. C'est un défi lancé à Israël, l'élu de Dieu s'il veut réussir la mission qui lui est confiée.

3.5.4 Le messager du Trito-Isaïe

Bien qu'il ne soit pas explicitement nommé serviteur, l'élection et la mission du sujet parlant en Is 61,1-3 le classent dans la catégorie des serviteurs à qui YHWH confie une tâche particulière pour le salut de son peuple. Tout comme dans les chants du serviteur, son identité est très difficile à déterminer. Ici aussi, se pose la question du messager comme collectivité (symbolisant Israël par exemple) ou un individu qui réalisera la prophétie annoncée dans le passage. A la lumière des diverses hypothèses faites sur le serviteur dans le Deutéro-Isaïe (nous ne reviendrons pas sur les limites de chaque hypothèse exposée ci-dessus), nous pouvons dire que le messager du Trito-Isaïe correspond aussi à une figure idéale qui n'appartient ni au passé ni au futur, mais qui incarne la volonté de Dieu sur son peuple. Dans ce cas, le messager peut représenter Israël tout comme un prophète ou un messie, mais qui accomplit de façon idéale la mission que Dieu lui confie et transmet fidèlement le message de YHWH au peuple auquel il est envoyé. Selon J.L. McKenzie[77], les chants du serviteur nous illuminent sur la mission du messager du Trito-Isaïe[78]. Ce dernier se présente comme l'envoyé de Dieu à travers lequel s'accompliront les promesses faites par le Seigneur. Il fait

---

[77] Cf. J.L. MCKENZIE, *Second Isaiah*, 181-182.

[78] Jeppesen souligne bien cette proximité thématique et littéraire entre le serviteur des chants et le messager du Trito-Isaïe dans son étude sur le thème du serviteur: «...there is a text, very close to the servants texts as we know them from Deutero-Isaiah... Is 61,1-3 is a first person presentation, very close to the presentation of the servant in ch. 42. The *I* is anointed and has the spirit of God, his mission is to free prisoners, to bring comfort to mourners, and to bring good tidings from the Lord...» (K. JEPPESEN, «From You My Servant», 126).

une relecture des chants du serviteur en l'appliquant à sa personne. Il annonce et porte le salut comme le serviteur des quatre chants. Certains parallélismes que nous verrons dans l'étude des textes confirmeront cette hypothèse. En ce sens, nous pouvons parler de continuité thématique et littéraire entre les chants du serviteur du Deutéro-Isaïe et le messager du Trito-Isaïe.

3.5.5 Du serviteur aux serviteurs

Vu la relation étroite entre la notion de «serviteur» et le binôme «élection-mission» aussi bien dans le Deutéro-Isaïe que dans le Trito-Isaïe, il convient de considérer de près les diverses implications de cette notion dans le contexte isaïen. En effet une lecture attentive d'Is 40–66 révèle un passage progressif de «serviteur» (singulier) aux «serviteurs» (pluriel). Le Deutéro-Isaïe, jusqu'aux chants du serviteur (Is 53,12), parle surtout du serviteur au singulier, tandis que le Trito-Isaïe évoque les serviteurs dans la majorité des passages et en particulier dans les chaps. 56 et 65–66. W.A.M. Beuken[79] dans une étude que nous trouvons convaincante a essayé d'établir une relation entre le serviteur du Deutéro-Isaïe et les serviteurs du Trito-Isaïe. La première mention du terme «serviteurs» au pluriel apparaît vers la fin du Deutéro-Isaïe et plus précisément en 54,17 (נחלת עבדי, le lot des serviteurs). Or, juste avant le chap. 54 se trouve le quatrième chant du serviteur, lequel parle de la descendance du serviteur souffrant en Is 53,10 (זרע יראה, il verra sa descendance). Beuken déduit de cette observation que le passage du singulier «serviteur» au pluriel «serviteurs» est un passage du «serviteur souffrant» à sa «descendance». Ainsi, la première apparition du pluriel en 54,17 n'était qu'une transition allant du serviteur à sa descendance[80]. En parlant surtout des serviteurs, le Trito-

---

[79] Cf. W.A.M. BEUKEN, «The Main Theme», 67-102; J. FERRY, *Isaïe*, 181-213.

[80] Beuken suggère explicitement que les descendants du serviteur souffrant sont à rechercher dans le Trito-Isaïe: «While Deutero-Isaiah only speaks of' the Servant (of YHWH)' (singular), Trito-Isaiah only speaks of the servants (of YHWH) (plural), but on the understanding that the first mention of the notion in the plural comes precisely *before* the end of Deutero-Isaiah (54,17). In this way, the reader learns, still within the compass of Deutero-Isaiah, in which form this cardinal theme will be continued. This connection is not fortuitous. In the last text involving the Servant, he is promised that he shall see offspring (53,10), but when and how this will happen remains open» (W.A.M. BEUKEN, «The Main Theme», 67). Berges partage cette opinion en voyant également dans les serviteurs du Trito-Isaïe des descendants du serviteur souffrant, mais dans le contexte de la restauration du nouvel Israël (U. BERGES, «Who Were the Servants?», 4).

Isaïe continue l'idée de la descendance du serviteur dans le même sens que Is 54,17.

L'expression «serviteurs» bien qu'au pluriel ne représente pas forcément une figure historique. De même que le serviteur représente un personnage idéal, sa descendance rassemblera un peuple idéal soit le nouvel Israël, qui concentre en lui toutes les caractéristiques du peuple de Dieu. Dans le Trito-Isaïe, cette descendance prendra plusieurs formes dénotant à la fois ceux qui observent la loi et le sabbat (56,1-8), les opprimés (61,1-3) et la nouvelle Jérusalem (chap. 60). Par ailleurs, cette descendance est appelée à refléter les mêmes caractéristiques que le serviteur (dans les quatre chants du serviteur). Elle incarnera la justice et la vérité du Seigneur (chap. 62), elle sera la lumière des nations et fera connaître le nom de YHWH à tous les peuples (chap. 60), elle servira fidèlement le Seigneur (chap. 56), elle bénéficiera des bienfaits du Seigneur pendant que les infidèles souffriront (chap. 65), elle sera récompensée dans une théophanie eschatologique de YHWH tandis que les ennemis du Seigneur seront punis (chap. 66). Beuken va plus loin en affirmant que tout le Trito-Isaïe traite en fait de cette descendance du serviteur souffrant[81] d'où le titre de son article: «The Main Theme of Trito-Isaiah "The Servants of YHWH"»[82].

Des observations ci-dessus, nous pouvons dire que le terme «serviteur(s)» se résume à un concept ou une figure idéale dénotant la fidélité à l'élection par YHWH et à la mission confiée par ce dernier. Dans le Trito-Isaïe en particulier, ce terme ne désigne pas un personnage, ni un peuple particulier, mais l'ensemble des fidèles qui répondent aux caractéristiques du serviteur idéal de YHWH.

4. Textes illustratifs

La structure du livre et les thèmes principaux mentionnés sont concordants sur la prédominance du binôme «élection-mission». Il s'agit dans cette partie du travail de le confirmer et de l'illustrer à partir de textes choisis. L'étude de tout le livre n'étant pas réaliste, nous nous limiterons à l'étude de quatre passages principaux tout en faisant référence à leur relation avec le Trito-Isaïe dans une synthèse.

---

[81] Cf. W.A.M. BEUKEN, «The Main Theme», 68: «In his whole work TI is occupied with the question of the servants of YHWH, until the last place where the term is found in this corpus (66.14)».

[82] Cf. W.A.M. BEUKEN, «The Main Theme», 67.

4.1 *Choix et justification des textes*

Nombreux sont les passages du Deutéro-Isaïe dominés implicitement ou explicitement par le thème de la mission[83]. Mais de par leur position significative dans la structure du livre, certains passages peuvent être considérés comme clé de lecture des grandes unités littéraires du livre. C'est le cas des chaps. 42 et 49. Si nous partageons la structure du livre en deux grandes unités thématiques et littéraires (40−48 et 49−55), nous notons aussi un parallélisme entre les chap. 42−48 d'une part et 49−55 de l'autre. Ces unités sont en effet composées chacune de sept chapitres et commencent par l'élection et l'envoi en mission du serviteur. Nous les considérons en ce sens comme des unités littéraires et thématiques plausibles. Dans ce cas, les chaps. 40−41 constitueraient une introduction annonçant la thématique générale du livre. Pour être plus précis, les chaps. 40−42, en annonçant le réconfort (40,1-2), en décrivant les attributs de Dieu et en dénonçant la vanité des idoles (42,1-5), nous donnent le programme du serviteur et nous disent en quoi consistera sa mission (qui est d'annoncer le vrai Dieu à toutes les nations et délivrer les opprimés). Ce programme sera développé dans les deux grandes unités thématiques qui suivront (à savoir les chaps. 42−48 et 49−55) et qui seront introduites par l'élection du serviteur et son envoi en mission. Ainsi les chaps. 42 et 49 en tant que chapitres introduisant ces deux grandes unités thématiques sont les mieux placés pour illustrer le thème de la mission dans livre. Le quatrième chant du serviteur (Is 52,13−53,12) mérite une attention particulière pour son concept original de mission à travers la souffrance.

Cependant, vu la continuité et l'unité du message des quatre chants du serviteur, tournant autour de l'élection du serviteur et de sa mission, nous toucherons aussi dans notre analyse le troisième chant du serviteur à savoir Is 50,4-11 dont le contenu peut éclairer le message des textes

---

[83] Les auteurs sont concordants sur l'importance de la mission dans le Deutéro-Isaïe et plus particulièrement à travers le serviteur de YHWH. Ward, à ce sujet, souligne la complexité de cette mission: «The servant task is not static but dynamic. It is so in two respects. The first… described, namely, that it is not necessary (or even probably) permanent and perfectly embodied in any particular man or men. The second is that the work of the servant is never finished. Idols are made anew every day; "blindness" strikes continually; men are "imprisoned" ever and again. The "new song" must be sung to God anew every day. Justice established at one point today must be matched at another point tomorrow and is always precarious» (WARD, «The Servant Songs», 442). Noth partage cette opinion en affirmant: «The servant of the song has an active mission, both to Israel and to the heathen» (C.R. NORTH, *The Suffering Servant*, 182).

choisis. Nombreux sont en effet les auteurs qui donnent aux chants du serviteur une place déterminante dans le message du livre[84]. Cela explique aussi notre choix de ces textes. Pour une question de précision et pour être réalistes, nous nous limiterons aux versets les plus significatifs de ces chapitres. En ce qui concerne le Trito-Isaïe, nous ne reviendrons pas sur l'étude des textes, le chapitre II ayant été consacré à cette dernière. Il s'agira plutôt de relever les échos des textes choisis dans le Trito-Isaïe afin de confirmer la continuité thématique que nous avons mentionnée dans la troisième partie du travail.

4.2 *Le serviteur, envoyé de* YHWH: *Is 42,1-9*

De par sa position dans la structure du livre, le chap. 42 est un des passages fondamentaux du Deutéro-Isaïe. Dans une brève analyse de sa première partie, nous allons montrer la présence dans ce texte du binôme «élection-mission» que nous avions notée dans le Trito-Isaïe. Par ailleurs, certains parallélismes littéraires et thématiques entre Is 42,1-9 et Is 61,1-3 que nous relèverons ne feront que confirmer la continuité thématique entre ces passages dominés par le binôme en question.

4.2.1 Texte et délimitation

Pour rester fidèle à l'objectif du travail, nous n'allons pas nous attarder sur les problèmes de critique textuelle qui s'avèrent non pertinents pour une étude thématique comme la nôtre[85]. En outre, notre pas-

---

[84] Pour ne citer que quelques exemples, cf. R. MARCUS, «The "Plain Meaning"», 250-259; M.J. WYNGAARDEN, «The Servant», 20-24; A.A. MACRAE, «The Servant of the Lord», 124-132; S.D. BRESLAUER, «Compassion and the Servant», 163-178; R.R. ELLIS, «The Remarkable Suffering», 20-30; A. VAN DER WOUDE, «Can Zion Do without Servant», 109-116; J.N. OSWALT, «Servant of All», 85-94; «The Nations in Isaiah», 41-51.

[85] Bien qu'il n'y ait pas une unanimité sur la précision des termes choisis dans les diverses traductions, il n'y a pas de divergences majeures sur le message transmis par les quatre chants du serviteur en général. Ainsi, pour les précisions lexicales et d'autres détails de critique textuelle, nous vous renvoyons à: W. GESENIUS, *Philologisch-Kritischer und historiker Commentar über*, I, 56-106; A. RAVENNA, «Osservazioni sul testo di Isaia», 364-365; M. DAHOOD, «Textual Problems in Isaiah», 400-409; «Some Ambiguous Texts in Isaiah», 41-49; P.-É. BONNARD, *Le second Isaïe*, 123-130; 212-223; 233-236; 264-284; E. TOV, «Textual Criticism of the Hebrew Bible 1947-1997», 61-81; D. BARTHÉLEMEY, *Critique textuelle*, 103-106; 358-362; 370-374; 385-407; J. BLENKINSOPP, *Isaiah 40–55*, 207-212; 297-307; 317-323; 344-357; A. SCHENKER – P. HUGO, «Histoire du texte», 11-33; M.P. SHALOM, *Isaiah 40–66*, 184-203; 321-344; 345-356; 397-414.

sage ne pose aucun problème particulier sur ce point. Notre texte forme une unité littéraire qui constitue la première partie du chap. 42, allant jusqu'au v. 9 et dont le sujet parlant est YHWH à la première personne du singulier (v. 1: עבדי, mon serviteur; בחירי, mon élu, et v. 9: אני, moi; אשמיע, je fais entendre). Ce passage communément appelé le premier chant du serviteur ne fait pas l'unanimité des chercheurs en ce qui concerne sa délimitation[86]. Cependant, trois tendances dominantes sont à noter. Pour un grand nombre d'auteurs[87], ce chant est constitué d'Is 42,1-4. Un second groupe d'auteurs[88] l'étend jusqu'au v. 9 (42,1-9) et une minorité de chercheurs[89] le limitent au v. 7 (42,1-7). De ces trois tendances nous optons pour Is 42,1-9 qui forme une unité thématique: le serviteur et sa mission[90].

Nous proposons ainsi la traduction suivante du texte en partant du texte massorétique de la BHS.

הֵן עַבְדִּי אֶתְמָךְ־בּוֹ	1a	Voici mon serviteur, je le soutiens,
בְּחִירִי רָצְתָה נַפְשִׁי	1b	mon élu, mon être se réjouit de lui.
נָתַתִּי רוּחִי עָלָיו	1c	J'ai mis sur lui mon Esprit,
מִשְׁפָּט לַגּוֹיִם יוֹצִיא׃	1d	il apportera la justice aux nations.

---

[86] J.S. Van der Ploeg le souligne explicitement au début de son étude des chants du serviteur: «La limitation de ces péricopes, n'est pas la même selon les auteurs, car on n'est pas d'accord sur le sens de quelques versets qui selon les uns terminent les morceaux, mais selon d'autres n'y appartiennent pas. Il s'agit d'Isaïe 42,1-4, 1-7, 1-9...», cf. J.S. VAN DER PLOEG, *Les chants du serviteur*, 1.

[87] Citons parmi eux: J.S. VAN DER PLOEG, *Les chants du serviteur*, 1-20; R. LENNOX, «The Servant of Yahweh», 315-320; J. JEREMIAS, «משפט im ersten Gottesknechtslied», 31-40; R.F. MELUGIN, *The Formation*, 98; 168-169; P. GRELOT, *Les poèmes du serviteur*, 67-73; J.M. RIMBACH, «Model Servant», 12-20; P. WILCOX – D. PATON-WILLIAMS, «The Servant Songs», 79-85; B.M. ZAPFF, *Jesaja 40–55*, 248-249; E. LAPOINT, «Le serviteur de Yahvé», 61-66.

[88] En guise d'exemple, citons: E.S. ULRICH, *A Theology of Salvation*, 82; O. KAISER, *Der königliche Knecht*, 18; P.-É. BONNARD, *Le second Isaïe*, 128; E. HAAG, «Bund des Volkes», 28-35; F.D. LINDSEY, «The Call of the Servant», 12; M. KINNAMON, «Ministry in a Time of Exile», 15-21; J. BLENKINSOPP, *Isaiah 40–55*, 207; C. CONROY, «The Four Servant Poems», 80-90; M. ZEHNDER, «A Short Note», 35-40; J.M. KENNEDY, «Servant's Identity and Task», 181-185; F. GRAZIANO, «L'annuncio del servo», 47-50.

[89] Comme représentants de cette tendance, nous avons par exemple: R.H. KENNETT, *The Servant of the Lord*, 1-5. W. BERG, «Der Gottesknecht», 103-110; F. VARO, «Los cantos del siervo», 79-80; V. DA SILVA, «Eis meu servo», 44-45.

[90] Cette unité est confirmée dans le texte massorétique de la BHS par la «Petucha» du codex d'Aleppo.

2a	לֹא יִצְעַק וְלֹא יִשָּׂא	Il ne criera pas, il ne s'élèvera pas,
2b	וְלֹא־יַשְׁמִיעַ בַּחוּץ קוֹלוֹ׃	il ne fera pas entendre sa voix dans la rue.
3a	קָנֶה רָצוּץ לֹא יִשְׁבּוֹר	Il ne brisera pas le roseau ployé,
3b	וּפִשְׁתָּה כֵהָה לֹא יְכַבֶּנָּה	et il n'éteindra pas la flamme qui s'étiole,
3c	לֶאֱמֶת יוֹצִיא מִשְׁפָּט׃	il apportera la justice dans la vérité.
4a	לֹא יִכְהֶה וְלֹא יָרוּץ	Il ne faiblira pas, il ne se découragera pas
4b	עַד־יָשִׂים בָּאָרֶץ מִשְׁפָּט	jusqu'à ce qu'il établisse la justice sur la terre,
4c	וּלְתוֹרָתוֹ אִיִּים יְיַחֵילוּ׃	et les îles attendront sa loi.
5a	כֹּה־אָמַר הָאֵל ׀ יְהוָה	Ainsi parle le Seigneur YHWH,
5b	בּוֹרֵא הַשָּׁמַיִם וְנוֹטֵיהֶם	Créateur des cieux et qui les a étendus,
5c	רֹקַע הָאָרֶץ וְצֶאֱצָאֶיהָ	qui a étalé la terre et ce qui pousse sur elle,
5d	נֹתֵן נְשָׁמָה לָעָם עָלֶיהָ	a donné la vie au peuple qui vit sur elle,
5e	וְרוּחַ לַהֹלְכִים בָּהּ׃	et l'esprit à tout ce qui marche sur elle.
6a	אֲנִי יְהוָה קְרָאתִיךָ בְצֶדֶק	C'est moi YHWH qui t'ai appelé dans la justice.
6b	וְאַחְזֵק בְּיָדֶךָ	Je te prendrai par la main,
6c	וְאֶצָּרְךָ וְאֶתֶּנְךָ	Je te garderai et je te formerai
6d	לִבְרִית עָם לְאוֹר גּוֹיִם׃	pour l'alliance du peuple, et la lumière des nations,
7a	לִפְקֹחַ עֵינַיִם עִוְרוֹת	pour ouvrir les yeux des aveugles,
7b	לְהוֹצִיא מִמַּסְגֵּר אַסִּיר	sortir les prisonniers de la prison,
7c	מִבֵּית כֶּלֶא יֹשְׁבֵי חֹשֶׁךְ׃	de la maison qui est prison ceux qui sont assis dans les ténèbres.
8a	אֲנִי יְהוָה הוּא שְׁמִי	C'est moi YHWH, tel est mon nom.
8b	וּכְבוֹדִי לְאַחֵר לֹא־אֶתֵּן	Je ne donnerai pas ma gloire à un autre
8c	וּתְהִלָּתִי לַפְּסִילִים׃	ni ma louange aux idoles.
9a	הָרִאשֹׁנוֹת הִנֵּה־בָאוּ	Les premiers événements, les voici passés,
9b	וַחֲדָשׁוֹת אֲנִי מַגִּיד	et moi j'en annonce de nouveaux.
9c	בְּטֶרֶם תִּצְמַחְנָה	Avant qu'ils ne se réalisent,
9d	אַשְׁמִיעַ אֶתְכֶם׃ פ	je vous les fais entendre.

4.2.2 Structure et analyse

Is 42,1-9 présente une structure simple et thématique[91]. Nous proposons deux parties qui sont: YHWH présente son élu (vv. 1-4); YHWH confirme l'élection et la mission du serviteur (vv. 5-9).

---

[91] Cf. J. BEGRICH, *Studien zu Deuterojesaja*, 161-166; S. SMITH, *Isaiah XL*, 54-63, 107-111; H.H. ROWLEY, «Servant Mission», 259-272; A. SCHOORS, «Les choses antérieures», 19-47; J. JEREMIAS, «משפט», 31-42; P.-É. BONNARD, *Le Second Isaïe*, 123-277; R.F. MELUGIN, *The Formation*, 64-69; A. LAUHA, «Der Bund des Volkes», 257-261; E. HAAG, «Bund für das Volk», 3-14; D.R. HILLERS, *Berit 'am*, 175-182; M.S. SMITH, *Berit 'am / Berit 'olam*, 241-24; H.-J. HERMISSON, *Studien zur Prophetie*, 197-220; J.H. NEYREY, «Thematic Use», 457-473; F.D. LINDSEY, «The Call of the

a) *YHWH présente son élu et sa mission (vv. 1-4)*

Le v. 1 annonce sans ambiguïté le personnage principal du passage: le serviteur et sa mission[92]. Dans cette annonce, un accent est mis sur l'élection du serviteur (עבדי, mon serviteur), (בחירי, mon élu) et sa consécration au service de YHWH, par la présence de l'esprit de Dieu sur lui (רוחי עליו)[93]. Le sujet parlant est YHWH et le ton est solennel. Il semble vouloir dissiper tout doute sur l'identité du serviteur et l'origine de sa mission.

A partir du v. 1d commence l'annonce de la mission mais aussi du portrait du serviteur. Il apportera la justice (משפט) aux nations. Notons que la mention des destinataires (לגוים) est significative. C'est la dimension universelle de cette mission qui est ainsi révélée. Le portrait du serviteur est un prélude au serviteur souffrant du quatrième chant (52,13–53,12). A travers des images, il est décrit comme une personne pacifique, non violente (לא יצעק, il ne criera pas; ולא ישא...קולו, il n'élèvera pas sa voix)[94], qui prendra toujours la défense du plus faible et de l'opprimé car il ne brisera pas le roseau ployé (קנה רצוץ לא ישבור) ni n'éteindra la flamme qui s'étiole[95] (ופשתה כהה לא יכבנה). Deux métaphores qui illustrent fortement l'option du serviteur pour le faible et

---

Servant», (part 1), 12-31; P. WILCOX – D. PATON-WILLIAMS, «The Servant Songs», 79-102; J. BLENKINSOPP, *Isaiah 40–55*, 207-224.

[92] Cf. H.H. ROWLEY, «Servant Mission», 259-272.

[93] Notons le parallélisme avec 61,1 (רוח אדני יהוה עלי, l'esprit du Seigneur YHWH est sur moi). A ce sujet, Grimm met l'accent sur la relation entre l'envoi en mission et l'onction de l'Esprit. C'est avec la force de l'Esprit que le serviteur va en mission: «Mit Gottes Geist ausgerüsted, nimmt er seine Aufgabe, den Völkern das Recht zu bringen...» (W. GRIMM, «Er nicht!», 47). Haye dans le même sens conçoit l'envoi en mission comme la raison pour laquelle le serviteur reçoit l'onction de l'Esprit: «God announces that he has placed his spirit upon his beloved servant who will bring (justice) to the nation» (E. HAYES, «The One Who Brings Justice», 145).

[94] F.D. LINDSEY, «The Call of the Servant» (part 1), 12-30 et R. MARCUS, «The "Plain Meaning"», 250-259, interprètent le mot יצעק comme une lamentation et non un cri. Le serviteur sera endurant et ne se plaindra auprès du Seigneur.

[95] Pour plus de détails sur ces métaphores, cf. P. HUMBERT, *Bible du centenaire*, II, 389; S. MOWINCKEL, *He That Cometh*, 191; C.R. NORTH, *The Suffering Servant*, 142; G. ÖSTBORN, *Tora in the Old Testament*, 78-80; H.H. ROWLEY, «Servant Mission», 78-80; H.G. MAY, «The Righteous Servant», 241; L.G. RIGNELL, *A Study of Isaiah*, 33; P.A.H. DE BOER, *Deutero-Isaiah's Message*, 83; A. PENNA, *Isaia*, 430; E. VOGT, «Die Ebed Jahve Lieder», 775; R. MARTIN-ACHARD, *Israël et les nations*, 23; G. FOHRER, *Das Buch Jesaja*, III, 49-50; M.A. SWEENEY, «Textual Citations», 24-27; R.E. CLEMENTS, «A Light to the Nations», 57-69; R.F. MELUGIN, «Israel and the Nation», 249-264; B.D. SOMMER, «Allusions and Illusions», 156-172.

l'opprimé[96]. Mais cette non-violence n'est pas une faiblesse[97]. Le v. 4 décrit le serviteur comme une personne qui ne faiblira pas et ne se découragera pas[98] (לא יכהה ולא ירוץ), jusqu'à ce que sa mission se réalise et cela jusqu'aux îles (איים), symbole des terres lointaines et de l'universalité de la mission du serviteur. Cette mission est d'établir la justice[99] et la vérité (עד-ישים בארץ משפט). La mention du courage et de la

---

[96] Sur le roseau ployé et la flamme qui s'étiole, Koenig fait une interprétation originale. Il identifie le roseau à la «plume» du scribe et la mèche à la lumière qui éclaire l'activité du scribe travaillant nuit et jour. Il en déduit que la métaphore du roseau et de la mèche font allusion à la mission législatrice d'Israël qui est en crise et que le serviteur devra incarner (cf. J. KOENIG, «L'allusion inexpliquée», 170). R. Marcus, par contre, applique la métaphore au serviteur lui-même. Bien qu'il ressemble à un roseau ployé et à une mèche qui s'étiole, nul ne pourra le briser ni l'éteindre. Cette métaphore se situe dans le contexte de l'assurance que Dieu donne à son serviteur d'être à ses côtés contre ses adversaires (cf. R. MARCUS, «The "plain meaning"», 259). Toujours dans le même contexte, Beuken propose une solution intermédiaire et conciliante. La métaphore selon lui s'applique aussi bien au serviteur, qu'aux opprimés: «Where the servant will meet oppressed people, he will not strike the final blow. The servant himself will not perish under the oppression which he will experience while completing his task» (W.A.M. BEUKEN, «Mišpāt: the First Servant Song and Its Context», 26). Rowley y voit, quant à lui, un contraste entre la douceur et la non-violence du serviteur et son ardeur dans la mission: «The gentleness and fortitude of the servant are indicated in beautiful metaphors. He will not break the bruised reed, or quench the smoking flax; on the other hand his own flame will not burn dim, and he cannot be turned from his mission by discouragement, and that his ardor cannot be dimmed. His method is one of quiet patience, and not of blustering violence» (H.H. ROWLEY, «The Servant Mission», 260); tandis que pour P.-É. Bonnard, cette métaphore symbolise les opprimés en particulier toutes les victimes de l'invasion babylonienne (cf. P.-É. BONNARD, Le second Isaïe, 124).

[97] Smillie voit le caractère non violent du serviteur comme une force: «The strengths of the servant in 42,1-4 is tempered by his unusual gentleness and restraint…he will not comport himself in the manner of a harsh tyrant» (G.R. SMILLIE, «Isaiah 42,1-4», 56). Dans le même sens, Ellis faisant allusion aux métaphores du roseau ployé et de la flamme qui s'étiole, relève la non-violence et la patience face à l'épreuve comme qualités essentielles du serviteur (cf. R.R. ELLIS, «The Remarkable Suffering Servant», 21). Il convient aussi de mentionner D. Breslauer qui dans son portrait du serviteur donne une place centrale à la non-violence. Cette dernière est pour lui l'un des traits les plus frappants du serviteur (cf. S.D. BRESLAUER, «Power, Compassion and the Servant», 163).

[98] L'option pour le plus faible se retrouve en 61,1 et le non-découragement en 50,4-11.

[99] Selon Beuken, le terme «משפט» est la clé de lecture du premier chant. En effet, la mission du serviteur est d'établir la justice de Dieu. Il montre d'une façon convaincante que la justice dont il s'agit a un sens large embrassant tout ce qui est la volonté de Dieu. Cette volonté sera révélée par YHWH lui-même par l'intermédiaire du serviteur sur qui reposera son Esprit, car personne ne peut la découvrir sans la révélation

persévérance témoignent de la difficulté de la mission et est présage de la persécution et de la passion du serviteur souffrant que nous verrons plus loin.

b) *YHWH confirme l'élection et la mission du serviteur (vv. 5-9)*

Dans la deuxième partie du passage, le sujet parlant est toujours YHWH et son objectif est toujours de dissiper les doutes sur son serviteur et son élection. Mais le destinataire change. Tandis que dans les vv. 1-4, il s'adressait à ceux vers qui le serviteur est envoyé, dans les vv. 5-8, il s'adresse au serviteur lui-même. Ainsi le v. 5 commence avec une présentation de YWHW comme Créateur et maître de l'univers. Il affirme ainsi sa suprématie sur toute divinité et se réclame l'unique Dieu de l'univers (יהוה בורא השמים, YHWH qui a créé les cieux). Cette présentation n'est pas fortuite. Le serviteur doit être exempt de tout doute sur sa mission et surtout sur l'identité de celui qui l'envoie. Cela confirme l'importance de la mission mais insinue sa difficulté. L'auto-présentation de YWHW est un appel à une confession de foi qui permettra au serviteur de ne pas faiblir ni se décourager (v. 4), mais plutôt de se sentir fort et en sécurité, car il est sous la protection de celui qui l'envoie. Ici aussi, le thème du Dieu Créateur est donc subordonné à celui de la mission.

La confirmation de l'élection et de la mission[100] commence au v. 6 avec les expressions קראתיך, je t'ai appelé; ואחזק בידך, et je t'ai pris par la

---

de Dieu (cf. W.A.M. BEUKEN, «Mišpāt: the First Servant Song and Its Context», 30). Jeremias lui emboîte le pas en affirmant que ce terme est déterminant dans la compréhension du texte (cf. J. JEREMIAS, «Mišpāt im ersten Gottesknechtslied», 33). Begrich et Cortese vont dans le même sens en soulignant le rôle décisif que joue l'interprétation du terme dans le message (cf. J. BEGRICH, *Studien zu Deuterojesaja*, 11; E. CORTESE, «Il servo di JHWH», 89-94). Frezza, quant à lui, relève surtout la relation entre la persévérance du serviteur et la justice qu'il va établir dans son interprétation du v. 4 (cf. F. FREZZA, «Annotazioni», 320). Quant à Hayes, il identifie le serviteur à sa mission qui est de porter la justice aux nations (cf. E. HAYES, «The One Who Brings Justice», 145). Pour une étude détaillée sur la notion de justice dans le premier chant, voir aussi R. KILIAN, «Anmerkungen zur Bedeutung von משפט im ersten Gottesknechtslied», 81-88.

[100] Cf. H.H. ROWLEY, «Servant Mission», 259-272; R. LENNOX, «The Servant of Yahweh», 318-320; E. VOGT, «Die Ebed-Jahwe-Lieder», 472-484; B. PÍPAL, «The Lord's Ebed», 177-180; J. JEREMIAS, «משפט», 31-42; A. RICCARDI, «Los cantos del siervo», 124-128; R.W. BERTRAM, «Baptismal, Crossing», 344-353; R.E. CLEMENTS, «Beyond Tradition» 100-113; R.R. ELLIS, «The Remarkable Suffering», 20-30; H.C.P. KIM, «Intertextual Reading», 113-124; M. KINNAMON, «Ministry in a Time of Exile», 16-21; H. HAGELIA, *Coram Deo*, 295; R.R. LESSING, «Isaiah's Servants»,

main, ואצרך, et je veillerai sur toi. A travers ces expressions typiques des récits de vocation, le Seigneur confirme son appel et son élection à son serviteur. Notons que cette confirmation intervient après que le Seigneur YWHW a rassuré le serviteur par son auto-présentation. Le serviteur ainsi rassuré affrontera sa mission[101] en comptant sur Dieu. Le verbe (ואתנך, et je te formerai, instituerai) implique que cette mission demande une préparation dont le Seigneur se charge en personne. L'envoi en mission n'apparaît clairement qu'à partir du v. 6d jusqu'au v. 7. Cette mission a deux caractéristiques principales: elle est universelle (לאור גוים, pour illuminer les nations), elle est en faveur du faible[102] (להוציא ממסגר אסיר, pour faire sortir les prisonniers). Mais une condition semble nécessaire à l'envoi en mission. Il s'agit de l'alliance qui est mentionnée au v. 6d. Une alliance qui suit l'élection. Ce passage reprend donc le schéma classique des grands récits de vocation qui sont: appel, alliance et envoi en mission. L'envoi en mission semble donc être l'objectif final de l'élection[103].

YWHW conclut son discours au v. 8 par une réaffirmation de son identité (אני יהוה, je suis YHWH) qui trahit l'objectif de la mission qui est de le faire connaître à toutes les nations. Le vrai Dieu, c'est lui. C'est à lui que reviennent la gloire et la louange et il n'entend pas abandonner sa gloire aux idoles ni la partager avec eux (וכבודי לאחר לא־אתן, et ma gloire ne sera pas donnée aux autres [dieux])[104].

130-134; G.R. SMILLIE, «Isaiah 42,1-4», 50-65; R.B. CHISHOLM, «Christological Fulfillment», 387-404; E. LAPOINTE, «Le serviteur de Yahvé», 61-89; E.A. MARTENS, «Impulses to Mission», 222-239; B. RENAUD, «La mission du serviteur en Is 42,1-4», 101-113.

[101] Ici la justice est mentionnée comme partie intégrante de cette mission, cf. J. BEGRICH, *Studien zu Deuterojesaja*, 163; C.R. NORTH, *The Suffering Servant*, 6-116; L.G. RIGNELL, *A Study of Isaiah*, 73; DE LEEUW, *De Ebed Jahweh-Profetieen*, 136-150; O. KAISER, *Der Königliche Knecht*, 18-31; W.A.M. BEUKEN, «The First Servant Song», 1-30; F.D. LINDSEY, «The Call of the Servant», 12-30.

[102] Notons encore une fois le parallélisme thématique avec 61,1: ולאסורים פקח־קוח, et libérer les prisonniers.

[103] Breslauer relève en ce sens trois tâches particulières dans la mission du serviteur: enseigner la Torah, établir la justice et accomplir la volonté de Dieu; ce qu'on peut résumer comme une participation à la mission de Dieu: «Isaiah 42 begins with a call... His commission includes three elements: that of teaching Torah, of establishing justice, and of mediating the divine will to others. The meaning of task as imitation of the divine compassion can best be grasped by analyzing these elements of the servant's duties» (S.D. BRESLAUER, «Power, Compassion and the Servant», 167).

[104] Cependant, notre analyse du texte ne prend en compte que les versets pertinents pour illustrer et confirmer les thèmes importants du Deutéro-Isaïe que nous

4.2.3 Echo de Is 42,1-9 dans Is 61,1-11

L'élection et l'envoi en mission du serviteur trouvent un écho clair en Is 61,1-11 où le sujet parlant se présente comme l'élu du Seigneur sur qui repose son Esprit (רוח אדני יהוה עלי) et l'oint de YHWH (יהוה אתי משח). Remarquons que l'élection est déterminée dans les deux textes par l'onction de l'Esprit sur l'élu. En nous appuyant sur les apports de Beuken[105], nous pouvons qualifier le sujet parlant en 61,1 de serviteur et descendant du serviteur souffrant (53,10). Il continue ainsi la mission du serviteur en portant un joyeux message aux humiliés, en pansant ceux qui ont le cœur brisé, en annonçant aux captifs l'évasion, et aux prisonniers l'éblouissement (61,1bc). La défense et la consolation des opprimés sont la manifestation concrète de la justice qui doit caractériser le serviteur (42,1-3; 61,1).

Dans ce contexte, un second parallélisme explicite entre le premier chant du serviteur et Is 61,1 ressort de la mission du serviteur et concerne la libération des prisonniers: להוציא ממסגר אסיר, faire sortir de la prison les prisonniers (42,7) et לקרא לשבוים דרור, pour annoncer aux captifs la liberté (61,1e). Le chap. 61 ayant été étudié en détail dans le chap. II, nous n'allons pas nous attarder trop sur ce dernier dans ce paragraphe. Les observations faites nous montrent clairement comment le premier chant du serviteur a des échos dans la Trito-Isaïe et sur le plan littéraire et sur le plan thématique. Cela confirme en outre les affirmations de Beuken[106] selon lesquelles le thème du serviteur et sa mission dans le Deutéro-Isaïe continue dans le Trito-Isaïe à travers sa descendance.

4.3 *Le serviteur, lumière des nations: Is 49,1-6*

Communément appelé second chant ou poème du serviteur, ce passage attire l'attention du lecteur par son insistance particulière sur la mission du serviteur. Une analyse de ce texte ne pourra que nous illuminer sur cette mission à la fois complexe et difficile à cerner. Par ailleurs, la question de l'identité du serviteur resurgit dans ce chant et soulève des interrogations qui ne peuvent laisser le lecteur indifférent.

---

avons mentionnés plus haut. Par conséquent, nous laissons le v. 9 que nous considérons plus comme une transition vers la deuxième partie du chap. 42, introduite par le v. 10, avec un changement de sujet et dont le thème est une invitation à la louange.

[105] Cf. W.A.M. BEUKEN, «The Main Theme», 67-102.
[106] Cf. W.A.M. BEUKEN, «The Main Theme», 67-69.

4.3.1 Texte et délimitation

Is 49,1-6 forme une unité littéraire et thématique que partage la grande majorité des auteurs[107]. Cela est confirmé dans la BHS par le signe «ס». Le sujet parlant est le serviteur qui parle de son élection à la première personne du singulier. Le v. 7 introduit une nouvelle unité thématique qui commence par l'expression classique (כה אמר־יהוה, ainsi parle YHWH) et qui traite du mépris dont est victime le Seigneur. Il est assez bref et ne pose aucun problème sérieux de critique textuelle[108]. En nous appuyant sur le texte massorétique de la BHS, nous proposons la traduction suivante:

שִׁמְעוּ אִיִּים אֵלַי	1a	Ecoutez-moi, vous les îles!
וְהַקְשִׁיבוּ לְאֻמִּים מֵרָחוֹק	1b	Prêtez attention, peuples lointains!
יְהוָה מִבֶּטֶן קְרָאָנִי	1c	YHWH m'a appelé dès le sein de ma mère,
מִמְּעֵי אִמִּי הִזְכִּיר שְׁמִי:	1d	dès le ventre de ma mère il a mentionné mon nom.
וַיָּשֶׂם פִּי כְּחֶרֶב חַדָּה	2a	Il a fait de ma bouche une épée tranchante.
בְּצֵל יָדוֹ הֶחְבִּיאָנִי	2b	Dans l'ombre de sa main, il m'a dissimulé.
וַיְשִׂימֵנִי לְחֵץ בָּרוּר	2c	Il a fait de moi une flèche aiguë,
בְּאַשְׁפָּתוֹ הִסְתִּירָנִי:	2d	dans son carquois, il m'a caché.
וַיֹּאמֶר לִי עַבְדִּי־אָתָּה	3a	Et il m'a dit: «tu es mon serviteur,
יִשְׂרָאֵל אֲשֶׁר־בְּךָ אֶתְפָּאָר:	3b	Israël à travers toi, je manifesterai ma splendeur».
וַאֲנִי אָמַרְתִּי לְרִיק יָגַעְתִּי	4a	Et moi qui disais: «pour rien j'ai travaillé,
לְתֹהוּ וְהֶבֶל כֹּחִי כִלֵּיתִי	4b	j'ai épuisé ma force en vain et pour du vide».
אָכֵן מִשְׁפָּטִי אֶת־יְהוָה	4c	Certes ma justice est YHWH
וּפְעֻלָּתִי אֶת־אֱלֹהָי:	4d	et ma récompense est en mon Dieu.

---

[107] Cf. A.S. PEAKE, *The Servant of Yahweh*, 1-74; II, 20; G. VON RAD, *Old Testament*, 238-262; H.H. ROWLEY, *The Servant of the Lord*, 3-60; N.H. SNAITH, «The Servant of the Lord», 187-188; J.M. WARD, «The Servant Songs», 440-444; K. BALTZER, «Gottes-Knecht», 27-43; C. WESTERMANN, *Isaiah 40-66*, 209; P.-É. BONNARD, *Le Second Isaïe*, 219-225; R.N. WHYBRAY, *Isaiah 40-66*, 136-137; C.G. KRUSE, «The Servant Songs», 24-25; L.E. WILSHIRE, «Servant of the Lord», 363-367; F.D. LINDSEY, «The Commission of the Servant», 129-143; J.M. RIMBACH, «Model Servant», 12-20; P. WILCOX – D. PATON-WILLIAMS, «The Servant Songs», 88-93; R.R. ELLIS, «Remarquable Suffering», 22-23; C.R. SEITZ, «You Are My Servants», 124-134. Notons cependant qu'une minorité des auteurs étendent le second chant au v. 9a (cf. J.S. PLOEG VAN DER, *les chants du serviteur*, 35-48; C.H. GIBLIN, «A Note on the Compostion», 207-212; G.M. BEHLER, «Le deuxième chant du serviteur», 133-144.) et au v. 13 (cf. F.D. LINDSEY, «The Commission of the Servant», (part 2), 129-143; KUMMEROW, D., «Re-examining the Referent(s) of Isaiah 49,1-13», [hiphil.org/index.php/hiphil/article/view/15].

[108] Cf. note 85.

5a	וְעַתָּה ׀ אָמַר יְהוָה	Et maintenant ; dit YHWH,
5b	יֹצְרִי מִבֶּטֶן לְעֶבֶד לוֹ	lui qui m'a formé dès le sein pour être son serviteur
5c	לְשׁוֹבֵב יַעֲקֹב אֵלָיו	pour ramener Jacob à lui
5d	וְיִשְׂרָאֵל לא יֵאָסֵף	et qu'Israël pour lui soit rassemblé.
5e	וְאֶכָּבֵד בְּעֵינֵי יְהוָה	Je suis honoré aux yeux de YHWH
5f	וֵאלֹהַי הָיָה עֻזִּי׃	et mon Dieu est ma force.
6a	וַיֹּאמֶר נָקֵל מִהְיוֹתְךָ לִי עֶבֶד	Et il dit: «c'est peu de toi d'être mon serviteur
6b	לְהָקִים אֶת־שִׁבְטֵי יַעֲקֹב	pour relever les tribus de Jacob
6c	וּנְצִירֵי יִשְׂרָאֵל לְהָשִׁיב	et ramener les préservés d'Israël.
6d	וּנְתַתִּיךָ לְאוֹר גּוֹיִם	Donc je ferai de toi la lumière des nations
6e	לִהְיוֹת יְשׁוּעָתִי עַד־קְצֵה הָאָרֶץ׃	pour apporter le salut jusqu'aux extrémités de la terre».

4.3.2 Structure et analyse

Is 49,1-6 forme une unité difficile à séparer[109]. Le thème est unique et centré sur l'élection et la mission du serviteur[110]. Mais une lecture attentive du passage permet de distinguer trois sujets principaux: l'élection du serviteur (vv. 1-3), la confession de foi du serviteur (v. 4) et la mission du serviteur (vv. 5-6)

a) L'*élection du serviteur (vv. 1-3)*

Le v. 1 commence avec un appel à l'écoute (שמעו). Le sujet parlant est le serviteur et veut affirmer son élection par YHWH à ses auditeurs. L'appel à l'attention et surtout sa répétition (והקשיבו, et prêtez attention), indiquent l'importance du message que veut porter le serviteur. Les auditeurs sont des îles (איים) et des peuples lointains qui vraisemblablement ignorent l'élection et la mission du serviteur[111]. Ce dernier se voit

---

[109] Cf. N.H. SNAITH «The Servant», 42-45; C.H. GIBLIN, «A Note on the Composition», 207-212; M.J. DAHOOD, «Textual Problems in Isaiah», 404; N. LOHFINK, «Jes 49,3», 217-229; R.P. MERENDINO, «Jes 49,1-6», 236-248; F.D. LINDSEY, «Songs of the Servants», 312-329; O.H. STECK, «Aspekte des Gottesknechts», 372-390; P. WILCOX – D. PATON-WILLIAMS, «The Servant Songs», 79-88; H.-J. HERMISSON, «Gottesknecht», 43-68; *Studien zu Prophetie*, 178-196; A. VAN DER KOOIJ, «The Servant of the Lord», 383-396; J. BLENKINSOPP, *Isaiah 40–55*, 297-316.
[110] Cf. C. WESTERMANN, *Isaiah 40–66*, 20-29; E.J. YOUNG, *The Book of Isaiah*, III, 268; R.N. WHYBRAY, *Isaiah 40–66*, 136-137; F.D. LINDSEY, «The Commission of the Servant», (part 2), 129-143; C.R. SEITZ, «Isaiah 40-66», 418-420; «Logic of Isaiah», 235-238; E.A. MARTENS, «Impulses to Mission», 222-239.
[111] Cet appel à l'écoute est le prélude de l'universalité de la mission du serviteur. C'est dans ce sens que Bonnard affirme: «Tous les peuples, en effet doivent se sentir concernés par l'événement dont Israël va être le bénéficiaire... ceux qui sont invités à

ainsi obligé d'affirmer son identité en tant qu'élu. Ainsi, après l'exhortation à l'écoute, le serviteur fait le récit de son élection par YHWH (יהוה... קראני, YHWH m'a appelé). Les images מבטן (dès le sein) et ממעי (depuis les entrailles) montrent que son élection date de sa conception. En d'autres termes, toute sa vie est consacrée à la mission pour laquelle il est élu. Ce besoin d'affirmer son élection trahit soit une déception, voire un échec apparent de la part du serviteur dont les auditeurs doutent probablement de l'élection et de la mission ou alors rejettent la parole. Cela montre aussi une crainte du serviteur d'être rejeté en voulant accomplir sa mission[112]. Le v. 2 confirme les appréhensions du serviteur. Ce dernier, tout en continuant d'affirmer son élection, exprime sa confiance dans le Seigneur qui le protège et le prépare pour sa mission, comme s'il voulait se rassurer et intimider ses auditeurs qui sont à la fois ses opposants, du fait de leur incrédulité ou de leur doute au sujet de son élection et de sa mission. Le vocabulaire guerrier (כחרב, comme une épée; לחץ, comme flèche; באשפתו, dans son carquois), nous prédit que cette mission peut être entachée de violence[113].

Le v. 3 conclut cette section sur l'élection du serviteur en dévoilant enfin son identité ainsi que sa mission (עבדי־אתה ישראל, mon serviteur est Israël). Israël est l'élu et sa mission est de manifester la splendeur du Seigneur. L'universalité de la mission qui sera explicite plus loin est ici implicite. La splendeur du Seigneur se manifestera à travers Israël à toutes les nations.

b) *La confession de foi du serviteur (v. 4)*

Le v. 4 forme à lui seul une section importante du passage. L'échec apparent évoqué au v. 1 est confirmé. Le serviteur dévoile ses doutes et son découragement dans une mission difficile que lui-même a crue vouée à l'échec (לריק יגעתי, je me suis fatigué en vain). Mais le serviteur parle au passé. Il semble s'être ressaisi et avoir reconnu se tromper en pensant à un échec. Son erreur se situe dans un succès ou une récompense quelconque qu'il attendait et qu'il n'a pas obtenue. Il a une illumination soudaine et une nouvelle lecture de sa mission dans laquelle il découvre sa vraie récompense qui est le Seigneur (אכן משפטי את־יהוה).

écouter sont les cités et les îles, c'est-à-dire toutes les peuplades du monde, même celles des régions les plus éloignées» (P.-É. BONNARD, *Le second Isaïe*, 218).

[112] Cette appréhension du serviteur d'être rejeté rejoint le premier chant (42,1-9) et anticipe la souffrance dans le quatrième chant (52,13–53,12).

[113] La non-violence du serviteur et son option pour le faible (42,6-7) contrastent ainsi avec la violence qu'il subit, mais le serviteur restera invulnérable (50,4-11).

L'auteur de sa récompense est celui qui l'a élu. Le serviteur s'est certainement rendu compte que la récompense n'est pas dans le succès matériel visible de sa mission, mais dans la satisfaction de YHWH quant à sa mission et à sa fidélité jusqu'au bout[114]. Le serviteur se reprend après de durs moments de doute et confesse sa foi dans le Seigneur qui est sa justice et sa récompense (ופעלתי את־אלהי).

c) *La mission du serviteur (vv. 5-6)*

Cette section nous présente enfin la mission du serviteur[115]. Le v. 5 commence avec une réaffirmation de l'élection (אמר יהוה יצרי, YHWH dit: je t'ai formé) suivie de l'envoi en mission (לשובב יעקב, pour ramener Jacob) qui est de rassembler Israël. Cette précision contredit apparemment l'universalité de la mission du serviteur[116]. Mais en fait, il s'agit d'une mission à deux étapes comme nous le verrons au v. 6. Le v. 5 termine avec une expression de fierté et de confiance dans le Seigneur. Après des moments de doute exprimés au v. 4a et 4b, le serviteur prend une nouvelle conscience de sa mission et surtout de son étendue. Ce n'est plus seulement à Israël qu'il est envoyé, mais à toutes les nations[117] (ונתתיך לאור גוים, et je t'ai institué pour être lumière des nations).

---

[114] C'est ce que Bonnard affirme implicitement en ces termes: «Ce droit, c'est le jugement favorable, indulgent, encourageant, restaurateur, que Dieu va prononcer à son profit; cette récompense, c'est la réalisation effective de ses espérances les plus chères et même leur dépassement» (P.-É. BONNARD, *Le second Isaïe*, 220).

[115] Cf. H.H. ROWLEY, «Servant Mission», 259-272; P.-É. BONNARD, *Le Second Isaïe*, 211-225; F.D. LINDSEY, «The Commission of the Servant», (part 2), 129-143; S. SCHERRER, *A Commentary*, 27; G. GREENBERG, «Servant Songs», 175-192.

[116] Cf. L.E. WILSHIRE, «Servant of the Lord», 356-367; J.N. OSWALT, «Servant of All», 85-94; «The Nations in Isaiah», 41-51.

[117] A ce sujet Giblin affirme que l'universalité de la mission est la caractéristique essentielle du second poème. Selon lui, elle est la raison d'être de la vocation du serviteur (cf. C.H. GIBLIN, «A Note on the Composition», 209-210). Jeppesen y voit plutôt une nouvelle étape de la mission du serviteur qui désormais n'est plus envoyé seulement à Israël mais à toutes les nations (cf. K. JEPPESEN, «Mother Zion», 111). Pour Lindsey, le message essentiel du second chant est l'expansion de la mission du serviteur à toutes les nations, devant son rejet par le peuple d'Israël. Dieu rassure le serviteur de son succès dans cette nouvelle mission qui désormais inclut Israël et les nations païennes (cf. F.D. LINDSEY, «Isaiah's Songs of the Servant», 129-130). Ellis va dans le même sens que Lindsey en affirmant: «The servant will now enlarge his mission so that he will also be "a light to the nation" in order that Yahweh's salvation may extend to the ends of the earth» (R.R. ELLIS, «The Remarkable Suffering», 22).

Le serviteur nous présente ainsi de façon succincte son itinéraire spirituel dans lequel il découvre progressivement sa mission tout en confessant ses erreurs de jugement face aux épreuves. La vision nationaliste du salut est dépassée, le serviteur doit apporter la lumière jusqu'aux extrémités de la terre (עד־קצה הארץ). Contrairement à 42,1-9 où le serviteur est une personne, règne ici une ambiguïté sur son identité[118]. Le v. 3 le présente comme Israël et le v. 5 parle de rassembler Israël[119]. Mais l'on peut encore une fois penser à une mission à deux étapes qui consiste à rassembler Israël dans un premier temps et toutes les nations dans un second temps. Le serviteur devient ainsi la personnification d'Israël comme lumière[120] des nations.

4.3.3 Echo de Is 49,1-6 dans Is 60 et Is 62

Le deuxième chant du serviteur que nous venons d'analyser trouve un écho clair dans le Trito-Isaïe, en l'occurrence dans le chap. 60 avec la métaphore de la lumière. Le serviteur clairement désigné en 49,3 comme Israël, le peuple élu, et destiné à être la lumière des nations en 49,6, devient la Jérusalem en Is 60,1-3, appelée à briller et à devenir lumière (קומי אורי, lève-toi et brille). La mission du serviteur, dans ce contexte, est essentiellement de briller pour refléter la gloire de Dieu (60,2). Ici prévaut encore une fois la notion de serviteur comme concept, ou comme portrait spirituel de tous ceux qui sont fidèles à la foi en YHWH. L'aspect universel de la mission explicitement mentionné en 49,6 (לאור גוים, pour illuminer les nations), se note également en 60,3. La lumière de Jérusalem est celle qui éclairera toutes les nations et les rois de la terre (והלכו גוים לאורך, et les nations marcheront vers ta lumière). Tous marcheront vers Jérusalem, car ils verront en sa lumière la splendeur du Seigneur. Telle était aussi la mission confiée à Israël en 49,3 (עבדי־אתה ישראל אשר־בך אתפאר, mon serviteur, c'est toi, Israël, en toi, je manifesterai ma splendeur).

---

[118] H.-J. HERMISSON souligne cette ambiguïté dans «Israel und Gottesknecht bei Deuterojesaja», 24.

[119] Cf. C.R. SEITZ, «You Are My Servant», 117-134.

[120] Landy voit dans la lumière que le serviteur est appelé à manifester aux nations, une théophanie du Seigneur qui manifeste son salut aux nations: «Light brings us back to creation...through parallelism, it is equivalent here to salvation ... But it also focuses our attention on the person as theophany, as God's salvation and light» (F. LANDY, «The Construction of the Subject», 211).

Outre le symbole de la lumière, le rassemblement est le second point commun entre le second chant du serviteur et Is 60 (49,5.6 et 60,4a). Tous deux évoquent le rassemblement des fils d'Israël et celui des nations autour de la cité de Dieu qui devient lumière de tous les peuples: כלם נקבצו באו־לך, tous ils se rassemblent, ils viennent vers toi (60,4b). Notons cependant que ces rassemblements représentent deux missions bien distinctes du serviteur. Le premier qui concerne les fils d'Israël se réfère à la restauration et au retour de l'exil tandis que le second s'étendant à toutes les nations touche implicitement le culte universel. Ce dernier qui est la dimension principale de la mission du serviteur apparaît en 60,4-6 avec la mention des différentes offrandes venant de toutes nations pour rendre un culte à YHWH sur son autel (60,7).

Au chap. 62, ce sont Sion et Jérusalem qui continuent l'œuvre du serviteur. Mais c'est encore Jérusalem qui doit rayonner la justice et la clarté du Seigneur comme un flambeau qui brûle (כלפיד יבער). C'est donc le symbole de la lumière de Is 49,6 qui revient dans le chap. 62. Ici aussi, ce rayonnement est universel et visible par toutes les nations. Son objectif est toujours de rassembler tous les peuples autour de la cité de Dieu pour rendre un culte unique à YHWH. En ce sens, nous retrouvons aussi dans ce chap. 62 le portrait du serviteur et sa mission: rayonner la splendeur de Dieu (62,1), être lumière pour toutes les nations (62,2), rassembler tous les peuples autour du culte unique et authentique à YHWH le vrai Dieu (62,6.11-12).

4.4 *Le serviteur persécuté: Is 50,4-11*

Ce passage forme une suite logique avec les précédents[121]. Tandis que les deux premiers annonçaient une mission difficile qui demandait une préparation et une confiance dans le Seigneur, 50,4-11 confirme les faits en décrivant la réaction du serviteur face aux persécutions dont il est victime.

4.4.1 Texte et délimitation

Deux grandes tendances se dessinent dans la délimitation du troisième chant. Bien que l'unité allant des vv. 4-11 soit reconnue et acceptée par la grande majorité des auteurs[122], un second groupe de cher-

---

[121] Cf. F.D. LINDSEY, «The Commitment», 216-227.
[122] Cf. C.R. NORTH, *Suffering Servant*, 118-180; J.M. WARD, «The Servant Songs», 433-446; P.-É. BONNARD, *Le Second Isaïe*, 225-266; L.E. WILSHIRE, «Servant of the Lord», 356-367; F.D. LINDSEY, «The Commitment», (part 3), 216-227;

cheurs[123] le limite aux vv. 4-9. Tout en reconnaissant la validité de cette dernière proposition, nous nous penchons vers la première qui illustre bien les thèmes de l'élection, de la mission, mais aussi de la persévérance dans la foi. Par ailleurs, notre texte ne pose aucun problème de critique textuelle signifiant[124]. Nous proposons la traduction qui suit en prenant pour texte de base, le texte massorétique de la BHS:

אֲדֹנָי יְהוִה נָתַן לִי	4a	Le Seigneur YHWH m'a donné
לָשׁוֹן לִמּוּדִים	4b	une langue de disciple
לָדַעַת לָעוּת אֶת־יָעֵף דָּבָר	4c	pour savoir soutenir le faible.
דָּבָר יָעִיר	4d	Il fait surgir la parole,
בַּבֹּקֶר בַּבֹּקֶר יָעִיר לִי אֹזֶן	4e	chaque matin il dresse mon oreille
לִשְׁמֹעַ כַּלִּמּוּדִים	4f	pour écouter en tant que disciple.
אֲדֹנָי יְהוִה	5a	Le seigneur YHWH
פָּתַח־לִי אֹזֶן	5b	m'a ouvert l'oreille
וְאָנֹכִי לֹא מָרִיתִי	5c	et moi je ne me suis pas rebellé,
אָחוֹר לֹא נְסוּגֹתִי	5d	je ne me suis pas retiré en arrière.
גֵּוִי נָתַתִּי לְמַכִּים	6a	J'ai donné mon dos aux frappeurs
וּלְחָיַי לְמֹרְטִים	6b	et mes joues à ceux qui arrachent les cheveux.
פָּנַי לֹא הִסְתַּרְתִּי	6c	Je n'ai pas caché ma face
מִכְּלִמּוֹת וָרֹק	6d	des outrages et des crachats.
וַאדֹנָי יְהוִה יַעֲזָר־לִי	7a	Le Seigneur me viendra en aide,
עַל־כֵּן לֹא נִכְלָמְתִּי	7b	pour cela je ne serai pas humilié,
עַל־כֵּן שַׂמְתִּי פָנַי כַּחַלָּמִישׁ	7c	pour cela je rendrai ma face comme du silex
וָאֵדַע כִּי־לֹא אֵבוֹשׁ	7d	et je sais que je ne connaîtrai pas la honte.
קָרוֹב מַצְדִּיקִי מִי־יָרִיב אִתִּי	8a	Proche est celui qui me justifie, qui m'accusera?
נַעַמְדָה יָּחַד	8b	Comparaissons ensemble!
מִי־בַעַל מִשְׁפָּטִי	8c	Qui est mon adversaire?
יִגַּשׁ אֵלָי	8d	Qu'il avance vers moi.
הֵן אֲדֹנָי יְהוִה יַעֲזָר־לִי	9a	Voici, le Seigneur vient à mon aide!

«The Career of the Servant»; J.M. RIMBACH, «Model Servant», 12-20; G. GREENBERG, «Servant Songs», 175-192; P. WILCOX – D. PATON-WILLIAMS, «The Servant Songs», 79-102; R.R. ELLIS, «Remarquable Suffering», 23-25; C.R. SEITZ, «You Are My Servant», 117-134.

[123] Pour ces derniers, les vv. 10-11 seraient un ajout tardif. Adams le confirme en ces termes: «The Servant Song paradigm designates 50,4-9 as the actual Song with vv. 10-11 as later supplementary addition. Interpreters are still divided on whether or not vv. 10-11 belong to vv. 4-9» (J.W. ADAMS, *The Performative Nature*, 162). C'est aussi le cas de J. MORGENSTERN, «Isaiah 50,4-9», 20-22; B. MAGGIONI, «Le troisième chant du seviteur», 28-37; E. HAAG, «Der Gottesknecht als Jünger Jahwes», 11-20; F. AHUI, *Der klagende Gerichtsprophet*, 208-209.

[124] Cf. note 85.

	9b מִי־הוּא יַרְשִׁיעֵנִי	Qui me condamnera?
	9c הֵן כֻּלָּם כַּבֶּגֶד יִבְלוּ	Voici, qu'ils s'useront tous comme un vêtement,
	9d עָשׁ יֹאכְלֵם:	les termites les mangeront.
	10a מִי בָכֶם יְרֵא יְהוָה	Qui parmi vous craint YHWH,
	10b שֹׁמֵעַ בְּקוֹל עַבְדּוֹ	écoute la voix de son serviteur.
	10c אֲשֶׁר הָלַךְ חֲשֵׁכִים	Qui marche dans les ténèbres,
	10d וְאֵין נֹגַהּ לוֹ	car il n'y a pas de clarté pour lui,
	10e יִבְטַח בְּשֵׁם יְהוָה	qu'il mette son espoir dans le nom de YHWH,
	10f וְיִשָּׁעֵן בֵּאלֹהָיו:	qu'il s'appuie sur son Dieu.
	11a הֵן כֻּלְּכֶם קֹדְחֵי אֵשׁ	Voici, vous qui brûlez le feu
	11b מְאַזְּרֵי זִיקוֹת	qui vous encercle de brandons,
	11c לְכוּ בְּאוּר אֶשְׁכֶם	marchez dans la clarté de votre feu
	11d וּבְזִיקוֹת בִּעַרְתֶּם	au milieu des brandons que vous attisez!
	11e מִיָּדִי הָיְתָה־זֹּאת לָכֶם	De ma main vous arrivera ceci,
	11f לְמַעֲצֵבָה תִּשְׁכָּבוּן: פ	vous vous coucherez dans le malheur.

4.4.2 Structure et analyse

L'unité thématique de Is 50,4-11 ne permet pas une structuration claire et distincte des différentes parties du texte. Mais une lecture particulièrement attentive au sujet parlant révèle une confession de foi progressive qui va de la prise de conscience de son appel et de sa mission à une confiance totale dans le Seigneur, le conduisant à la certitude de sa victoire face aux persécuteurs et à leurs persécutions. Ainsi, le passage peut être divisé en trois parties essentielles: la fidélité du serviteur (vv. 4-6), la confession de foi dans le Seigneur (vv. 7-9), et le défi aux opposants (vv. 10-11).

a) *La fidélité du serviteur (vv. 4-6)*

Le v. 4 s'ouvre sur une affirmation du sujet parlant confirmant son statut de disciple[125] de YHWH. Ce verset condense en lui l'élection, l'envoi en mission et la mission en question. Dans cette déclaration, il affirme en même temps qu'il est choisi et envoyé en mission[126]. Il est à

---

[125] Notons que dans ce contexte «disciple» et «serviteur» sont synonymes. Au v. 10, par exemple, ce disciple est appelé serviteur: שמע בקול עבדו, écoute la voix de son serviteur.

[126] Blenkinsopp n'hésite pas à voir dans le sujet parlant, le même personnage que les chants précédents, affrontant une opposition de plus en plus violente: «It is reasonable to conclude that we are hearing the same voice... belonging to the same speaker, whose mission among his own people is meeting with increasingly vehement opposition» (J. BLENKINSOPP, *Isaiah 40–55*, 320).

noter que le terme לִמּוּד signifie littéralement: «celui qui est enseigné, soit le disciple». Le sujet parlant veut manifestement mettre l'accent sur l'aspect de sa formation par YHWH comme nous l'avons vu en 49,2[127]. Le mot לָשׁוֹן (langue) qui se réfère à la parole, signifie que le disciple tient ses mots du Seigneur. Sa mission sera donc essentiellement orale (דָּבָר יָעֵף) et consistera à soutenir le faible (לָעוּת אֶת־יָעֵף)[128]. L'insistance sur l'action formatrice du Seigneur se poursuit avec la mention de l'oreille, symbole de l'écoute et de l'obéissance[129] (יָעִיר לִי אֹזֶן, il m'a dressé l'oreille). Cette formation du serviteur est permanente et quotidienne (בַּבֹּקֶר בַּבֹּקֶר, chaque matin). Le v. 4 dans son ensemble peut être considéré comme une certification de l'identité du sujet parlant comme étant l'envoyé de YHWH (50,4 joue la même fonction que 42,1; 49,1; et 61,1-3). Le v. 5 reprend encore le symbole de l'écoute (פָּתַח־לִי אֹזֶן, il m'a ouvert l'oreille) mais cette fois-ci pour introduire le thème de la docilité du disciple[130]. Il ne se rebelle pas, il ne fuit pas ses responsabilités. Il s'agit d'une affirmation de soi face à des auditeurs certainement sceptiques sur la mission du disciple de YHWH. Le v. 6 confirme cette affirmation de soi en présentant l'inflexibilité du disciple face aux persécuteurs à qui il donne le dos[131] (גֵּוִי נָתַתִּי לְמַכִּים, j'ai donné mon dos à ceux

---

[127] Cf. 4.3.1.

[128] L'option pour le plus faible déjà remarquée en 42,3 et 61,1-3 revient encore ici. La mission du serviteur reste donc la même et consiste à porter le salut aux nations en commençant par les plus opprimées. C'est ce que Ahui relève en affirmant que la mission du serviteur dans ce troisième chant reste de porter la bonne nouvelle du salut annoncée avec plus d'accent que dans le second chant: «Wesentlich stärker noch als in Jes 49,1-6 steht in 50,4-9 die Botschaft im Mittelpunkt, und zwar die Heilsbotschaft» (F. AHUI, *Der klagende Gerichtsprophet*, 208).

[129] Ellis souligne cette obéissance comme un élément essentiel du portrait du serviteur et un signe de sa confiance totale dans le Seigneur dont il est déterminé à accomplir la mission dans le troisième chant: «...the third song expands the portrait of the servant by depicting him as a disciple of Yahweh who obediently listens and speaks a message which helps the weak. The song also conveys the intensity of the persecution which the servant endured and the equal strength of the servant's confidence in Yahweh's help» (R. R. ELLIS, «Remarquable Suffering», 23).

[130] Cf. I. ENGELL, «The Ebed-Yahweh Songs», 70-71; J. SKINNER, *The Book of the Prophet*, 113; J. MUILENBURG, «The Book of Isaiah», 579-584; C. WESTERMANN, *Isaiah 40–66*, 226-228; F. DELITZSCH, *Isaiah*, II, 277; E.A. MARTENS, «Impulses to Mission», 222-239.

[131] Lindsey voit en dans la persécution croissante du serviteur un prélude de la passion du serviteur souffrant dans le quatrième chant: «The third servant song, amplifies the sufferings and patient endurance of the servant, which were only hinted at in the previous songs. All of this is in preparation for the magnum opus of the fourth song in

qui frappent), et présente les joues (ולחיי למרטים, et mes joues à ceux qui arrachent la barbe) témoignant à la fois de la fidélité et de la volonté d'accomplir une mission précise. Le serviteur ne subit pas, mais il donne, il présente, il ne cache pas sa face[132]. Le v. 6 sert de charnière et de transition entre les deux premières parties, en ce sens qu'il souligne à la fois la fidélité à une mission difficile et introduit à la confession de foi dans le Seigneur qui est l'objet de la seconde partie du passage.

b) *La confession de foi dans le Seigneur (vv. 7-9)*

Le v. 7 introduit cette seconde partie avec une confession de foi. Le serviteur est sûr et certain de l'intervention du Seigneur YHWH en sa faveur[133] (ואדני יהוה יעזר-לי, car mon Seigneur YHWH me viendra en aide). Il ne sera pas humilié et ne connaîtra pas la honte. Fort de cette certitude il résistera aux agressions[134] (שמתי פני כחלמיש, j'ai rendu ma

---

which the servant... sufferings and his consequent exaltation are revealed with equal emphasis» (F.D. LINDSEY «The Commitment», 216).

[132] Brenner, dans sa critique féministe des textes prophétiques, résume bien le message du serviteur à ses auditeurs: «Then, in vv. 4-11 (or, more strictly speaking, vv. 4-9) the speaker-narrator claims that YHWH has given him a message and the intellectual capacity to deliver it. Divine help has sustained, or sustains, the speaker throughout physical, social and psychological tribulations. The speaker has not given up and seems to have no intention of so doing» (A. BRENNER, «Identifying the Speaker», 143).

[133] Landy voit en cette confession de foi une espérance en une intervention présente ou future du Seigneur en faveur du serviteur: «The phrase..."he helps/will help me" is ambiguous: is God's help present or future? It seems to be both: the help is trust that he will help, taking vengeance on the prophet's enemies. There is a hiatus then between help as confidence and the absence of help as rescue» (F. LANDY, «The Construction of the Subject», 213).

[134] Van der Ploeg, en commentant le v. 7, n'hésite pas à souligner cette endurance frappante du serviteur qui tire sa force de YHWH: «Ici, on nous révèle la raison de cette patience admirable: dans ses souffrances, le Seigneur Jahvé fortifie invisiblement son prophète, et il le vengera plus tard. Il n'a donc pas honte, il ne rougit pas et fait comme si son visage était dur comme un caillou, incapable se sentir les coups ou les injures» (J.S. VAN DER PLOEG, *Les chants du serviteur*, 49). Dans la même lignée, Bonnard affirme que l'endurance du serviteur est une volonté de témoigner au peuple du soutien dont il bénéficie de la part du Seigneur: «S'il persévère sans se laisser abattre, c'est qu'il porte au fond de lui-même cette conviction qu'il veut inculquer à Israël: "Le Seigneur Yahweh l'aide", comme il le répétera plus loin (v. 9). Sûr de l'assistance divine, il n'est pas écrasé par les outrages dont on l'accable; il est au contraire certain de ne pas éprouver de honte...» (P.-É. BONNARD, *Le second Isaïe*, 234). Seitz, quant à lui, considère cette endurance face aux épreuves comme une expression profonde de foi et de confiance dans le Seigneur: «...The third servant song relates this suffering in an manner well known from the psalms but also firmly

face dure comme du silex). En remettant sa cause entre les mains du Seigneur, il réaffirme qu'il tient sa mission de ce dernier qui ne l'abandonnera point. Le serviteur reprend avec plus de conviction la foi dans le secours du Seigneur dans les vv. 8-9 au point de défier les adversaires à comparaître avec lui devant le tribunal de YHWH (מי־יריב אתי, qui veut un litige avec moi?). Ce langage insinue que le serviteur est victime non seulement des agressions physiques, mais probablement aussi des accusations injustes au nom de YHWH. En les défiant, il veut démontrer ainsi l'authenticité de son appel et de sa mission: בעל משפט מי, qui sera mon adversaire en jugement? מי־הוא ירשיעני, qui me condamnera? YHWH qui l'a envoyé en mission prendra sa défense et ses accusateurs seront détruits. Le symbole des vêtements usés (כבגד יבלו), mangés par la teigne (עש יאכלם), est une déclaration de victoire fondée sur une foi profonde de l'intervention du Seigneur en sa faveur.

c) *Le défi aux opposants (vv. 10-11)*

Dans les vv. 10-11, le serviteur lance un défi aux auditeurs en les plaçant devant un dilemme. S'ils sont fidèles à YHWH, qu'ils soient fidèles à son serviteur. Ce défi établit une cohérence entre la première et la dernière partie du texte. En effet dans les vv. 4-6, le serviteur affirme sa formation et son envoi par YHWH. Ainsi sa parole est parole de YHWH et sa mission est mission de YHWH. En invitant tous ceux parmi ses auditeurs qui craignent le Seigneur (מי בכם ירא יהוה) à écouter sa voix au v. 10 (שמע בקול עבדו)[135], le serviteur veut signifier que sa voix est la voix du Seigneur, renvoyant ses auditeurs à ses déclarations aux vv. 4-6. Il continue son discours par une exhortation à la foi en YHWH. Cela nous renvoie cette fois-ci à la seconde partie du texte où le serviteur a confessé sa foi dans le Seigneur. Dans ce contexte, les ténèbres et la clarté ou la lumière sont symbole de la connaissance ou de l'ignorance de la parole de Dieu. Ici, le serviteur invite à la clarté par la connaissance de la parole de Dieu annoncée par son intermédiaire. Après avoir établi une relation profonde et intime entre YHWH et son serviteur, l'invitation à mettre son espoir uniquement dans le nom de

---

places it within a context of deep trust in the Lord God» (C.R. SEITZ, «You are my Servant», 130-131).

[135] Des doutes se sont élevés sur la vocalisation de la racine «שמע» TM qui suggère un qal (écoute), en proposant plutôt un jussif (qu'il écoute). Pour les détails sur cette polémique, voir R.Z. CORNEY, «Isaiah 50,10», 496-499 et surtout W.A.M. BEUKEN, «Jes 50,10-11», 169: «Es gibt aber keine triftigen Gründe, die Lesung des MT zu ändern».

YHWH (בטח בשם יהוה) et à s'appuyer sur le Seigneur Dieu (וישען באלהיו) devient également invitation à écouter la voix de son serviteur. Enfin, le v. 11 en se servant de la métaphore du feu, dénonce les machinations des persécuteurs[136] du serviteur (כלכם קדחי אש, tous ceux qui attisent le feu) et prédit leur échec et leur ruine (לכו באור אשכם, ils marcheront dans la flamme de leur feu) laquelle arrivera par la main du serviteur persécuté (מידי היתה־זאת לכם).

Il est indéniable que l'élection et la mission demeurent au cœur du message de ce texte. Par ailleurs, avec Is 50,4-11, nous cheminons plus explicitement vers la violence à laquelle le serviteur doit faire face dans sa mission et qui se versifiera dans le quatrième chant du serviteur[137].

4.4.3 Echo de Is 50,4-11 dans Is 57

Contrairement aux deux premiers chants qui ont des parallèles explicites dans le Trito-Isaïe, les échos du troisième chant dans le Trito-Isaïe sont plutôt implicites. Beuken[138] parle en ce sens d'*aposiopesis*, qui englobe les chaps. 57–63 pour désigner une forme d'antithèse thématique renvoyant dans notre contexte à toutes les caractéristiques contraires du serviteur. En effet, la persécution du serviteur décrite dans le troisième chant est l'œuvre des infidèles et de ceux qui se révoltent contre YHWH et son serviteur. Contrairement à ce dernier, ils résistent à la volonté de Dieu en s'opposant à la mission de son serviteur. Ils sont idolâtres, ne recherchent ni la justice ni le bien et sont sourds aux appels de YHWH.

Pour aller dans le sens de Beuken, nous pouvons dire que le chap. 57 traite d'une sorte d'«anti-serviteur» établissant un parallélisme

---

[136] F.C. Holmgren identifie ces persécuteurs du serviteur aux Babyloniens, envahisseurs et oppresseurs d'Israël, et aux juifs qui se rebellent contre les enseignements du prophète: «Who are these people attacking the servant? Possibly they are Babylonians who are persecuting Jewish exiles in their midst. The Jews, a defeated people forced to live in Babylonian territory, were most certainly subjected to discrimination and persecution. The context in Is 50,4-9, however, makes it more likely that the enemies assaulting the servant consist of Jews who are rebelling against the teaching that the servant embodies. We know that in periods preceding the exile there was similar resistance to the "word of the Lord" proclaimed by the prophets» (F.C. HOLMGREN, «The Servant: Responding to Violence», 353).

[137] Cf. K. ELLIGER, *Deuterojesaja*, 34; J. BEGRICH, *Studien zu Deuterojesaja*, 54-55; R.W. CORNEY, «Isaiah L,10», 497-498; R.F. MELUGIN, *The Formation*, 71-73; F.D. LINDSEY, «The Commitment», 216-227; R.P. MERENDINO, «Jes 50,1-3», 221-244; «Jes 50,4-9a.10», 344-366; A. PASSONI DELL'ACQUA, «Come una tarma», 393-428; J. BLENKINSOPP, *Isaiah 40–55*, 317-344.

[138] Cf. W.A.M. BEUKEN, «The Main Theme», 69.

thématique entre la persécution du serviteur en 50,4-11 et les dénonciations du chapitre en question. Les outrages dont est victime le serviteur en 50,6 ont un écho particulier dans les dénonciations faites en 57,1 (הצדיק אבד, le juste périt; ואנשי־חסד נאספים, et les hommes de miséricorde sont raflés; כי־מפני הרעה נאסף הצדיק, c'est face à la méchanceté que le juste est raflé). En nous appuyant sur le concept du serviteur comme personnage idéal dans le Deutéro-Isaïe dont les descendants continuent l'œuvre dans le Trito-Isaïe[139], nous pouvons déduire que les victimes de la méchanceté sont des serviteurs donc descendants du serviteur. Les qualificatifs «הצדיק, le juste» et «אנשי־חסד, homme de miséricorde» résument les vertus du serviteur à savoir sa mission qui est de proclamer et de faire triompher la justice et le droit (42,6; 61,10). En outre, la défense du serviteur assuré par YHWH en 50,7-8 trouve un parallèle en 57,2 où le Seigneur annonce le repos et la paix à ceux qui marchent droit: יבוא שלום (mais elle viendra, la paix). L'exhortation des incrédules à la conversion de la part du serviteur en 50,10 est comparable à l'appel du peuple à la conversion en 57,13b: והחוסה בי ינחל־ארץ (mais qui a son refuge en moi, possèdera la terre). Enfin la condamnation de ceux qui persévèrent dans la méchanceté et le péché en 50,11 se retrouve en 57,20: והרשעים כים נגרש כי השקט לא יוכל (les méchants sont comme une mer dont les eaux sont agitées car elle ne peut reposer). Le ton ironique de cette affirmation met en évidence la vanité des méchants, l'échec de leurs intentions et de leurs persécutions contre le juste dont la défense est assurée par le Seigneur.

Ces observations nous montrent que les échos du serviteur et sa mission peuvent être implicites, mais aussi pertinents que les parallélismes explicites que nous avons relevé plus haut dans les deux premiers chants. Nous donnons ainsi raison à Beuken qui voit dans les chaps. 57–67 une continuité du thème du serviteur, mais en une figure de style particulière consistant à mettre en relief les adversaires de ce dernier. En d'autres termes, en dénonçant les ennemis et les persécuteurs du serviteur, ces chapitres continuent le thème du serviteur et de ses descendants sans les mentionner explicitement.

4.5 *Une mission particulière: Is 52,13–53,12*

Le quatrième chant du serviteur se caractérise par son accent sur la souffrance et la mort de l'élu du Seigneur comme partie intégrante de

---

[139] Cf. 3.5.

sa mission[140]. L'analyse du texte sera donc concentrée sur la dimension missionnaire de ce dernier.

4.5.1 Texte et délimitation

La grande majorité des auteurs[141] sont unanimes sur la délimitation de ce passage. Ainsi Is 52,13−53,12 forme unité littéraire et thématique communément appelée le quatrième chant du serviteur, soit le chant du serviteur souffrant[142]. Du point de vue thématique, le texte ne pose pas de problèmes de critique textuelle qui affectent profondément le sens ou le message qu'il porte[143]. Nous proposons la traduction qui suit en partant du texte massorétique de la BHS.

Is 52,13−53,12

הִנֵּה יַשְׂכִּיל עַבְדִּי	13a	Voici que mon serviteur réussira!
יָרוּם וְנִשָּׂא וְגָבַהּ מְאֹד:	13b	Il sera placé haut, élevé, exalté.
כַּאֲשֶׁר שָׁמְמוּ עָלֶיךָ	14a	Comme ils étaient étonnés à ton sujet,

---

[140] De par sa thématique très particulière et sa spiritualité très profonde, Lindsey n'hésite pas à qualifier le quatrième chant de texte le plus important de l'Ancien Testament: «...the fourth servant song may without any exaggeration be called the most important song of the Old Testament» (F.D. LINDSEY, «The Career of the Servant», 312). Noth va dans le même sens en déclarant le serviteur des chants le personnage ayant le niveau spirituel et moral le plus élevé dans l'Ancien Testament: «There is no need to insist at length that the moral and spiritual stature of the servant in the songs is greater than that of any other character in the Old Testament» (C.R. NORTH, *The Suffering Servant*, 181).

[141] Cf. W. RUDOLPH, «Die Ebed-Jahwe-Lieder», 156-166; O. EISSFELDT, «The Ebed-Yahwe», 264-266; N.H. SNAITH, «Isaiah 40−66», 204; J. SCHARBERT, «I Stellvertretendes», 210-213; J.M. WARD, «The Servant Songs», 444-446; G.R. DRIVER, «Isaiah 52,13−53,12», 104-105; E.J. YOUNG, *The Book of Isaiah*, 70-271; P.-É. BONNARD, *Le Second Isaïe*, 266-284; L.E. WILSHIRE, «Servant of the Lord», 363-367; D.J.A. CLINES, *Literary Approach*, 25-38; G.A. SOGGIN, «Tod und Auferstehung», 346-355; O. KAISER, *Introduction,* 26; C. WESTERMANN, *Isaiah 40−66*, 258; D. BARTHELEMEY, *Critique textuelle*, 383-407; F.D. LINDSEY, «The Career of the Servant», 312-327; J.M. RIMBACH, «Model Servant», 17-20; P.R. RAABE, «Repetition», 77-84; P. WILCOX − D. PATON-WILLIAMS, «The Servant Songs», 94-99; R.R. ELLIS, «Remarquable Suffering», 25-30; A.R. CERESKO, «Fourth Servant Song», 42-55; 77-84; M.L. BARRE, «Last Servant Song», 1-25; C.R. SEITZ, «You Are My Servant», 117-134; J.N. OSWALT, «Servant of All», 85-94; P. DRAY, «Isaiah on the Suffering Servant», 33-36.

[142] Dans le contexte de la délimitation du texte, Beauchamp affirme que le quatrième chant est une unité littéraire indépendante postérieure au Deutéro-Isaïe (cf. P. BEAUCHAMP, «Lecture et relectures», 325).

[143] Cf. note 85. Pour les problèmes textuels de ce chant, voir particulièrement D. BARTHÉLEMEY, *Critique textuelle*, 383-407.

14b רַבִּים כֵּן־מִשְׁחַת מֵאִישׁ מַרְאֵהוּ	la foule parce que son apparence était défigurée plus que tout homme
14c וְתֹאֲרוֹ מִבְּנֵי אָדָם:	et son aspect plus que tout être humain.
15a כֵּן יַזֶּה גּוֹיִם רַבִּים	De même il émerveillera les nations et les foules,
15b עָלָיו יִקְפְּצוּ מְלָכִים פִּיהֶם	à cause de lui les rois fermeront leurs bouches,
15c כִּי אֲשֶׁר לֹא־סֻפַּר לָהֶם רָאוּ	car ils verront ce qui ne leur a jamais été dit
15d וַאֲשֶׁר לֹא־שָׁמְעוּ הִתְבּוֹנָנוּ:	et ils écouteront ce qu'ils n'ont jamais entendu.
1a מִי הֶאֱמִין לִשְׁמֻעָתֵנוּ	Qui donc a cru ce que nous avons entendu?
1b וּזְרוֹעַ יְהוָה עַל־מִי נִגְלָתָה:	Le bras du Seigneur, en faveur de qui s'est-il dévoilé?
2a וַיַּעַל כַּיּוֹנֵק לְפָנָיו	Car il végétait devant lui comme un rejeton,
2b וְכַשֹּׁרֶשׁ מֵאֶרֶץ צִיָּה	et comme une racine sortant d'une terre aride.
2c לֹא־תֹאַר לוֹ וְלֹא הָדָר	Il n'avait ni aspect ni prestance tels que nous le remarquions,
2d וְנִרְאֵהוּ וְלֹא־מַרְאֶה וְנֶחְמְדֵהוּ:	ni apparence telle que nous le recherchions.
3a נִבְזֶה וַחֲדַל אִישִׁים	Il était méprisé, laissé de côté par les hommes,
3b אִישׁ מַכְאֹבוֹת וִידוּעַ חֹלִי	homme de douleurs, familier de la souffrance,
3c וּכְמַסְתֵּר פָּנִים מִמֶּנּוּ	tel celui devant qui l'on cache son visage.
3d נִבְזֶה וְלֹא חֲשַׁבְנֻהוּ:	Oui, méprisé, nous ne l'estimions nullement!
4a אָכֵן חֳלָיֵנוּ הוּא נָשָׂא	En fait, ce sont nos souffrances qu'il a portées,
4b וּמַכְאֹבֵינוּ סְבָלָם	ce sont nos douleurs qu'il a supportées,
4c וַאֲנַחְנוּ חֲשַׁבְנֻהוּ נָגוּעַ	et nous nous l'estimions touché,
4d מֻכֵּה אֱלֹהִים וּמְעֻנֶּה:	frappé par Dieu et humilié.
5a וְהוּא מְחֹלָל מִפְּשָׁעֵנוּ	Mais lui, il était déshonoré à cause de nos révoltes,
5b מְדֻכָּא מֵעֲוֺנֹתֵינוּ	broyé à cause de nos perversités,
5c מוּסַר שְׁלוֹמֵנוּ עָלָיו	la sanction, gage de paix pour nous, était sur lui
5d וּבַחֲבֻרָתוֹ נִרְפָּא־לָנוּ:	et dans ses plaies se trouvait la guérison pour tous!
6a כֻּלָּנוּ כַּצֹּאן תָּעִינוּ	Nous tous, comme du petit bétail, nous étions errants,
6b אִישׁ לְדַרְכּוֹ פָּנִינוּ	nous nous tournions chacun vers son chemin
6c וַיהוָה הִפְגִּיעַ בּוֹ	et YHWH a fait retomber sur lui
6d אֵת עֲוֺן כֻּלָּנוּ:	la perversité de nous tous.
7a וְהוּא נַעֲנֶה	On le brutalise, mais, lui, il s'humilie,
7b וְלֹא יִפְתַּח־פִּיו	il n'ouvre pas la bouche;
7c כַּשֶּׂה לַטֶּבַח יוּבָל	comme un agneau qui est traîné à l'abattoir
7d וּכְרָחֵל לִפְנֵי גֹזְזֶיהָ נֶאֱלָמָה	et comme une brebis devant ceux qui la tondent;
7e וְלֹא יִפְתַּח פִּיו:	lui n'ouvre pas la bouche.
8a מֵעֹצֶר וּמִמִּשְׁפָּט לֻקָּח	Par contrainte, par jugement, il a été enlevé:
8b וְאֶת־דּוֹרוֹ מִי יְשׂוֹחֵחַ	les gens de sa génération, qui se préoccupe d'eux?
8c כִּי נִגְזַר מֵאֶרֶץ חַיִּים	Oui, il a été retranché de la terre des vivants;
8d מִפֶּשַׁע עַמִּי נֶגַע לָמוֹ:	à cause de la révolte de ses semblables, le coup est sur lui.
9a וַיִּתֵּן אֶת־רְשָׁעִים קִבְרוֹ	On a mis chez les méchants son sépulcre,
9b וְאֶת־עָשִׁיר בְּמֹתָיו	oui, chez les opulents, son tombeau,

עַל לֹא־חָמָס עָשָׂה	9c	bien qu'il n'y ait pas commis de violence
וְלֹא מִרְמָה בְּפִיו:	9d	et qu'il n'y eût pas de fraude en sa bouche.
וַיהוָה חָפֵץ דַּכְּאוֹ הֶחֱלִי	10a	Car il a plu à YHWH de le broyer, il l'a fait souffrir.
אִם־תָּשִׂים אָשָׁם נַפְשׁוֹ	10b	Si tu fais de sa vie une offrande pour les péchés,
יִרְאֶה זֶרַע יַאֲרִיךְ יָמִים	10c	il verra ses semences, il prolongera ses jours
וְחֵפֶץ יְהוָה בְּיָדוֹ יִצְלָח:	10d	et la volonté de YHWH se réalisera par ses mains.
מֵעֲמַל נַפְשׁוֹ יִרְאֶה	11a	De la souffrance de son être il verra,
יִשְׂבָּע בְּדַעְתּוֹ	11b	il sera comblé de sa connaissance.
יַצְדִּיק צַדִּיק עַבְדִּי לָרַבִּים	11c	Mon serviteur, le juste, justifiera les multitudes,
וַעֲוֺנֹתָם הוּא יִסְבֹּל:	11d	il portera sur lui leurs iniquités.
לָכֵן אֲחַלֶּק־לוֹ בָרַבִּים	12a	Pour cela je lui donnerai une portion parmi les multitudes
וְאֶת־עֲצוּמִים יְחַלֵּק שָׁלָל	12b	et avec les myriades il partagera le butin.
תַּחַת אֲשֶׁר הֶעֱרָה לַמָּוֶת נַפְשׁוֹ	12c	Parce qu'il a donné sa vie jusqu'à la mort
וְאֶת־פֹּשְׁעִים נִמְנָה	12d	et a été compté parmi les transgresseurs,
וְהוּא חֵטְא־רַבִּים נָשָׂא	12e	et parce qu'il a porté les péchés des multitudes
וְלַפֹּשְׁעִים יַפְגִּיעַ:	12f	et qu'il a intercédé pour les transgresseurs.

4.5.2 Structure et analyse

Le quatrième chant forme un tout indivisible[144]. Il traite essentiellement de l'exaltation du serviteur par le Seigneur. Sur le plan thématique, nous pouvons subdiviser ce chant en trois parties à savoir l'exaltation du Serviteur (52,13-15), les épreuves du serviteur (53,1-9) puis les causes et les conséquences de l'exaltation[145] (53,10-12). Cependant, le thème de l'exaltation est présenté en deux étapes importantes constituant les deux parties essentielles du poème qui sont: 52,13-15 et 53,10-12. Par conséquent, notre analyse se limitera à ces passages importants qui illustrent plus clairement le thème de la mission du serviteur et ses conséquences pour le salut du peuple[146].

a) *L'exaltation du serviteur (52,13-15)*

Cette section s'ouvre avec la proclamation de l'exaltation[147] au v. 13 à travers les expressions: יַשְׂכִּיל, prospérera; וְנִשָּׂא, sera élevé; וְגָבַהּ מְאֹד,

---

[144] Cf. M.L. BARRÉ, «Last Servant Song», 1-25.

[145] Ceresko y voit une structure concentrique avec le v. 53c au centre (cf. A.R. CERESKO, «Fourth Servant Song», 42-55).

[146] Les vv. 1-9 du chap. 53 ne sont qu'une description de la souffrance du Serviteur. Leur portée théologique est résumée dans les vv. 10-12. Nous ne jugeons donc pas nécessaire de les insérer dans l'analyse du texte.

[147] A ce sujet, un certain nombre d'auteurs tout en reconnaissant la forte présence du

sera très exalté[148]. Le sujet parlant n'est pas explicite, mais le contexte nous indique clairement qu'il s'agit du Seigneur qui parle de son serviteur (עבדי). Cette exaltation du serviteur sera publique et se manifestera devant une foule (רבים, la multitude) qui a connu le serviteur dans des conditions diverses[149] (שממו עליך, ils étaient désolés à son sujet). La

---

thème de la souffrance dans le passage, trouvent que le sujet central du quatrième chant n'est pas la souffrance mais plutôt l'exaltation du serviteur. Ainsi, Blank, rejette le titre de «Serviteur souffrant» attribué à ce passage. Pour lui, ce titre nous induit en erreur et laisse le message central qui est la glorification du serviteur nous échapper: «...it is because of this song that the servant of God has been called "suffering servant", but wrongly so, because that is not at all what the song suggests. Quite the contrary! God and the prophet here portray God's servant as a people destined now to leave behind all grief and misery and ascend the heights of glory» (S.H. BLANK, *Prophetic Faith in Isaiah*, 86). Dray dans le même sens affirme que l'exaltation du serviteur est le premier message du texte (cf. P. DRAY, «Isaiah 52,13–53,12», 33). Chisholm, en soulignant la proclamation de l'exaltation comme première annonce de la révélation va dans le même sens que Dray (cf. R.B. CHISHOLM, «Christological Fulfillment», 391). Oswalt partage cette opinion en qualifiant l'exaltation du serviteur comme sa destiné finale: «The destiny of the servant is triumph. The segment opens (52,13) and closes (53,12) on that note. The servant is sure to succeed; there is no question of the final success of his ministry. He will triumph and will sit in the place of God» (J.N. OSWALT, «Servant of All», 91). Lindsey va dans la même lignée de pensée en concevant la souffrance du serviteur comme une transition vers l'exaltation sans laquelle la souffrance serait incompréhensible (cf. F.D. LINDSEY, «The Career of the Servant», 313). Ellis les rejoint en considérant le quatrième chant comme une révélation de l'exaltation du serviteur (cf. R.R. ELLIS, «Remarquable Suffering», 23). Quant à R. Meynet, il prend une position intermédiaire en soulignant le salut et l'expiation comme points essentiels du message: «Ce qui éclate au cœur du texte n'est pas tant la confession du péché que la reconnaissance du salut et de la guérison...C'est que leur péché est supporté par un autre. Il a été transféré sur le seul qui pouvait le porter sans culpabilité, sur le juste» (R. MEYNET, «Le Quatrième chant du serviteur», 437). Pour d'autres détails sur le sujet en question, cf. C.R. NORTH, *The Second Isaiah*, 234-246; J.M. WARD, «The Servant Songs», 433-446; J. MUILENBURG, «Form Criticism», 17; L.E. WILSHIRE, «Servant of the Lord», 363-367; C. WESTERMANN, *Isaiah 40–66*, 255-256; F.D. LINDSEY, «The Career of the Servant», (part 4), 312-327; (part 5), 21-37; P.R. RAABE, «Critical Notes», 77-84; A.R. CERESKO, «Fourth Servant Song», 42-55; G. GREENBERG, «Servant Songs», 175-192. Porubcan sera un des rares à penser que le péché est le thème central du quatrième chant (S. PORÚBCAN, *Il patto nuovo*, 145).

[148] Gosse fait une interprétation originale de cette exaltation en y voyant une transgression positive qui introduit le serviteur dans la sphère du divin et du sacré: «En 52,13b, le serviteur est présenté comme celui qui va permettre ce qui n'était pas possible. Nous assistons à une nouvelle transgression, le serviteur va s'élever à la hauteur de Dieu, ou tout au moins de son trône. C'est de cette manière qu'est signifiée la victoire sur la fatalité...» (B. GOSSE, «Isaïe 52,13–53,12 et Isaïe 6», 539).

[149] Sawyer souligne ce contraste entre l'humiliation et l'exaltation du serviteur comme un heureux destin du serviteur: «...and the same goes for the servant whose

manifestation publique de l'exaltation renvoie à l'universalité de sa mission retrouvée dans les chaps. 42, 49 et 61. Ce public peut être associé aux îles et aux peuples lointains de 42,4 et 49,1. Il est représenté certainement par les opposants à qui le serviteur faisait allusion.

Il s'agit d'un peuple qui rejette violement le serviteur et son message à travers la persécution: כן־משחת, certes défiguré (52,14). Ce même peuple sera témoin de cette exaltation, s'émerveillera, et comprendra qui le serviteur est: גוים רבם עליו יקפצו, des nations nombreuses se rassembleront [s'émerveilleront] à son sujet (52,15). Cela nous renvoie à l'échec apparent du serviteur en 49,4. Le serviteur qui croyait à son échec s'est aperçu que le Seigneur est sa récompense. Il s'agissait dans le troisième chant d'une conversion qui consiste en une redécouverte et une nouvelle prise de conscience de sa mission et du sens de sa mission. Dans le quatrième chant, c'est au tour des persécuteurs du serviteur de découvrir leur erreur à son sujet[150].

C'est aussi une grande et étonnante découverte qui les laisse désemparés et sans paroles. Même les rois, symboles de la puissance et de la domination, seront éblouis. Ainsi, leur étonnement et leurs bouches fermées expriment la reconnaissance de leur limite devant une réalité qui dépasse leur entendement (יקפצו מלכים פיהם, les rois resteront bouche fermée). Il s'agit d'une révélation les conduisant à une conversion, à un nouveau pas dans leur foi. Ils acquièrent une nouvelle connaissance du serviteur et de sa mission. Leurs esprits sont illuminés par l'exaltation du serviteur[151]. Ici se réalise la prophétie du serviteur en 49,4: le Sei-

---

fortunes are traced from a time when he is weak and afraid and feels like a worm... to heroic suffering and triumph in ch. 53» (J.F.A. SAWYER, «Daughter Zion and Servant», 99). Dans la même lignée de pensée, Raabe fait noter le contraste entre l'humiliation du serviteur et son exaltation comme un caractéristique littéraire du chant attirant l'attention du lecteur sur les points saillants du message: «...nineteen key-words serve to highlight two important thematic contrasts: the contrast between the servant's humiliation and his exaltation and the contrast between what the speakers mistakenly believed and what was really the case with the servant» (P.R. RAABE, «Repetition», 77).

[150] Cf. C.R. NORTH, *The Suffering Servant*, 118-180; H. HAAG, «Ebed Jahwe-Forschung», 174-204; I. ENGELL, «The Ebed-Yahweh Songs», 54-93; H.H. ROWLEY, «Servant Mission», 259-272; J. MUILENBURG, «Introduction to Isaiah», 406-408; C. LINDHAGEN, *Important Hypotheses*, 279-283, 300-302; W. ZIMMERLI – J. JEREMIAS, *The Servant of the Lord*, 43-78; J. MORGENSTERN, «The Suffering Servant», 292-320, 406-413; H.M. ORLINSKY, «The So-called», 51-53; G. FOHRER, «Deutero und Trito-Jesaja», 235-249; S. MOWINCKEL, *He That Cometh*, 187-257.

[151] Cf. F.D. LINDSEY, «The Career of the Servant», (part 4), 312-327; D. BARTHELEMY, *Critique textuelle*, 383-407; P. DRAY, «The Suffering Servant», 33-36.

gneur est ma justice, ma récompense. Son succès n'est pas d'être reçu et accepté ni d'obtenir des résultats immédiats, mais d'agir conformément à la parole du Seigneur. Le Seigneur le récompense et le justifie en transformant l'échec apparent en succès. La mention des rois au pluriel (מלכים) symbolise les nations et renvoie encore une fois à l'universalité de cette exaltation. Les rois sont aussi le symbole des persécutions et de la violence que le serviteur a subies et dont les préludes s'annonçaient déjà en 42,1-8 et 49,1-6.

b) *Les causes et les conséquences de l'exaltation (53,10-12)*

Les vv. 10-11 clarifient à la fois les raisons de l'exaltation du serviteur et celles de l'émerveillement des foules[152]. Il a accepté et supporté la souffrance. Le Seigneur Dieu est désigné comme auteur de sa souffrance (ויהוה חפץ דכאו, il a plu au Seigneur de le broyer). En d'autres termes, c'est en accomplissant la mission que ce dernier lui a confiée que le serviteur a enduré la souffrance (la volonté de Dieu se réalise par cette souffrance)[153]. Mais le Seigneur ne reste pas indifférent à ses douleurs. C'est justement elles qui sont la cause de son exaltation. Par sa souffrance, le serviteur offre sa vie en sacrifice pour la réparation des péchés[154] (אם־תשים אשם נפשו). La particularité, l'originalité et la nou-

---

[152] Cf. J.M. WARD, «The Servant Songs», 433-446; F.D. LINDSEY, «The Career of the Servant», (part 4), 312-327; (part 5), 21-37; G. GREENBERG, «Servant Songs», 175-192; A.R. CERESKO, «Fourth Servant Song», 42-55; M. GARCÍA FERNÁNDEZ, *"Consolad, consolad a mi pueblo"*, 287.

[153] C'est en sens que M.L. Barré attribue la souffrance du serviteur essentiellement à un mystérieux dessein de Dieu en innocentant ses persécuteurs (cf. M.L. BARRÉ, «Last Servant Song», 24). Beauchamp et Ruppert, vont dans le même sens en proposant une structure concentrique autour du v. 6 (et le Seigneur a fait retomber sur lui toutes nos iniquités). En effet, ce verset établit de façon explicite une relation entre la souffrance du serviteur et la volonté de Dieu, cf. P. BEAUCHAMP, «Lecture et relectures», 327; L. RUPPERT, «Mein Knecht, der gerechte», 3.

[154] Ce thème de l'expiation est non seulement une nouveauté dans le concept du salut, mais est un des points fondamentaux du message du quatrième chant. Dans ce contexte, Rimbach affirme que la compréhension du texte est liée au concept du sacrifice expiatoire (cf. J.M. RIMBACH, «Model Servant», 17). Lindsey, reconnaît la forte présence du thème de l'expiation même s'il tient l'exaltation pour le sujet central (cf. F.D. LINDSEY, «The Career of the Servant», 22-23). Quant à Shepherd, il retient que la mort du serviteur est surtout un sacrifice expiatoire librement consenti. En mettant en relation Is 6 et Is 53, il juge que le thème de la purification est un des thèmes importants du livre. Tandis que Is 6 traite de la purification du prophète, Is 53 met l'accent sur la purification du peuple à travers un sacrifice expiatoire (cf. J.E. SHEPHERD, «Holocaust», 77).

veauté de la mission se trouvent ici. La souffrance et la mort qui devraient être signe d'échec et de déception, sont devenues cause du succès de cette mission du serviteur (מעמל נפשו יראה ישבע, à cause de sa vie, il sera satisfait). Elles deviennent clairement partie intégrante de la mission du serviteur[155]. Cette dernière ne peut s'accomplir si la souffrance et la mort ne sont pas acceptées. Elles deviennent même condition du succès du serviteur non seulement pour le Seigneur, mais aussi pour les foules qui s'en émerveillent[156].

Le v. 12 qui conclut ce chant est une alternance des conséquences et des causes de l'exaltation. La première stique du verset (12a) introduite par la partielle consécutive (לכן, pour cela, à cause de cela) assure la continuité avec le v. 11 tout en insistant sur les conséquences de l'exaltation. Précisons que par «conséquences» nous entendons, le résultat de l'exaltation qui est «sa part» (אחלק־לו, je lui taillerai sa part) et «son butin» (יחלק שלל, il partagera le butin). Cette métaphore sous-entend que le serviteur aura des disciples dans la foi en YHWH, qu'il était envoyé annoncer à toutes les nations jusqu'aux extrémités de la terre[157]. En d'autres termes, la souffrance et la mort du serviteur ne sont pas une fin en soi. Sa parole a continué à porter du fruit et même ceux qui l'avaient rejetée ont enfin reconnu la vérité du message qu'il leur a porté.

Le v. 12 termine en énumérant quatre causes précises de l'exaltation du serviteur. Celles-ci décrivent en même temps des actes posés par le serviteur pour accomplir sa mission: הערה למות נפשו, il s'est épouillé de sa vie pour mourir (ceci implique la violence et la persécution jusqu'à la mort), ואת־פשעים נמנה, et il est compté parmi les transgresseurs (donc incompris, rejeté, condamné injustement), והוא חטא־רבים נשא, et il a porté

---

[155] Cf. P.R. RAABE, «Repetition», 77-84. L'auteur montre l'importance du thème de la souffrance à travers les répétitions et le champ sémantique de la souffrance. Stuhlmacher va plus loin en affirmant que la souffrance devient dans ce chant un moyen par lequel s'accomplit la mission du serviteur: «Although suffering forms no part of the servant's role in the first two songs and is only a natural consequence of his ministry in the third, the fourth song makes suffering the means to the accomplishement of his task» (P. STUHLMACHER, «The Suffering Servant», 16).

[156] On comprend ainsi la position Ward qui attribue la conversion des persécuteurs à la vérité annoncée par le serviteur et son témoignage de vie. Le serviteur est mort pour la vérité qu'il annonçait sans se défendre, ni se venger (cf. J.M. WARD, «The Servant Songs», 445).

[157] Ce sujet fondamental se retrouve dans 42,4; 49,6; 61,1-3. L'universalisme, le langage guerrier, la victoire et le succès dans une mission difficile forment une continuité entre les quatre chants: 42,1-9; 49,1-6; 50,4-11 et 52,13−53,12.

le péché des multitudes[158] (il était innocent, mais traité comme un coupable), ולפשעים יפגיע, et il a intercédé (il a su pardonner, prier pour ses agresseurs et rechercher leur salut). Le serviteur a recherché son succès dans le Seigneur et a compris que son succès était la conversion de ses agresseurs et non une vengeance de sa part.

La mission reste donc le thème central de ce chant même si la souffrance de serviteur reste l'aspect le plus frappant[159].

4.5.3 Echo de Is 52,13−53,12 dans Is 65−66

La victoire face à ses persécuteurs et l'exaltation du serviteur par le Seigneur sont les sujets importants du quatrième chant du serviteur. Si nous restons dans la ligne du serviteur comme personnage idéal au service du Seigneur et de sa mission, le serviteur souffrant résume en lui tous ceux qui souffrent pour la cause de leur fidélité et de la méchanceté des infidèles. En effet, la souffrance du juste est une conséquence de l'infidélité du méchant. Ainsi, le renversement eschatologique de la situation dans les chaps. 65 et 66 par une intervention du Seigneur est le point culminant de l'exaltation des serviteurs. Le jugement sera rendu. Tous les fidèles persécutés et les pauvres opprimés seront délivrés et vivront dans le bonheur tandis que les méchants dominateurs seront soumis et perdront tout leur pouvoir. Tout comme l'exaltation du serviteur souffrant suscita la conversion de ses persécuteurs, le renversement de la situation provoquera la conversion des méchants qui deviendront tous des serviteurs du Seigneur. Ceux qui persévéreront dans la méchanceté seront détruits et éliminés pour toujours. Il s'agira d'un monde où la mission du serviteur sera accomplie dans sa perfection. Le renversement de la situation est très explicite en 65,13-14 où un contraste frappant est décrit entre les sorts des serviteurs et ceux des infidèles (עבדי יאכלו, mes serviteurs mangeront; עבדי ישתו, mes serviteurs boiront; עבדי ישמחו, mes serviteurs jubileront; עבדי ירנו מטוב לב, mes serviteurs

---

[158] Olley voit en cette multitude les nations païennes ainsi que les rebelles du peuple d'Israël: «It is therefore probable that the "many" is a wide term embracing the nations, but including rebellious Israel» (J.W. OLLEY, «The Many», 354).

[159] Cf. H.H. ROWLEY, *The Servant of the Lord*, 3-57; M.J. DAHOOD, «Textual Problems in Isaiah», 406; C.L. CHAVASSE, «Suffering Servant», 152-163; I. BLYTHIN, «Isaiah 53,11», 27-33; L.C. ALLEN, «Isaiah LII,2», 490; A. GELSTON, «Notes on Second Isaiah», 521-522; H.G.M. WILLIAMSON, «Isaiah 53,10» 118-122; J.R. BATTENFIELD, «Isaiah 53,10», 485; J.E. REMBAUM, «Regarding Is 53», 289-311; O.H. STECK, «Aspekte des Gottesknechts», 372-390; J. BLENKINSOPP, *Isaiah 40−55*, 344-373.

pousseront des cris d'acclamations de leurs cœurs). Cet état de joie profonde et intense des serviteurs contraste avec les peines des infidèles à Dieu (ואתם תרעבו, et vous serez affamés; ואתם תצמאו, et vous aurez soif; ואתם תבשו, vous aurez honte; ואתם תצעקו מכאב לב, vous pousserez des cris [de douleur] venant du cœur; ומשבר רוח תילילו, et l'esprit brisé, vous hurlerez). L'expression du cœur exprime l'intensité de la peine tandis que l'emploi de la deuxième personne du pluriel dénote à la foi une menace et un appel à la conversion.

Ce renversement de la situation est le prélude de la Jérusalem eschatologique. Elle consistera en la création des cieux nouveaux, d'une terre nouvelle (בורא שמים חדשים וארץ חדשה). Le passé et les souffrances des serviteurs seront oubliés (65,17) et remplacés par une exultation et un enthousiasme perpétuel (65,18) qui sera la caractéristique de la Jérusalem et de son peuple (בורא את־ירושלם גילה ועמה משוש, je vais créer Jérusalem enthousiaste et son peuple joyeux, 66,18). La métaphore du loup et de l'agneau en 65,25 étend la transfiguration eschatologique de Jérusalem à tout l'univers (זאב וטלה ירעו כאחד, le loup et l'agneau mangeront ensemble). Cette transfiguration est l'accomplissement parfait de la mission du serviteur qui était de porter un message d'espérance, d'annoncer et de bâtir un monde où règnent la justice et la paix, un monde dans lequel YHWH est le seul Dieu adoré sur sa sainte montagne, et dans lequel le mal et ses auteurs seront exterminés pour toujours (לא־ירעו ולא־ישחית, ils ne feront pas le mal, ils ne détruiront pas). Le chap. 66 continuera avec le thème de la Jérusalem eschatologique mais en mettant particulièrement l'accent sur le jugement soit l'intervention de YHWH pour rétablir la justice. Ce jugement consacrera la souveraineté de YHWH à qui tous les peuples rendront un culte unique (להשתחות לפני כל־בשר, toute chair viendra se prosterner devant moi, 66,23). Tous ceux qui se révolteront contre YHWH seront définitivement exterminés (ויצאו וראו בפגרי האנשים הפשעים, et il verront les dépouilles des hommes qui se sont révoltés contre moi, 66,24).

Ces observations nous montrent que les chaps. 65 et 66 continuent, sur divers plans, le thème du serviteur et de sa mission[160]. Leur portée eschatologique confirme que l'accomplissement de cette mission est un idéal qui ne se réalisera que par une intervention surnaturelle de YHWH. L'exaltation du serviteur souffrant s'étendra ainsi à toute sa descendance et suscitera la conversion de tous les peuples comme celle des rois et celle des persécuteurs du serviteur souffrant. Jérusalem ainsi

---

[160] Pour une approche plus approfondie de ce sujet, voir W.A.M. BEUKEN, «The Main Theme», 67-87.

transfigurée sera la lumière de tous les peuples qui y accourront avec leurs offrandes pour adorer YHWH.

5. Continuité et complémentarité entre les chants du serviteur et Is 61

Notre brève analyse de ces textes a montré des points communs et complémentaires dans les messages qu'ils véhiculent. L'élection et la mission constituent cependant les grands points d'intersection entre les quatre textes et leurs différents échos dans le Trito-Isaïe. Reconnaissons cependant que cette complémentarité est plus explicite entre les chants du serviteur et le messager du Trito-Isaïe (61,1-11)[161].

5.1 *L'élection*

Un parcours des chants du serviteur montre que tous commencent avec l'affirmation du serviteur quant à son élection, soit celle du Seigneur quant au choix de son serviteur. C'est ainsi qu'en 42,1 nous notons une forte présence du vocabulaire de l'élection: «mon serviteur»; «mon élu»; «j'ai mis sur lui mon esprit». Ce discours est repris plus loin en 42,6 avec des nuances incluant la présence formatrice et protectrice du Seigneur comme pour insister sur le choix de son serviteur: «C'est moi YHWH qui t'ai appelé»; «je te prendrai par ta mains»; «je te garderai»; «je te formerai pour l'alliance».

Ce même schéma apparaît en 49,1-3 avec les expressions propres à l'élection telles que: «YHWH m'a appelé», «il a mentionné mon nom», «tu es mon serviteur». Le Seigneur se signale aussi comme formateur de son serviteur en faisant de sa bouche une épée tranchante, en le disposant comme une flèche, et comme son protecteur en le dissimulant, en le cachant.

Is 50,4 va dans le même sens dans le troisième chant, en utilisant un langage dénotant à la fois l'élection et la formation du serviteur par YHWH: «YHWH m'a donné une langue de disciple»; «YHWH m'a ouvert l'oreille». Au vv. 7 et 9, l'action protectrice du Seigneur est annoncée sous la forme d'une défense: «le Seigneur viendra à mon aide».

Le quatrième chant bien que sobre quand il s'agit du vocabulaire de l'élection concentre tout son contenu sur la mission de l'élu qu'il présente dès le début du message: (voici que mon serviteur)[162].

---

[161] Pour éviter les répétitions terminologiques nous renverrons souvent le lecteur au 4.1; 4.2; 4.3; 4.4; et 4.5 où chacun des textes est analysé.

[162] Rimbach attire notre attention sur cette continuité à noter dans les quatre chants du serviteur. Une complémentarité fondée particulièrement sur les thèmes de

Le messager du Trito-Isaïe (61,1-3) ne fait pas exception à la règle. Un parallélisme littéraire et thématique clair avec le premier chant du serviteur (42,1-8) frappe le lecteur confirmant ainsi la place de choix de l'élection dans ce passage: «l'esprit du Seigneur YHWH repose sur moi»; «YHWH m'a oint». Bien que ces versets ne nous donnent pas des informations précises sur l'identité du sujet parlant et encore moins sur les circonstances de cette onction, les divers contextes bibliques nous montrent qu'il s'agit d'une élection pour une mission (1S 16,13; Lev 4,4-5; 1R 19,16). L'objet de la déclaration de son onction peut être une auto-affirmation de sa vocation. Dans ce cas, il rejoint les affirmations

---

l'élection et de la mission (cf. J.M. RIMBACH, «Model Servant», 15-17). Lennox fait aussi une lecture complémentaire des quatre chants du serviteur dont la mission conduit à la persécution et à la mort (cf. R. LENNOX, «The Servant of Yahweh in the Old Testament», 320). Riccardi penche aussi pour la complémentarité des messages des chants autour de sa mission culminant par la souffrance et la mort: «En el primero se describe el papel del siervo como portador de la ley a las naciones; en el segundo se subraya su función come luz de las gentes; el canto del siervo sufriente propiamente dicho muestra como se realizará este propósito: a través del sufrimiento vicario del siervo por toda la humanidad» (A. RICCARDI, «Los cantos del siervo», 124). Il convient aussi de mentionner Lessing qui trouve non seulement une continuité, mais aussi des similitudes littéraires entre le premier et le second chant centrés sur la mission du serviteur: «When reading the second servant song in 49,1-6, we notice that its literary structure corresponds with that of 42,1-4. This indicates that the servant in the second song shares a similar mission with that of 42,1-4» (R.R. LESSING, «Isaiah's Servants», 132). Quant à Pípal, il va plus loin en élargissant cette complémentarité à tous les textes qui touchent le serviteur. Pour lui, il est impératif d'interpréter les chants du serviteur en relation avec les autres textes du livre se référant aussi au serviteur. Autrement, il serait difficile de les comprendre (cf. B. PÍPAL, «Lord's Ebed in the Exile», 177). Dans la même lignée de pensée, P. Wilcox – D. Paton Williams affirment qu'une identité cohérente du serviteur se dégage d'une lecture des chants en relation avec leur contexte. Ainsi, ils soulignent fortement l'importance de replacer les chants dans leur contexte si l'on veut comprendre leur message et découvrir l'identité du serviteur (cf. P. WILCOX – D. PATON-WILLIAMS, «The Servant Songs», 80). Mais cette continuité et complémentarité internes aux chants du serviteur peuvent être étendues au serviteur de Is 61,1-11 que ce soit sur le plan littéraire que sur le plan thématique. Ainsi Beuken présente le serviteur de Is 61 comme une semence du serviteur souffrant. Selon lui, le Trito-Isaïe veut dissiper le mystère des descendants du serviteur souffrant à travers le messager du chap. 61, qui en tant que représentant de ses descendants va à son tour engendrer des descendants à travers sa mission (cf. W.A.M. BEUKEN, «The Main Theme», 73). Toujours dans le même contexte, Chisholm va plus loin en qualifiant Is 61,1-3 de cinquième chant pour rendre plus explicite la complémentarité et la continuité entre les chants du Deutéro-Isaïe et le messager du Trito-Isaïe. Pour lui, la mission du serviteur est la même dans les cinq chants: établir la restauration et lui apporter le salut au peuple (cf. R.B. CHISHOLM, «Christological Fulfillment», 401).

du serviteur en 49,5 qui dans une confession de foi confirme son élection par YHWH comme pour se redonner confiance en sa vocation. Mais il pourrait aussi s'agir d'une affirmation de sa vocation face aux destinataires de son message, lesquels pouvaient être soit incrédules, soit sceptiques ou même persécuteurs oralement ou physiquement. En effet, face à l'incrédulité et à la persécution, l'attitude du prophète est souvent l'affirmation de sa vocation (par exemple: Am 7,10-17). Le serviteur en 50,4-6 adopte la même attitude en confirmant sa vocation face à ses persécuteurs à travers l'endurance et la persévérance dans les souffrances dont il est victime. Sans pouvoir donner une information précise sur l'identité du sujet parlant, nous pouvons dire sans trop douter qu'il s'agit en 61,1-3 d'une élection par YHWH pour une mission précise, tout comme dans les chants du serviteur.

5.2 *La mission*

La mission est la seconde composante de l'unité des chants. Cette mission a presque les mêmes caractéristiques dans tous les chants. Elle vient du Seigneur et est en faveur du plus faible. Des embûches se dresseront sur le chemin du serviteur dans cette mission mais le Seigneur viendra à son aide et il résistera sans violence, avec l'humilité. La mission est universelle et finira par un succès malgré les obstacles qui se dresseront contre elle. En 42,1, le Seigneur dévoile immédiatement la mission du serviteur après avoir affirmé son élection[163]: «il apportera la justice aux nations». L'universalité de sa mission apparaît ainsi dès sa première annonce. La même déclaration est reprise au v. 4 «il établira la justice sur la terre». Terre ici signifie nations et confirme l'universalité de la mission. Cette dernière sera sans violence et dans l'humilité: il ne criera pas, n'élèvera pas la voix. L'option en faveur des plus faibles se note au v. 3 «Il ne le brisera pas le roseau, il n'éteindra pas la flamme», et au v. 7 «il ouvrira les yeux des aveugles et sortira les prisonniers de leurs prisons», tandis que la résistance face aux obstacles s'exprime dans le v. 4 «il ne faiblira pas, et ne se découragera pas». Le Seigneur se présente comme garant de cette mission au v. 8: «c'est moi YHWH, tel est mon nom», et assurera sa réussite: «et je ne donnerai pas ma gloire aux autres».

Nous retrouvons la plupart de ces caractéristiques de la mission telle que décrite ici dans les autres chants du serviteur. En 49,1, l'universalité de la mission apparaît en première position à travers l'appel du

---

[163] Cf. 4.2, étude du texte.

serviteur à lui prêter attention[164] «îles lointaines, peuples lointains» tandis que l'envoi en mission n'est explicite qu'au v. 5 «pour ramener Jacob, pour rassembler Israël». La résistance aux obstacles et l'action protectrice du Seigneur se manifestent par la foi du serviteur en YHWH, en sa justice et en sa récompense «le Seigneur est ma justice, le Seigneur est ma récompense». Ce second chant se conclut avec une insistance sur l'universalité de la mission au v. 6 «lumière des nations, extrémités de la terre», formant une inclusion avec le v. 1.

Le troisième chant (50,4-11) d'une part et le quatrième (52,13–53,12) de l'autre se distinguent par un accent mis sur les adversités rencontrées dans la mission[165]. La résistance aux persécutions suit immédiatement l'affirmation de l'élection, particulièrement en 50,6: «j'ai donné mon dos, mes joues, je n'ai pas retiré ma face des outrages, des crachats». La très forte confiance en YHWH s'exprime dans les vv. 7: «le Seigneur me viendra en aide» et 9: «le Seigneur me vient en aide». Cette confiance est suivie de la conviction du succès du serviteur d'une part «je ne serai pas humilié, je ne connaîtrai pas de honte», et de l'échec de ses persécuteurs de l'autre: «la teigne les mangera» au v. 7 et «ils coucheront, dans le malheur», au v. 11.

Le serviteur souffrant de 52,13–53,12 représente le point culminant de la mission du serviteur. Les préludes d'une mission difficile se sont fait pressentir sans aucune précision dans les chants précédents. Ici, nous avons la confirmation des vérités professées au sujet du serviteur et de sa mission. La première déclaration du quatrième chant est le succès du serviteur en 52,13: «voici que mon serviteur réussira». Ce succès sera public, et émerveillera les nations et les foules (52,15). Ce chant est un condensé des conditions nécessaires pour réussir la mission confiée au serviteur et qui sont annoncées dans trois premiers chants: la résistance non violente aux adversités (42,2.4; 49,2-5; 50,6-7; 52,14; 53,10), la foi en YHWH (49,4; 50,7-9), l'option en faveur du faible (42,3.7; 49,5; 50,4; 53,10) et l'universalité (42,1.6; 49,1.6; 50,10; 52,15; 53,12).

Contrairement aux trois premiers chants qui annonçaient une mission à accomplir, le quatrième chant présente une mission accomplie avec succès: «il verra sa semence, il prolongera ses jours» (53,10) et les causes de ce succès bien résumées dans le dernier verset du texte à savoir 53,12: «puisqu'il s'est dépouillé lui-même jusqu'à la mort et qu'avec les pécheurs il s'est laissé recenser, puisqu'il a porté, lui, les fautes des foules et que, pour les pécheurs, il vient s'interposer».

---

[164] Cf. 4.3, analyse du texte.
[165] Cf. 4.4 pour Is 50,4-11 et 4.5, pour Is 52,13–53,12.

Enfin, le thème de la mission est très explicite en Is 61,1-3[166]. La mission du messager suit immédiatement son élection, expliquant la raison de son choix: «Il m'a envoyé porter joyeux message aux affligés, panser ceux qui ont le coeur brisé, annoncerer aux captifs l'évasion, aux prisonniers la liberté...». Remarquons que l'option préférentielle pour le pauvre et l'opprimé reste une caractéristique commune à la mission du serviteur dans les chants tout comme dans 61,1-3. A travers cette option, le serviteur vise la restauration de la justice et par ce fait même la fidélité à YHWH qui est juste et réclame cette justice.

Ces observations nous montrent clairement que le binôme «élection-mission» établit l'unité et la continuité des chants du serviteur et du messager de 61,1-3. Le tableau ci-dessous nous présente un résumé de cette continuité:

TEXTES	«ÉLECTION»	«MISSION»
42,1-9	v. 1: mon serviteur, mon élu, sur lui repose mon esprit v. 6: je te prendrai par la main, je te garderai, je te formerai	v. 1: il portera la justice aux nations v. 3: il apportera la justice dans la vérité v. 7: pour ouvrir les yeux des aveugles, sortir des prisons les prisonniers, ceux qui sont assis dans les ténèbres
49,1-6	v. 1: YHWH m'a appelé, il a mentionné mon nom v. 3: tu es mon serviteur v. 6: mon serviteur	v. 3: en toi ma splendeur sera manifestée v. 5: pour rassembler Jacob, pour rassembler Israël v. 6: relever Jacob, ramener Israël, lumière des nations, porter le salut
50,4-11	v. 4: YHWH m'a donné, une langue de disciple, il dresse mon oreille v. 5: il m'a ouvert l'oreille	v. 4: pour soutenir le faible v. 6: donner mon dos aux frappeurs, mes joues à ceux qui arrachent les cheveux
52,13–53,12	v. 13: voici que mon serviteur	v. 11: justifier les multitudes, porter sur lui les iniquités v. 12: porter les péchés des multitudes, intercéder pour les transgresseurs, donner sa vie en offrande
61,1-11	v. 1: L'Esprit du Seigneur YHWH est sur moi, YHWH m'a oint	vv. 1-3: Il m'a envoyé porter joyeux message aux affligés, panser ceux qui ont le coeur brisé, proclamer aux captifs l'évasion, aux prisonniers la liberté

---

[166] Pour ce thème, nous vous renvoyons au chap. II où il est amplement développé.

5.3. *Le message*

A première vue, le Second Isaïe semble se concentrer sur le thème de la promesse et de son accomplissement. On serait donc tenté de dire que le salut du peuple est le thème principal du livre. Mais nombreux sont les passages dont les chants du serviteur, qui semblent contredire ce point de vue[167]. En effet, le salut d'Israël ne semble pas être un objectif en soi. Le peuple élu est sauvé pour une mission. Il est le serviteur de YHWH (41,8-9; 42,19; 44,1-2.21) et son témoin auprès des nations (43,10; 44,8; 48,6.20). C'est tout le peuple qui reçoit une mission de Dieu, car il est témoin de ses merveilles (tout comme dans la sortie d'Egypte). Cette mission sous-entend une élection d'Israël. En effet, le Seigneur tient sa promesse et l'accomplit en sauvant le peuple de l'exil au nom de son élection et de l'alliance établie entre lui YHWH et le peuple. Les peuples étrangers seront soumis à Israël afin qu'ils connaissent le vrai Dieu (45,14). Toutes les nations iront vers Israël pour connaître Dieu, sa révélation et sa justice (51,4; 55,5). Le Seigneur va libérer Israël pour qu'il proclame sa gloire et sa louange devant toutes les nations (43,7.21). Sa sainteté se manifestera à travers le peuple choisi et tous les autres peuples reconnaîtront qu'il est le seul Dieu (49,22-23). Les peuples soumis à Israël, ne le sont pas dans le sens d'une conquête politique (comme les Babyloniens ou les Assyrien) mais en vue de la manifestation de la puissance de YHWH.

Israël devient ainsi le peuple à travers lequel tous connaîtront les lois du Seigneur et le vrai culte à rendre à Dieu. Ce thème de la mission n'est pas forcément explicite, mais sous-entendu dans les sujets évoqués. Les allusions à l'Exode (43,15-17; 48,21; 51,9-10), aux jugements (43,5-7) et au pardon (40,1-2), ont pour objectif de montrer la continuité entre l'Israël du passé et celui du présent. Israël est cher au Seigneur parce qu'il veut lui confier une mission. C'est ainsi qu'il lui révèle sa force et son pouvoir de sauver (43,8-16). A travers son expérience du pouvoir salvifique de Dieu, le peuple élu devient un témoin vivant de la puissance de YHWH, le vrai Dieu[168]. Les nations étrangères,

---

[167] Cf. W.W. CANNON, «Isaiah 61,1-3», 284-288; F.D. LINDSEY, «The Career of the Servant», 312-327; E.A. MARTENS, «Impulses to Mission», 222-239.

[168] Cf. H.G.M. WILLIAMSON, *The Book Called*, 43-61; 123-144; voir aussi: C.C. TORREY, *The Second Isaiah*, 111-119; J.L. MCKENZIE, *Second Isaiah*: LVI-LXXI; R.N. WHYBRAY, *Isaiah 40-66*, 30-38; C. WESTERMANN, *Isaiah*, 40-66, 9-20; R.F. MELUGIN, *Formation*, 13-26; J.D.W. WATTS, *Isaiah*, 34-66, 505-530; J.A. MOTYER, *The Prophecy*, 13-17; B. MARCONCINI, *Il libro di Isaia*, 14-19; J. BLENKINSOPP, *Isaiah 40-55*, 104-111.

voyant ce qui arrive à Israël, sauront qu'il est le peuple de Dieu et qu'il adore le vrai Dieu. Ainsi tout le thème de la restauration dans les poèmes de Sion sous-entend aussi la mission d'Israël comme témoin des œuvres de YHWH.

Enfin, la question de l'universalité qu'elle soit explicite ou implicite (45,14-25) se réfère aussi à la mission d'Israël comme médiateur par lequel la foi en YHWH devient universelle. Selon un bon nombre d'auteurs, le thème de la mission s'illustre de façon plus explicite dans les chants du serviteur[169]. Mais comme nous l'avons noté dans l'analyse des textes, l'élection précède toujours la mission. Le serviteur est d'abord choisi par YHWH et envoyé en mission. Dans le Trito-Isaïe, la notion de serviteur prend un sens plus large et inclut tous ceux qui collaborent fidèlement à la restauration de la justice et du culte authentique à YHWH. Mais seules l'intervention personnelle du Seigneur et la transfiguration eschatologique de Jérusalem rendront possible l'accomplissement parfait de la mission du serviteur. Ces parallélismes et cette continuité thématique nous disent que le binôme «élection-mission» est un fondement de la complémentarité et de l'unité du Deutéro-Isaïe avec le Trito-Isaïe.

5.4 *Autres thématiques*

Avec l'analyse des textes nous avons relevé les échos les plus significatifs déterminant la continuité et la complémentarité du Trito et du Deutéro-Isaïe. Mais d'autres similitudes thématiques méritent d'être mentionnées sans entrer dans les détails, dans le but de consolider les conclusions tirées de l'analyse des textes[170]. A cet effet, relevons le

---

[169] Cf. H.H. ROWLEY, «Servant Mission», 259-272; J.M. WARD, «The Servant Songs», 433-446; P.-É. BONNARD, *Le Second Isaïe*, 123-284; L.E. WILSHIRE, «Servant of the Lord», 356-367; F.D. LINDSEY, «The Call of the Servant», (part 1), 12-30; «The Commission of the Servant», (part 2), 129-143; «The Commitment», (part 3), 216-227; «The Career of the Servant», (part 4), 312-327; (part 5), 21-37; J.M. RIMBACH, «Model Servant», 12-20; P.R. RAABE, «Repetition», 77-84; P. WILCOX – D. PATON-WILLIAMS, «The Servant Songs», 79-102; W.A.M. BEUKEN, «The First Servant Song», 1-30; A.R. CERESKO, «Fourth Servant Song», 42-55; M.L. BARRE, «Last Servant Song», 1-25; J.G.F. WILKS, «The Prophet», 530-543; G. GREENBERG, «Servant Songs», 175-192; C.R. SEITZ, «You Are My Servant», 117-134.

[170] Pour plus de détails, cf. E. GRAF, *De l'unité des chapitres XL-LXVI d'Esaïe*, 65; J. GOLDENSTEIN, *Das Gebet der Gottesknechte*, 209; Z. KUSTÁR, *"Durch seine Wunden sind wir geheilt"*, 183-186; J. STROMBERG, *Isaiah after Exile*, 77-249; J.-D. MACCHI, «Deutéro-Isaïe: enjeu et recherche», 189-200; C. NIHAN, «L'histoire rédactionnelle du "Trito-Isaïe"», 201-228.

parallélisme entre 56,5 (un nom éternel) et 55,13 (un signe éternel) qui parle d'une élection caractérisée par un nom ou un signe éternel attribué aux élus de Dieu. L'éternité dénote le thème de la fidélité du Seigneur qui tient ses promesses pour toujours. L'appel à l'alliance et à son observation se note en 56,6 (tous ceux qui gardent mon sabbat sans le déshonorer et qui tiennent ferme dans mon alliance) tout comme en 55,3 (je conclurai pour vous une alliance éternelle). Le thème de la jubilation promise au peuple en 56,7 (je les ferai jubiler dans la maison où on me prie) se retrouve également en 55,12 (c'est dans la jubilation que vous sortirez). D'autre part, l'appel à s'abreuver et à se nourrir gratuitement se remarque en 56,9 (venez vous nourrir vous tous les vivants) aussi bien qu'en 55,1 (venez, achetez et mangez). L'annonce de la venue du Seigneur et l'appel à la préparation de son chemin sont quasi identiques en 57,14 (ôtez tout obstacle du chemin de mon peuple) et en 40,3 (préparez un chemin pour le Seigneur).

Remarquons par ailleurs que la menace contre les méchants est explicite en 57,21 (point de paix, dit YHWH, pour les méchants) ainsi qu'en 48,22 (point de paix, dit YHWH, pour les méchants). Le reproche fait au peuple pour son attitude incompatible avec son culte et ses prières en 58,1 (comme un peuple qui pratique la justice) s'apparente à la remarque du Seigneur en 48,1 (sans sécurité et sans droiture). Remarquons également 60,4 (tous ils se rassemblent, ils viennent vers toi) et 49,12a (les voici, de loin ils arrivent); 49,18a (tous, ils se rassemblent, ils viennent vers toi) qui annoncent explicitement le retour prochain des dispersés de part et d'autre. Le renversement eschatologique voyant Israël dominer ses oppresseurs et leurs rois est décrit en 60,16 (tu suceras le lait des nations et tu te nourriras du sein des rois) et en 49,23b (des rois seront tes tuteurs et leurs princesses, tes nourrices)[171].

La conclusion d'une alliance perpétuelle avec le peuple déclarée en 61,8 (et je conclurai avec eux une alliance éternelle) se retrouve en 55,3 (je conclurai pour vous une alliance éternelle). La célébrité d'Israël à cause du nom du Seigneur se note à la fois en 61,9 (votre descendance sera connue parmi les nations) et en 55,5 (une nation qui ne te connaît pas courra vers toi). Dans la même dynamique, la métaphore de l'étendard dressé sur le peuple, revient en 62,10 (dressez l'étendard sur le peuple) ainsi qu'en 49,22 (je dresserai mon étendard vers les nations). La bonté et la miséricorde du Seigneur qui se laisse trouver par

---

[171] Nihan développe ces parallélismes dans «L'histoire rédactionnelle du "Trito-Isaïe"», 212-213.

les infidèles sont mentionnées en 65,1-2 (je me suis laissé trouver par ceux qui ne me cherchaient pas) et reviennent également en 55,6-7 (cherchez le Seigneur pendant qu'il se laisse trouver). La nouvelle création promise par le Seigneur et proclamée en 65,17 (voici que je vais créer des cieux nouveaux et une terre nouvelle) s'apparente à la nouveauté promise en 43,19 (voici que je ferai une chose neuve). La métaphore de l'enfantement se note en 66,7-8 (avant d'être en travail, elle a enfanté) tout comme en 54,1 (pousse des cris de joie, toi stérile, qui n'as pas enfanté).

Par ailleurs, l'exhortation du peuple à jubiler qui est proclamée en 66,10 (jubilez avec Jérusalem, exultez en elle) se remarque également en 54,1 (explose en acclamation et crie de joie). Dans le même sens, la métaphore de la paix comme un fleuve apparaît en 66,12 (voici que je fais arriver la paix comme un fleuve) et en 48,18 (ta paix serait comme un fleuve), tandis que le retour de l'exil sous l'image victorieuse du Seigneur qui fait ramener ses fils, se note à la fois en 66,12 (et vous serez allaités, portés sur les hanches) et 49,22 (ils ramèneront tes fils sur la poitrine et tes filles seront portées sur les épaules)[172].

La juste rétribution des serviteurs en 66,13 (voici que mes serviteurs mangeront) s'apparente aux appels à se procurer gratuitement à manger en 55,1 (venez acheter et mangez). La révélation de la gloire du Seigneur aux peuples se note en 66,18 (elles viendront et verront ma gloire) et en 40,5 (alors la gloire du Seigneur sera révélée). Dans la même perspective, le discours du signe se retrouve en 66,19 (je mettrai au milieu d'eux, un signe) et en 55,13 (un signe perpétuel), tandis que le parallélisme de la perpétuité du signe et du nom est à remarquer en 56,5 (un nom perpétuel) et en 55,13 (un signe perpétuel). Notons pour finir la garantie de la descendance à Jacob affirmée en 66,22 (ainsi resteront fermes votre descendance et votre nom) de même qu'en 48,19 (ta descendance sera comme le sable).

Ces similitudes mutuelles sont loin d'être des coïncidences. Elles nous indiquent plutôt une volonté manifeste du rédacteur du texte final de laisser paraître des indices d'unité et de complémentarité entre le Trito et le Deutéro-Isaïe[173].

Le tableau ci-dessus nous résume ces similitudes:

---

[172] Stromberg s'étend sur ce parallélisme dans son étude, cf. *Isaiah after Exile*, 158.

[173] Cf. J. STROMBERG, *Isaiah after Exile*, 77-249; J.-D. MACCHI, «Deutéro-Isaïe: enjeu et recherche», 189-200; C. NIHAN, «L'histoire rédactionnelle du "Trito-Isaïe"», 201-228.

Similitudes thématiques	Trito-Isaïe	Deutéro-Isaïe
Signe "éternel"; nom "éternel"	56,5	55,13
La fidélité à l'alliance	56,6	55,3
La jubilation	56,7	55,12
Appel à la consommation gratuite	56,9	55,1
Préparation à la venue du Seigneur	57,14	40,1
Menace contre les méchants	57,21	48,22
Réponse aux lamentations du peuple	58,1	48,1
Retour des dispersés	60,4	49,12.18
Domination sur les nations	60,16	49,23
Alliance perpétuelle	61,8	55,3
Israël connu des nations	61,9	55,5
L'étendard du peuple	62,10	49,22
YHWH se laisse trouver	65,1-2	55,6-7
Nouvelle création	65,17	43,19
L'enfantement	66,7-8	54,1
La jubilation	66,10	54,1
La paix comme un fleuve	66,12	48,18
Retour dans la tendresse	66,12	49,22
La juste rétribution	66,13	55,1
Révélation de la gloire du Seigneur	66,18	40,5
Le symbole du signe	66,19	55,13
Une descendance certaine	66,22	48,19

6. Conclusion

Le parallélisme thématique et littéraire entre 61,1-3 et 42,1 qui décrivent l'élection et la mission du serviteur ne peut laisser un lecteur avisé indifférent. Par ailleurs, différents échos des quatre chants du serviteur se repèrent dans le Trito-Isaïe comme nous l'a illustré l'étude des textes. S'il est vrai que le salut et l'accomplissement des promesses sont les sujets fondamentaux du Deutéro-Isaïe, il est également vrai qu'ils restent subordonnés au thème de la mission. Ainsi, Elmer Arthur Martens[174] cite majoritairement des passages tirés du Deutéro-Isaïe, confirmant que la mission est son thème dominant.

---

[174] Cf. E.A. MARTENS, «Impulses to Mission», 215-239.

Selon Blenkinsopp[175], la domination des chants du serviteur dans la deuxième patrie du Deutéro-Isaïe (chaps. 49–54), manifeste la volonté du rédacteur de créer une continuité entre le Deutéro et le Trito-Isaïe à travers le thème du serviteur. Beuken[176] ira plus loin en voyant dans les serviteurs du Trito-Isaïe (66,13-14) des descendants du serviteur souffrant. Il n'est donc pas étonnant que le binôme «élection-mission», qui s'est révélé l'un des deux thèmes dominants dans le Trito-Isaïe, soit également le thème central et commun aux quatre chants du serviteur. On pourrait ainsi dire sans se tromper que le Deutéro et le Trito-Isaïe sont essentiellement unis par le binôme «élection-mission».

Notons cependant que la mission dans le Deutéro-Isaïe a un caractère propre et une originalité que l'on ne trouve pas dans le Trito-Isaïe. Les deux derniers chants en particulier, par leur insistance sur la persécution et la persévérance du serviteur jusqu'à la mort, donnent à la dimension missionnaire du Deutéro-Isaïe une profondeur spirituelle presque unique dans la littérature prophétique. En d'autres termes, les chants du serviteur introduisent un nouveau concept de la mission ou du moins élargissent le concept traditionnel de la mission limitée à la proclamation de YHWH le vrai Dieu et à la condamnation des idoles, à de nouvelles dimensions.

Les chants du serviteur étendent la mission à la souffrance pour une bonne cause, à l'intercession, et surtout au sacrifice de la vie (53,12). La mission du serviteur s'accomplit à travers un échec apparent. Les fruits de sa mission ne se verront pas de son vivant. Mais ceux-mêmes qui l'ont persécuté et condamné reconnaîtront qu'ils se sont trompés et se convertiront. Celui qu'ils avaient traité avec mépris jusqu'à la mort devient une révélation pour eux. L'œuvre du serviteur est ainsi reconnue, acceptée et magnifiée.

Nous déduisons que le Trito-Isaïe n'insistera plus sur le mode de l'accomplissement de la mission peut-être pour ne pas reprendre ce qui est déjà dit dans le Deutéro-Isaïe. Il mettra plutôt l'accent sur l'élection pour une mission ainsi que la dimension eschatologique de cette dernière. Mais quelles que soient les nuances et les diversités observées dans le concept de la mission et de son accomplissement entre le Deutéro et le Trito-Isaïe, il est indéniable que le binôme «élection-mission» est une composante déterminante de la continuité et de l'unité entre les deux parties du livre d'Isaïe. A cet effet, nous partageons entièrement la position de J.L. McKenzie qui affirme que le thème dominant du Deu-

---

[175] Cf. J. BLENKINSOPP, *Isaiah 40-55*, 74.
[176] Cf. W.A.M. BEUKEN, «The Main Theme», 67-102.

téro-Isaïe est la mission d'Israël, mission pour laquelle il est sauvé pour en être témoin en tant que serviteur de YHWH[177]. Cela dit, d'autres connections secondaires pourraient être signalées, mais nous avons choisi de nous limiter à la continuité thématique pour rester fidèle à l'objectif du travail.

Si l'élection et la mission établissent l'unité et la continuité entre le Trito-Isaïe et le Deutéro-Isaïe, il y a logiquement lieu de s'interroger aussi sur l'unité et la continuité entre le Trito-Isaïe et le Proto-Isaïe. Notre quatrième chapitre, tentera de répondre à cette question.

---

[177] J.L. MCKENZIE, *Second Isaiah*, LVII: «The dominant theme of Second Isaiah is not salvation, but the mission of Israel for which the nation is saved. Israel is the servant of YHWH and the witness of YHWH».

Chapitre IV

Rapports thématiques entre le Trito-Isaïe et le Proto-Isaïe

Dans la même perspective que le précédent, ce chapitre pose la question de l'unité des trois parties du livre d'Isaïe et plus concrètement de la relation entre le Trito-Isaïe et le Proto-Isaïe. Nous partirons de l'hypothèse que les chaps. 1–39 et 56–66 sont reliés par les thèmes de la justice et de l'alliance. Le binôme «alliance-justice» étant un des sujets fondamentaux du Trito-Isaïe, il s'agira de vérifier s'il est présent dans les chaps. 1–39. Le chapitre comprendra ainsi quatre parties. La première partie nous situera dans le contexte historique du Proto-Isaïe en nous rappelant les évènements historiques signifiant pour la compréhension du texte et en nous présentant les principales hypothèses sur la formation du Proto-Isaïe. La deuxième partie se penchera essentiellement sur la structure et les grandes unités littéraires et thématiques du premier livre. La troisième partie relèvera les principaux thèmes communs au Trito et au Proto-Isaïe. Enfin, une analyse de passages choisis confirmera l'hypothèse de départ en illustrant par des exemples précis la présence du binôme «alliance-justice» dans le Proto-Isaïe et leurs échos dans le Trito-Isaïe.

1. Contexte historique du Proto-Isaïe

Les chaps. 1–39 sont pleins d'allusions historiques à des références explicites touchant des évènements ainsi qu'à des personnages précis comme nous le lisons en Is 7,1 (Aux jours d'Achaz, fils de Yotam, fils d'Ozias, roi de Juda, Recîn, roi d'Aram, et Péqah, fils de Remalyahou, roi d'Israël, montèrent contre Jérusalem). Ces données historiques peuvent nous illuminer sur le message du texte.

1.1 Le Proto-Isaïe et son époque

L'écriture sainte place le prophète et sa mission au 8ᵉ siècle[1]. L'histoire d'Israël et de Juda en cette période est importante pour la compréhension des chaps. 1–39 du livre[2]. En effet, le prophète Isaïe, fils d'Amoz, était particulièrement actif à Jérusalem dans les années 700 a.C. Nous savons peu sur sa vie et ce peu vient essentiellement de son livre qui narre ses actions et son influence sur son époque. Son contact avec les rois montre son implication dans la politique et les institutions de Juda. Bien que nous n'ayons aucune biographie précise du prophète, certains passages du livre nous indiquent qu'il avait des enfants (Is 7,3; 8,1-4). Il avait probablement aussi un groupe de disciples (8,16) qui seraient les collecteurs de ses précieux messages. Le début de sa vie de prophète apparaît de façon évidente dans son récit de vocation en 6,1: «L'année de la mort du rois Ozias, je vis le Seigneur assis sur un trône très élevé». Cette année pourrait être l'an 742 ou même 736 a.C. Il est important de noter que la mort du roi marque la fin d'une relative indépendance de Juda. En effet, Tiglath-Pileser III qui a pris le pouvoir en Assyrie en 745 avait immédiatement commencé à étendre son empire sur la Syrie et la Palestine. Son successeur continuera la même politique d'expansion de l'empire. Durant une grande partie de la vie du prophète, Juda vivra sous une menace permanente de l'invasion assyrienne. La plupart des oracles et actions du prophète liés à des évènements historiques touchent l'Assyrie. Plus d'une fois, ce denier apparaît comme l'instrument de châtiment de Dieu: «Malheur à l'Assyrie, gourdin de ma colère; ce bâton dans sa main, c'est mon indignation» (Is 10,5).

La guerre syro-éphraïmite (735-732)[3] a aussi suscité des interventions du prophète (Is 7,1-9). Lorsque Tiglath-Pilser III commença son

---

[1] Pour les détails sur les prophètes de son époque, cf. E. KÖNIG, *Das Buch Jesaja*, 1-23; B.W. ANDERSON, *The Eight Century Prophets*, 4-5; R.E. CLEMENTS, *Isaiah 1–39*, 8-16; J.N. OSWALT, *The Book of Isaiah*, 4-16; C.R. SEITZ, *Isaiah 1–39*, 30-31; J. BARTON, *Isaiah 1-39*, 13-28; J. BLENKINSOPP, *Isaiah 1–39*, 98-105; P.K. TULL, *Isaiah 1-39*, 11-32.

[2] Pour des informations plus amples sur les faits historiques de l'époque du prophète, cf. M. NOTH, *The History of Israel*, 253-346; G. BRUNET, *L'Isaïe de l'histoire*, 191-214; H. DONNER, *Geschichte*, 303-387; J.A. SOGGIN, *Storia d'Israele*, 335-361; J. BRIGHT, *History of Israel*, 229-391; J.H. HAYES – S.A. IRVINE, *Isaiah, the Eighth Century Prophet*, 17-46; S.A. IRVINE, *Isaiah, Ahaz*, 70-75; W.J. DOORLY, *Isaiah of Jerusalem*, 1-40; J.M. MILLER – J.H. HAYES, *History of Ancient Israel*, 314-465.

[3] Cf. M.A. SWEENEY, *Isaiah 1-39*, 31-63; J. BLENKINSOPP, *Isaiah 1–39*, 98-105; G.M. TUCKER «Isaiah 1–39», 35-37.

invasion de la Syrie et de la Palestine, les deux leaders de ces territoires formèrent une coalition pour se défendre contre l'invasion assyrienne. Devant le refus du roi Achaz de joindre leur coalition, les rois de Damas et de la Samarie, organisèrent une expédition à Jérusalem pour déposer Achaz (vers 734) et imposer un roi favorable à leur politique. Cette tentative de renversement du roi connut un échec, mais non parce que Achaz avait prêté attention au prophète. Ainsi, Achaz est présenté comme un roi peureux et sans foi dans le Seigneur. Le conflit syro-éphraïmite et son influence sur la politique de Juda apparaissent surtout dans les chaps. 7−8.

En 722, le royaume du Nord est envahi et Samarie la capitale est détruite par l'Assyrie sous Sargon II. Vers 715, une révolte contre l'Assyrie organisée ou encouragée vraisemblablement par l'Egypte suscite une réaction militaire de Sargon II. Le prophète, selon 20,1-6, marcha nu dans les rues de Jérusalem pendant trois ans pour signaler le danger ou le malheur qui s'abattra bientôt sur Juda. Ce signe prophétique n'est rien d'autre qu'un avertissement contre une éventuelle alliance avec l'Egypte face à la menace assyrienne. Is 14,28-32 et Is 18 peuvent être liés à cet évènement. Les dernières années des activités prophétiques d'Isaïe se situent entre 705-701 a.C. durant la crise assyrienne. Lorsque Sargon II meurt en 705, Sennachérib lui succède. Une grande révolte a lieu au sein de l'empire commençant par la déclaration d'indépendance de la Babylonie. A Jérusalem, le roi Ezéchias déclare aussi l'indépendance de Juda de la domination assyrienne (pour des raisons de réformes religieuses selon 2 R 18,18). La réaction de Sennachérib ne se fait pas attendre. Après avoir repris le contrôle de la Babylonie, il s'apprête à envahir Juda. La tentation de faire alliance avec l'Egypte refait surface. C'est alors que le prophète intervient de nouveau pour déconseiller une telle alliance comme le relatent les chaps. 28−31. Mais il est trop tard. L'armée assyrienne décime les villes de Juda et assiège Jérusalem (Is 36−37). Il est très difficile de reconstruire l'histoire de cette intervention armée de Sennachérib. Pour une raison inconnue (soit parce que le roi de Juda a payé un tribut, soit parce que le Seigneur est intervenu en faveur de Juda comme l'a promis le prophète)[4], les Assyriens se retirent sans détruire Jérusalem.

---

[4] Pour une étude approfondie sur les conflits cette époque, cf. S. IRVINE, *Isaiah, Ahaz*; S. HERRMANN, *A History of Israel in Old Testament Times*, 227-262; R. BICKERT, «König Ahas und der Prophet Jesaja», 361-384; J. BARTON, *Isaiah 1-39*, 30-43; G.M. TUCKER «Isaiah 1-39», 35-37; J.H. HAYES - J.M. MILLER, *Israelite and Judean History*, 415-434.

Certains faits historiques racontés dans les chaps. 1–39 vont au-delà du cinquième siècle. Les chaps. 24–27 montrent que le prophète a prédit l'exil à Babylone. En effet, après le règne d'Ezéchias, ses successeurs y compris le roi Josias qui a centralisé le culte à Jérusalem, perdront les batailles contre les assaillants assyriens. Ainsi Nabuchodonosor, successeur de Sennachérib, envahit et détruit Jérusalem y compris le temple (597-587 a.C.). Le dernier roi davidique et une grande partie de la population sont déportés en exil (l'exil ne prendra fin qu'avec l'avènement du roi Cyrus, Jérusalem et le temple seront alors reconstruits). Les discours prophétiques de cette époque prendront un caractère apocalyptique (chaps. 24–27)[5].

1.2 *Les traditions religieuses*

Bien que les chaps. 1–39 forment un seul livre, on peut y distinguer diverses traditions religieuses[6] dont certaines plus anciennes que d'autres. Le prophète tout en gardant son originalité et son intuition personnelle n'a pas inventé tout son message. Il s'est appuyé sur des traditions existantes avant lui. Les chaps. 1–9 et 28–31 proviennent probablement d'une tradition très ancienne. Il serait erroné de considérer le prophète comme un individu solitaire et créatif qui a introduit une nouvelle loi ou une nouvelle et radicale interprétation éthique de la loi. Le prophète s'inscrit dans une longue tradition religieuse dont il ne constitue qu'un maillon. Parmi ces traditions, il y a avant tout la tradition prophétique elle-même. Il s'agit de l'ensemble des enseignements et des formules caractérisant les prophètes en général. La forme et la substance des discours prophétiques ont une tradition commune. Les oracles contre les peuples et les rois, les avertissements et les menaces de châtiments ne sont pas propres à Isaïe mais à la tradition prophétique. L'alliance au Sinaï apparaît très peu dans la tradition prophétique. Il y a plutôt une référence à la Torah en Is 2,3 et surtout en 5,24 (כי מאסו את תורת יהוה צבאות, car ils ont rejeté la torah du Seigneur le Tout-Puissant).

Une seconde tradition théologique qui se retrouve dans Is 1–39 est l'élection du roi et de la Cité Sainte (le Mont Sion, ou la ville de Jérusalem). Ce thème ne date pas du prophète, mais dérive d'une profession de foi très ancienne que nous retrouvons en Ex 15 et dans les Psaumes

---

[5] Cf. J. VERMEYLEN, *Du prophète Isaïe*, 1-35; R.E. CLEMENTS, «The Prophecies of Isaiah to Hezekiah», 65-78; J. BLENKINSOPP, *Isaiah 1–39*, 98-105.

[6] Pour plus de précisions sur ce sujet voir: G.M. TUCKER «Isaiah 1–39», 37-40.

(48; 52; 74; et 132). Pour gouverner son peuple selon sa volonté, le Seigneur a choisi la dynastie de David son serviteur en promettant que ses descendants lui succèderont sur son trône (2 S 7; 11,1-9). Cette dynastie est à la fois une grâce de Dieu et un moyen concret de stabilité et de sécurité pour le peuple. Lorsque le roi Achaz manifeste un manque de foi dans les chaps. 7–8, cette tradition prend une signification messianique (9,1-7; 11,1-9). Le Seigneur a choisi aussi la ville de Jérusalem comme sa cité et son centre, le mont Sion comme lieu de sa rencontre avec le peuple dans le temple. La terrifiante vision du prophète en Is 6 est liée à cette tradition. Dans divers chapitres du livre surgit la question de savoir si le Seigneur laissera l'ennemi s'emparer de la ville sainte ou la protègera (1,8; 3,17; 4,5; 10,24; 24,23; 29,8; 33,5). Il n'est pas du tout facile de repérer et définir clairement toutes les traditions religieuses ou théologiques qui se retrouvent dans le livre. Cette diversité explique les nombreuses tensions thématiques que l'on y trouve. En effet, il serait difficile de vouloir faire un résumé uniforme du message du Proto-Isaïe en y voyant soit une bonne nouvelle soit une mauvaise nouvelle. Il n'est par exemple pas facile de concilier la vision de Jérusalem comme centre du monde et ville de la paix en 2,1-4 avec le chant de la vigne en 5,1-7 qui proclame le jugement. Par ailleurs, les interprétations peuvent varier selon les générations, les contextes et les situations. Ces complexités constituent en même temps la richesse du livre.

Les différents thèmes du livre sont certainement liés aux traditions religieuses ayant influencé le prophète[7]. Le motif des accusations appartient à la tradition prophétique et se retrouve chez tous les prophètes. Les causes des accusations sont nombreuses et variées. Le peuple est traité de rebelle en 1,2-3, et de désobéissant à la loi en 5,24. Il lui est aussi reproché d'opprimer les faibles en 1,10-17 et d'être injuste en 5,8-24; 10,1-4. Les autorités religieuses et politiques sont particulièrement visées dans certains passages comme 3,1-15 et 28,1-8 où elles sont clairement accusées d'avoir failli à leur responsabilité. Enfin, les reproches touchent parfois les peuples étrangers qui provoquent la colère de Dieu par leur arrogance (10,5-19).

La venue du Seigneur et l'imminence de son jugement forment un autre courant religieux. La venue du Seigneur est souvent présentée

---

[7] Sur ce sujet, cf. J. VERMEYLEN, *Du prophète Isaïe*, 1-35; R.E. CLEMENTS, «Beyond Tradition History», 45-113; L. PERLITT, «Jesaja und die Deuteronomisten», 133-149; J. BARTON, *Isaiah 1-39*, 57-62; J. BLENKINSOPP, *Isaiah 1-39*, 105-111; G.M. TUCKER «Isaiah 1-39», 37-40.

comme le temps du jugement, caractérisé par la punition des rebelles et la récompense pour les serviteurs de YHWH. Ainsi, la vigne sera détruite parce qu'elle a produit l'injustice et le cri du malheureux, au lieu du droit et de la justice (5,1-7). Il régnera un chaos dans le peuple (3,5), le roi et le peuple seront déportés en exil (39,6-8). Le jour du jugement est aussi qualifié de jour du Seigneur (2,12.20; 4,1; 7,20; 13,6) et n'épargne pas les nations étrangères (chaps. 13–23), voire le monde entier (24,1-23). Il convient de mentionner aussi le salut et la rédemption qui sont liés à la tradition de l'élection du roi et de la ville sainte. La dynastie davidique et la ville de Sion jouent un rôle prééminent dans ce contexte. La venue du Seigneur garantit la restauration. Ainsi, la justice et la paix du Seigneur seront établies par un nouveau roi qui inaugurera un nouveau règne et de nouvelles relations entre les créatures (11,1-9). Jérusalem, la ville choisie, sera protégée contre les ennemis (31,4-5; 37,6-7). Les exilés seront libérés et retourneront à Jérusalem (11,10-16; 35,1-10). Les étrangers contribueront à cette nouvelle ère de paix (2,1-4).

Enfin, l'affirmation radicale du monothéisme a toujours été une tradition théologique fortement présente chez les prophètes[8]. Les prophètes instruisent le peuple sur ce qu'il faut croire et comment se comporter en homme de foi en YHWH. Le peuple et particulièrement les rois sont appelés à mettre leur espoir uniquement dans le Seigneur, le roi des armées et le maître de l'univers (31,1). Le prophète Isaïe avertira ainsi le roi Achaz en 7,9: «אם לא תאמינו כי לא תאמנו, si vous ne croyez pas, vous ne subsisterez pas». Lorsque Jérusalem est dans le tourment, le Seigneur Dieu, le Saint d'Israël lui envoie le message suivant en 30,15: «ובבטחה תהיה גבורתכם ולא אביתם», votre force est dans le calme et la confiance, mais vous ne voulez pas». De telles instructions sont aussi liées à la tradition de l'élection du roi et de la ville de Jérusalem. La foi dans ce contexte est une confiance totale en YHWH et un engagement à lui rester fidèle.

Sans renier l'originalité du prophète, il faut dire qu'il s'inscrit dans une grande tradition religieuse et théologique dont les différents courants ont influencé et orienté son œuvre et son message.

1.3 *La formation du Proto-Isaïe*

La question de la formation du Proto-Isaïe est devenue particulièrement significative depuis l'hypothèse de Bernhard Duhm[9] séparant le

---

[8] Cf. G.M. TUCKER, «Isaiah 1–39», 37-40.
[9] Cf. B.L. DUHM, *Das Buch Jesaja*, XIII-XIV; XVIII-XIX.

livre en trois parties. Diverses hypothèses ont été ainsi émises sur la formation du livre chacune essayant d'apporter une lumière sur le sujet en question.

1.3.1 Des collections indépendantes

Bernhard Duhm était lui-même le premier à émettre une hypothèse sur la formation du livre après avoir isolé et déterminé des unités littéraires distinctes les unes des autres. Dans sa genèse du livre, il évoque la complexité du livre et insiste surtout une formation progressive s'étendant sur une longue période[10], fruit de divers rédacteurs. Selon Duhm[11], le prophète Isaïe aurait mis par écrit un recueil rassemblant ses propres discours datant des années 705-701 (28,1–30,17) et plus tard un second recueil en relation avec la guerre syro-éphraïmite (7,2-16; 8,1-18). Ses disciples (cf. 8,16) rassemblèrent plusieurs autres collections assez diverses et indépendantes les unes des autres (2,6–4,1; 2,2-4 et 11,1-8). A partir de l'exil, ces petites unités sont étoffées par l'apport d'autres pièces anonymes. C'est au 4ᵉ siècle que naîtra le premier embryon du livre contenant surtout des unités de nature biographique comme 6,1–9,6; 20; 34–39. Le grand rassemblement des collections éparses commencera sous les Hasmonéens et a pris fin 70 a.C.

Karl Marti[12] défendra plus tard une thèse très semblable à celle de Duhm. Selon Marti, le prophète Isaïe aurait édité deux collections importantes (première collection: 6,1-11; 7,2-4a, 8,1-4, deuxième collection: 28,1-4.7-22; 39,1-4a; 30,1-3). La seconde étape reste par contre floue et caractérisée par la circulation de divers recueils d'oracles isaïens indépendants les uns des autres. Ce n'est qu'à partir de l'exil que les recueils existants sont étoffés et enrichis de nouvelles pièces. Il n'est cependant pas possible de déterminer le moment précis où ces recueils ont été rassemblés en un livre. Au 3ᵉ siècle, l'ouvrage comprendrait déjà les sections 34–39 et 40–66. Mais des pièces importantes comme les chaps. 13–27 manqueraient. C'est vers l'an 100 a.C. que livre aurait pris une forme définitive.

---

[10] Clements souligne l'hypothèse de la formation progressive en affirmant que le livre n'est pas une simple addition d'oracles: «...It is also in order for us to bear in mind that no simple process of simply "adding on" more and more prophecies to the Isaiah scroll can account for its present shape. By a wide scholary consensus chs. 24–27 are regarded as the latest chapters in the book...» (R.E. CLEMENTS, «Beyond Tradition History», 98).

[11] Cf. B.L. DUHM, *Das Buch Jesaja*, 15-22.

[12] Cf. K. MARTI, *Das Buch Jesaja*, XIX.

Pour Duhm et Marti, la formation du livre se serait donc étendue jusqu'à la fin du 2ᵉ siècle. Mais George Buchanan Gray[13] remettra en cause cette hypothèse et fera une proposition selon laquelle la version définitive du livre aurait eu lieu entre le début du 3ᵉ siècle et l'an 180 a.C. Seuls quelques remaniements mineurs seraient intervenus au 2ᵉ siècle. Pour Gray, Isaïe a écrit certains mémoires relatifs à sa prédication, constitués de petits recueils d'oracles rassemblés par ses disciples. Avec le temps, Isaïe devint populaire, de sorte qu'après l'exil les recueils de ses oracles furent complétés surtout avec le thème des promesses. Ce travail donna naissance à des livrets assez proches des chaps. 2–12, 13–23 et probablement 28–32. Ces livrets furent réunis en un seul ouvrage vers le début du 3ᵉ siècle. L'éditeur donna la forme finale en ajoutant une série de petits oracles introductifs et narratifs. Ainsi, un certain temps avant 180 a.C., le Proto-Isaïe fut complété par le Deutéro et le Trito-Isaïe déjà réunis.

Gray identifie ainsi trois livrets correspondant aux grandes articulations du Proto-Isaïe: chaps. 2–12; 13–23; 28–31. Cette dernière section fut complétée plus tard par les chaps. 32–38. Notons que les chaps. 24–27 formaient à l'origine une section indépendante. Tous les autres oracles furent l'œuvre de l'éditeur qui encadra les grandes sections par des oracles introductifs et narratifs pour donner une forme finale au livre.

D'autres partisans de l'hypothèse des collections indépendantes à savoir Robert Henry Pfeiffer[14], Robert Balgarnie Young Scott[15], Georg Fohrer[16], et Rémy Lack[17] ont élaboré des théories semblables à celles décrites plus haut, mais nous n'allons pas entrer dans les détails de leurs propositions. Il convient cependant de signaler les caractéristiques communes aux partisans de cette première hypothèse. Sans avoir besoin de faire une évaluation de chacun des auteurs, notons que leurs théories présentent des traits communs. Toute l'activité rédactionnelle se concentre pendant et après l'exil. Au temps de la monarchie, il n'y a eu que des collections ou recueils de matériaux conservés scrupuleusement. La fusion, les ajouts et développements des oracles se sont tous passés pendant et après l'exil. Cette façon de concevoir la formation du livre simplifie certainement le problème de la composition littéraire du

---

[13] Cf. G.B. GRAY, *The Book of Isaiah*, XXIX-LVII.
[14] Cf. R.H. PFEIFFER, *Introduction to Old Testament*, 447-448.
[15] Cf. R.B.Y. SCOTT, *The Book of Isaiah*, 157-160.
[16] Cf. G. FOHRER, *Das Buch Jesaja I*, 1-20; *Entstehung*, 140-147.
[17] Cf. R. LACK, *La symbolique*, 142-145.

livre mais n'est pas convaincante pour tous. Jacques Vermeylen[18], par exemple, se demande pourquoi attendre l'exil avant d'envisager une activité rédactionnelle. Selon lui un silence de deux siècles serait étonnant. D'autre part, les promesses ne doivent pas forcément être postexiliques. L'activité rédactionnelle semble aussi s'être limitée à des ajouts et fusion en accordant très peu d'importance à l'intention théologique des rédacteurs. Pour pallier ces limites une seconde hypothèse a été émise.

1.3.2 L'hypothèse d'un noyau central enrichi progressivement

Un second groupe d'auteurs se distinguent du premier par leur théorie de l'existence d'un noyau originel. En d'autres termes, un embryon du livre d'Isaïe qui a donné progressivement naissance au texte final. Ils réagissent contre la multiplicité excessive des collections indépendantes et militent pour une unité de chaque partie du livre dont les chaps. 1–35 seraient le Proto-Isaïe original.

Thomas Kelly Cheyne[19] distingue plusieurs étapes dans la composition du livre. Selon lui, le prophète a d'abord mis en circulation deux petites collections de ses oracles, à savoir les chaps. 2–5 et 6,1–9,7. Il édita plus tard un véritable livre comprenant une introduction générale dont le chap. 1, les deux collections mentionnées plus haut et quelques oracles touchant les nations étrangères. Après la mort du prophète, ses disciples complétèrent l'ouvrage avec l'ajout de 10,5–12,6 et 28–32. Les sections suivantes: chaps. 13–14, chap. 23; chap. 21,1-10 et 25 ont été une activité rédactionnelle postexilique.

Karl Budde[20] aussi réagit vivement contre Duhm et ses partisans en déclarant que le caractère décousu de certaines parties du livre n'est pas une raison pour déduire qu'il est composé d'une mosaïque de collections indépendantes. Pour Budde, la diversité des oracles vient des différentes relectures qui ont donné lieu à des remaniements profonds imposés au texte original. Il affirme que le texte final est né d'un noyau originel qui remonte à une époque très ancienne. Ce noyau fut réorganisé après l'exil dans une perspective eschatologique donnant lieu à une nouvelle ordonnance comprenant trois grandes parties qui sont les oracles de malheurs, les oracles contre les nations et les promesses. Selon Budde, les remaniements du noyau originel ne se sont pas limités

---

[18] Cf. J. VERMEYLEN, *Du prophète*, 15.
[19] Cf. T.K. CHEYNE, *The Book of Isaiah*, xii-xv.
[20] Cf. K. BUDDE, *Über die Schranken*, 154-203.

seulement à des ajouts. Il a aussi subi des suppressions de parties jugées inutiles ainsi que la transformation d'oracles anciens en fonction des idées nouvelles.

Otto Procksch[21] rejoint Budde en proposant une sorte de compromis entre les deux tendances radicales (celle de Duhm vs celle de Cheyne). Il distingue ainsi trois étapes dont la première est attribuée au prophète lui-même, la seconde à ses disciples et la troisième à des rédacteurs postexiliques. La première étape fut une collection de deux mémoires correspondant respectivement à sa période de jeunesse et aux derniers temps de son ministère. Les mémoires de jeunesse comprennent les chaps. 2–6 et 9,7–10,4, tandis que les recueils des derniers temps du ministère sont composés des chaps. 28–31 et probablement aussi du chap. 32. Le prophète rassembla le tout qu'il a fait précéder d'une introduction programmatique au chap. 1. Le noyau originel qui serait le véritable livre du prophète était donc composé des chaps. 1–6; 9,7–10,4; 28–31. La seconde étape fut l'œuvre des disciples et donna naissance à deux livrets comprenant d'une part des discours adressés au roi lors de la guerre syro-éphraïmite (7,1–9,6 et 11,1-9) et des discours sur les nations datant du règne de Sargon II de l'autre (10,5-34; 14; 24–27; 15–23). Ces mêmes disciples insérèrent leurs écrits dans le noyau originel. Enfin la troisième étape, œuvre de rédacteurs anonymes postexiliques, a donné lieu à d'autres remaniements et ajouts dont les chaps. 40–66 qui ont leur propre histoire et sont devenus des livres autonomes.

Il convient aussi de mentionner la contribution de Sigmund Mowinckel[22] à la question de la composition littéraire d'Is 1–35. Ce dernier souligne le caractère hypothétique de toute reconstruction de l'histoire du livre en relevant que l'exégèse ne dispose pas de preuve mais seulement d'indices précaires. Il fait une proposition assez détaillée que nous ne jugeons pas nécessaire de présenter (l'objectif du travail n'étant la genèse du Proto-Isaïe). En résumé, pour Mowinckel, le noyau originel fut un recueil des prédications du prophète par ses disciples (8,16). Ce recueil fut édité en trois collections A, B et C. La collection A regroupait les chaps. 6,1–8,23 et la collection B était formée de 1,1-31. Quant à la collection C, qui est la plus grande, elle constituait le corps de l'ouvrage et renfermait la plus grande partie des prédications authentiques du prophète. On y retrouvait par exemple 3,1–4,1; 9,7-20; 10,5-34; 31; 32; 33. Elle daterait de la fin de l'époque assy-

---

[21] Cf. O. PROCKSCH, *Jesaja*, 17-26.
[22] Cf. S. MOWINCKEL, *Die Komposition*, 267-292.

rienne et rassemblerait des oracles plus tardifs par rapport à ceux des collections A et B. Selon Mowinckel, ce fut d'abord la collection B qui a été ajoutée à C en guise d'introduction, et plus tard la collection A fut intégrée à l'ensemble C et B après la chute de Jérusalem. Tous les autres ajouts dont les sections 34–35; 13–23 et 24–27 seraient intervenus après l'exil. Le texte final n'est donc pas une juxtaposition de divers recueils indépendants mais le résultat du remaniement d'un noyau originel. Signalons que Mowinckel apportera plus tard des modifications à sa théorie et adoptera une position qui le rapprochera de Duhm. Dans la même lignée de pensée, Josef Scharbert[23] et Peter Paul Zerafa[24] défendront eux aussi la théorie du noyau originel.

Ce second groupe d'auteurs présentent aussi des caractéristiques communes. Ils répartissent la composition littéraire de l'œuvre en trois périodes dont la première se situe au temps du prophète et peu après son ministère. C'est la période la plus active et durant laquelle furent rassemblés les oracles qui ont été fusionnés en un seul ouvrage et toujours dans la même période. La seconde étape est passive et consiste en une période de conservation entre le temps du prophète et l'exil. A partir de l'exil, la composition connaît une troisième étape qui est une réorganisation totale du noyau originel dans la perspective de l'eschatologie. L'apport de ce second groupe d'auteurs est décisif dans la recherche de la composition du Proto-Isaïe. Il nous permet de comprendre que les divisions actuelles du texte final ne correspondent pas forcément à des entités très anciennes, mais peuvent être le produit d'une activité rédactionnelle beaucoup plus récente. Par conséquent, les grands blocs formés par les chaps. 1–12; 13–23; 24–27 ne datent probablement pas du noyau originel. Ils ont par contre tous le souci de faire remonter au prophète le maximum de textes comme s'ils voulaient à tout prix défendre l'authenticité de l'auteur. Ce parti pris est arbitraire et n'a pas de fondement historique. On pourrait faire à ce groupe d'auteurs pratiquement les mêmes remarques qu'au premier groupe. Il valorise le rôle du prophète et de ses disciples immédiats dans la composition du livre, mais presque rien n'est dit sur la grande œuvre fondamentale des rédacteurs entre leur époque (du prophète et ses disciples) et le temps de l'exil. D'autre part, qualifier cet apport simplement d'additions et de restructuration ou remaniement est le dévaloriser.

---

[23] Cf. J. SCHARBERT, *Das Entstehen*, 204-211.
[24] Cf. P.P. ZERAFA, «Il resto d'Israele», 14-15.

Face aux limites de ce second groupe d'auteurs, une troisième hypothèse voit le jour: celle de l'histoire rédactionnelle (la *Redaktionsgeschichte*).

1.3.3 L'histoire rédactionnelle du Proto-Isaïe

Pour bien saisir l'évolution de la composition littéraire de l'œuvre du prophète, il est insuffisant de relever les remaniements et ajouts successifs qui ont eu lieu. Il est important de comprendre l'intention ou l'objectif que visait chaque remaniement ou ajout. C'est cet effort que tenteront de faire les partisans du troisième groupe d'auteurs dont nous parlerons dans ce paragraphe.

Un des premiers auteurs à exprimer clairement cette préoccupation est Joachim Becker[25]. Il relève les traits communs aux textes non isaïens reconnus dans le texte final, et note que ces textes sont tous écrits dans une même perspective eschatologique. Ils portent par ailleurs des marques de l'exil ou de l'époque qui a suivi le retour des déportés et présentent entre eux des analogies sur la forme et dans le vocabulaire. La rédaction n'est donc pas une rédaction continue sur une longue période mais, plutôt le travail d'une école ou d'un scribe qui a travaillé à une période précise de l'histoire du peuple d'Israël. Selon Becker, les paroles du prophète lui-même n'ont pas été altérées par des remaniements successifs comme le pensent les partisans du noyau originel. Elles ont été soigneusement conservées de sorte qu'elles sont facilement séparables des textes rédactionnels. L'intention des rédacteurs étaient de donner un nouveau sens aux discours authentiques d'Isaïe dans un nouveau contexte. Par exemple, les oracles relatifs à la royauté sont relus dans une perspective théocratique en considérant YHWH comme le vrai roi d'Israël. Les prophéties sur la menace de l'invasion assyrienne sont réinterprétées comme une offensive eschatologique des païens contre le sanctuaire. La grande limite de Becker est son silence sur la phase préexilique de la formation du livre. Cependant, l'intuition de Becker est fondamentalement juste et ouvre des nouvelles voies d'étude du livre.

Hermann Barth[26] concentre son attention sur les phases préexiliques de la formation de l'ouvrage en particulier des chaps. 1−35 et déduit qu'un grand nombre d'oracles date de l'époque du roi Josias. Selon Barth, un important travail rédactionnel s'est effectué sous le règne de

---

[25] Cf. J. BECKER, *Isaia*, 33-44.
[26] Cf. H. BARTH, *Israel*, 215-242.

CHAP. IV : TRITO-ISAÏE ET PROTO-ISAÏE 199

Josias à partir d'un noyau originel provenant du prophète et de ses disciples. Ce travail a consisté non seulement à réunir mais surtout à réinterpréter les oracles en fonction de l'actualité de l'époque à savoir la chute de l'Assyrie et le règne glorieux du roi Josias. Ainsi, l'annonce des malheurs pour Assyrie, le salut pour Israël et les promesses de bonheur sont essentiellement le produit des activités rédactionnelles. Barth consent avec les auteurs précédents qu'un grand travail rédactionnel a eu lieu pendant et après l'exil. En effet, les évènements tragiques expérimentés d'une part et le retour des déportés à Jérusalem d'autre part, ont conduit à une relecture des oracles à la lumière des expériences vécues. Il place les derniers ajouts entre le 4e et le 3e siècle a.C.

La contribution de Barth a permis un pas de géant apportant une solution aux limites de Becker. Le grand silence sur la période qui va du temps de la fin du ministère du prophète au temps de l'exil est rompu. Nous savons désormais qu'un important travail rédactionnel a été fait aussi avant l'exil. Il ne s'agit pas d'une pure conservation scrupuleuse des oracles du prophète mais une relecture et une interprétation à la lumière des actualités de l'époque. Par ailleurs, avec Barth, nous comprenons que les divers remaniements sont révélateurs d'une nouvelle compréhension du texte. Tout le texte prend donc un nouveau sens.

Parmi les hypothèses les plus récentes sur le sujet en question, citons celle J. Vermeylen qui affirme que l'histoire rédactionnelle du Proto-Isaïe est longue et complexe. Selon lui, elle aurait commencé au 8e siècle avec une collection des oracles du prophète et aurait évolué de rédactions en rédactions jusqu'à l'époque hellénistique[27]. J. Ferry, tout en citant Vermeylen, se contente de mentionner les différents contextes historiques de la rédaction du Proto-Isaïe[28]. Quant à J. Stormberg, il fait une longue et complexe analyse de différents chapitres du livre et déduit que l'histoire rédactionnelle du livre s'étend sur les trois périodes importantes de l'histoire du peuple à savoir les périodes préexilique, exilique et postexilique[29].

Malgré tous les efforts fournis par les différents auteurs et les différentes théories élaborées sur la formation du Proto-Isaïe, il faut reconnaitre qu'il n'existe aucune certitude absolue sur les étapes de la forma-

---

[27] Cf. J. VERMEYLEN, «Des rédactions», 145-180.
[28] Cf. J. FERRY, *Isaïe*, 11-36.
[29] Cf. J. STROMBERG, *Introduction*, 11-25; *Isaiah after Exile*, 147-228.

tion du livre³⁰. Il est effectivement difficile de savoir jusqu'où nous pouvons remonter dans l'histoire de la composition littéraire. Par ailleurs, nous n'avons pas d'informations précises sur la tradition orale du Proto-Isaïe. La rédaction finale et l'ordre actuel des livres ne peuvent non plus être établis avec certitude. Nous sommes donc contraints de nous contenter des différentes hypothèses plus ou moins crédibles que nous ont offertes les différents chercheurs présentés dans ces paragraphes³¹.

2. Structure et grandes unités thématiques de Is 1–39

Dans leur recherche sur la formation du livre, divers auteurs³² ont pu déterminer de grandes unités thématiques plus ou moins organisées donnant lieu à une structure du Proto-Isaïe. Aussi distinguent-ils une structure à quatre parties dont les chaps. 1–12; 13–27; 28–35 et 36–39. Il faut préciser que cette division est uniquement fondée sur le texte final et prend donc en considération les dimensions diachroniques, synchroniques, et voire même la portée théologique de l'œuvre.

2.1 *Les chaps. 1–12*

Ces chapitres forment la première partie du Proto-Isaïe et se distinguent essentiellement par leur dimension introductive de l'œuvre (chap. 1) et l'attribut «קדוש ישראל, Saint d'Israël» (12,6) au Seigneur. Ils for-

---

[30] Déjà, C.C. Torrey exprimait son scepticisme sur toutes les hypothèses concernant Is 1–35 en affirmant qu'il était impossible de remonter jusqu'au 3ᵉ siècle (cf. C.C. TORREY, *Some Important Editorial*, 109-139).

[31] Pour d'autres points de vue sur l'histoire rédactionnelle du livre, cf. E. KÖNIG, *Das Buch Jesaja*, 23-30; R.E. CLEMENTS, «The Unity of the Book of Isaiah», 117-129; *Isaiah 1–39*, 2-6; J.T. WILLIS, «The First Pericope in the Book of Isaiah», 63-77; M.A. SWEENEY, *Isaiah 1–4*, 17-37; J. VERMEYLEN, «L'unité du livre d'Isaïe», 11-53; M.E. TATE, «The Book of Isaiah in Recent Study», 22-56; U. BECKER, *Jesaja: von der Botschaft zum Buch*, 28-31; 223-257; R.B.Y. SCOTT, «The Book of Isaiah», 139, *IB*,V, 149-381.

[32] Cf. K. BUDDE, «Das Immanuelzeichen», 22-54; G. FOHRER, «Jesaja 1», 251-268; J.J. SCULLION, «An Approach», 288-300; R.A. CARLSON, «The Anti-Assyrian», 130-135; H. CAZELLES, «La vocation d'Isaïe», 89-108; «Qui aurait visé», 409-420; P.R. ACKROYD, «Isaiah I–XII», 16-48; J.T. WILLIS, «On the Interpretation», 35-54; E.W. CONRAD, «The Royal Narrative», 67-81; R. RENDTORFF, «Jesaja 6», 73-83; G.K. BEALE, «Isaiah 6, 9-13», 257-278; B.C. JONES, «Isaiah 8.11», 145-159; P. WEGNER, «Another Look», 481-484; B. GOSSE, «Isaïe 52,13–53,12 et Isaïe 6», 537-543; «Isaïe 6», 340-349; «Isaïe 1», 52-66; «Isaïe 8», 57-62; G.M. VAN RUITEN, «The Intertextual», 31-42; J.-P. SONNET, «Le motif de l'endurcissement», 208-239; A.J. TOMASINO, «Isaiah 1,1–2,4», 81-98; M.E.W. THOMPSON, «Israel's Ideal», 79-88; W.A.M. BEUKEN , *Jesaja 1–12*, 39-45; *Jesaja 13–27*, 18-35; *Jesaja 28–39*, 22-30.

ment une unité littéraire et thématique sans être isolés ou déconnectés des autres sections. Le noyau originel de cette section était probablement formé des chaps. 6–8 où le sujet parlant est le prophète s'adressant au roi Achaz sous le règne de Tiglath-Pileser III. Sur le plan historique, Is 1–12 proclame l'ascension et la chute de l'Assyrie. Sur le plan social et religieux, c'est une série de dénonciations des défaillances morales du peuple et de ses dirigeants donnant à cette section la caractéristique particulière des prophètes du 8e siècle a.C. Les critiques acerbes contre les impérialistes envahisseurs sont à appliquer non seulement à l'Assyrie mais aussi à la Babylonie qui a mis fin au royaume de Juda entre 589-586 a.C. Il n'est donc pas surprenant que les premiers poèmes suivant les chaps. 1–12 soient aussi anti-babyloniens[33] (13,1-22; 14,3-23). Dans l'ensemble, on note dans ces chapitres une volonté de se tourner vers le futur et d'oublier le grand désastre politique et militaire des années de l'occupation. Les jugements et les promesses se succèdent mais tous concernés par le sort ou le destin de Juda et de Jérusalem (1,27-31; 2,2-5; 4,2-4; 10,20-23; 11,10-16). Cette préoccupation pour le destin de la ville du Seigneur est propre à la tradition isaïenne et se retrouvera dans le Deutéro et le Trito-Isaïe. La présence du temple dans cette ville fait d'elle le lieu de rencontre entre YHWH et le peuple.

En examinant la section des chaps. 1–12, on se rend compte que son organisation interne est une succession de structures superposées. Le début de 2,1 (הדבר אשר חזה ישעיהו בן־אמוץ, la parole que vit Isaïe, fils d'Amos) semble être une reprise thématique de 1,1 (חזון ישעיהו בן־אמוץ, vison d'Isaïe, fils d'Amos). Cette répétition donne l'impression que le chap. 1 peut être isolé et considéré comme une introduction à tout le Proto-Isaïe. Par ailleurs les chaps. 2–4, composés de dénonciations et de menaces, sont encadrés par les visions de paix et de joie d'une Jérusalem bientôt purifiée et libérée en 2,1-4 et 4,2-6. Cette organisation semble voulue dans le but établir une relation entre le passé et le présent. Les jugements prononcés dans le passé restent valides dans le présent sans pour autant être le dernier mot du prophète. En d'autres termes, les oracles du passé doivent être continuellement relus à la lumière des évènements qui se succèdent, chaque présent étant appelé à devenir un passé pour laisser sa place à un autre présent. Les néces-

---

[33] Cf. J.J. SCULLION, «An Approach», 288-300; J.T. WILLIS, «On the Interpretation», 35-54; P. WEGNER, «Another Look», 481-484; A.J. TOMASINO, «Isaiah 1,1–2,4», 81-98; G.M. VAN RUITEN, «The Intertextual», 31-42; J.-P. SONNET, «Le motif de l'endurcissement», 208-239; M.E.W. THOMPSON, «Israel's Ideal», 79-88.

saires relectures des oracles peuvent changer la forme et le sens d'un oracle.

Le chant de la vigne en 5,1-7 (réinterprété en 27,2-5) sert de transition à la partie narrative de la section qui traite de l'agression de la Syrie sur Juda. Ainsi cette narration est située entre la mort de Uzziah roi de Judah (6,1) et la mort de son successeur Achaz (14,28). Toujours sur le plan de l'organisation interne, on peut supposer que 8,18 qui loue les œuvres de YHWH est la conclusion de tout l'épisode sur la vision qui commence en 6,1. D'autre part, le poème sur le nouvel ordre qui régnera (8,23–9,7) avec ses visions de lumière, de joie et de paix ressemble à une réponse à la vision des catastrophes annoncées en 1,5-9.

Des observations précédentes, toute la section pourrait être résumée en ces termes: le prophète Isaïe tente de convaincre le roi Achaz qu'il n'a rien à craindre de l'alliance syrienne et samaritaine et il veut le dissuader des mauvais conseils pouvant conduire à son échec. La mission du prophète auprès du roi est présentée à la première personne (6,1-13), le corps de la nation est à la troisième personne (7,1-17) et la première personne revient dans la dernière partie (8,1-18). Cet arrangement révèle encore une fois la construction littéraire et le travail des rédacteurs dans cette section du livre. La vision de la cour céleste en 1,1-13 avec ses accusations et dénonciations n'est pas seulement une légitimation de la mission du prophète auprès du roi Achaz mais aussi un rapport sur l'échec de cette mission. Dans la partie narrative sur l'intervention militaire des Assyriens, se trouvent deux parenthèses (5,26-30 et 10,5-34) qui sont des réponses à la plainte du roi Achaz à travers une punition de ses agresseurs pour avoir dépassé les limites de leur mission. Ces textes peuvent être appliqués au contexte historique du roi Achaz aussi bien qu'à l'époque de Sennachérib trois décades plus tard. En outre, nous pouvons les qualifier de poèmes sur la colère divine formés de cinq strophes se concluant par le même refrain exprimant le menace de la main de Dieu: ידו נטויה, et sa main est encore tendue (5,25; 9,11; 9,18; 9,22; et 10,4). Leur fonction est d'insister sur l'étroitesse spirituelle et l'obstination du peuple et du roi qui ont conduit à l'échec de la mission de 734 a.C. Il se peut que 5,25 soit séparé des autres strophes et soit rattaché par accident à la série des cinq malédictions précédentes (5,8-24). Ces malédictions diverses dans leurs contenus et dans leurs longueurs s'adressent particulièrement aux autorités politiques, religieuses et intellectuelles. Notons aussi les deux poèmes exaltant la dynastie davidique idéale (9,1-6 et 11,1-9) qui précèdent l'annonce de la mort de

Achaz (14,28) et expriment ainsi l'espoir d'un futur meilleur avec le règne du roi Ezéchias[34].

Ces passages sont les composantes principales de cette section. Les autres textes sont des amplifications et des ajouts pour actualiser le message surtout pendant les périodes critiques de la vie des rois ou du peuple telle que les dominations babylonienne, persane et d'autres genres de malheurs.

2.2 *Les chaps. 13–27*

Cette section plus complexe que la première commence avec l'annonce d'une vision du prophète: (משא בבל אשר חזה ישעיהו בן־אמוץ), proclamation sur Babylone, ce que vit Isaïe fils d'Amoz). C'est surtout la fin de la section qui n'est pas claire, bien que les images de la moisson ou du rassemblement des dispersés et de leur retour dans leur terre en 27,12-13 correspondent au thème du rapatriement en 14,1-2. Notons que les chaps. 1–12 et 28–35 qui encadrent notre section (les chaps. 1–12 la précèdent et les chaps. 28–35 la suivent) sont essentiellement des critiques politiques ou religieuses dans le royaume de Juda sous le règne du roi Achaz et ensuite du roi Ezéchias. Bien que ces textes contiennent diverses expansions, le thème central reste le même. S'il est vrai que les chaps. 13–27 contiennent aussi des accusations contre Jérusalem (22,1-15), le contenu essentiel de cette section est plutôt constitué de dénonciations contre les nations étrangères[35]: contre Babylone (13,1-22; 14,3-23; 21,1-10), la Philistine (14,29-31), Moab (15,1–16,14), Damas (17,1-3), l'Ethiopie (18,1-7), l'Egypte (19,1-17), Edom (21,11-12), les Arabes (21,13-17), Tyr et Sidon (23,1-17). Ces nations étrangères sont sous la menace du jugement ou de la vengeance de Dieu. Notons le mot hébreu משא (proclamation, oracle) en 13,1; 15,1; 17,1; 19,1; 21,1; 11,13; 22,1; 23,1: seul le premier est attribué au prophète.

Is 20,1-6 décrit le fameux signe du prophète qui se promène nu dans les rues de Jérusalem, prédisant la défaite des alliés du peuple de Juda (l'Egypte et l'Ethiopie) et donc du peuple aussi. Il forme un texte particulier difficile à relier avec les autres.

---

[34] Cf. R.E. CLEMENTS, «The Prophecies of Isaiah to Hezekiah», 65-78; B.C. JONES, «Isaiah 8.11», 145-159.

[35] Cf. L.R. BAILEY, «Isaiah 14», 171-176; W. BRUEGGEMANN, «Planned People», 19-37; B. GOSSE, «Le "moi" prophétique», 70-84; «Isaiah 21», 21-22; «Isaiah 17», 20-23; M.A. SWEENEY, «Textual Citations», 39-52; C.T. BEGG, «Babylon», 121-125; R.E. CLEMENTS, «Isaiah 14», 253-262; G.I. DAVIES, «The Destiny», 93-120; T.G. SMOTHERS, «Isaiah 15–16», 70-84; J.R. BARTLETT, «Edom», 13-24.

Les quatre derniers chapitres de cette section à savoir 24–27 sont en général considérés comme une unité littéraire assez différente des passages qui les précèdent[36]. En effet, depuis l'époque de Duhm, cette unité se nommait «l'Apocalypse d'Isaïe». Mais en fait cette unité n'a aucune formule introductive ni une structure particulière qui la distingue des passages précédents. D'autre part, tout le contenu de l'unité ne peut être qualifié d'apocalypse (25,1-5 est un psaume, 26,7-29 est une prière 27,2-5 et est un commentaire sur le vignoble). Il y a donc plus de liens qu'on ne le croit entre les chaps. 24–27 et les chapitres précédents. C'est dans ce contexte que Blenkinsopp[37] considère cette unité comme une amplification ou extension des poèmes contre la Babylonie. Ces poèmes en effet mettent un accent sur le contraste entre le sort négatif de la Babylonie et la restauration glorieuse de Jérusalem. Ce contraste est mis en évidence en 26,1-6 où Jérusalem célèbre la paix retrouvée dans ses murs reconstruits et fortifiés tandis que les étrangers et ses oppresseurs sont dans l'humiliation. Pour être bref, Blenkinsopp suggère de lire les chaps. 24–27 comme une amplification des chaps. 13–23. Ces hypothèses nous paraissent convaincantes.

La position des poèmes contre la Babylonie situés entre les chaps. 1–12 et 14,24-27 (des dénonciations contre l'Assyrie) trahit une structure rédactionnelle antérieure qui a sûrement été modifiée plus tard en vue de former une unité littéraire incluant les poèmes anti-babyloniens. Par ailleurs, quatre des oracles contre les étrangers (21,1.11.13; 22,1) sont très brefs et sont probablement des ajouts tardifs. Notons en passant que la vallée de la vision en 22,1-14 ne concerne pas les nations étrangères. Il pourrait s'agir d'une série d'oracles provenant de diverses activités réactionnelles mais progressives. La formule d'introduction très commune ביום ההוא, en ces jours là (17,4-6; 18,7; 19,16-17; 22,8b-11; 22,12-14) en est un indice. Une lecture attentive de ces passages confirme qu'il s'agit d'un phénomène de créativité en partant d'un matériel plus ancien qui dans certains cas peut être repéré. Dans 19,16-25 (contre les Egyptiens), 22,15-25 (chute des gouverneurs de Juda) et 16,13 (contre Moab) semblent être les oracles originaux à partir desquels sont nées les expansions ultérieures.

De ces observations, nous concluons que cette section (13–27), tout comme la première, insiste particulièrement sur le jugement contre Israël, le jugement contre les nations étrangères et le salut d'Israël. En commençant avec les poèmes contre la Babylonie (13,1–14,23), notre

---

[36] Cf. J. BLENKINSOPP, *Isaiah* 1–39, 271.
[37] Cf. J. BLENKINSOPP, *Isaiah* 1–39, 272.

section introduit un nouveau contexte historique sans changer de perspective théologique. Elle nous propose une lecture des évènements de la période néo-babylonienne à la lumière des oracles prononcés sous la domination Assyrienne.

2.3 *Les chaps. 28–35*

Bien que cette unité ne présente aucun titre particulier, il est clair d'après le verset introducteur (הוי, malheur à) qu'il s'agit d'une nouvelle section du livre[38]. Ce verset introduit en effet toute une série de malédictions tout comme les sections antérieures étaient introduites par des oracles. La première malédiction de la section (28,1-4) est adressée aux dirigeants de la Samarie. Cela ne signifie pas que le royaume de Samarie existait encore au moment où ces textes étaient écrits. Il est plus probable que ces malédictions aient été composées exprès avant ou après la destruction de Jérusalem pour créer un lien entre la destruction de Samarie et celle de Jérusalem, en suggérant que les raisons qui ont conduit à la destruction de la Samarie seront les mêmes qui conduiront à la destruction du royaume de Juda.

Les malédictions de cette section ont la particularité de s'adresser en grande partie au peuple d'Israël[39]. Seule la dernière (33,1) vise un tyran étranger non nommé. Cette section comprend trois unités: une série de cinq malédictions (28–31), un discours sur le roi ou la royauté dans le passé et dans le futur (32–33) et une série de contrastes entre l'empire du mal symbolisé par Edom et la cité de Dieu qui est la Jérusalem restaurée (34–35). Les deux premières unités (28–31 et 32–33) traitent directement ou indirectement de la rébellion du roi Ezéchias durant le règne de Sennachérib (705-701). S'il est difficile de déceler des allusions à l'histoire dans ces discours, il y a une référence explicite à une négociation en vue d'une alliance avec l'Egypte contre l'Assyrie en 30,1-7 et 31,1-3, démontrant que ces évènements sont bien présents dans notre section. Mais il est aussi vrai que les chaps. 28–31 peuvent être lus comme une intervention du prophète dans les affaires internationales à l'époque du roi Achaz. Quelle que soit l'alliance dont il

---

[38] Cf. W. CASPARI, «Jesaja 34 und 35», 67-86; S. VIRGULIN, «Il significato della pietra», 208-220; J.D. SMART, *History and Theology*, 292-294; J.C. EXUM, «Isaiah 28–32», 123-151; B. GOSSE, «Isaiah 34–35», 396-404; F. LANDY, «Tracing the Voice», 140-162; V. TANGHE, «Dichtung und Ekel», 235-260; G. STANSELL, «Isaiah 28–33», 68-103; W.A.M. BEUKEN, «A Prophetic Oracle», 369-397; H.G.M. WILLIAMSON, «The Messianic Texts», 238-270.

[39] Cf. J. BLENKINSOPP, *Isaiah 1–39*, 380-384.

parle, quels que soient ses interlocuteurs, le prophète visiblement n'a pas réussi à les convaincre et les malédictions annoncées se sont accomplies (30,8-14). En partant de cette hypothèse, on peut déduire que le puissant et le fort dont il s'agit en 28,2 est le roi Sennachérib. Il n'y a aucun doute que l'attitude des dirigeants politiques et religieux est très critiquée dans cette section. Ces derniers sont accusés d'avoir une politique dangereuse, déroutante et stupide (32,6). Le roi pourrait être visé en personne même s'il n'est pas nommé. La description d'un roi idéal dans les chaps. 32–33 (32,1-8 et 33,17-22) semble également une dénonciation indirecte de la politique de gouvernement du roi Ezéchias.

Concernant toujours 28–31, il est clair que la série des malédictions ne forme qu'une partie de cette unité[40]. Que dire alors du reste des passages? On serait tenté de dire qu'ils ne sont qu'un commentaire ou une amplification des malédictions. Dans ce cas, il faudrait admettre que ce commentaire n'obéit pas aux normes classiques d'un commentaire, vu le caractère très hétérogène des sujets traités dans ces textes restants. Ces derniers comprennent entre autres des narrations en prose (29,11-12; 30,19-26; 31,6-7), un appendice introduit par ביום ההוא (28,5-6), une instruction (28,23-29), une forme d'oracle (30,6-7) et toute une variété de petits récits souvent très brefs, introduits par la formules classiques: «écoutez», «voici que», «ainsi parle le Seigneur», «écoutez la parole de YHWH». Une telle variété ne peut être qu'une composition sous forme de séquence. Ces passages combinent à la fois des prédictions de malheur et des promesses de bonheur. Le destin de Jérusalem est leur thème central. Mais ce destin est fortement lié à la dangereuse politique des dirigeants dénoncés dans les malédictions. Les désastres subis après la chute de Jérusalem ont laissé un impact fort ressenti encore durant la réhabilitation de la ville sous le contrôle des Perses[41].

La tension et la violence qui se sentent parfois dans le langage de cette section viennent de la lutte et de l'engagement du prophète à faire changer les positions politiques et religieuses des dirigeants du peuple. Le peuple vivait probablement dans une relative prospérité qui rendait les dirigeants un peu trop fiers d'eux. Cela justifie leur propension à ne pas écouter le prophète. Aussi considéraient-ils les suggestions du prophète comme simplistes, naïves, voire ridicules (28,9-10; 30,10-11). Quant au prophète, il réagit en relevant le caractère transcendant et donc impératif de son message qu'il présente comme le plan de Dieu

---

[40] Cf. W. CASPARI, «Jesaja 34 und 35», 67-86; J.C. EXUM, «Isaiah 28–32», 123-151; B. GOSSE, «Isaiah 34–35» 396-404.
[41] Cf. J. BLENKINSOPP, *Isaiah 1–39*, 380-383.

pour le peuple (28,29; 29,15; 30,1)[42]. Il dénonce et raille l'étroitesse d'esprit de ses interlocuteurs qui sont pleins de vin (28,7-8; 29,9), aveugles (29,9; 29,18), sourds (29,18) et spirituellement dans le coma (29,10). Cette altercation entre le prophète et les leaders politiques et religieux de son époque pose le problème du rejet du message oral du prophète et donc de la non-acceptation du contenu du livre à l'époque du prophète. Les chaps. 28–31 se terminent par la prédiction de la défaite des Assyriens par l'intervention de Dieu (31,8-9), les dirigeants ayant échoué à cause de leur obstination à ne pas écouter le prophète.

Les chaps. 32–33 et 33–35 qui forment les deux unités restantes de la troisième section (28–35) sont surtout des échos des discours précédents. Dans les chaps. 32–33, nous retrouvons les thèmes de la cécité et de la surdité (32,3), du discours inintelligible (32,4; 33,19), des villes envahies par la broussaille (32,13-20) et bien d'autres thèmes. Cependant, ces chapitres forment une unité autour d'un unique thème annoncé au début (32,1) et à la fin (33,17). Il s'agit du nouveau roi et du nouveau règne. Notons que le parallèle entre ces passages et 9,1-6, ainsi que 11,1-9, n'est pas fortuit mais insinue qu'il s'agit du même roi. Le rameau qui surgira en 11,1 inaugurera un règne de justice et de droit (32,1; 11,3-4). Il libérera le peuple de la domination des étrangers (33,18-19; 9,3-5). Les droits des pauvres et des opprimés seront respectés (32,7; 11,4). Jérusalem vivra enfin dans la sécurité (33,20-21; 11,9).

Les chaps. 34–35 qui concluent la section constituent la charnière autour de laquelle tournent les deux premiers livres du prophète à savoir le Proto-Isaïe et le Deutéro-Isaïe. Ils sont considérés comme un ajout tardif, le Proto-Isaïe originel finissant au chap. 33. Cette unité introduit le thème du renversement eschatologique de la situation avec le contraste entre le malheureux destin d'Edom et la restauration future de Jérusalem. Ce thème sera d'ailleurs repris dans les derniers chapitres de tout le livre soit dans le Trito-Isaïe (65,13-14). Ce contraste eschatologique est traité avec des détails qui sont peut-être une invitation à lire les chaps. 34–35 comme un condensé du message que veut porter le prophète. C'est la raison pour laquelle ces chapitres sont considérés comme un ajout très tardif[43].

---

[42] C'est dans contexte que G. Stansell interprète les chaps. 28–33 comme un appel à l'humilité face à la grandeur de Dieu: «The theme of Yahwehs's honour and majesty, which must arise, and human pride or power, which must be brought low, is given particular prominence in chs. 28–33» (G. STANSELL, «Isaiah 28–33», 73).

[43] Pour d'autres informations sur ce point, cf. J.D. SMART, *History and Theology*, 292-294; J.C. EXUM, «Isaiah 28–32», 123-151; B. GOSSE, «Isaiah 34–35», 396-404;

2.4 *Les chaps. 36−39*

Cette longue section narrative est formée de trois épisodes dans lesquels Isaïe apparaît comme prophète du roi Ezéchias[44]. Son contexte historique est le même que dans les chaps. 28−33, en particulier les chaps. 36 et 37. Il se réfère à la préparation de la rébellion contre l'Assyrie, la campagne de Sennachérib et ses conséquences[45].

Dans le premier épisode, Isaïe joue un rôle dans la campagne de Sennachérib de 701 a.C. La première intervention du prophète est sollicitée par Ezéchias (37,2-7). Elle est suivie d'une seconde qui ne vient pas de l'initiative du roi (37,21-35) et dans laquelle il prédit l'échec de Sennachérib dans sa conquête de Jérusalem et sa mort violente. Dans le second épisode, le prophète guérit le roi d'une maladie potentiellement mortelle (chap. 38) et dans le troisième, il prédit l'exil à Babylone (chap. 39).

L'ordre dans lequel les évènements sont présentés est ostensiblement chronologique. Vu que les promesses de la guérison du roi et de l'échec de Sennachérib ont eu lieu au même moment (38,5-6), nous pouvons supposer que Ezéchias souffrait d'une maladie avant ou pendant l'invasion de Juda par les Assyriens. La visite des émissaires venus de la Babylonie introduit la prédiction de l'exil de sorte que l'épisode est conclu par cette prophétie (39,5-8)[46]. Cependant cet ordre de présentation n'est pas exempt de problème du point de vue historique. Les raisons de la visite des émissaires sont ambiguës. Il serait curieux qu'ils parcourent une telle distance juste pour rendre visite au roi convalescent comme l'indique 39,1. Par ailleurs les dates de cette visite sont peu probables[47].

Quels pourraient être le rôle et la fonction des chaps. 36−39 dans le Proto-Isaïe? Notons pour commencer que toute la section traite de faits historiques. Elle pourrait donc être une insertion tardive tirée de

---

F. LANDY, «Tracing the Voice», 140-162; V. TANGHE, «Dichtung und Ekel», 235-260; G. STANSELL, «Isaiah 28−33», 68-103; W.A.M. BEUKEN, «A Prophetic Oracle», 369-397.

[44] Cf. J. BLENKINSOPP, *Isaiah 1−39*, 458-461.

[45] Cf. P.J. BARTON, «The Unity of Isaiah», 50-56; J. VERMEYLEN, «Hypothèses sur l'origine», 95-118; W.J. DUMBRELL, «The Purpose of the Book of Isaiah», 111-128; P.R. ACKROYD, «Isaiah 36−39», 3-21; W.A.M. BEUKEN, «The King Diseased», 379-391; A.L.H.M. VAN WIERINGEN, «The Diseased King», 81-93.

[46] On pourrait y voir aussi un lien avec l'annonce du retour des exilés au chap. 40. Dans ce cas, il s'agirait d'une préparation à la transition entre le Proto et le Deutéro-Isaïe.

[47] Cf. J. BLENKINSOPP, *Isaiah 1−39*, 458.

l'histoire (cf. 2R 18,1–19,37)[48]. Comme nous l'avons dit plus haut, les chaps. 34–35 concluent le Proto-Isaïe original[49]. Alors notre section pourrait être considérée comme un appendice historique ajouté après les chapitres conclusifs originels. Dans ce sens, 39,1-8, où le prophète prédit l'exil en Babylone relie la section à 35,8-10 en permettant un passage non abrupt du contexte assyrien au contexte babylonien et en mettant l'accent sur l'action de Dieu. Ainsi une tentative de lire cette section comme une transition reliant le Proto-Isaïe et le Deutéro-Isaïe ne serait pas convaincante. En effet, il se dessine un parallélisme entre les chaps. 36–39 et 7–8 à deux niveaux. D'abord leur contexte est historique. Ils traitent de la politique du roi de cette époque et mentionnent le même lieu (7,3 et 32,2). Ensuite, l'expression «אל־תירא, n'aie pas peur» se retrouve dans les deux unités (7,4 et 37,6) ainsi que la mention du signe: שאל־לך אות, demande pour toi un signe (7,11) et וזה־לך האות, et ceci sera pour toi un signe (37, 30). Le parallélisme de la peur veut mettre en évidence une similitude entre les attitudes des deux rois Achaz d'une part et Ezéchias d'autre part. Cependant, l'hypothèse en faveur de la lecture des chaps. 36–39 comme un appendice historique n'est pas exempte de problèmes. D'abord, la relation historique entre 2R 18-20 et les chaps. 36–39 est compliquée et difficile à démontrer. Ensuite, le thème de la confiance absolue en Dieu qui revient fréquemment dans les chaps. 1–35 se retrouve dans la harangue de Rabshakeh. En outre, le contraste entre le plan de YHWH et les vaines machinations des humains également récurrent dans les chaps. 1–35 (29,15-16; 30,1-2), se retrouve dans cette section (36,4-5; 37,26). D'autres parallèles pourraient être relevés mais ceux-ci suffisent pour dire que 36–39 sont plus qu'un simple appendice historique[50].

Cela nous conduit à la question des sources et de l'auteur de cette section. Mais cette question revient à se demander de quelles sources historiques l'auteur tire son histoire. En considérant d'autres textes bibliques parallèles aux narrations de notre section comme 2 R 18,14-16; 20,3, nous nous rendons compte qu'il est très difficile de trouver des fondements historiques à ces passages. Il s'agit probablement d'une de ces légendes prophétiques incorporées à l'histoire, telle que la légende des prophètes Elie et Elisée qui guérissent et font des miracles. Ces légendes isaïennes pourraient faire partie des premiers stages d'une

---

[48] Pour plus de details, cf. C.R. SEITZ, *Zion's Final Destiny*, 66-71; H.G.M. WILLIAMSON, *The Book Called*, 189-211.
[49] Cf. 2.3
[50] Cf. J. BLENKINSOPP, *Isaiah 1–39*, 458-463.

tradition biographique que nous retrouvons aussi dans le livre des Chroniques (2 Ch 32) et chez Ben Sirach (48,17-25). Pour localiser dans l'histoire les légendes isaïennes, il convient de les mettre en parallèles avec les autres narrations de ce genre qui se trouvent dans le livre du prophète et qui pourraient provenir de la même source. Ainsi le récit portant sur les relations entre Isaïe et Achaz (Is 7–8) semble du même genre littéraire que les chaps. 36–39. Or, nous notons une autre version d'Achaz dans le livre des rois (2R 16–20). Le parallèle entre Is 7,1 et 2R 16,5 montre qu'il s'agit du même évènement. Pourtant les deux textes sont deux versions différentes de l'assaut contre Jérusalem. Tandis que Is 7–8 mentionne le rôle du prophète et présente une situation favorable pour le roi, 2R 16–20 ne fait pas allusion à Isaïe et est défavorable au roi. Il ne s'agit donc pas de textes historiques, mais des extraits de la littérature des légendes prophétiques. Un autre contraste de ce genre se note entre les chaps. 28–33 et 37–39 dans lesquels l'attitude du prophète est différente dans la description d'un même évènement.

Cela porte à l'hypothèse que les chaps. 36–39 sont le produit de la littérature des légendes prophétiques nées des traditions biographiques qui sont incorporées dans le livre avec des adaptations et des ajustements, créant parfois un écart entre le profil du prophète tel qu'il apparaît dans les textes originels et son portrait dans la littérature des légendes[51].

Cela dit, les chaps. 36–39 veulent surtout confirmer que le plan de Dieu passe par le prophète à qui les dirigeants politiques doivent obéissance s'ils veulent agir selon la volonté de Dieu[52].

3. Thèmes communs au Trito et au Proto-Isaïe

A première vue, le Proto-Isaïe nous paraît comme un amalgame de thèmes divers, sans relation les uns avec les autres. Des dénonciations et des promesses se suivent d'un chapitre à un autre et les destinataires passent d'Israël aux nations étrangères. Mais une lecture attentive du texte révèle une domination du champ sémantique du binôme «justice-

---

[51] Pour des détails et les débats sur la composition du livre, cf. G. FOHRER, «Jesaja 1 als Zusammenfassung der Verkündigung Jesajas», 251-268; T. LESCOW, «Jesajas Denkschrift aus der Zeit des syro-ephraimitischen Krieges», 315-331; J. VERMEYLEN, *Du prophète Isaïe*, 1-35; L. PERLITT, «Jesaja und die Deuteronomisten», 133-149; J. BARTON, *Isaiah 1-39*, 21-26; J.N. OSWALT, *The Book of Isaiah*, 17-30; J. BLENKINSOPP, *Isaiah 1-39*, 458-463.

[52] Pour plus de détails sur la composition et la fonction des chaps. 36-39, cf. J. FERRY, *Isaie*, 67-91.

alliance» à savoir l'obéissance ou la désobéissance à la voix du Seigneur représenté par son prophète d'une part et la réaction ou vengeance du Seigneur face à la désobéissance du peuple et de ses dirigeants (Israël ou les nations étrangères) d'autre part. Dans le cas d'Israël, cette désobéissance représente une infidélité à la loi et le Seigneur réagit pour corriger le peuple, lui faire prendre conscience de son infidélité et susciter sa conversion. Ainsi, les différentes défaites et les conquêtes militaires dont est victime Israël (domination assyrienne, babylonienne, exil…) sont interprétées comme un châtiment de Dieu ou du moins une conséquence de l'infidélité du peuple[53]. Les promesses sont par contre, signe de la fidélité du Seigneur à son alliance qui, malgré les multiples péchés d'Israël, continue à le protéger, le défendre comme son peuple élu et le conduire vers une libération totale qui se réalisera dans un évènement eschatologique. En ces jours, le Seigneur établira un nouveau règne, un nouveau monde dans lequel tous les méchants, les infidèles seront éliminés et les justes, les fidèles seront récompensés. Les nations étrangères seront également concernées par cet évènement eschatologique.

En parcourant les différentes sections de la structure du Proto-Isaïe, nous pouvons constater une forte présence du vocabulaire appartenant au champ sémantique de l'alliance et de la justice dans presque tous les chapitres. Le principal thème commun est donc le binôme «alliance-justice» suivi des ses plus importants dérivés, comme les dénonciations et les accusations, les malheurs et les consolations, qui sont tous des conséquences intrinsèques à la fidélité ou à l'infidélité du peuple à l'alliance et à la justice.

3.1 *Le binôme «alliance-justice»*

Ayant déjà relevé et développé amplement le binôme «alliance-justice» dans le Trito-Isaïe[54], nous nous contenterons de mentionner également sa présence dans le Proto-Isaïe comme thème commun sans revenir sur le Trito-Isaïe afin d'éviter les répétitions. Cette présence peut être explicite ou implicite.

La première section du Proto-Isaïe (chaps. 1–12) est particulièrement dominée par les dénonciations et les condamnations du peuple pour ses péchés, signe de l'infidélité à l'alliance. Ainsi Israël est qualifié en Is 1,4 de de peuple pécheur (עם חטא), et de peuple qui méprise le Seigneur

---

[53] Cf. H. WILDERBERGER, *Jesaja*, 9-74; W. BRUEGGEMANN, *Isaiah 1–39*, 9-24.
[54] Cf. chap. II.3

le Saint d'Israël (נאצו את־קדוש ישראל). La réaction du Seigneur ne se fait pas attendre et il se dresse pour juger le peuple en 3,13 (נצב לריב יהוה, le Seigneur se dresse pour le procès). Mais dans cette section, c'est surtout le chap. 5 qui met en relief cette infidélité du peuple à travers la métaphore de la vigne. Israël est la vigne ingrate qui malgré l'amour, la fidélité et les soins du Seigneur ne produit que de mauvais actes (5,7): ויקו למשפט והנה משפח, il en attendait le droit et voilà que c'est l'injustice; לצדקה והנה צעקה, la justice et voilà que ce sont les cris (des opprimés). Les vv. 8-24 sont une série de malédictions, fruits de cette infidélité du peuple. Les chaps. 7–9 soulignent plus la fidélité du Seigneur toujours prêt à consoler le peuple après le châtiment reçu, en annonçant la victoire du peuple d'Israël face à ses ennemis en 8,9 (התאזרו וחתו, ceignez vos armes et soyez écrasés!), ainsi que l'aube d'un règne de paix en 9,6 (המשרה ולשלום אין־קץ, une souveraineté et une paix sans fin). Quant au chap. 12, il confirme avec une action de grâce la fidélité du Seigneur qui console son peuple: ישב אפך ותנחמני, mais ta colère s'est détournée et tu me consoles (12,1).

Dans la deuxième section (chaps. 13–27), les accusations sont étendues et frappent aussi les peuples étrangers qui sont les ennemis d'Israël. En effet, la consolation d'Israël passe par la défaite de ses ennemis, laquelle défaite sera l'œuvre du Seigneur qui châtiera ainsi les nations qui furent les bourreaux de son peuple. Ainsi, le Seigneur par la voix du prophète annonce la fin de la domination babylonienne (chap. 13), la défaite de l'Assyrie (14,24-27), l'effondrement de la Philistie (14,28-32), les désastres en Moab (15), la destruction de Damas (17), l'échec de l'Egypte (19–20), les désolations d'Edom et de l'Arabie (21,11-15) ainsi que de Tyr et de Sidon (23). Ces désolations atteignent leur point culminant au chap. 24 où toute la terre est dans le malheur et pour la première fois il est précisé que l'infidélité à la loi et à l'alliance en est la cause: הפרו ברית עולם, ils ont rompu l'alliance éternelle (24,5). L'action de grâce du chap. 25 exprime la conviction d'Israël d'une intervention active de Dieu contre ses ennemis: ארוממך אודה שמך, je t'exalterai je célèbrerai ton nom (25,1). Les chaps. 26–27 annoncent une restauration après la destruction des ennemis d'Israël. La sécurité règne (עיר עז־לנו, nous avons une ville forte, 26,1) et la confiance dans le Seigneur YHWH renaît (יהוה צור עולמים, YHWH le rocher éternel, 26,4)[55].

---

[55] Nous n'allons pas nous étendre sur cette deuxième section qui ne touche pas directement le peuple d'Israël dans son rapport avec le Seigneur et partant ne traite pas directement de l'alliance.

La troisième section (chaps. 28–35) continue dans le même élan que la première avec les dénonciations non seulement des infidélités, mais aussi des erreurs de jugement et surtout le manque de foi dans le Seigneur. Le prophète dénonce en effet l'alliance avec l'Egypte contre l'Assyrie comme l'expression d'un manque de confiance dans le Seigneur. La critique est plus acerbe envers les autorités religieuses et politiques du pays qui, par leur style de vie et leurs mauvais discernements, conduisent aveuglement tout le peuple de Dieu vers une autodestruction totale[56]: נבלעו מן־היין, ils s'égarent dans des visions (28,7); אנשין משלי העם הזה, les railleurs qui gouvernez le peuples (28,14). Mais la particularité de cette section est sa dimension eschatologique très prononcée, laquelle décrit un renversement de la situation dans lequel les dévastateurs seront dévastés, un jugement universel aura lieu, la paix sera le fruit de la justice et le désert sera régénéré. Le chap. 29 est un des chapitres qui résume très bien les différents aspects du renversement de la situation notamment aux vv. 19-20: ויספו ענוים ביהוה, les humbles se réjouiront en YHWH (19a); ואביוני אדם בקדוש ישראל יגילו, et les pauvres exulteront à cause du Saint d'Israël (19b); כי־אפס עריץ, car ce sera la fin des oppresseurs (20a); וכלה לץ ונכרתו, et les railleurs seront anéantis (20b); כל־שקדי און, tous ceux qui recherchent le mal seront exterminés (20c). Le nouvel ordre eschatologique sera l'œuvre de YHWH, démontrant ainsi la fidélité à ses promesses et au peuple avec lequel il a fait alliance. Le Seigneur sera surtout attentif aux cris du peuple, plus de larmes, plus de misère: לא־תבכה, tu ne pleureras plus (30,19a); יחנך לקול זעך כשמעתו ענך, quand tu crieras, il te répondra (30,19b). Ce nouvel ordre sera caractérisé par la justice des gouverneurs et la paix qui sera le fruit de cette justice: לצדק ימלך־מלך, le roi régnera selon la justice (32,1); והיה מעשה הצדקה שלום, le fruit de la justice sera la paix (32,17). Le revirement eschatologique de la situation atteint son plus haut sommet dans les chaps. 33–35 avec la délivrance totale de Jérusalem (chap. 33), le jugement universel (chap. 34) et la régénération du désert (chap. 35), symbole d'un monde nouveau ou d'une création nouvelle, œuvre de la miséricorde de YHWH, signe de la fidélité à ses promesses et à son alliance. La dimension eschatologique du Proto-Isaïe se réfère aussi au champ sémantique de l'alliance et de la justice. Ce revirement n'est rien d'autre que la justice de YHWH, qui veut rétablir l'ordre selon son plan et selon les lois de l'alliance conclue avec le peuple.

---

[56] Cf. D. STACEY, *Isaiah 1–39*, 1-14; B.S. CHILDS, *Isaiah*, 1-12; P.D. MISCALL, *Isaiah*, 22-24.

La dernière section (36–39) qui reprend les thèmes des menaces d'assauts sur Jérusalem par l'Assyrie en insistant particulièrement sur les interventions du prophète sur la scène politique n'apporte rien de nouveau au point de vue thématique[57].

3.2 *Plaintes et accusations*

Elles sont des dérivés de l'alliance et de la justice et se concentrent surtout dans les six premiers chapitres[58]. A cet effet, le premier chapitre du Proto-Isaïe pourrait être intitulé «Israël ne connaît pas son maître». Une plainte qui résume en elle toutes les accusations de YHWH contre Israël. Le Proto-Isaïe est en grande partie dominé par une répétition, voire une insistance de YHWH sur ses plaintes qui sont l'expression d'une grande préoccupation pour le sort de son peuple. L'objectif des accusations est surtout un appel à la conversion. Aussi le Seigneur se donne-t-il la peine d'énumérer au peuple ses mauvais actes pour le porter à prendre conscience de son état de pécheur. Les accusations sont graves et insupportables pour YHWH. La description en 1,2-7 traitant le peuple de nation pécheresse, de peuple chargé de crime, de race de malfaisants, de fils corrompus qui ont méprisé le Saint d'Israël, révèle l'état d'âme du Seigneur face aux agissements de son peuple qu'il aime comme un fils (1,2). C'est une douleur et une double peine pour lui d'abord parce que le peuple est dans le péché et ensuite parce que le peuple souffre des conséquences de ses péchés (1,7). Par ailleurs, les transgressions du peuple rompent l'alliance avec YHWH qui rejette leur culte et exige leur conversion (1,10-20). Les reproches deviennent plus spécifiques en 3,13-16, en s'adressant à des catégories sociales particulières qui sont les anciens du peuple et les chefs, accusés de dépouiller les pauvres et d'écraser le peuple. Les filles de Sion, quant à elles, se voient reprocher leur orgueil.

Le chap. 5 à travers la métaphore de la vigne reprend le thème des accusations soulignant le contraste entre la fidélité du Seigneur et

---

[57] Cf. J.D.W. WATTS, *Isaiah 1-33*, 18-40; C.R. SEITZ, *Isaiah 1–39*, 30-39; D. STACEY, *Isaiah 1–39*, 1-14; F.R. MELUGIN, «Figurative Speech», 283-305; D.M. CARR, «Reading Isaiah», 197-218; B.S. CHILDS, *Isaiah*, 1-12; P. MISCALL, *Isaiah*, 22-24.

[58] Cf. G. FOHRER, «Jesaja 1», 251-268; J.J. SCULLION, «An Approach», 288-300; R.A. CARLSON, «The Anti-Assyrian», 130-135; H. CAZELLES, «La vocation d'Isaïe», 89-108; «Qui aurait visé», 409-420; P.R. ACKROYD, «Isaiah I–XII», 16-48; J.T. WILLIS, «On the Interpretation», 35-54; E.W. CONRAD, «The Royal Narrative», 67-81; R. RENDTORFF, «Jesaja 6», 73-83; G.K. BEALE, «Isaiah 6, 9-13», 257-278; B.C. JONES, «Isaiah 8.11», 145-159.

l'infidélité du peuple qui produit de mauvais fruits malgré tous les soins reçus du Seigneur. La justice et le droit, il en attend et c'est l'injustice et les cris des malheureux (5,7.23). Dans ce sens, l'oppression du pauvre dénoncée en 3,13 est généralisée ici et reprochée à tout le peuple. Par ailleurs, la perversion est tellement profonde que les valeurs humaines et religieuses sont inversées: le mal est pris pour le bien, l'obscurité pour la lumière, l'amer pour le doux et le stupide pour l'intelligent (5,20-22). Dans le récit de sa vocation, le prophète pleure son impureté, mais l'attribue au fait d'appartenir à un peuple aux lèvres impures (6,7). Cette lamentation du prophète est confirmée plus loin par YHWH, qui déclare envoyer son prophète à un peuple au cœur engourdi, qui ne voit pas, qui n'entend pas et qui ne comprend pas. Un langage codé qui insinue un entêtement du peuple dans sa mauvaise conduite malgré les instructions de YHWH à travers ses prophètes. Cet entêtement peut être dû soit à une indifférence du peuple aux appels à la conversion, soit simplement à une cécité spirituelle entraînant chez le peuple une incapacité à comprendre les enseignements du prophète.

Nous retrouvons également dans le Trito-Isaïe diverses plaintes du Seigneur face à l'infidélité de son peuple particulièrement dans les chaps. 57−59[59]. Dès le chap. 57 apparaissent les premières plaintes du Seigneur à travers un portrait moral négatif du peuple. C'est un peuple où règne la méchanceté et où la mort du juste laisse indifférent (57,1). Les dénonciations et accusations se poursuivent dans les versets suivants où le Seigneur utilise les métaphores de la prostitution et de l'adultère pour souligner l'infidélité du peuple (57,2-3). Cette métaphore dénote surtout une idolâtrie généralisée et sans limites qui va des libations et offrandes jusqu'à l'immolation des enfants (57,3-9). Cette description épouvantable des crimes du peuple renvoie bien aux condamnations du Proto-Isaïe citées plus haut. Par ailleurs, le rejet du culte noté au chap. 1 du Proto-Isaïe trouve un écho dans le chap. 58 du Trito-Isaïe. De même qu'il avait refusé les offrandes du peuple à cause de ses péchés, le Seigneur rejette le jeûne du peuple dont il exige la conversion. Contrairement au chap. 57 où les dénonciations sont une série de descriptions des actes du peuple, les chaps. 58−59 sont des réponses du Seigneur aux lamentations du peuple (58,2-3; 59,1). En dénonçant les

---

[59] Cf. E. CHARPENTIER, *Jeunesse du Vieux Testament*, 79-80; P.-É. BONNARD, *Second Isaïe*, 318-319; R. LACK, *Symbolique*, 125; R. TOURNAY, «Bulletin», 121; N.K. GOTTWALD, *Hebrew Bible*, 507; G.J. POLAN, *Ways to Justice*, 15; J.N. OSWALT, *Isaiah 40−66*, 465; G.I. EMMERSON, *Isaiah*, 20; R.H. O'CONNELL, *Concentricity and Continuity*, 219; C.W. FITZGERALD, *Rhetorical Analysis*, 49.

crimes du peuple, le Seigneur par la bouche du prophète, justifie son indifférence face aux prières et lamentations du peuple. La justification est très explicite dans le chap. 59 où le Seigneur déclare au peuple que ses perversités le séparent de lui et que ses fautes lui cachent son visage (59,2). C'est un peuple aux mains tachées de sang, aux lèvres trompeuses, à la langue pleine de perfidies (59,3).

3.3 *Malheurs et consolations*

C'est le sujet dominant du Proto-Isaïe dont les différents chapitres semblent une alternance d'annonces de malheurs ou de malédictions et de promesses de consolations. Les malédictions sont présentées soient comme des conséquences logiques du péché, soit comme un châtiment du Seigneur pour susciter la conversion[60]. C'est dans ce sens que Is 5,25 parle de la colère du Seigneur qui s'enflamme contre son peuple. Cette colère est la conséquence des mauvaises conduites décrites dans les versets précédents (5,18-23). Au chap. 10, les malédictions s'adressent spécifiquement aux chefs politiques et religieux du peuple qui sont condamnés pour leurs prescriptions de lois malfaisantes pour le peuple. Ici encore c'est l'oppression du pauvre qui est mise en première position dans les dénonciations. Le Seigneur déclare explicitement qu'un châtiment s'abattra sur eux (10,3) pour avoir privé les pauvres et les veuves de leur droit et pour avoir dépouillé les orphelins. Parlant toujours des malédictions, ce sont surtout les chaps. 13-23, qui étendent les malheurs à toutes les nations qui méprisent YHWH. Ainsi le Seigneur par la voix de son prophète prédit la fin de la domination babylonienne, assyrienne et philistine (chaps. 13-14) dont il provoquera les effondrements. Moab, Damas et l'Egypte n'échapperont pas non plus aux malheurs des nations étrangères pour leur orgueil et leurs idoles (chaps. 15-20). Quant à Edom, Tyr, Sydon et l'Arabie, elles seront envahies par des mercenaires et dépossédées de toutes leurs richesses car elles ne reconnaissent pas YHWH (chap. 21-23).

A côté des malédictions prononcées contre Israël et toutes les nations idolâtres, le Seigneur annonce des consolations pour son peuple. En effet, les malheurs qui frapperont le peuple ne sont pas un objectif en soi. Elles ne sont qu'une punition temporaire pour susciter sa conver-

---

[60] Cf. W. BRUEGGEMANN, «Planned People», 19-37; B. GOSSE, «Le "moi" prophétique», 70-84; «Isaiah 21», 21-22; «Isaiah 17», 20-23; M.A. SWEENEY, «Textual Citations», 39-52; C.T. BEGG, «Babylon», 121-125; R.E. CLEMENTS, «Isaiah 14», 253-262; G.I. DAVIES, «The Destiny», 93-120; T.G. SMOTHERS, «Isaiah 15-16», 70-84; J.R. BARTLETT, «Edom», 287-295.

sion. C'est dans ce sens que 8,23−9,6 annonce l'aube d'un règne de paix. Le peuple passera de l'obscurité à la lumière et un prince de paix naîtra et régnera sur le trône de David. Il étendra sa souveraineté caractérisée par une paix sans fin. Dans le même sens, 10,20-23 parle d'un reste d'Israël constitué des rescapés des invasions étrangères et du petit groupe qui reviendra de l'exil. Plus qu'une consolation, les chaps. 11−12 annoncent une renaissance du peuple avec un nouveau David qui restaurera la justice et prendra la défense du pauvre et fera périr le méchant (11,1-4). Notons en passant que les bénédictions et les consolations promises riment toujours avec la justice, laquelle est toujours caractérisée par la défense du pauvre. La métaphore du loup et de l'agneau en 11,6-9 dénote un monde où la guerre et le mal en général n'existeront plus et dans le lequel les ennemis d'un temps vivront ensemble. L'action de grâce du chap. 12, dans laquelle le peuple chante sa reconnaissance des bienfaits de Dieu, confirme la renaissance du peuple et la fin du châtiment qui fait place aux consolations. Elle est reprise en 25,1-9 et 26,1-3 sous la forme d'un acte de foi du peuple qui se confie dans le Seigneur en magnifiant ses hauts faits en sa faveur.

Les chaps. 32−35[61] reviennent sur le thème du roi de la paix dans un royaume idéal où tous les chefs gouverneront enfin selon la justice du Seigneur (32,1-18). La restauration prend ici la forme d'un idéal eschatologique qui sera l'opposé des dénonciations faites dans les premiers chapitres (1−6). Cette restauration eschatologique passe par un jugement universel dans lequel Jérusalem sera délivrée de ses oppresseurs (33,17-23) et ses ennemis écrasés par le Seigneur (34,1-15). La métaphore du désert qui refleurit en Is 35,1-10 est le point culminant de cette restauration eschatologique dans laquelle même la nature et la végétation sont transfigurées (35,1.7). C'est l'accomplissement parfait des consolations promises: les exilés rentreront dans la joie, les aveugles verront, les sourds entendront, les boiteux bondiront et les muets crieront (35,5-6).

Dans le Trito-Isaïe, les malheurs et les consolations se manifestent plutôt sous d'autres formes telles que la vengeance et la récompense.

---

[61] Cette unité thématique est reconnue par divers auteurs: cf. W. CASPARI, «Jesaja 34 und 35», 67-86; S. VIRGULIN, «Il significato della pietra», 208-220; J.D. SMART, *History and Theology*, 292-294; J.C. EXUM, «Isaiah 28−32», 123-151; B. GOSSE, «Isaiah 34−35», 396-404; F. LANDY, «Tracing the Voice», 140-162; V. TANGHE, «Dichtung und Ekel», 235-260; G. STANSELL, «Isaiah 28−33», 68-103; W.A.M. BEUKEN, «A Prophetic Oracle», 369-397; H.G.M. WILLIAMSON, «The Messianic Texts», 238-270.

Les malheurs sont en effet déclenchés par la vengeance du Seigneur qui entend affirmer son autorité et punir tous ceux qui se rebellent contre lui. Le jour du Seigneur est souvent synonyme de la vengeance du Seigneur et est caractérisé par des représailles contre les adversaires ou ennemis de YHWH. La métaphore du guerrier en 59,16-18 illustre bien le sujet en question. Dans ce passage, le Seigneur apparaît comme un guerrier revêtu du casque et de la cuirasse qui vient combattre l'ennemi. Notons qu'ici aussi, l'ennemi à combattre, c'est l'injustice et ceux qui la commettent (cf. 11-12). Comme dans le Proto-Isaïe, les malheurs viennent donc du péché et des mauvaises conduites du peuple. Dans les chaps. 63-64, c'est le peuple lui-même qui se plaint tout en reconnaissant que les malheurs qu'il vit découlent de son infidélité au Seigneur (63,17-19). D'autre part, il fait appel à la miséricorde de Dieu en l'invitant à délivrer ses villes saintes qui sont dévastées et désertes (64,9-14). Le chap. 65 en particulier décrit les souffrances des impies qui refusent de servir le Seigneur. Ces derniers endureront la faim et la soif, ils connaîtront la honte et pousseront des cris de malaise (65,13-15). Le chap. 66 évoque, quant à lui, le jugement universel visant à l'élimination totale de ceux qui se rebellent contre YHWH (66,24) reprenant ainsi la même problématique que 33,17-23 dans le Proto-Isaïe.

Les consolations correspondent dans le Trito-Isaïe aux récompenses accordées par le Seigneur à ceux qui le servent et vivent selon la justice. C'est ainsi que dans le chap. 58, après la critique du culte, le Seigneur promet la restauration du peuple à condition qu'il se détourne du mal dénoncé et vive selon les instructions de YHWH (58,8-14)[62]. Les chaps. 60-62, en proclamant le renversement eschatologique de la situation qui verra les oppresseurs du peuple devenir leurs serviteurs, mettent en relief l'intervention du Seigneur et la présence active du Seigneur dans l'œuvre de la restauration d'Israël. Le chap. 61 en particulier, dans sa présentation de l'envoyé de YHWH et de sa mission (61,1-3)[63], illustre bien cette intervention de Dieu en faveur des plus faibles, la reconstruction des ruines des villes et le renverse-

---

[62] Cf. P.-É. BONNARD, *Le Second Isaïe*, 368-379; E. ACHTEMEIER, *The Community and Message*, 50-61; F. KNIGHT, *The New Israel*, 22-30; G.J. POLAN, *The Ways of Justice*, 231-233; P.A. SMITH, *Rhetoric and Redaction*, 101-115; J. BLENKINSOPP, *Isaiah 56-66*, 172-183.

[63] Cf. E. ACHTEMEIER, *The Community*, 89; D.E. GOWAN, «Isaiah 61,1-3, 10-11», 404-409; B.C. GREGORY, «The Postexilic», 479-496; E.A. MARTENS, «Impulses to Mission», 216-239.

ment de la situation en faveur du peuple d'Israël face à ses oppresseurs (61,4-6). Dans son cantique d'action de grâce à la fin du même chapitre, le sujet parlant mentionne la justice comme le manteau du nouvel Israël né de la restauration (61,10). Ce manteau sera comme un étendard symbolisant l'identité du peuple. Cette idée est confirmée en 62,2 où la justice et la gloire de la nouvelle Jérusalem seront une référence pour toutes les nations. Nous pouvons parler du couple «restauration-justice» qui est inséparable et fréquent dans toutes les interventions de YHWH en faveur de son peuple. Tout comme les malheurs découlent de l'injustice, ainsi la consolation sera la conséquence de la justice.

La métaphore nuptiale qui présente Jérusalem comme épouse de YHWH dans le chap. 62 intensifie l'enthousiasme des consolations dont le Seigneur est l'auteur (62,4). C'est la cité sainte, la ville du Seigneur. La restauration apparaît aussi comme la récompense et le salaire de YHWH, pour ceux qui lui sont restés fidèles (62,10-12). Enfin, les chaps. 65–66 font écho aux chaps. 34–35 du Proto-Isaïe en ce sens qu'ils reprennent le thème de l'intervention eschatologique du Seigneur qui jugera tout l'univers. Dans ce jugement, les serviteurs seront rétribués positivement: ils mangeront, boiront et jubileront (65,13-14). Jérusalem sera dans la joie, l'abondance et une paix définitive (66,10-14).

3.4 *Observations conclusives*

Des considérations faites dans les différentes sections du Proto-Isaïe, il apparaît que le «binôme alliance-justice» bien qu'implicite constitue la charnière autour de laquelle s'articulent tous les thèmes du Proto-Isaïe. Ce binôme reste donc le principal point d'intersection entre le Proto et le Trito-Isaïe. Par ailleurs, les malheurs et les consolations qui s'alternent dans le Proto-Isaïe se retrouvent sous forme de vengeance et rétributions dans le Trito-Isaïe constituant une continuité et unité thématique entre les deux parties du livre. Dans ce même contexte, les plaintes et accusations du Seigneur se retrouvent et dans le Proto-Isaïe et le Trito-Isaïe, renforçant l'unité et la complémentarité thématique entre ces deux parties.

Ces thèmes communs déduits d'une lecture attentive de différents passages du livre d'Isaïe seront confirmés comme nous le verrons plus loin à travers une analyse de texte qui illustrera les différentes connections thématiques entre le Proto et le Trito-Isaïe.

4. Texte illustratif: Is 1,2-31, jugement et restauration

Si la présence du binôme «alliance-justice» est assez répandue à travers le Proto-Isaïe, certains textes sont mieux placés que d'autres pour illustrer cette présence à la fois explicite et implicite.

4.1 *Justification du passage choisi*

Nous avons noté dans la troisième partie du travail une prévalence du champ sémantique de l'alliance et de la justice particulièrement dans la première et la troisième section du livre (chaps. 1–12 et chaps. 28–35). Tandis que la première section insiste sur les dénonciations et les châtiments, liés à l'infidélité à l'alliance, la troisième section met en relief le revirement eschatologique caractérisé par la consolation pour les justes et l'élimination définitive des méchants ou ennemis de Dieu et de son peuple. Le chap. 1, considéré non seulement comme introduction de la première section mais de l'ensemble du Proto-Isaïe[64], est un des textes les mieux placés pour illustrer les thèmes dominants du livre. Comme toute introduction, il nous expose et nous annonce les sujets qui feront objet de réflexions dans le livre.

Par ailleurs, son appel au culte authentique (dans les vv. 10-17), qui est une des caractéristiques de la fidélité à l'alliance, le rapproche du chap. 58 qui reprend le même thème dans le Trito-Isaïe, tandis que le thème de la vengeance dans les vv. 24-31 le relie au chap. 66 de la troisième partie du livre. Enfin, le chap. 61, noyau central du Trito-Isaïe qui s'étend longuement sur la restauration eschatologique de Jérusalem, rejoint le chap. 1 dans son concept de la vengeance qui n'est rien d'autre que la restauration de la justice et de la fidélité dans la ville de YHWH.

4.2. *Texte et traduction*

L'appareil critique de la BHS relève des divergences sans incidences significatives sur le message du texte. Nous considérons donc le texte fiable et nous proposons la traduction suivante en partant du texte massorétique de la BHS[65].

---

[64] Cf. D.M. CARR, «Reading Isaiah», 197-218; F.R. MELUGIN, «Figurative Speech», 283-305.

[65] Pour les détails sur la critique textuelle et les précisions d'ordre lexicales, nous renvoyons à W. GESENIUS, *Philologisch-Kritischer* I, 56-106; A. RAVENNA, «Osservazioni sul testo di Isaia», 364-365; M. DAHOOD, «Textual Problems in Isaiah», 400-409; «Some Ambiguous Texts in Isaiah», 41-49; G.R. GRIVER, «Isaiah 1–39», 36-57; N.H. TUR-SINAI, «Contribution to the Understanding of Isaiah 1–12», 154-

שִׁמְעוּ שָׁמַיִם וְהַאֲזִינִי אֶרֶץ	2a	Ecoutez, cieux! Et prête l'oreille terre!
כִּי יְהוָה דִּבֵּר	2b	C'est YHWH qui parle.
בָּנִים גִּדַּלְתִּי וְרוֹמַמְתִּי	2c	J'ai fait grandir des fils, je les ai élevés
וְהֵם פָּשְׁעוּ בִי:	2d	et eux se sont révoltés contre moi.
יָדַע שׁוֹר קֹנֵהוּ	3a	Un bœuf connaît son propriétaire
וַחֲמוֹר אֵבוּס בְּעָלָיו	3b	et un âne la mangeoire de son maître.
יִשְׂרָאֵל לֹא יָדַע	3c	Israël ne connaît pas,
עַמִּי לֹא הִתְבּוֹנָן:	3d	mon peuple ne comprend pas.
הוֹי גּוֹי חֹטֵא	4a	Malheur, nation pécheresse!
עַם כֶּבֶד עָוֹן	4b	Peuple chargé d'iniquité,
זֶרַע מְרֵעִים	4c	race de malfaiteur,
בָּנִים מַשְׁחִיתִים	4d	fils corrompus.
עָזְבוּ אֶת־יְהוָה	4e	Ils ont oublié YHWH,
נִאֲצוּ אֶת־קְדוֹשׁ יִשְׂרָאֵל	4f	ils ont méprisé le Saint d'Israël,
נָזֹרוּ אָחוֹר:	4g	ils se sont détournés.
עַל מֶה תֻכּוּ עוֹד	5a	Sur quoi (où) faut-il encore frapper?
תּוֹסִיפוּ סָרָה	5b	Vous continuez la rébellion.
כָּל־רֹאשׁ לָחֳלִי	5c	Toute la tête est malade
וְכָל־לֵבָב דַּוָּי:	5d	et tout le cœur exténué.
מִכַּף־רֶגֶל וְעַד־רֹאשׁ	6a	De la plante des pieds à la tête,
אֵין־בּוֹ מְתֹם	6b	rien n'est intact.
פֶּצַע וְחַבּוּרָה	6c	Meurtrissure et blessure
וּמַכָּה טְרִיָּה	6d	plaies ouvertes,
לֹא־זֹרוּ וְלֹא חֻבָּשׁוּ	6e	non refermées, non bandées,
וְלֹא רֻכְּכָה בַּשָּׁמֶן:	6f	et non adoucies avec l'huile.
אַרְצְכֶם שְׁמָמָה	7a	Votre pays est désolé,
עָרֵיכֶם שְׂרֻפוֹת אֵשׁ	7b	vos villes brulées au feu,
אַדְמַתְכֶם לְנֶגְדְּכֶם	7c	votre terre, devant vous,
זָרִים אֹכְלִים אֹתָהּ	7d	les étrangers la dévorent
וּשְׁמָמָה כְּמַהְפֵּכַת זָרִים:	7e	et la désolation comme un bouleversement par les étrangers.
וְנוֹתְרָה בַת־צִיּוֹן	8a	Et elle sera laissée la fille de Sion,
כְּסֻכָּה בְכָרֶם	8b	comme une cabane dans la vigne,
כִּמְלוּנָה בְמִקְשָׁה	8c	comme un abri dans un champ de concombres,
כְּעִיר נְצוּרָה:	8d	comme une ville sans garde assiégée.
לוּלֵי יְהוָה צְבָאוֹת	9a	Si YHWH des armées
הוֹתִיר לָנוּ שָׂרִיד	9b	ne nous avait pas laissé quelques survivants,
כִּמְעַט כִּסְדֹם הָיִינוּ	9c	nous serions comme Sodome,

188; E. TOV, «Textual Criticism of the Hebrew Bible 1947-1997», 61-81; D. BARTHELEMY, *Critique textuelle*, 1-13; J. BLENKINSOPP, *Isaiah 1–39*, 176-188; A. SCHENKER – P. HUGO, «Histoire du texte», 11-33.

9d	לַעֲמֹרָה דָּמִינוּ: ס	nous serions semblables à Gomorrhe.
10a	שִׁמְעוּ דְבַר־יְהוָה	Ecoutez la parole de YHWH,
10b	קְצִינֵי סְדֹם	dirigeants de Sodome!
10c	הַאֲזִינוּ תּוֹרַת אֱלֹהֵינוּ	Prêtez l'oreille à l'instruction de Dieu,
10d	עַם עֲמֹרָה:	peuple de Gomorrhe!
11a	לָמָּה־לִּי רֹב־זִבְחֵיכֶם	Que sont pour moi vos multiples sacrifices,
11b	יֹאמַר יְהוָה	dit YHWH?
11c	שָׂבַעְתִּי עֹלוֹת אֵילִים	J'en ai assez des sacrifices de béliers
11d	וְחֵלֶב מְרִיאִים	et de la graisse de veaux gras,
11e	וְדַם פָּרִים וּכְבָשִׂים וְעַתּוּדִים	et du sang des béliers, des agneaux et des boucs
11f	לֹא חָפָצְתִּי:	je n'en prends plus plaisir.
12a	כִּי תָבֹאוּ לֵרָאוֹת פָּנָי	Quand vous venez vous présenter devant moi,
12b	מִי־בִקֵּשׁ זֹאת מִיֶּדְכֶם	qui vous demande cela de vos mains
12c	רְמֹס חֲצֵרָי:	pour fouler mes parvis?
13a	לֹא תוֹסִיפוּ הָבִיא מִנְחַת־שָׁוְא	Ne portez plus de vaines offrandes!
13b	קְטֹרֶת תּוֹעֵבָה הִיא לִי	L'encens, est une abomination pour moi.
13c	חֹדֶשׁ וְשַׁבָּת קְרֹא מִקְרָא	La nouvelle lune et le sabbat, vos appels, assemblées,
13d	לֹא־אוּכַל אָוֶן וַעֲצָרָה:	je ne supporte pas l'iniquité et les fêtes.
14a	חָדְשֵׁיכֶם וּמוֹעֲדֵיכֶם	Vos nouvelles lunes et vos solennités,
14b	שָׂנְאָה נַפְשִׁי	je les déteste.
14c	הָיוּ עָלַי לָטֹרַח	Ils sont un fardeau pour moi,
14d	נִלְאֵיתִי נְשֹׂא:	je suis las de les porter.
15a	וּבְפָרִשְׂכֶם כַּפֵּיכֶם	Et quand vous étendez vos mains,
15b	אַעְלִים עֵינַי מִכֶּם	je me voile les yeux.
15c	גַּם כִּי־תַרְבּוּ תְפִלָּה	Vous avez beau multiplié les prières,
15d	אֵינֶנִּי שֹׁמֵעַ	je n'écouterai pas.
15e	יְדֵיכֶם דָּמִים מָלֵאוּ:	Vos mains sont pleines de sang.
16a	רַחֲצוּ הִזַּכּוּ	Lavez-vous! Purifiez-vous!
16b	הָסִירוּ רֹעַ מַעַלְלֵיכֶם	Otez vos mauvaises actions
16c	מִנֶּגֶד עֵינָי	de ma vue!
16d	חִדְלוּ הָרֵעַ:	Cessez de faire le mal!
17a	לִמְדוּ הֵיטֵב	Apprenez à faire le bien!
17b	דִּרְשׁוּ מִשְׁפָּט	Recherchez le droit,
17c	אַשְּׁרוּ חָמוֹץ	rabrouez l'oppresseur,
17d	שִׁפְטוּ יָתוֹם	faites justice à l'orphelin,
17e	רִיבוּ אַלְמָנָה:	plaidez pour la veuve!
18a	לְכוּ־נָא וְנִוָּכְחָה	Venez donc et discutons,
18b	יֹאמַר יְהוָה	dit YHWH!
18c	אִם־יִהְיוּ חֲטָאֵיכֶם כַּשָּׁנִים	Bien que vos péchés soient comme l'écarlate,
18d	כַּשֶּׁלֶג יַלְבִּינוּ	ils deviendront blancs comme la neige.

18e	אִם־יַאְדִּימוּ כַתּוֹלָע	Bien qu'ils soient rouges comme le vermillon,
18f	כַּצֶּמֶר יִהְיוּ׃	ils deviendront comme la laine.
19a	אִם־תֹּאבוּ וּשְׁמַעְתֶּם	Si vous consentez et vous obéissez,
19b	טוּב הָאָרֶץ תֹּאכֵלוּ׃	vous mangerez les bonnes choses de la terre.
20a	וְאִם־תְּמָאֲנוּ וּמְרִיתֶם	Mais si vous refusez et vous rebellez,
20b	חֶרֶב תְּאֻכְּלוּ	l'épée vous mangera
20c	כִּי פִּי יְהוָה דִּבֵּר׃ ס	car la bouche de YHWH a parlé ainsi !
21a	אֵיכָה הָיְתָה לְזוֹנָה	Comment est-elle devenue une prostituée,
21b	קִרְיָה נֶאֱמָנָה	la ville fidèle,
21c	מְלֵאֲתִי מִשְׁפָּט צֶדֶק יָלִין בָּהּ	remplie du droit ? La justice y était
21d	וְעַתָּה מְרַצְּחִים׃	et maintenant, que de meurtriers.
22a	כַּסְפֵּךְ הָיָה לְסִיגִים	Ton argent est devenu écume,
22b	סָבְאֵךְ מָהוּל בַּמָּיִם׃	ton vin coupé d'eau.
23a	שָׂרַיִךְ סוֹרְרִים	Tes dirigeants sont des rebelles,
23b	וְחַבְרֵי גַּנָּבִים	compagnons de voleurs.
23c	כֻּלּוֹ אֹהֵב שֹׁחַד	Tous ils aiment les présents,
23d	וְרֹדֵף שַׁלְמֹנִים	ils courent derrière les récompenses.
23e	יָתוֹם לֹא יִשְׁפֹּטוּ	A l'orphelin ils ne font pas justice
23f	וְרִיב אַלְמָנָה לֹא־יָבוֹא אֲלֵיהֶם׃ פ	et la plainte de la veuve n'arrive pas jusqu'à eux.
24a	לָכֵן נְאֻם הָאָדוֹן יְהוָה צְבָאוֹת	C'est pourquoi oracle du Seigneur YHWH des armées,
24b	אֲבִיר יִשְׂרָאֵל	le puissant d'Israël,
24c	הוֹי אֶנָּחֵם מִצָּרַי	malheur, j'aurai raison de mes adversaires,
24d	וְאִנָּקְמָה מֵאוֹיְבָי׃	je me vengerai de mes ennemis.
25a	וְאָשִׁיבָה יָדִי עָלַיִךְ	Je tournerai ma main contre toi
25b	וְאֶצְרֹף כַּבֹּר סִיגָיִךְ	et je refondrai ton écume avec un sel
25c	וְאָסִירָה כָּל־בְּדִילָיִךְ׃	et j'éliminerai tous tes déchets.
26a	וְאָשִׁיבָה שֹׁפְטַיִךְ כְּבָרִאשֹׁנָה	Je ferai redevenir tes juges comme autrefois
26b	וְיֹעֲצַיִךְ כְּבַתְּחִלָּה	et tes conseillers comme jadis,
26c	אַחֲרֵי־כֵן יִקָּרֵא לָךְ עִיר הַצֶּדֶק	et après cela, on t'appellera cité de la justice,
26d	קִרְיָה נֶאֱמָנָה׃	ville fidèle.
27a	צִיּוֹן בְּמִשְׁפָּט תִּפָּדֶה	Sion sera sauvée par le droit
27b	וְשָׁבֶיהָ בִּצְדָקָה׃	et ses convertis par la justice.
28a	וְשֶׁבֶר פֹּשְׁעִים וְחַטָּאִים יַחְדָּו	Mais les transgresseurs et les pécheurs seront brisés,
28b	וְעֹזְבֵי יְהוָה יִכְלוּ׃	et ceux qui abandonnent YHWH seront consumés.
29a	כִּי יֵבֹשׁוּ מֵאֵילִים	Car ils seront déçus des térébinthes
29b	אֲשֶׁר חֲמַדְתֶּם	que vous aviez préférés,
29c	וְתַחְפְּרוּ מֵהַגַּנּוֹת	et vous serez confus des jardins
29d	אֲשֶׁר בְּחַרְתֶּם׃	que vous aviez choisis.
30a	כִּי תִהְיוּ כְּאֵלָה	Car vous serez comme des térébinthes
30b	נֹבֶלֶת עָלֶהָ	aux feuillages flétris

וְכַגַּנָּה אֲשֶׁר־מַיִם אֵין לָהּ׃	30c	et des jardins d'où l'eau s'est retirée.
וְהָיָה הֶחָסֹן לִנְעֹרֶת	31a	L'homme fort est devenu amadou
וּפֹעֲלוֹ לְנִיצוֹץ	31b	et son oeuvre une étincelle.
וּבָעֲרוּ שְׁנֵיהֶם יַחְדָּו	31c	Et tous deux brûleront ensemble
וְאֵין מְכַבֶּה׃ ס	31d	et personne pour éteindre le feu.

4.3 *Délimitation*

Le texte massorétique définit clairement Is 1,2-31 comme une unité par l'intermédiaire du signe de division (ס) que nous retrouvons à la fin du v. 31 après le sillûq (׃) qui marque la fin du verset. Aucun auteur à notre connaissance ne renie cette unité[66]. Le sujet parlant est le prophète qui parle au nom de Dieu et le destinataire est le peuple. Le ton est solennel, d'où l'insistance sur l'attention et l'écoute de la part du sujet parlant (v. 2a, v. 10a, v. 10c). Sur le plan thématique, le chap. 1 traite des dénonciations des crimes d'Israël et d'un jugement visant à rétablir la justice et à purifier Jérusalem des ennemis de Dieu. L'unité thématique du chap. 1 comme nous le verrons dans l'analyse du texte s'articule autour de l'infidélité à l'alliance manifestée par une indifférence voire un mépris du Seigneur.

4.4 *Structure*

Les structures proposées varient selon les auteurs, mais certains titres attribués aux différentes parties de ce chapitre sont fréquents et font presque l'unanimité[67]. Ainsi les divergences dans les subdivisions n'empêchent pas de repérer les thèmes frappants comme les accusations, le jugement, le culte authentique, les promesses et la restauration, qui sont tous des thèmes dérivés de l'alliance et de la justice. Nous n'allons pas présenter les structures des différents auteurs, l'objectif n'étant pas une étude de la structure en soi, mais la détermination des thèmes importants.

---

[66] Cf. D.M. CARR, «Reading Isaiah», 197-218.
[67] Cf. G. FOHRER, «Jesaja 1», 251-268; H. WILDERBERGER, *Jesaja*, 9-74; Y. GITAY, «Isaiah 1,2-20», 207-221; «Isaiah and His Audience», 542; W. BRUEGGEMANN, *Isaiah 1-39*, 9-24; R.L. CATE, «Isaiah 1,1-20», 137-143; W.W. VANHORN, «Use of Imagery in Is 1-12», 93-101; B. GOSSE, «Isaïe», 537-543; «Isaïe 1», 52-66; C.R. SEITZ, *Isaiah 1-39*, 30-39; A.J. TOMASINO, «Isaiah 1,1-2,4», 81-98; D. STACEY, *Isaiah 1-39*, 1-14; F.R. MELUGIN, «Figurative Speech», 283-305; D.M. CARR, «Reading Isaiah», 197-218; J. BLENKINSOPP, *Isaiah 1-39*, 178-188; B. CHILDS, *Isaiah*, 1-12; F. LANDY, «Isaiah 1, 10-26», 317-334; P.D. MISCALL, *Isaiah*, 22-24.

Nous proposons une structure à trois parties qui, selon nous, illustre bien les trois idées centrales du chapitre qui sont la dénonciation (vv. 2-9), le rejet du culte (vv. 10-20) et la vengeance du Seigneur (21-31).

4.5 *Analyse de Is 1,2-31*

4.5.1 La dénonciation: un peuple infidèle (vv. 2-9)

Le v. 2 ouvre cette première partie solennellement avec l'évocation des cieux et de la terre comme témoins (שמעו שמים והאזיני ארץ, écoutez, cieux! Et prête l'oreille, terre). Cette implication des cieux et de la terre dénote non seulement l'importance du sujet parlant mais aussi son identité. Il s'agit du Seigneur YHWH, le Créateur de l'univers qui parle (כי יהוה דבר)[68]. Cependant il ne se présente pas comme un maître dominateur, mais plutôt comme une victime, un Dieu Père de tendresse qui aime beaucoup ses fils (בנים גדלתי, j'ai fait grandir des fils) et qui est trahi dans son amour par ceux qu'il aime (והם פשעו בי, et eux, ils se sont révoltés contre moi)[69]. La tournure grammaticale «והם, et eux» met l'action sur les coupables et leur culpabilité. C'est aussi une expression de la douleur que ressent la victime vu l'intensité du lien qui l'unit à celui qui l'offense. Le choix de l'expression «פשע, révolte» met l'accent sur les actes de l'offense. Une révolte est un rejet violent, une non-reconnaissance et une instauration d'un ordre contraire à celui instauré par l'autorité compétente. C'est exactement ce que YHWH reproche à ses fils au v. 3 (ישראל לא ידע, Israël ne connaît pas, sous-entendu, ne reconnaît pas son maître)[70].

---

[68] Selon R.L. Cate, cette invocation de la terre et des cieux non seulement fait référence à Dieu, mais exprime également un désir d'impartialité de la part de l'accusateur. Le ciel et la terre sont des témoins impartiaux dont la présence garantit la véracité de l'accusation (cf. R.L. CATE, «We Need to Be Saved», 138).

[69] Dans ce contexte, K. Tull attire notre attention sur les parallélismes marquant le contraste entre l'amour de Dieu pour son peuple et la rébellion du peuple comme une technique littéraire en faveur de l'accusation: «The flow of parallelism continues in a pointed contrast between God's rearing of the people as God's own children and their rebellious response» (K. TULL, *Isaiah 1-39*, 52). Par ailleurs, il qualifie cette convocation de «rîb»: un procès de Dieu contre son peuple (K. TULL, *Isaiah 1-39*, 53). C'est aussi les points de vue de T.K. Cheyne, J. Harvey et J. Vermeylen: cf. T.K. CHEYNE, *The Prophecies*, 2-16; J. HARVEY, *Le plaidoyer*, 57-78; J. VERMEYLEN, *Du prophète Isaïe*, 44. Voir aussi: F.J. HELFMEYER, *Der Heilige Israel*, 10-11; D. MCKENNA, *Isaiah*, 49-66.

[70] C'est en ce sens que R.E. Clements, considère les vv. 2-3 comme une dénonciation de la rébellion du peuple contre YHWH: «These two verses establish the accusa-

Les vv. 4-8 sont une combinaison de la description des péchés du peuple et de leurs conséquences sur ce dernier[71]. Le sujet parlant semble maintenant être le prophète qui après avoir parlé directement en première personne (je), au nom de YHWH dans les vv. 2-3, reprend sa place de prophète dans les versets suivants. Ainsi, le v. 4 à travers des qualificatifs attribués au peuple nous fait le portrait moral du peuple. L'exclamation «הוי, malheur» qui introduit le verset dépeint l'état général dans lequel se trouve le peuple: un peuple qui vit dans le malheur. La suite du verset accuse directement le peuple de pécheur (גוי חטא, nation pécheresse), de coupables (עם כבד עון, peuple chargé d'offenses), de malfaiteurs (זרע מרעים, descendants de malfaiteurs) et d'hommes corrompus (בנים משחיתים, fils de corrompus). Un portrait moral plutôt négatif qui montre que le peuple s'est détourné du Seigneur et donc de son alliance. En effet, le v. 4 continue en affirmant que ce peuple a abandonné le Seigneur (עזבו את־יהוה), et qu'il l'a méprisé, Lui se Saint d'Israël (נאצו את־קדוש). Ces accusations pesantes qui acculent le peuple justifient la plainte exprimée par le Seigneur au vv. 2-3.

Le portrait du peuple continue dans les vv. 5-7, dans lesquels YHWH mentionne l'entêtement et la persévérance du peuple dans le mal et cela malgré les conséquences désastreuses de leurs péchés sur eux-mêmes. Par ailleurs, l'auteur des maux du peuple semble YHWH lui-même qui agit ainsi pour susciter leur conversion. Le v. 5 l'exprime bien à travers la question directe posée au peuple: (על מה תכו, où faut-il encore vous frapper?). Cette question non seulement confirme la persistance dans le mal (עוד תוסיפו סרה, vous continuez dans le mal) mais aussi l'incapacité du peuple à comprendre, évoquée au v. 3 (לא התבונן, [Israël] ne comprend pas).

La métaphore de la maladie et des plaies (vv. 5-6), est l'expression physique de l'état spirituel et moral pitoyable dans lequel se trouve ce peuple qui s'est détourné de Dieu[72]. La gravité de la situation explique

---

tion that Israel is a rebellious and wayward people who do not know the extent of their own folly and waywardness» (R.E. CLEMENTS, *Isaiah 1−39*, 30).

[71] Cf. H. WILDERBERGER, *Jesaja*, 9-74; W. BRUEGGEMANN, *Isaiah 1−39*, 9-24; B.S. CHILDS, *Isaiah*, 1-12; P.D. MISCALL, *Isaiah*, 22-24; B. BEYER, *Encountering the Book of Isaiah*, 42-45.

[72] Se détourner de Dieu dans notre contexte signifie se rebeller et rejeter sa volonté. Dans cette lignée de pensée, J.N. Oswalt, qualifie le péché du peuple de rébellion contre Dieu le créateur. Le jugement porte sur cette attitude de désobéissance à Dieu, qui est l'expression de l'orgueil de l'homme: «Above everything else, sin is rebellion for Isaiah. This is illustrated graphically by the fact that the book begins and ends on

le choix des parties du corps mentionnées à savoir la tête (כל־ראש לחלי, toute la tête est malade) et le cœur (וכל־לבב דוי, et tout le cœur est exténué). En effet, la tête et le cœur distinguent l'homme de l'animal dans l'anthropologie biblique. S'ils sont atteints, l'homme en quelque sorte perd son humanité. Le v. 6, quant à lui, met l'accent sur la généralisation des plaies non soignées couvrant tout le corps (מכף־רגל ועד־ראש, de la plante des pieds à la tête). Ces plaies, supposées susciter la conversion, laissent le peuple indifférent et entêté dans ses révoltes et son rejet de YHWH.

A partir du v. 7, nous passons de la métaphore à la réalité comme si le Seigneur voulait mieux se faire comprendre. Il décrit les désolations et les dévastations du pays ainsi que celles des villes (ארצכם שממה, votre pays désolé; עריכם שרפות, vos villes sont brûlées) tout en mettant en relief les suprématies de l'étranger envahisseur (זרים אכלים, les étrangers la dévorent). Sion reste la seule ville handicapée qui sert de refuge (כסכה בכרם, comme une cabane dans une vigne). Cette préservation de Sion qui suscite un espoir est aussi l'œuvre de YHWH qui ne veut pas la destruction totale du peuple. Le v. 9 le confirme en désignant explicitement le Seigneur à la fois comme celui qui a permis la dévastation, mais aussi celui qui a prévenu la destruction totale en laissant des rescapés (לולי יהוה צבאות הותיר לנו שריד, si YHWH ne nous avait pas laissé des rescapés). La comparaison avec Sodome et Gomorrhe, symboles du mal et de la colère de Dieu qui détruit le mal (cf. Gn 18) montre à quel point le peuple s'était éloigné de son Dieu[73].

4.5.2 Le rejet du culte: un culte souillé (vv. 10-20)

La rupture de l'alliance entre YHWH et son peuple se manifeste avant tout par le rejet de son culte[74]. Le v. 10 qui introduit cette partie commence par une dénomination ironique et injurieuse particulièrement adressée aux dirigeants du peuple en les traitant de «קציני סדם», chefs de

---

this note (1,2; 66,24)...For Isaiah this rebellion is an expression of human pride» (J.N. OSWALT, *The Book of Isaiah*, 38).

[73] C'est ce que confirme Y. Gitay en qualifiant les malheurs du peuple comme une punition: «The speech was delivered while the wound of a near military defeat still hurt ...Isaiah's major point is that there is a connection between the people's suffering, the catastrophe, and God; the connection has to be understood in terms of sin and punishment» (Y. GITAY, «Reflections», 221).

[74] Cf. H. WILDERBERGER, *Jesaja*, 9-74; E.W. DAVIES, *Prophecy and Ethics*, 90-111; W. BRUEGGEMANN, *Isaiah 1–39*, 9-24; R. KILIAN, *Jesaja*, I, 23-24; A. DAVIES, *Double Standards in Isaiah*, 34-56; P.K. TULL, «Torah and Anti-Torah», 317-134; T.L. LECLERC, *Yahweh Is Exalted in Justice*, 10-17, 31.

Sodome». Cette ironie s'étend dans la deuxième partie du verset au peuple qui est qualifié de «עם עמרה, peuple de Gomorrhe». C'est à ces dirigeants et à ce peuple que le prophète s'adresse (שמעו דבר־יהוה, prêtez l'oreille à la parole de YHWH).

Les vv. 11-15 expriment le rejet total du culte du peuple: (שבעתי עלות, j'en ai assez de vos holocaustes; לא חפצתי, je n'en veux plus). Jusqu'ici, nous avons plutôt l'impression que le problème souligné est le surplus des holocaustes. Mais le v. 12 contredit cette première impression à travers une question qui étend le rejet aux acteurs: c'est-à-dire, à ceux qui offrent les holocaustes (מי־בקש זאת מידכם רמס חצרי, qui vous demande de fouler mes parvis?). On pourrait même dire que derrière le refus des holocaustes se cache le rejet des personnes elles-mêmes. C'est la rupture de la communion entre YHWH et le peuple qui se manifeste dans le refus de l'holocauste. A partir du v. 13, le ton devient de plus en plus dur et sévère exprimant une radicalité comme pour dire au peuple que YHWH ne reviendra pas sur sa décision: (תוסיפו הביא מנחת־שוא לא, cessez de portez vos vaines offrandes). L'impératif négatif «הביא לא תוסיפו, cessez de porter», et l'expression de mépris «מנחת־שוא, vaines offrandes», illustrent bien la radicalité du rejet. Par ailleurs, le sentiment d'horreur et de dégoût que provoquent les holocaustes du peuple pécheur (קטרת תועבה היא לי, la fumée est une abomination pour moi) signifie qu'ils n'ont pas les qualités qu'ils sont supposés avoir. Du v. 13b au v. 14, nous assistons à une généralisation du rejet qui s'étend à tous les cultes du peuple y compris le sabbat et toutes les assemblées cultuelles (nouvelle lune, sabbat, assemblée, je n'en peux plus). Les expressions sont plus fortes (שנאה נפשי, je déteste; היו עלי לטרח, elles sont un fardeau; נלאיתי נשא, je suis fatigué de les supporter). Pour parler en langage musical, nous assistons à une sorte de «crescendo» dans cette radicalité qui culmine au v. 15 où YHWH devient plus explicite: אעלים עיני, je me voile les yeux. Ici, l'accent est mis sur le choix responsable de YHWH de ne pas regarder, c'est-à-dire de ne pas exaucer les prières qui sont exprimées par les mains tendues (ובפרשכם כפיכם, quand vous tendez vos mains). Cela est immédiatement confirmé par la suite du verset qui insiste sur le refus quel que soit le nombre de prières faites: אינני שמע, je n'écoute pas. Mais il faut attendre jusqu'à la fin du v. 15 pour que YHWH donne enfin la raison pour laquelle il rejette de manière si radicale le culte du peuple: ידיכם דמים מלאו, vos mains sont pleines de sang.

Après avoir longuement exprimé son refus du culte (vv. 10-15a) et expliqué la cause du refus (v. 15b), YHWH donne ensuite les instructions et les conditions nécessaires pour que le culte lui soit agréable. Ces instructions sont en fait un appel à la conversion, soit une dénonciation positive[75] et commencent au v. 16 par un rappel à l'ordre exprimé par les quatre verbes et expressions qui sont à l'impératif (רחצו, lavez-vous; הזכו, purifiez vous; הסירו רע מעלליכם מנגד עיני, ôtez de ma vue vos actions mauvaises; חדלו הרע, cessez de faire le mal). L'instruction proprement dite ressort au v. 17 avec une énumération explicite d'actions à poser (למדו היטב, apprenez à faire le bien; דרשו משפט, recherchez la justice; אשרו חמוץ, réprimandez l'exacteur; שפטו יתום, faites justice à l'orphelin; ריבו אלמנה, prenez la défense de la veuve). Les verbes restent toujours à l'impératif assurant la continuité avec le v. 16 et mettant en relief le caractère imposant de l'instruction qui ici n'est pas qu'une simple exhortation, mais une sorte de commandement à observer pour rétablir sa communion avec YHWH[76].

Au vv. 18-20, YHWH fait une offre de réconciliation: לכו־נא ונוכחה, venez et discutons (v. 18)[77]. Dans cette offre, YHWH est l'acteur principal. Il veut laver le peuple de ses péchés et le rendre pur. Notons les parallélismes antithétiques exprimant la force transformatrice de l'action du Seigneur YHWH, le seul et vrai Dieu de l'univers dans les métaphores exprimées au v. 18: אם־יהיו חטאיכם כשנים כשלג ילבינו, bien que vos péchés soient comme l'écarlate, ils deviendront blancs comme la neige; (puis) אם־יאדימו כתולע כצמר יהיו, bien qu'ils soient rouges comme le vermillon, ils deviendront comme la laine. Mais la proposition de YHWH comporte des conséquences positives ou négatives selon qu'elle est acceptée ou pas. Le peuple a son sort entre ses mains. Une réponse positive aura pour conséquence le salut du peuple: אם־תאבו ושמעתם טוב הארץ תאכלו, si vous écoutez, vous mangerez de bonne choses du pays. Cette métaphore fait indirectement allusion à la restauration du peuple dans la paix et l'abondance du passé. Une obstination dans la péché conduira par contre à la condamnation du peuple: ואם־תמאנו ומריתם חרב תאכל, si vous refusez et vous obstinez, c'est l'épée qui vous mangera.

---

[75] Nous entendons par dénonciation positive, une dénonciation qui ne se limite pas à mentionner le mal fait mais qui invite à faire le bien.

[76] Pour leur caractère instructif, R.E. Clements traite les vv. 16-17 de «Torah», au sens d'instruction sur le vrai culte: «...The prophet reaches the climax of his torah-instruction to the people. His hearers must turn away from evil and re-establish justice in their city» (R.E. CLEMENTS, *Isaiah 1–39*, 33).

[77] Cf. D. CULVER, «Isaiah 1,18», 133-141; A.M. HONEYMAN, «On Isaiah 1,16», 63-65; J.T. WILLIS, «On Isaiah 1,18», 35-54; J.C.S. DEVANESAN, «On Isaiah 1,18», 188-194.

Cet appel à la réconciliation, signe de la miséricorde nous renvoie à la paternité de YHWH exprimée dès le v. 2 en appelant le peuple ses fils. Cela porte à dire que ces dénonciations sont plus des cris de douleur qu'une menace. YHWH est peiné de la révolte de ses fils, rejette leur culte pour les inciter à la conversion et leur propose pour finir une offre de réconciliation.

4.5.3 La vengeance de YHWH: restauration de la justice (vv. 21-31)

La vengeance de YHWH est précédée d'une interrogation exprimant une peine et surtout une douleur sur l'état dans lequel se trouve la cité élue (Jérusalem). En effet, elle s'est écartée de sa vocation et elle représente les contre-valeurs de celles qu'elles étaient censées représenter. D'où l'interrogation: איכה היתה לזונה קריה נאמנה, comment est-elle devenue prostituée, la cité fidèle? (v. 21). Dans sa douleur, YHWH regrette le temps où Jérusalem était juste: קריה נאמנה מלאתי משפט צדק ועתה מרצים, la cité fidèle, remplie de justice, et maintenant des assassins. Les vv. 22-23 continuent la plainte ou la lamentation à travers un portrait moral du peuple. La métaphore de l'argent et du vin dénote la dévaluation morale du peuple qui s'est complètement perverti: כספך היה לסגים, ton argent est devenu écume; סבאך מהול במים, et ton vin est coupé d'eau (v. 22). La corruption des dirigeants et des juges du peuple est mentionnée explicitement: שׂריך סוררים וחברי גנבים, des chefs sont rebelles et compagnons des voleurs (v. 23).

Le v. 24 introduit par l'expression (לכן, c'est pourquoi) annonce la vengeance et les raisons de cette dernière. C'est cet état lamentable et douloureux d'injustice et d'oppression du plus faible décrit dans les vv. 21-23, qui suscite le désir de vengeance de la part dSeigneur YHWH: ואנקמה מאויבי, car je me vengerai de mes ennemis[78] (v. 24c). Celle-ci se dirige particulièrement contre tous les ennemis de YHWH. Elle consistera surtout en une purification: ואסירה כל־דיליך, et j'éliminerai tous tes déchets (v. 25). Nous assistons ainsi à un retournement de la situation, à un retour du peuple à sa vocation initiale: יקרא לך עיר הצדק קריה נאמנה, on t'appellera: Citée Justice, Ville Fidèle (v. 26).

---

[78] A ce propos, J.N. Oswalt affirme que la réponse de Dieu face au péché est le jugement soit la rédemption, si l'on se convertit. La vengeance s'applique ainsi seulement à ceux qui persistent dans leur mauvaise conduite: «God's response to sin is judgment or redemption, depending upon the response of humanity to God's actions. If we will turn from our own attemps to care for ourselves and turn to depend upon God, then he will do anything necessary to restore us» (J.N. OSWALT, *The Book of Isaiah*, 39).

Elle sera ainsi une réponse ou une solution à l'état déplorable dans lequel se trouve la ville de YHWH[79]. Ainsi, la vengeance vise avant tout la conversion et le rétablissement de la justice et de la fidélité[80]. Le salut de Sion ne viendra que par la justice comme le relève le v. 27: ציון במשפט תפדה, Sion sera sauvée par la justice. Cependant, les rebelles qui résisteront à la restauration seront éliminés: ושבר פשעים וחטאים (v. 28). Les idolâtres seront déçus de leur idoles (כי יבשו מאילים, car ils seront déçus de leurs térébinthes, 29a)[81]. La métaphore des feuilles flétries et des jardins sans eau au v. 30 dépeint le sort de ceux qui ont abandonné et méprisé le Seigneur, mettant leur confiance dans des idoles: כי תהיו כאלה נבלת עלה וכגנה אשר־מים אין לה, car vous serez comme des térébinthes aux feuillages flétris, comme un jardin d'où l'eau s'est retiré. On arrive enfin à la disparition totale des idoles dans le peuple de Dieu. Le v. 31 reprendra avec le thème de la vengeance contre les idolâtres qui brûleront complètement et définitivement en même temps que leurs idoles: ובערו שניהם יחדו ואין מכבה, ils brûleront ensemble et personne pour les éteindre[82].

La nouvelle Jérusalem, qui en fait ne sera que la résurrection de la Jérusalem originelle, ne sera habitée que par des fidèles du Seigneur qui vivent selon la justice de Dieu. C'est la Jérusalem eschatologique promise par YHWH à travers son prophète.

De cette analyse, il ressort que les thèmes de la justice et la fidélité à l'alliance recouvrent tout le chapitre et confirment que le binôme «alliance-justice» et ses dérivés forment la charnière sur laquelle reposent tous les sujets discutés.

---

[79] Ce sujet se retrouve chez: H. WILDERBERGER, *Jesaja*, 9-74; W. BRUEGGEMANN, *Isaiah 1-39*, 9-24; J.D.W. WATTS, *Isaiah 1-33*, 18-40; D. STACEY, *Isaiah 1-39*, 1-14; C.R. SEITZ, *Isaiah 1-39*, 30-39; B.S. CHILDS, *Isaiah*, 1-12; P.D. MISCALL, *Isaiah*, 22-24.

[80] Cf. D. STACEY, *Isaiah 1-39*, 1-14; B.S. CHILDS, *Isaiah*, 1-12; P.D. MISCALL, *Isaiah*, 22-24.

[81] Selon K. Nielson, la métaphore du térébinthe ne fait pas seulement allusion à l'idolâtrie, mais aussi à l'orgueil de l'être humain qui veut s'égaler à Dieu: «…We try to describe the pride within the tree code,… we must say that it consists in the tree's attempt to grow up into heaven. Translated into non figurative language: the arrogant try to disregard the limits set for man. Pride is the basic sin of wishing to be like God, who, as "the one", has no need of god to lean on» (K. NIELSON, *There is Hope for a Tree*, 19). J.J. Schmitt va dans le même sens en affirmant que la conversion du peuple consiste à renoncer à son propre orgueil: «Conversion means turning away from a glorified self. The individual must give up pride and self-reliance» (J.J. SCHMITT, *Isaiah and His Interpreters*, 78).

[82] Cf. S.E. LOEWENSTAMM, «Isaiah 1,31», 246-248.

4.6 Les échos de Is 1,2-31 dans le Trito-Isaïe

Après avoir relevé les thèmes importants communs au Proto-Isaïe et au Trito-Isaïe, il s'agira ici d'illustrer par des passages choisis les parallélismes thématiques et littéraires confirmant l'unité et la complémentarité de ces deux parties du livre.

Le chap. 1 en tant qu'introduction du Proto-Isaïe concentre en lui les grandes orientations du message de ce dernier. Outre le fait qu'il illustre clairement la présence du binôme «alliance-justice» dans le Proto-Isaïe, ces connections thématiques avec certains passages du Trito-Isaïe confirment plus explicitement leur relation. Ainsi nous notons des parallélismes thématiques entre Is 1,10-20 et 58,1–59,4; Is 1,21.26-27 et Is 61,1-4.10; Is 1,24-31 et Is 66,14.23-24.

Notons que ces échos touchent les grandes parties de la structure tripartite 56–59 (d'où est tiré 58,1–59,4), 60–62 (d'où vient 61,1-4.10) et 63–66 (à qui appartient 66,14-24). Ces échos s'étendent donc aux trois parties du Trito-Isaïe. Outre le chap. 1, d'autres passages comme les textes messianiques (7,10-17; 9,1-6; 11,1-5; 12,1-6) et ceux de la restauration (2,1-18; 11,6-9; 30,18-26; 32,1–33,24; 34–35) ont également des échos dans le Trito-Isaïe, mais quelques exemples suffiront pour illustrer ces parallélismes thématiques.

4.6.1 Le Seigneur n'agrée pas la prière de l'injuste

Le parallélisme thématique de Is 1,10-20 et 58,1–59,4 frappe le lecteur avisé qui s'aperçoit très vite que le culte authentique est un des points centraux de leur message. Dans notre étude du chap. 58[83], nous avions relevé son caractère particulièrement centré sur le culte. L'analyse du chap. 1 nous permet de percevoir dans le chap. 58 une réponse ou un écho du premier chapitre. En effet, ces deux chapitres comprennent une structure thématique analogue, formée d'un rejet du culte d'une part et d'une justification de ce rejet sous une forme d'instruction d'autre part[84].

---

[83] Cf. chap. II.

[84] Notons ici que l'injustice et l'infidélité restent dans tous les cas la raison fondamentale du rejet du culte. G.H.M. Williamson affirme en ce sens qu'une société qui prétend vivre selon les lois divines est caractérisée par la justice, la vérité et la fidélité: «…if we now inquire after the foundational qualities of a society which is properly ordered under God, we need have no hesitation in answering that they are righteousness,…justice…and truth or faithfulness» (G.H.M. WILLIAMSON, «Synchronic and Diachronic», 211).

CHAP. IV : TRITO-ISAÏE ET PROTO-ISAÏE

a) Un culte inacceptable

Les deux chapitres s'ouvrent par des dénonciations des péchés dès les premiers versets. Alors qu'il s'agissait surtout des holocaustes dans le chap. 1, c'est le jeûne du peuple et le sabbat que le Seigneur condamne dans le chap. 58 et qu'il refuse d'agréer[85]. Dans ce chapitre, c'est YHWH lui-même qui ordonne au prophète d'annoncer à son peuple ses fautes et ses péchés: והגד לעמי פשעם, *annonce à mon peuple ses révoltes*; ולבית יעקב חטאתם *à la maison de Jacob ses offenses* (v. 1). Ce peuple soit par ignorance, soit par hypocrisie, se comporte comme s'il observait le droit et la justice et exige de Dieu une justice à son égard (v. 2)[86]. Mais en réalité ce peuple s'est éloigné de la voie du Seigneur à travers l'égoïsme, l'oppression et l'exploitation du faible et la profanation du Sabbat. La conséquence de ces péchés est le rejet de leur culte par YHWH. Ce schéma se retrouve dans le chap. 1 avec des dénonciations dès les premiers versets: c'est un peuple qui s'est révolté contre le Seigneur, qui ne reconnaît pas YHWH (v. 3), une nation pécheresse qui méprise le Saint d'Israël (v. 4). La conséquence de leurs offenses est également le rejet de leur culte par YHWH.

Le rejet du culte est implicite dans le chap. 58 et exprimé dans la plainte du peuple, laquelle plainte est reprise ironiquement par le YHWH au v. 3: למה צמנו ולא ראית, *pourquoi nous jeûnons et tu n'entends pas?* ענינו נפשנו ולא תדע, *nous nous humilions et tu ne remarques pas?* Il est par contre très explicite dans le chap. 1 dont les vv. 10-15 expriment le rejet du culte à travers des expressions fortes: שבעתי עלות, *j'en ai assez de vos holocaustes*; לא חפצתי, *je n'en veux plus* (v. 11). Le refus du culte continue ensuite sous diverses formes: מי־בקש זאת מידכם רמס חצרי, *qui vous demande de fouler mes parvis?* (v. 12); לא תוסיפו הביא מנחת־שוא, *cessez de portez vos vaines offrandes* (v. 13); היו עלי לטרח, *elles sont un fardeau (pour moi)*; נלאיתי נשא, *je suis fatigué de les supporter* (v. 14);

---

[85] Cf. J.D. SMART, *History and Theology*, 246; E. ACHTEMEIER, *The Community*, 54; J.D.W. WATTS, *Isaiah, 34-66*, 27; K. KOENEN, *Ethik*, 94; B. WEBB, *The Message*, 225-227; J. BLENKINSSOPP, *Isaiah 56-66*, 178.

[86] C.O. Schroeder affirme avec raison que le peuple a perdu le sens de la justice parce qu'il est éloigné de Dieu, mettant sa confiance en sa propre sagesse. Le prophète met une étroite relation entre la justice et la fidélité à Dieu: «Justice is a very sensitive condition. It disappears when people ignore God as the giver of life and instead rely on their own wisdom» (C.O. SCHROEDER, *History, Justice*, 15). Cette opinion est partagée par: J.J. SCHMITT, *Isaiah and His Interpreters*, 78; J.L. SICRE, *Con los pobres de la tierra*, 260-300; R.C.J. ORTLUNG, *Isaiah: God Saves Sinners*, 33; R.E. RUBENSTEIN, *Thus Said the Lord*, 41; B. SCHEUER, *The Return of YHWH*, 47; E.M. OBARA, *Le strategie di Dio*, 88-89; Y. MARECHAL, *Le livre d'Isaïe*, 33-47.

אעלים עיני, je me voile les yeux; איני שמע, je n'écoute pas (v. 15). Toutes ces expressions frappantes par leur radicalité illustrent le refus du culte du peuple par YHWH qui n'exauce pas la prière de ceux qui ne vivent pas selon la justice[87].

b) Justification du rejet

Le rejet de culte est suivi d'une justification de ce dernier. Au chap. 58, la justification du rejet s'étend sur plusieurs versets qui dénoncent la perversité du culte mais, ce sont surtout les vv. 3-4 qui illustrent bien les accusations et condamnations du jeûne faites par le Seigneur Dieu: כל־עצביכם תנגשו, *vous brutalisez tous vos employés*; לריב ומצה תצומו, *vous jeûnez dans les disputes et les querelles*; ולהכות באגרף רשע, *et en frappant, méchamment du poing*. Dans ce contexte, nous pouvons aussi citer Is 59,1-4 qui donne une réponse aux lamentations du peuple sur l'indifférence du Seigneur à leurs appels, en justifiant le silence de YHWH. Le silence de Dieu n'est pas une faiblesse ni un signe d'impuissance, sa main n'est pas trop courte pour sauver son peuple: הן לא־קצרה יד־יהוה מהשיע (v. 1). Ce sont les péchés du peuple qui l'éloignent de Dieu, continue le v. 2. Et les vv. 3-4 énumèrent les fautes, voire les crimes du peuple comme pour donner une preuve des affirmations faites dans le verset précédent: כי כפיכם נגאלו בדם, *car vos paumes sont tachées de sang*; ואצבעותיכם בעון, *et vos doigts par l'iniquité*; שפתותיכם דברו־שקר, *vos lèvres profèrent les mensonges* (v. 3); אין־קרא בצדק, *nul ne plaide selon la justice* (v. 4).

Au chap. 1, la justification se résume en une affirmation sèche et dure qui résume toutes les perversités du peuple «ידיכם דמים מלאו, *vos mains sont pleines de sang*» (v. 15). La justification du rejet est suivie à son tour d'une instruction sur le culte authentique, celui que YHWH attend du peuple et celui qu'il regardera, qu'il écoutera et auquel il répondra «הנני, me voici». Au chap. 58, l'instruction se fait sous forme de conditions à remplir[88]. Le Seigneur énumère les conditions nécessaires pour que le culte lui soit agréable (vv. 6-13). Ces conditions sont un

---

[87] Cf. B. VAWTER, *"Social Justice" in the Prophet Isaiah*, 29; G. FOHRER «Jesaja I», 267-268; S. NIDITCH, «The Composition of Isaiah 1», 511-529; Y. GITAY, «Reflections», 126; J.L. SICRE, *Con los pobres de la tierra*, 260-335; J. WILLIS, «The First Pericope», 64-72; J.J. SCHMITT, *Isaiah and His Interpreters*, 78; M.A. SWEENEY, *Isaiah 1-4*, 27-32, 101-123, 131-133; C.O. SCHROEDER, *History, Justice*, 15; B. SCHEUER, *The Return of YHWH*, 47.

[88] Cf. T.L. LECLERC, «Justice and Worship», 347-358; M. GRAY, *Rhetoric and Social Justice*, 73-115.

appel à la conversion et à une réconciliation. Mais la réconciliation n'aura lieu que si le peuple suit les instructions données par YHWH elle et sera caractérisée par la réponse de YHWH aux appels du peuple. Les conditions posées sont essentiellement éthiques et sociales: פתח חרצבות (dénouer les liens), התר אגדות (détacher les courroies) et ושלח רצוצים (et renvoyer libre), mais elles sont aussi strictement liées aux clauses de l'alliance. Cependant, la mention explicite du Sabbat au v. 13 (חפציך אם־תשיב משבת רגלך עשות, si tu t'abstiens de marcher pour faire ton plaisir pendant le sabbat) maintient la relation à l'alliance. Les instructions du chap. 1 apparaissent par contre sous forme d'un ordre, un impératif. YHWH se présente comme un maître qui ordonne un changement profond: c'est-à-dire une conversion vraie sincère de son peuple: רחצו, *lavez-vous*; הזכו, *purifiez-vous*; הסירו רע מעלליכם מנגד עיני, *ôtez de ma vue vos actions mauvaises*; חדלו הרע, *cessez de faire le mal*; למדו היטב, *apprenez à faire le bien*; דרשו משפט, *recherchez la justice*; אשרו חמוץ, *réprimandez l'exacteur*; שפטו יתום, *faites justice à l'orphelin*; ריבו אלמנה, *prenez la défense de la veuve* (vv. 16-17).

L'invitation à la réconciliation est explicite au chap. 1. YHWH invite à une discussion, un dialogue dans lequel il sera le principal protagoniste, prêt à purifier: אם־יהיו חטאיכם כשנים כשלג ילבינו, *bien que vos péchés soient comme l'écarlate, ils deviendront blancs comme la neige* (v. 18)[89]. Mais il laisse le choix au peuple de se réconcilier avec lui pour vivre dans la paix et manger de bonnes choses (אם־תאבו ושמעתם טוב הארץ תאכלו, si vous écoutez, vous mangerez de bonnes choses du pays), ou de s'obstiner et périr dans son mal (ואם־תמאנו ומריתם חרב תאכל, si vous refusez et vous obstinez, c'est l'épée qui vous mangera). La réconciliation est plutôt implicite dans le chap. 58. Elle est cependant conséquence directe de l'observation des instructions. Si le peuple suit les instructions, alors sa lumière brillera et sa restauration ne tardera pas à venir: יבקע כשחר אורך (ta lumière brillera comme l'aurore), וארכתך מהרה תצמח (ton rétablissement vite arrivera), ובנו ממך חרבות עולם (et on reconstruira de toi les ruines de toujours).

Ici aussi, la conséquence implicite de la non-observation de l'instruction qui sera par le fait un refus de la réconciliation laissera le peuple dans sa situation de malheur décrite plus haut. Résumons ces parallélismes dans le tableau ci-dessous.

---

[89] Cette réconciliation se résume en fait en la conversion et au retour à un culte authentique. C'est en ce sens que S.H. Widyapranawa qualifie les vv. 10-20 d'appel à la vraie religion: «God's call to true Religion» (S.H. WIDYAPRANAWA, *The Lord is Savior*, 6).

	Rejet du culte	Justification du rejet et instructions
Proto-Isaïe (1–39)	1,10-15: rejet des holocaustes	1,15: justification du rejet 1,16-17: instructions sur le culte
Trito-Isaïe (56–66)	58,3: rejet du jeûne	58,3-4: justification du rejet 59,1-4: justification du rejet 58,6-13: instructions sur le culte

4.6.2 Signes précurseurs de la restauration

Le second important parallélisme thématique que l'on peut relever entre le Proto et le Trito-Isaïe concerne les textes messianiques, annonçant une restauration prochaine que nous retrouvons surtout dans les chaps. 7–12.

a) *Dans le Proto-Isaïe*

Les premières lumières d'espoir d'une survie à l'invasion babylonienne, se retrouvent déjà dans le chap. 1 qui est comme le chapitre programmatique du livre. En effet, les vv. 8-9 peuvent être considérés comme les premiers signes d'espoir pour le peuple. Ce dernier constate avant tout que la destruction n'est pas totale. Bien que dans la désolation, (כסכה בכרם כמלונה במקשה, comme une cabane dans une vigne, un abri dans un champ de concombres, v. 8) la ville sainte reste partiellement vivante. Ce constat est un début d'espoir[90]. Mais le peuple reconnaît que sa destruction aurait pu être totale (לולי יהוה צבאות הותיר לנו שריד, si le Seigneur des armées ne nous avait pas laissé un petit reste, v. 9).

---

[90] Il convient ici de mentionner la contribution de P.K. Tull (cf. *Isaiah 1-39*, 67) qui propose une structure concentrique originale des vv. 21-26, ayant pour centre le jugement de Dieu qui punit et restaure, confirmant ainsi des signes précurseurs de la restauration:

    A-v. 21a: faithful city has become a whore
      B-v. 21b: once justice; righteousness; now murders
        C-v. 22: silver turned to dross; wine diluted
          D-v. 23: crimes of leaders and people
            E-v.24a: therefore says the Sovereign
          D'-v. 24b: I will punish enemies for their crimes
        C'-v. 25: I will smelt away your dross
      B'-v. 26a: and restore judges and counselors as before
    A'-v. 26b: afterward you will be called faithful city

En posant une condition et en désignant le Seigneur comme auteur de cette préservation, le peuple confesse indirectement sa foi en YHWH dont la miséricorde et la bonté se sont manifestées à travers cette préservation. Une lueur d'espoir naît donc de ce petit reste qui continue de se confier en YHWH. La même idée est reprise en Is 4,2-6 qui proclame une restauration provenant d'une purification du reste des rescapés de sorte qu'ils constituent un peuple de saints duquel renaîtra la nouvelle Jérusalem[91]. Cet espoir du peuple se renforcera ensuite par les textes messianiques qui annonceront progressivement la venue d'un messie restaurateur. Ainsi, Is 7,10-16 prédit la naissance de l'Emmanuel au v. 14 (עמנו אל, Dieu est avec nous)[92]. Contrairement aux chefs du peuple condamnés en 1,10 pour leur injustice, l'Emmanuel saura choisir le bien et rejeter le mal (7,15). La venue de l'Emmanuel sera suivie d'un temps de bonheur pour le peuple. Le Seigneur protégera le peuple de ses ennemis (7,18-20), la terre sera féconde et le bétail nombreux et fertile (7,21-23).

Is 9,1-6 reprend le thème de l'Emmanuel annonçant également la naissance d'un prince (כי־ילד ילד־לנו בן נתן־לנו, car un enfant nous est né, un fils nous est donné, v. 5). La connotation est clairement royale (v. 6). Cet enfant est décrit comme le prince de la paix (שר־שלום), et le merveilleux-conseiller, Dieu-Fort, père à jamais (פלא יועץ אל גבור אביעד). La dimension messianique est explicite dans ce texte. Il s'agit d'un envoyé de Dieu qui régnera sur le trône de David (לשלום אין־קץ על־כסא דוד, et une paix sans fin sur le trône de David). Son règne sera ferme, éternel et établit dans la justice et le droit (ועל־ממלכתו להכין אתה ולסעדה במשפט, et sur sa royauté il établira et affermira le droit et la justice).

De ces textes messianiques, Is 11[93] semble le plus explicite en mentionnant l'onction sur le messie (ונחה עליו רוח יהוה, et sur lui repose l'Esprit du Seigneur, v. 2), lequel sera un descendant de Jesse donc de la lignée de David (ויצא חטר מגזע ישי, un rameau sortira de la souche de Jesse, v. 1). Il jugera non selon les apparences, mais selon la vérité et la crainte du Seigneur. Il prendra la défense des pauvres et des opprimés

---

[91] Cf. Is 4,3 והיה הנשאר בציון והנותר בירושלם קדוש יאמר, et il adviendra que les rescapés de Sion et les survivants dans Jérusalem seront appelés: Saint (voir aussi 10,10 au sujet d'un reste qui sera épargné).

[92] Cf. O. LORETZ, *Das Reich Gottes nach dem Buche Isaias*, 37-58; K. BUDDE, «Das Immanuelzeichen», 22-54; M. REHM, *Der königliche Messias*, 130-184, 185-234; A. LAATO, *Who Is Immanuel?*, 173-196; Y. MARÉCHAL, *Le livre d'Isaïe*, 94-100.

[93] Cf. B.C. JONES, «Isaiah 8.11», 145-159; R.F. DE SOUSA, *Eschatology and Messianism*, 103-155; Y. MARÉCHAL, *Le livre d'Isaïe*, 105-110.

(ושפט בצדק דלים, et il jugera les pauvres dans la justice, v. 4). Ici aussi, c'est la justice qui identifie le messie davidique comme l'illustre très clairement la métaphore de la ceinture de ses hanches et du baudrier des reins (והיה צדק אזור מתניו, la justice sera la ceinture de ses hanches; והאמונה אזור חלציו, et la fidélité le baudrier des reins, v. 5). Enfin, l'action de grâce d'Is 12,1-6 est la réponse du peuple à la justice et à la restauration apportée par le messie davidique: זמרו יהוה כי גאות עשה, *chantez le Seigneur car il a fait des merveilles* (v. 5); צהלי ורני יושבת ציון, *pousse des cris de joie, toi qui habites Sion* (v. 6).

Comme nous pouvons le constater dans ces textes messianiques, la justice reste toujours un élément indispensable à la restauration et le messie envoyé est caractérisé par la justice. Tout comme les désastres et les malheurs du peuple ont été le fruit de l'injustice des chefs et du peuple, la restauration n'adviendra que par le biais de la justice. Le messie sera donc avant tout un prince de la justice et le peuple qu'il délivrera devra aussi être caractérisé par la justice.

b) *Dans le Trito-Isaïe*

Nous retrouvons dans le Trito-Isaïe cette annonce messianique avec les mêmes attentes du peuple de la part du messie, de façon très concentrée en Is 61,1-11. En effet, ce passage est un écho de l'ensemble des textes messianiques du Proto-Isaïe à peine cités plus haut. Is 61,1 fait explicitement référence à un envoyé de YHWH[94]. D'autre part, la mention de l'onction de l'Esprit sur ce dernier fait de lui un élu et un messie: רוח אדני יהוה עלי, *l'Esprit du Seigneur YHWH repose sur moi*[95]. L'option préférentielle du messie envers les pauvres (que nous avons mentionnée en Is 11,4) est très développée en 61,1-3. Le messie vient panser les cœurs brisés et réconforter les endeuillés[96]. Mais sa mission s'étend à tous ceux qui sont dans la détresse: לנשברי-לב (les cœurs brisés), לשבוים (les captifs), ולאסורים (et les prisonniers), כל-אבלים (tous les endeuillés). Cette préoccupation pour les opprimés rejoint le thème de la justice messianique relevé dans le Proto-Isaïe. Le messie vient avant tout pour restaurer la justice qui doit caractériser le peuple de Dieu et son messie. Le v. 3 l'illustre bien à travers la métaphore du térébinthe: אילי צדקה (térébinthe de justice).

---

[94] Cf. M.D. BRATCHER, «Salvation Achieved», 177-187; M.C. BARNES, «The Spirit of The Lord», 396-399; G.C. BRADLEY, «The Postexilic», 475-496.

[95] Cela nous renvoie à Is 11,2.

[96] Cf. E.A. MARTENS, «Impulses to Mission», 215-239.

La suite du passage décrit l'aspect matériel de la restauration qui est la reconstruction des dévastations, les rénovations des villes abandonnées et le rétablissement du droit (vv. 4-6). Notons cependant que le v. 8 revient sur le thème de la justice, mais cette fois-ci comme caractéristique dSeigneur YHWH, celui qui est fidèle et qui accomplit sa promesse: כי אני יהוה אהב משפט שנא גזל, *car moi, le Seigneur, j'aime le droit et je hais le vol.*

Enfin, la joie et l'exultation de 61,10 (שוש אשיש ביהוה תגל נפשי באלהי, je suis enthousiasmé, dans le Seigneur, mon âme s'extasie en mon Dieu) nous renvoient à l'action de grâce et à l'allégresse exprimées par la peuple dans le Proto-Isaïe en Is 12,5-6.

Ces observations nous montrent que les signes précurseurs de la restauration à travers les textes messianiques constituent un thème commun important au Proto-Isaïe et au Trito-Isaïe contribuant par ce fait à l'unité du livre. Le tableau ci-dessous résume ces parallélismes thématiques:

	UNE LUEUR D'ESPOIR	UN ROYAUME DE JUSTICE ET JOIE
Proto-Isaïe (1–39)	1,8-9: un reste épargné 6,13: une souche épargnée 7,10-16: annonce de l'Emmanuel 9,1-6: annonce d'un prince 11,1-4: annonce d'un messie	7,16: un roi juste 9,6: un roi droit et juste 11,4: un roi qui jugera avec justice 12,1-6: joie du peuple
Trito-Isaïe (56–66)	61,1: présentation du messie	61,1b-3: bonne nouvelle de justice 61,10: joie du messager et du peuple

4.6.3 La restauration eschatologique

La restauration eschatologique est le troisième point d'intersection entre le Proto et le Trito-Isaïe. Un parcours attentif des deux parties nous permet de le relever.

a) *Dans le Proto-Isaïe*

Les derniers versets du chap. 1 (vv. 24-31) mettent un accent particulier sur la vengeance du Seigneur[97]. Cette dernière est caractérisée par une intervention personnelle et très vigoureuse du Seigneur en personne pour rétablir l'ordre selon sa volonté. YHWH qui est fidèle à sa pro-

---

[97] Cf. F.R. MELUGIN, «Figurative Speech», 283-305; D.M. CARR, «Reading Isaiah», 197-218; J. BLENKINSOPP, *Isaiah 1–39*, 178-188.

messe ne laissera pas son peuple indéfiniment dans le malheur. Les dénonciations des versets précédents (vv. 1-9) attribuaient les malheurs du peuple aux péchés en général et à l'injustice en particulier. Aussi, le Seigneur appelle-t-il le peuple à la conversion par le rejet du culte (vv. 10-20). La restauration du peuple passait donc par la conversion et le rétablissement de la justice. Mais pour rétablir la justice, il s'avère nécessaire d'éliminer le mal à sa racine. D'où cette intervention vigoureuse du Seigneur après l'échec de ses appels à la conversion. La restauration consistera en la récompense des fidèles et en l'élimination des infidèles qualifiés plutôt de méchants et d'ennemis de Dieu. Il s'agit concrètement de tous ceux qui ne vivent pas selon les préceptes de l'alliance et qui sont les auteurs des injustices dénoncées, ainsi que les oppresseurs des pauvres que YHWH appelle à protéger. La restauration est eschatologique parce qu'elle ne dénote pas une reconstruction matérielle des villes et un simple retour du peuple à Sion. Elle a plutôt une connotation spirituelle et religieuse. Il s'agit du peuple de Dieu idéal. Celui qui est fidèle et qui vit dans la justice[98] et la louange de YHWH. Un peuple qui ne reconnaît comme Dieu que YHWH et qui rejette toute forme d'idolâtrie. Mais cette restauration sera l'œuvre de Dieu qui jugera tous les peuples et éliminera de ces derniers tous ceux qui révolteront contre lui: ושבר פשעים וחטאים, les rebelles et les pécheurs seront brisés (v. 28). Il s'agit de tous ceux qui ne vivront pas selon sa volonté. Ce discours est très explicite dans les vv. 24 (ואנקמה מאויבי, car je me vengerai de mes ennemis) et 25 (ואסירה כל-דיליך, et j'éliminerai tous tes déchets). Il s'agira d'une purification du peuple de sorte que seuls les fidèles à YHWH constitueront ce nouveau peuple de Dieu. Le v. 27 précise cependant que cette restauration ne se fera que par la justice c'est-à-dire la restauration ne se fera réalité que si le peuple vit selon la justice: ציון במשפט תפדה, *Sion sera sauvée par la justice*.

D'autres passages du Proto-Isaïe reprendront sous d'autres aspects ce thème de la restauration eschatologique. Is 2,1-18, par exemple, célèbre la nouvelle Jérusalem comme la maison de Dieu et le lieu du rassemblement pour rendre culte à l'unique Dieu de tout l'univers (vv. 2-5). Dans ce sens, toutes les idoles et les faux dieux seront éliminées et seul le Seigneur sera exalté: ונשגב יהוה לבדו, seul *le Seigneur sera exalté* (17c); והאלילים כליל יחלף, *et toutes les idoles disparaîtront* (18). Is 11,6-9, à travers la métaphore du loup et de l'agneau qui habitent ensemble,

---

[98] J. Vermeylen affirme à ce sujet que la justice reste une condition indispensable pour la restauration: «C'est au prix de la justice retrouvée que Jérusalem retrouvera le salut» (J. VERMEYLEN, *Du prophète Isaïe*, 104).

il dépeint une image idéale donc eschatologique de la restauration dans laquelle le mal n'existera plus jamais: לא־ירעו ולא־ישחיתו בכל־הר, *ils ne feront pas de mal, ils ne détruiront pas sur la montagne sainte*. Il convient aussi de mentionner Is 26,19–27,5 qui parle de la résurrection des cadavres mettant particulièrement en relief l'aspect eschatologique de la restauration: יחיו מתיך נבלתי יקומון, *tes morts revivront, tes cadavres ressusciteront*. Le chap. 32 en décrivant un royaume idéal et parfait dans lequel le roi et tous les gouverneurs dirigeront selon la justice de Dieu (הן לצדק ימלך־מלך, voici que le roi régnera selon la justice; ישׂרו ולשׂרים למשפט, et les chefs gouverneront selon le droit, v. 1), reste dans la perspective de la restauration eschatologique. Au v. 17, la justice revient comme la condition indispensable à la réalisation effective de la restauration: הצדקה השקט ובטח עד־עולם, *les œuvres de la justice seront la paix et la sécurité pour toujours*.

Toujours dans le contexte de l'intervention de YHWH, Is 34 présente la restauration comme une grande vengeance du Seigneur contre toutes les nations et leurs armées, ennemies de son peuple: וחמה על־כל־צבאם, *et sa colère contre toutes leurs armées* (34,2). Pour sa part, Is 35 à travers la métaphore du désert qui refleurit reprend sous forme de synthèse les grandes idées du Proto-Isaïe de la restauration eschatologique en présentant aussi un monde idéal semblable à celui décrit en Is 11,6-9 (la métaphore du loup de l'agneau)[99]. On assiste ici à une transfiguration de toute la création: יששׂום מדבר וציה, *que le désert et la terre aride exultent de joie* (v. 1). C'est la vengeance du Seigneur qui se manifeste avec force en rétribuant ses fidèles: הנה אלהיכם נקם יבוא גמול אלהים הוא יבוא, *voici, la vengeance de Dieu arrive et la récompense de Dieu arrive* (v. 4). Des images fortes et significatives sont utilisées pour exprimer cette transformation eschatologique qui est l'œuvre de YHWH: les aveugles verront, les oreilles des sourds s'ouvriront, le boiteux bondira, la bouche du muet criera, des eaux jailliront du désert (vv. 5-6).

b) *Dans le Trito-Isaïe*

Le chap. 66 qui conclut le Trito-Isaïe s'étend amplement sur le thème du jugement eschatologique qui n'est rien d'autre qu'une reprise sous d'autres formes du thème de la vengeance du Seigneur, ou du jour du Seigneur[100]. Ce dernier est caractérisé par la consolation des justes

---

[99] Cf. W. CASPARI, «Jesaja 34 und 35», 67-86; B. GOSSE, «Isaiah 34–35», 396-404.

[100] Pour une étude plus minutieuse sur les parallélismes thématiques et lexicaux entre les Is 1 et Is 65–66, cf. J. FERRY, *Isaïe»*, 39-65.

et des opprimés d'une part (יד־יהוה את־עבדיו, la main de YHWH se fera connaître à ses serviteurs) et le châtiment des ennemis de YHWH incluant les oppresseurs, les injustes (וזעם את־איביו, mais il se montrera indigné envers ses ennemis) d'autre part. En ce sens, la restauration eschatologique développée dans le Proto-Isaïe est très présente aussi dans le Trito-Isaïe[101]. Dans ce dernier, Jérusalem prend un sens figuré et devient le symbole de la restauration laquelle se manifeste concrètement par la consolation, la paix et le réconfort du peuple: כן אנכי אנחמכם, *ainsi je vous réconforterai* (66,13). Le caractère apocalyptique et eschatologique de l'intervention du Seigneur est explicite dans le v. 15. YHWH vient dans le feu (כי־הנה יהוה באש יבוא, voici que le Seigneur vient, c'est dans le feu qu'il vient) pour un jugement universel qui consistera en une purification tout comme dans le Proto-Isaïe (1,25-28)[102]. Cette purification suscitera la joie et la jubilation de Jérusalem mentionnées au v. 10 (שמחו את־ירושלם וגילו בה, jubilez avec Jérusalem, exultez à son sujet). Le culte universel qui est un des objectifs de l'intervention de Dieu sera le signe de la restauration pour le peuple: כל־בשר להשתחות לפני, *toute chair viendra se prosterner devant moi* (v. 23). YHWH sera le seul Dieu adoré par toutes les nations et tous ceux qui se révolteront contre lui seront éliminés et exterminés pour toujours: וראו בפגרי האנשים הפשעים בי, *et ils verront les dépouilles de tous ceux qui se sont révoltés contre moi* (YHWH); ואשם לא תכבה, *leur feu ne s'éteindra pas* (v. 24)[103].

---

[101] C. Seitz relève cet écho comme une caractéristique d'un oracle sur le jugement: «...but for those who forsake God, there will be eternal punishment "with no one to quench them (1,31)... The Book of Isaiah ends on a similar note of warning (66,24)...This is precisely the force of Isaiah's jugement oracle in the opening chapter.."» (C.R. SEITZ, *Isaiah 1–39*, 35). K. Tull mentionne aussi ce parallélisme dans le contexte de l'histoire rédactionnelle du livre: «Those who see a redactor's words point out their conceptual and verbal relationship to elements found in Third Isaiah, and suggest that the passage was retrojected into the beginning of the book to anticipate concerns that will emerge in the book's final chapters...and especially 66,17...» (K. TULL, *Isaiah 1–39*, 52). Pour d'autres allusions à cet écho, cf. M.D. BRATCHER, «Is 65,17–66,2», 177-188; D.M. CARR, «Reading Isaiah», 197-218.

[102] M.A. Sweeney voit dans ces passages non seulement un jugement mais un appel à la conversion: «...the final form of the book of Isaiah presupposes a distinction between the righteous and the wicked, and calls upon its readers... to identify with the righteous and thereby to avoid the final judgment against the wicked (Is 1,27-28; 65–66)» (M.A. SWEENEY, «The Book of Isaiah as a Prophetic Torah», 57).

[103] Pour des considérations plus approfondies sur les parallélismes entre Is 1 et Is 66, cf. J. FERRY, *Isaie*, 39-65.

Outre ces parallélismes thématiques et lexicaux explicites relevés dans le chap. 66, bien d'autres chapitres du Trito-Isaïe font également écho à la restauration eschatologique développée par le Proto-Isaïe. Ainsi le chap. 65 décrit la restauration et la reconstruction comme un monde idéal en parlant d'une création nouvelle et plus précisément des cieux nouveaux et d'une terre nouvelle: כי־הנני בורא שמים חדשים, *et voici que je vais créer des cieux nouveaux et une terre nouvelle* (v. 17). Il proclame et annonce dans le même sens une grande exultation perpétuelle (כי־אם־שישו וגילו עדי־עד, *soyez dans l'enthousiasme et l'exultation perpétuelle*, v. 18), et une époque de bonheur sans fin, où l'on n'entendra ni pleurs ni cris: ולא־ישמע בה עוד קול בכי וקול זעקה, *on n'y entendra plus des voix pleurant ni des voix poussant des cries* (v. 19). Par ailleurs, ce chapitre reprend explicitement au v. 25 la métaphore du loup et de l'agneau mentionné en Is 11,6, confirmant l'idée du monde idéal que veut instituer YHWH.

Le chap. 60 du Trito-Isaïe s'inscrit aussi dans la ligne d'une renaissance eschatologique du peuple[104]. Ici aussi, Jérusalem est le symbole de cette renaissance qui est surtout manifestée par la lumière et la splendeur du Seigneur sur cette ville. La lumière n'est pas seulement l'image de la présence de Dieu, mais du bien et du bonheur en général par opposition aux ténèbres qui représentent l'absence de Dieu et le mal. Ceux qui vivent dans la lumière sont enfants de Dieu et vivent selon le droit et la justice. C'est par une intervention surnaturelle de YHWH, qui est lui-même la Lumière par excellence, que Jérusalem brillera: קומי אורי כי בא אורך, *mets-toi debout et brille car elle est venue ta lumière* (v. 1). Elle devient ainsi lumière pour toutes les nations de la terre qui viendront à elle pour contempler la gloire du Seigneur Dieu: והלכו גוים לאורך, *et les nations marcheront vers ta lumière* (v. 3). Le culte universel est sous-entendu ici, car contempler la gloire de YHWH revient à le reconnaître et à l'adorer comme Dieu unique et proclamer donc ses louanges[105]: ותהלת יהוה יבשרו, *et ils annonceront les louanges*

---

[104] Cf. W.J. BURGHART, «Is 60,1-7», 396-400; J.N. OSWALT, «Is 60–62», 95-103.

[105] Il convient de rappeler ici que le rejet de Dieu et la rébellion contre Dieu étaient le principal péché du peuple. La restauration doit donc nécessairement conduire à l'adoration de YHWH comme unique Dieu. En ce sens nous sommes d'accord avec B. Vawter qui résume les crimes d'Israel en leur apostasie et leur rejet de Dieu: «Basically, Isaiah finds the entire explanation of Juda's social crimes in its attitude towards religion. The social sins of Juda are after all only one aspect of its apostasy from Yahweh's law... Israel has rejected Yaweh its Father» (B. VAWTER, *"Social Justice" in the Prophet Isaiah*, 29). La restauration ne pourra donc se faire sans un retour sincère vers Dieu.

de YHWH (v. 6). Le peuple de Dieu sera enfin reconnu comme tel et tous les peuples se soumettront à lui: והשתחוו על־כפות רגליך כל־מנאציך, *et ils se prosterneront à tes pieds, tous ceux qui te bafouaient* (v. 14). Ce changement sera le signe concret de la restauration. La paix et la justice seront instituées comme norme par YHWH (ושמתי פקדתך שלום ונגשיך צדקה, j'instituerai comme administrateurs la paix et comme exacteurs la justice, v. 17), et donc les violences et les oppressions disparaîtront: בארצך לא־ישמע עוד חמס, *on n'entendra plus la violence sur ta terre* (v. 18). YHWH lui-même illuminera son peuple pour toujours, ce dernier ne connaîtra plus de ténèbres ni de nuit לא־יבוא עוד שמשך וירחך לא יאסף, *ton soleil ne se couchera plus et ta lune ne se retirera plus* (v. 20). Ce sera un bonheur sans fin, car les jours de deuil seront révolus, seul le bonheur régnera: יהוה והיה־לך לאור עולם ושלמו ימי אבלך, *YHWY sera ta lumière pour toujours et les jour de ton deuil seront terminés* (v. 20). Mais comme dans tous les textes de la restauration, la justice demeure le fondement de la renaissance du peuple: ועמך כלם צדקים, *et ton peuple, tous seront des justes* (v. 21).

Dans ce contexte de la renaissance du peuple l'on ne peut ignorer le chap. 62, qui à travers les fameuses métaphores du flambeau et du mariage, fait le portrait de la nouvelle Jérusalem. Le Seigneur prodiguera à sa ville sainte un rayonnement universel[106]. Sa justice brillera et son salut brûlera comme un flambeau: כנגה צדקה וישועתה כלפיד יבער, *sa justice comme une clarté et son salut comme un flambeau qui brûle* (v. 1). Elle sera l'épouse du Seigneur Dieu, celle en qui il a mis son plaisir: כי־חפץ יהוה בך וארצך תבעל, *car YHWH mettra son plaisir en toi et ta terre sera l'épousée* (v. 4). Toutes les nations et tous les rois de la terre accourront vers Jérusalem pour contempler sa justice et sa gloire, qui ne sont rien d'autre que le reflet de la justice et de la gloire du Seigneur: וראו גוים צדקך וכל־מלכים כבודך, *toutes les nations verront ta justice et tous les rois ta gloire* (v. 2). Elle aura un nom nouveau, symbole de sa renaissance: וקרא לך שם חדש אשר פי יהוה יקבנו, *et tu seras appelée d'un nom nouveau que la bouche du YHWH prononcera* (v. 2). Elle sera la cité recherchée de tous car tout le peuple sera un peuple de saints: וקראו להם עם־הקדש, *et on les appellera «peuple de saints»* (v. 12). Cette restauration est l'œuvre de YHWH qui apporte le salut comme un salaire, comme une récompense pour son peuple: הנה שכרו אתו ופעלתו לפניו, *voici avec lui son salaire et devant lui sa récompense* (v. 11).

---

[106] Cf. T. CYRENSIS, *Commentaire sur Isaïe*, III, 341-346; J.N. OSWALT, «Is 60–62», 95-103; H.J. KRAUS, *Das Evangelium*, 253-255; H.G.M. WILLIAMSON, «Is 62,4», 734-739; B.M. ZAPFF, *Jesaja 56–66*, 440-442.

L'on pourrait multiplier les parallèles thématiques et lexicaux touchant la restauration eschatologique dans le Trito-Isaïe. Mais les observations ci-dessus suffisent pour nous montrer que ce thème se retrouve dans le Proto-Isaïe aussi bien que dans le Trito-Isaïe contribuant non seulement à l'unité, mais à la continuité du message du livre d'Isaïe. Résumons ces relations dans le tableau suivant:

	Théophanie et vengeance	Restauration eschatologique
Proto-Isaïe (1–39)	1,24: vengeance du Seigneur 1,25: élimination des rebelles 2,1-5: élimination des idoles 34,2: vengeance contre les armées 35,4: vengeance et rétritubion	1,26-27: restauration et salut 1,28-31: destruction totale du mal 35,5-6: le mal disparaîtra
Trito-Isaïe (56–66)	65,13-14: rétribution des serviteurs 66,13-15: intervention du Seigneur	60–62: Jérusalem restaurée 65,17: création de cieux nouveaux 66,23: seul le Seigneur est adoré 66,24: élimination de toute idolâtrie

Tous ces échos sont explicitement ou implicitement liés au binôme «alliance-justice» et ses dérivés, comme les dénonciations et accusations, la vengeance, le jugement et la restauration.

4.6.4 Autres thématiques

Outre les principaux échos vus qui établissent l'unité et la continuité entre les Proto- et le Trito-Isaïe, diverses autres similitudes lexicales et thématiques secondaires peuvent être mentionnées confirmant l'hypothèse d'une complémentarité thématique entre ces deux parties du livre[107]. Le thème du rassemblement par exemple qui est un dérivé de la restauration et de la reconstruction, se retrouve dans des passages comme: Is 56,8 (יהוה מקבץ נדחי ישראל, oracle du Seigneur Dieu qui rassemble les expulsés d'Israël); 66,18 (באה לקבץ את־כל־הגוים, je viens pour rassembler toutes les nations) et 11,12 (ואסף נדחי ישראל, il rassemblera les exilés d'Israël). La description de la transcendance et la sainteté du Seigneur en 57,15 (שכן עד וקדוש שמו מרום וקדוש אשכון, celui qui demeure toujours et Saint est son nom, Haut placé et Saint je demeure) s'apparente à la vision du Seigneur en 6,1 (וארארה את־אדני ישב על־כסא רם,

---

[107] Pour plus de détails sur ces similitudes, cf. J. STROMBERG, *Isaiah after Exile*, 77-249; J.-D. MACCHI, «Deutéro-Isaïe: enjeu et recherche», 189-200; C. NIHAN, «L'histoire rédactionnelle du "Trito-Isaïe"», 201-228.

je vis le Seigneur assis sur un trône très élevé). La restauration comme manifestation de la gloire du Seigneur se remarque en 58,8 (יהוה יאספך כבוד, la gloire du Seigneur sera ton arrière-garde) tout comme en 11,10 (והיתה מנחתו כבוד, et la gloire sera son séjour). La même idée est reprise sous une autre forme en 62,2 (וראו גוים צדקך וכל־מלכים כבודך, les nations verront ta justice et tous les rois ta gloire) et en 4,2 (צמח יהוה לצבי ולכבוד, la semence du Seigneur sera l'honneur et la gloire). Le rassemblement du peuple (des fidèles) se note à travers la métaphore de l'étendard en 62,10 (הרימו נס על־העמים, dressez l'étendard pour tout le peuple) et 11,10 (שרש ישי אשר עמד לנס עמים, la racine de Jesse sera érigée en étendard des peuples); 11,12 (ונשא נס לגוים, il lèvera l'étendard pour les nations). Dans les deux passages le Seigneur promet de rassembler les dispersés et les exilés.

La promesse d'une descendance venant du petit reste se retrouve en 65,9 (והוצאתי מיעקב זרע, et je ferai surgir de Jacob une descendance)[108] de même qu'en 6,13 (זרע קדש מצבתה, la souche est une semence sainte). Toujours dans le contexte de la reconstruction, le peuple portera une nouvelle dénomination en 65,15 (וְלַעֲבָדָיו יקרא שם אחר, et sur ses serviteurs sera évoqué un nom différent) et 4,3 (והנותר בירושלם קדוש יאמר, les survivants de Jérusalem seront appelés saints).

Le Seigneur annonce une consolation et une restauration qui consisteront à essuyer les larmes, à éliminer le deuil et la mort sur la terre et à donner une longue vie à tout être vivant comme nous le dit Is 65,20 (לא־יהיה משם עוד עול ימים, il n'y aura plus de nourrisson emporté en quelques jours), ainsi que Is 26,19 (יחיו מתיך נבלתי יקומון, tes morts revivront, tes cadavres ressusciteront); puis Is 25,8 (בלע המות, il engloutira la mort; אדני יהוה דמעה מעל כל־פנים, le Seigneur YHWH essuiera les larmes de tous les visages).

En 65,21 (ונטעו כרמים ואכלו פרים, ils planteront des vignes et en mangeront les fruits) tout comme en 37,30 (וקצרו ונטעו כרמים ואכלו פרים, moissonnez, plantez des vignes, et mangez-en les fruits), la reconstruction est caractérisée par la fertilité du sol et l'abondance des récoltes et de la production des vignes. Un monde idéal dans lequel il n'existera ni mal ni destruction est décrit en 65,25 (לא־ירעו ולא־ישחיתו, il ne se fera ni mal ni destruction) ainsi qu'en 11,9 (לא־ירעו ולא־ישחיתו בכל־הר, il ne se fera ni mal ni destruction sur toute la montage du Seigneur)[109]. La métaphore de l'enfantement qui revient en 66,7 (ילדה בטרם יבוא חבל לה, elle a enfanté avant que ne lui vienne la douleur) se retrouve aussi en 26,17

---

[108] Stromberg développe ce cas en particulier, cf. *Isaiah after Exile*, 160-161.
[109] Ce parallélisme est détaillé par Stromberg, cf. *Isaiah after Exile*, 101-109.

(כמו הרה תקריב ללדת, comme une femme enceinte, prête à enfanter). La même idée est reprise plus loin en 66,9 (האני אשביר ולא אוליד, est-ce moi qui permets la naissance, je peux empêcher l'enfantement?) et en 37, 3 (באו בנים עד־משבר וכח אין ללדה, des fils arrivent jusqu'au sein maternel, mais il n'y a pas de force pour enfanter).

Nous pourrions rallonger la liste des similitudes lexicales et thématiques, mais les exemples ci-dessus suffisent justifier notre hypothèse. Il est cependant difficile de savoir avec certitude quels passages s'inspirent des autres, étant donné que la pauvreté des sources historiques ne permet pas une histoire rédactionnelle précise[110]. Ce qui est certain c'est que ces diverses connexions explicites et implicites sont intentionnelles et viennent probablement en majorité du rédacteur final dans le but de garantir l'unité du livre. Nous résumons ces relations dans le tableau suivant:

SIMILITUDES THÉMATIQUES	TRITO-ISAÏE	PROTO-ISAÏE
Rassemblement	56,8; 66,18	11,12
Majesté du Seigneur	57,15	6,1
La gloire du Seigneur	58,8; 62,2	4,2; 11,10
L'étendard	62,10	11,10; 11,12
Une descendance	65,9	6,13
Nouvelle dénomination	65,15	4,3
Destruction du mal et de la mort	65,20	25,8; 26,19

5. Conclusion

Les parallélismes thématiques que l'on retrouve entre le Trito-Isaïe et le Proto-Isaïe sont loin d'être des coïncidences hasardeuses. Ils montrent que le texte final qui nous est parvenu est une élaboration organisée qui veut donner un sens à l'ensemble du livre. C'est dans ce sens que R. Rendtorff affirme qu'il y a des raisons valables pour conclure que les rédacteurs du texte final du Trito-Isaïe ont aussi participé à la rédaction de tout le livre[111].

En considérant en particulier le parallélisme thématique et lexical explicite entre Is 1,31 et 66,24 parlant des ennemis de YHWH qui brûlent dans un feu que personne ne peut éteindre, et ils brûleront…et personne pour éteindre (1,31), et leur feu ne s'éteindra pas (66,24), l'on

---

[110] Pour plus de précisions, cf. J. VERMEYLEN, «Des rédactions», 145-187.
[111] Cf. R. RENDTORFF, «Zur Komposition», 295-320.

peut penser à une inclusion intentionnelle du rédacteur final qui veut donner à l'œuvre un message unifié et complémentaire. Dans ce sens, nous convenons avec J. Stromberg[112] que l'auteur du Trito-Isaïe pourrait être le rédacteur final de tout le livre. Les échos et les allusions du Proto-Isaïe dans le Trito-Isaïe sont non seulement nombreux mais frappants. S'il est difficile de faire une histoire rédactionnelle précise du livre pour savoir avec certitude quels passages ont été écrits à la lumière des autres, les relations thématiques entre ces passages sont indéniables. A ce sujet deux hypothèses dominantes sont émises par les chercheurs. Une première, selon laquelle Is 65–66 aurait été édité à la lumière d'Is 1 est soutenue par W.A.M. Beuken[113] et ses partisans. La seconde hypothèse suggère plutôt que l'éditeur des derniers versets du chap. 1 (29-31) s'est inspiré des chaps. 65–66. Cette opinion est défendue par U. Berges et ses partisans[114].

Dans notre analyse des textes, il ressort que les thèmes dominants du Proto-Isaïe sont tous liés explicitement ou implicitement au binôme «alliance-justice». Ce dernier reste donc la charnière sur laquelle reposent avant tout l'unité et la complémentarité entre le Trito-Isaïe et le Proto-Isaïe. Si dans ce chapitre nous nous sommes limités aux considérations thématiques, nous reconnaissons que plusieurs autres indices littéraires, lexicaux et l'historico-rédactionnels du livre peuvent aussi être des éléments fondamentaux dans la recherche de l'unité du livre. Mais notre travail n'a pas la prétention de s'étendre sur tous ces domaines. Par ailleurs, les objectifs du travail sont essentielle thématiques.

Ayant trouvé une relation entre le Trito et le Deutéro-Isaïe d'une part (chap. III) et une continuité entre le Trito et le Proto-Isaïe d'autre part, il devient logique de parler du livre d'Isaïe comme une œuvre unique et complémentaire dont le Trito-Isaïe forme un point d'intercession. Si tel est le cas, il convient alors de se demander quel est le message ou la théologie commune à cette œuvre unifiée. Peut-on parler d'une théologie de Is 1–66 ou du moins de grands axes théologiques de tout le livre? Notre dernier chapitre tentera de répondre à cette question.

---

[112] Cf. J. STROMBERG, *Isaiah*, 147-248.

[113] Cf. W.A.M. BEUKEN, «Isaiah 65–66», 204-221; A.J. TOMASINO, «Isaiah 1», 93-97; W. LAU, *Schriftgelehrte*, 188, 197; M.A. SWEENEY, «Prophetic Exegesis», 455-458, 464-466.

[114] Cf. J. BECKER, *Isaia*, 45-47; O.H. STECK, «Beobachtungen», 190, 229; K. KOENEN, *Heil den Gerechten*, 90-91; P.A. SMITH, *Rhetoric and Redaction*, 158; 279; U. BERGES, *Das Buch*, 69-72; J. BLENKINSOPP, *Isaiah 1–39*, 187-188; H.G.M. WILLIAMSON, *A Critical*, 7-11, 126-162.

CHAPITRE V

L'unité théologique du livre d'Isaïe

La continuité et l'unité du livre ne sont pas une pure construction littéraire et thématique. Elles sont organisées autour d'un message qui reflète la pensée théologique des rédacteurs qui se sont succédé ainsi que le contexte historique de leurs époques respectives jusqu'au texte final. Ce chapitre conclusif se veut donc une tentative de synthèse du message du livre dans son ensemble en s'appuyant sur les aspects théologiques communs aux trois parties de l'œuvre isaïenne à savoir le Trito-Isaïe, le Deutéro-Isaïe et le Proto-Isaïe. Cette synthèse confirmera ainsi l'unité et la complémentarité de ces dernières. Vu la complexité de l'histoire rédactionnelle du texte, que nous avons relevée dans les chapitres précédents, nous ne nous lancerons pas dans l'histoire de l'évolution théologique de ce dernier. Il s'agira concrètement d'une exploitation des différentes analyses et considérations faites dans les chapitres précédents pour proposer un message théologique unifié de l'oeuvre d'Isaïe, message qui reste actuel et parlant pour les hommes de notre temps. Ce chapitre comprendra quatre parties dont la première sera une considération générale des modes d'approches théologiques possibles. La seconde sera consacrée aux attributs de Dieu dominant communs aux trois parties du livre. La troisième se penchera sur la notion de la justice et de son importance dans l'unité de l'oeuvre, tandis que la dernière partie s'étendra sur le message du salut et de l'espérance qui jalonne tous le livre.

1. Les principaux modes d'approches théologiques

De nouvelles approches théologiques récentes du livre ont vu le jour[1] avec une terminologie plus précise pour qualifier les méthodes d'ana-

---

[1] Cf. J. STROMBERG, *Introduction*, 95-127.

lyse et d'interprétation du message du prophète. En décrivant ici brièvement ces méthodes, nous indiquerons en même temps notre approche théologique du livre d'Isaïe dans ce chapitre.

1.1 *L'approche descriptive et l'approche confessionnelle*[2]

Il s'agit de deux approches diverses, mais aussi complémentaires qui sont les plus fréquemment utilisées. Comme leur nom l'indique, ces deux approches insistent l'une sur la description et l'autre sur la confession de foi. En effet, l'approche descriptive a pour objectif une pure description du contenu de ce que l'Ancien Testament signifiait pour ses lecteurs[3]. Quant à l'approche confessionnelle, elle considère que la théologie de l'Ancien Testament consiste à définir son message dans le contexte de la profession de foi du lecteur. Il ne s'agit pas d'une simple description ou d'une recherche de la signification du texte à son époque, mais d'une reconnaissance de l'autorité du texte de la part du lecteur. Cette approche confessionnelle bien qu'ayant ses limites semble être plus réaliste. En effet, les différentes relectures du livre d'Isaïe dans l'histoire ont été faites dans un contexte religieux précis qui a forgé la foi des lecteurs et a conditionné leur compréhension du texte. L'on pourrait même affirmer que les différentes éditions du livre ont été influencées par l'approche confessionnelle. Les premiers éditeurs ont vu dans les oracles du prophète une inspiration divine. Cela dit, précisons qu'il n'est pas nécessaire d'être un homme de foi pour pouvoir percevoir la portée théologique d'un texte. La description de la majesté de Dieu dans la vision d'Is 6, par exemple, peut être comprise par tout lecteur (croyant ou non croyant) comme une affirmation de la sainteté de Dieu[4].

Il est cependant difficile d'établir une relation d'interdépendance entre les deux approches. L'on pourrait être tenté de dire que l'approche descriptive doit précéder toute approche confessionnelle comme un premier pas à franchir avant tout autre procédé. D'autre part, l'on peut facilement affirmer que toute lecture confessionnelle obscurcit le sens objectif du texte. C'est ainsi que surgit la question de la neutralité. Est-elle réellement possible? Peut-on vraiment se passer de tout préjugé

---

[2] De l'original anglais "Descriptive or Confessional Approach": cf. J. STROMBERG, *Introduction*, 95-97.

[3] Cf. J. SAILHAMER, *Introduction*, 157: «According to the "descriptive approach", the task of Old Testament theology is merely to describe the content of what the Old Testament meant to its original readers».

[4] Cf. J. SAILHAMER, *Introduction*, 169-170.

et de toute influence religieuse et culturelle de son contexte de vie? La difficulté à répondre à ces questions rend aussi difficile l'interdépendance des deux approches. Il n'est pas facile d'établir une hiérarchie entre les deux approches et de donner la priorité à l'une ou à l'autre[5]. Mais cette difficulté n'altère en rien l'importance de la distinction des deux approches dans un texte biblique.

Si de par sa nature, l'approche descriptive touche le texte sans détour, ce n'est pas le cas pour l'approche confessionnelle. Cette dernière reste liée à une tradition d'interprétation des textes sacrés, laquelle tradition est une longue histoire de différents modes d'interprétations qui constituent un héritage religieux qu'elle ne peut ignorer. En ce sens, on peut affirmer que l'approche confessionnelle est très ancienne et même plus ancienne que certains textes bibliques. En effet, les hommes de foi ont toujours interprété les textes sacrés tout au long de l'histoire rédactionnelle de ces derniers. L'approche confessionnelle précède donc la rédaction finale de tout texte biblique[6]. Selon James Kugel[7], le retour d'exil et la restauration ont été le contexte le plus favorable à l'approche confessionnelle. Le livre d'Isaïe en particulier a connu la majorité de ses différentes relectures en cette époque. L'intérêt porté au sens des anciens oracles du prophète était intense après l'exil et a contribué à des réinterprétations et additions qui ont enrichi le texte final. Ainsi, le livre d'Isaïe lui-même est indissociable de l'approche confessionnelle qui a contribué à son histoire rédactionnelle. Pour bien comprendre cette approche, il faut donc retourner à ses origines, notamment aux modes d'interprétations qui l'ont précédée dans l'histoire.

Kugel résume en quatre points les tendances dominantes dans l'histoire de l'approche confessionnelle. Tout d'abord, les textes sa-

---

[5] Pour plus de détails sur ce sujet, voir: J. BARTON, *The Nature of Biblical Criticism*, 137-186; K. VANHOOZER, *Is There a Meaning*, 15-468; A. PLANTINGA, *Warranted Christian Belief*, 374-421; C. SEITZ, *Figured out*, 3-81; R.W.L. MOBERLY, «What Is Theological Interpretation», 161-178; R. BOER, *Secularism and Biblical Studies*, 5-215; K. STENDAHL, «Biblical Theology», 418-432.

[6] Cf. J.L. KUGEL, *Traditions of the Bible*, 1-41; I.L. SEELIGMANN, «Voraussetzungen», 150-181.

[7] Selon Kugel, c'est un fait que le retour d'exil a inauguré un nouvel intérêt pour l'interprétation des Saintes Ecritures même si les raisons de ce fait sont difficiles à expliquer. Pour lui, ces raisons sont à rechercher dans l'histoire: «... Many of the above factors ...had existed ...they alone are probably not sufficient to explain why it was the period following the return from Babylonian exile that inaugurated a new interest in the interpretation of Scripture. To account for this, a number of further historical considerations must be mentioned» (J.L. KUGEL, *Traditions of the Bible*, 5).

crés étaient considérés comme une écriture cryptique à déchiffrer. Ainsi «A», pouvait signifier «B» dans un texte biblique. Ensuite, la Bible était essentiellement considérée comme un ensemble d'enseignements donnés aux hommes d'une époque précise. Les interprètes pensaient aussi que la Bible était parfaitement harmonieuse et qu'elle ne pouvait contenir d'erreurs. Enfin, les oracles des prophètes représentaient la parole de Dieu adressée directement au peuple par la voix du prophète[8]. Ces quatre tendances dominantes ont bien sûr évolué au cours de l'histoire, mais ont laissé leur impact sur les approches confessionnelles présentes. Cela dit, chaque approche confessionnelle a aussi ses particularités et son originalité selon les auteurs, mais nous n'entrons pas dans ces détails qui ne sont pas l'objectif de cette brève présentation[9]. L'approche descriptive qui se veut une simple description de faits, n'a pas une histoire particulière et reste donc sans tradition.

1.2 *La focalisation sur les sources et la focalisation sur le discours*[10]

La focalisation sur la source est une approche qui s'intéresse au matériel historique et son contexte ainsi que à tous les antécédents qui ont contribué à la naissance du texte biblique[11]. Dans le cas du livre d'Isaïe, cette approche consisterait en une reconstruction historique de la théologie du prophète à savoir ce qu'il a historiquement prêché, dans quel contexte, les faits qui l'ont influencé, et les éléments de son discours appartenant aux cultures environnantes. Une telle approche cherchera à éliminer tous les ajouts tardifs au message du prophète dans le but de parvenir aux oracles originaux proclamés par le prophète lui-même. Une fois ces oracles trouvés, il s'agira alors de les replacer dans le contexte historique du ministère du prophète. L'on pourra ainsi retracer la pensée théologique du prophète au long de l'histoire et repérer les liens de cette pensée avec les évènements historiques de l'époque. Ces liens expliqueront en même temps les différentes étapes de l'évolution de la pensée de l'auteur sacré. Mais cette approche ne se limite pas aux faits historiques touchant seulement le prophète. Elle embrasse tout le contexte historique et religieux de

---

[8] Cf. L. KUGEL, *How to Read the Bible*, 14-16.

[9] Pour des informations plus amples, voir: R.W.L. MOBERLY, «What Is Theological Interpretation», 161-178; C.B. HAYS, «Echoes of the Ancient», 20-43.

[10] De l'original anglais "source-oriented or discourse-oriented": cf. J. STROMBERG, *Introduction*, 98-99.

[11] Cf. M. STERNBERG, *The Poetics*, 15.

l'époque ayant pu conditionner l'auteur sacré dans sa pensée en général et dans sa théologie en particulier[12].

La focalisation sur le discours a un tout autre objectif. Il ne s'intéresse pas au matériel historique caché derrière le texte, mais cherche à comprendre le texte lui-même en tant que langage spécifique ou prototype de signification. Il s'agit de comprendre le sens des différentes figures littéraires à savoir les métaphores, les épigrammes, les contes et mythes dans un contexte précis. Cette approche cherchera en outre à comprendre les règles qui guident le lecteur dans sa compréhension de l'auteur ainsi que les relations entre les différentes parties du texte et le texte dans son ensemble[13]. Dans un texte biblique par exemple, cette approche cherchera à comprendre comment ou plus précisément par quelles stratégies les oracles d'un prophète ont été rassemblés et fondus en un texte littéraire unique et cohérent ayant une signification donnée plutôt qu'une autre. Elle s'intéressera par ailleurs aux moyens littéraires qui ont permis d'unifier des oracles autrefois indépendants les uns des autres tout en cherchant à expliquer le pourquoi de ces unifications. La focalisation sur le discours insistera aussi sur les clés de lecture ou les indices que l'auteur place dans le texte pour servir de guide à la compréhension de son texte pour tout lecteur. Il s'agit en un mot de comprendre comment le contexte littéraire du livre contribue à l'expression et à la compréhension de la pensée théologique d'un auteur sacré. Appliquée au livre d'Isaïe, cette approche consistera à repérer les motifs (expressions ou mots clés qui se répètent avec une certaine fréquence), importants du texte, à distinguer les ajouts tardifs des passages originaux tout en étudiant leur connections littéraires, à relever les échos des textes les uns dans les autres, les parallélismes, les juxtapositions et leur fonctions ainsi que les différentes rédactions du livre. L'objectif ne vise pas les indices littéraires en eux-mêmes, mais comment ces derniers peuvent guider le lecteur dans sa recherche du sens ou du message.

Comme nous pouvons le constater, la focalisation sur le discours n'a pas l'intention de reconstruire ni l'origine historique de la forme finale du texte ni les différents contextes historiques qui ont conditionné cette dernière, mais elle se concentre sur la forme finale elle-même cherchant à montrer comment elle exprime ou construit la théologie du prophète[14].

---

[12] Ces approches sont amplement développées chez H. BARTHEL, *Prophetenwort*, 2-32 et M. DE JONG, *Isaiah Among the Ancient*, 3-50.

[13] Cf. M. STERNBERG, *The Poetics*, 15.

[14] Pour plus de détails, cf. P.R. ACKROYD, «Isaiah I-XII», 16-48; C. SEITZ, *Isaiah, 1-39*, 1-18; B.S. CHILDS, *Isaiah*, 1-5.

Cependant, l'intérêt exclusif porté à la forme finale ne doit pas conduire à une lecture simpliste du texte. Le lecteur doit toujours se rappeler que le texte final est le fruit d'une série de rédactions successives dont certains détails ne sont parfois pas cohérents avec la forme finale[15]. La focalisation sur le discours, ne dispense pas non plus de la critique textuelle qui est nécessaire pour purifier le texte des erreurs de publication et de transmission et de tenir compte des corrections significatives apportées au texte[16]. C'est le cas d'Is 65,22 dont les versions du Targum araméen et du grec de la Septante comportent un ajout significatif. En effet, Is 65,13-25 décrit la restauration comme un nouveau monde dans lequel toutes les créatures seront transfigurées et dans lequel les hommes et les animaux vivront dans une harmonie parfaite. Pour un lecteur avisé, ce monde idéal fait penser au jardin d'Eden des premiers chapitres de la Genèse. Or dans ces récits des origines, on parle d'un arbre de la vie notamment en Gen 2,9. Il n'est donc pas étonnant que certaines versions complètent l'expression: *les jours de l'arbre* en Is 65,22 par: *les jours de l'arbre de la vie*[17]. Cela est un bel exemple de relecture et d'ajout tardif que la critique textuelle aide à éclaircir. Cette variante est donc née du parallélisme fait entre le jardin d'Eden et la nouvelle création qui est la restauration de Jérusalem. Elle serait une correction délibérée d'un éditeur ou d'un scribe lors de la transmission du texte déjà au stade de la forme finale. Notons que cette altération introduit une nouvelle donne théologique au livre, signifiant que l'arbre de la vie, perdue par le péché dans la Genèse, est retrouvée dans la restauration par la puissance créatrice de Dieu.

Dans ce sens, ces variantes que révèle la critique textuelle ne sont pas toutes des détails insignifiants. Lorsqu'elles sont des ajouts délibérés, elles ne sont pas moins théologiques que le texte original et constituent des témoignages de l'approche confessionnelle des textes bibliques par les auteurs de ces altérations et ajouts tardifs. Ces genres de variantes sont nombreux dans les textes bibliques et attirent l'attention des lecteurs sur le risque d'une approche simpliste du texte surtout dans une approche qui se focalise sur le discours. La fluidité du texte final peut être trompeuse et cacher des subtilités théologiques importantes qui sont plus les fruits de la transmission du texte que des stratégies litté-

---

[15] H.G.M. Williamson l'affirme dans son étude sur les approches synchroniques et diachroniques: cf. H.G.M. WILLIAMSON, «Synchronic and Diachronic», 211-226.

[16] Pour d'autres opinions allant dans ce sens, voir: J. KOENIG, *L'herméneutique*, 218-221 et D.A. TEETER, «You Shall Not», 36-63.

[17] Cf. J. STROMBERG, *Introduction*, 100-101.

raires des divers auteurs ou éditeurs. Dans le cas du livre d'Isaïe, il y a un consensus sur le fait que la plupart des variantes sont intervenues après la formation des 66 chapitres du livre. Il s'agit donc des altérations délibérées issues de la transmission du livre[18]. Cela rend évidemment un peu plus complexe la notion du texte final et l'analyse théologique de ce dernier. Mais ce sont tous ces éléments qui rendent le texte et sa portée théologique plus riches et plus actuelles. Le lecteur est donc averti que la théologie du texte biblique naît non seulement des sources historiques, mais aussi des stratégies littéraires du texte final et des altérations ou variantes de la transmission. C'est tout cet ensemble qui contribue à véhiculer le message du texte.

1.3 *Les combinaisons méthodologiques*

Les différentes approches à peine décrites nous montrent qu'il est difficile de parler de la théologie du prophète Isaïe indépendamment des éditeurs et du lecteur. Les chercheurs peuvent donc s'appuyer sur l'approche descriptive (sans interférence avec leur foi ou leurs propres croyances) soit sur l'approche confessionnelle (compréhension du texte en relation avec leur propre foi), tout en se focalisant soit sur les sources du texte (l'histoire rédactionnelle), soit sur le discours (la forme finale du texte). Ces approches peuvent être combinées de diverses manières donnant naissance à des permutations méthodologiques plus complexes mais aussi plus efficaces. Ainsi, nous avons des approches descriptives focalisées sur la source, ou focalisées sur le discours, et des approches confessionnelles focalisées sur la source ou focalisées sur le discours.

1.3.1 L'approche descriptive focalisée sur la source

Un exemple de cette approche est le travail de Mark Smith[19] dans son étude du Deutéro-Isaïe. Du fait que le contexte historique de ce livre est très fondamental dans la vie du peuple (la déportation, l'exil et ses conséquences sur la foi du peuple telle que l'idolâtrie), Smith applique au Deutéro-Isaïe une approche descriptive focalisée sur la source. Aussi cherche-t-il à examiner l'émergence et le développement du monothéisme dans le Deutéro-Isaïe dans un contexte multi-religieux avec une forte tendance à l'idolâtrie. Sa thèse est que les évènements

---

[18] Pour plus de détails sur ce sujet, voir: E. ULRICH, «The Developmental Composition», 290; J. STROMBERG, «The Role of Redaction», 155-189.

[19] Cf. M. SMITH, *The Origins*, 165.

douloureux de l'exil ont porté un impact négatif sur la théologie traditionnelle du peuple. Par ailleurs, des doutes pourraient surgir sur la suprématie de YHWH sur les dieux étrangers. Dans un tel contexte, le prophète a senti le besoin de rebâtir la foi du peuple à travers un monothéisme insistant sur la transcendance et l'immanence du Seigneur YHWH, Dieu d'Israël[20]. Cela expliquerait la rhétorique exaltée du monothéisme dominant dans ces passages-là: לפני לא־נוצר אל ואחרי לא יהיה, *avant moi, il n'avait aucun dieu, et après moi, il en aura aucun* (43,10); אנכי אנכי יהוה ואין מבלעדי מושיע, *c'est moi YHWH, il n'y a pas d'autre sauveur que moi* (43,11); ומבלעדי אין אלהים, *et en dehors de moi, pas d'autres dieux* (44,6). Selon Smith, le langage du Deutéro-Isaïe a conservé une étape précieuse de l'histoire de la religion du peuple. L'affirmation du monothéisme dans une situation où le peuple a perdu sa terre, le monarchisme et ses institutions politiques et religieuses, est une contribution à la restauration de l'identité du peuple. Il ne s'agit pas d'une nouvelle théologie, mais d'une nouvelle interprétation du monothéisme incluant les réalités cosmiques et divines[21]. Le contexte historique d'un texte peut donc être déterminant dans le choix de l'approche théologique de ce dernier.

1.3.2 L'approche descriptive focalisée sur le discours

Cette approche se remarque chez Brevard S. Childs dans son introduction à l'Ancien Testament[22]. Dans la préface de son étude, il précise que son objectif est la description de la forme et de la fonction de la bible hébraïque en tant qu'écriture sacrée pour le peuple d'Israël. Il

---

[20] Cf. M. SMITH, *The Origins*, 179-180: «YHWH becomes more than the god above all other gods: the existence of other gods is denied and two images central to "Second Isaiah's" presentation of Yahweh, the warrior-king and creator, are melded and scored in the text to counter the perceived reality of others deities and there the putative stupidity of cultic devotion to their images. Interestingly, Yahweh as a cosmic creator and warrior in "Second Isaiah" addresses the issues of the loss of land and king. Yahweh is not just the god of Israel (both as land and people), but of all lands and nations. The persuasive section of the Bible is to move Judeans in exile from their current situation to a new outlook. One part of this outlook is a new vision of their god».

[21] Cf. M. SMITH, *The Origins*, 193.

[22] Cf. B.S. CHILDS, *Introduction*, 16: «The approach which is being proposed is not to be confused with homiletics, but is descriptive in nature. It is not confessional in the sense of consciously assuming tenets of Christian theology, but rather it seeks to describe as objectively as possible the canonical literature of ancient Israel which is the heritage of both Jews and Christians. If at times the description becomes theological in its terminology, it is because the literature itself requires it».

relève que la littérature biblique a été mal comprise ou mal interprétée parce qu'elle a été mal examinée en tant que littérature religieuse. Childs précise par ailleurs que son approche ne sera pas confessionnelle. C'est une tentative de description objective de la littérature canonique du peuple d'Israël qui constitue un héritage commun aux juifs et aux chrétiens. Si parfois cette description prend une terminologie théologique, c'est parce que la littérature sacrée elle-même le demande. Le terme «canonique» ne doit pas être compris comme une méthode d'exégèse mais, une indication du contexte dans lequel cette littérature doit être comprise[23].

En appliquant son approche au livre d'Isaïe, Childs attire notre attention sur l'importance du texte final qu'il appelle la forme canonique. En effet, dit-il, les communautés de foi qui ont reçu la bible hébraïque, n'ont pas reçu le livre d'Isaïe sous forme de fragments, de sources ou de rédactions diverses. Elles n'ont pas reçu le Deutéro-Isaïe détaché du Proto-Isaïe. Elles ont reçu le livre comme un tout. Il ne s'agit pas de renier l'existence historique des fragments, des sources et des rédactions que l'on doit reconnaître et intégrer dans l'analyse d'un texte biblique. Mais Childs veut insister surtout sur la composition du texte final comme un tout portant un message précis en tant que littérature religieuse. Cette approche canonique du livre porte une lumière sur les caractéristiques importantes de la théologie et de l'herméneutique du livre[24]. Parlant en particulier du Deutéro-Isaïe, Childs affirme que la forme finale du texte nous offre un nouveau cadre, anhistorique du message du prophète libéré de ses ancrages historiques et rendu plus accessible aux nouvelles générations[25]. Bien que ce denier argument ait connu des critiques parce que

---

[23] Cf. B.S. CHILDS, *Introduction*, 16: «The frequent reference to the term *canonical* is not to suggest that a new exegetical technique is being developed. Rather, the term denotes a context from which the literature is being understood. The subject matter of the introduction is the received and authoritative writings of ancient Israel which constitute a canon. This analysis is an attempt to hear the biblical text in terms compatible with the collection and transmission of the literature as scripture».

[24] Cf. B.S. CHILDS, *Introduction*, 311-338.

[25] Cf. B.S. CHILDS, *Introduction*, 337. R. Rendtorff, souligne aussi l'importance de l'approche canonique qui donne privilège au texte final sur lequel est fondée notre foi: «The authors of the biblical texts …I expressly include those to whom we owe the shaping of *the final form* …have passed these texts down to us in precisely this form and not in some other previous form. Here the other aspect of the term *canonical* comes into play: the biblical text, in the form we now have, forms the basis for the faith and life of two great communities of faith, the Jewish and the Christian. Theology is done in this context, and it is only meaningful in this context» (R. RENDTORFF, *The Canonical*, 720).

le Deutéro-Isaïe contient des références historiques, il faut reconnaître que Childs offre une théologie du livre d'Isaïe essentiellement descriptive et focalisée sur le discours, soit sur le texte final[26].

1.3.3 L'approche confessionnelle focalisée sur la source

Claus Westermann est un des auteurs qui privilégient une approche confessionnelle focalisée sur la source. Un des exemples le plus connu est son commentaire sur Is 40−66. Bien qu'une grande partie de son commentaire puisse être qualifiée de descriptive, on y trouve des passages où ses propres convictions religieuses servent de critère théologique dans l'interprétation du texte. Sa compréhension d'Is 66,18-24, par exemple à la fin du livre, est confessionnelle. Ce passage présente le jugement dernier dans lequel toutes les nations reconnaîtront et adoreront le Seigneur YHWH comme l'unique Dieu, tandis que tous ceux qui se rebelleront contre lui seront détruits. Selon Westermann, ce passage est composé d'une source ancienne et d'un ajout tardif. La source ancienne se retrouve dans les vv. 18-19 (והגידו את־כבודי בגוים, ils annonceront ma gloire parmi les nations) et le v. 21 (וגם־מהם אקח לכהנים ללוים, et aussi parmi eux, je prendrai des prêtres et des lévites). Son l'idée principale est d'aller vers les nations païennes, une activité missionnaire qui consistera à convertir toutes ces nations[27] en adorateurs du Seigneur YHWH qui est l'unique et le vrai Dieu de l'univers. Mais cette première source est corrigée par une rédaction postérieure dans les vv. 20 (כאשר יביאו בני ישראל את־המנחה בית יהוה, comme les Israélites dans la maison de YHWH) et vv. 22-24 (יבוא כל־בשר להשתחות לפני, et toute chair viendra se prosterner devant moi (v. 23); וראו בפגרי האנשים הפשעים בי, et ils verront les dépouilles des gens qui se sont révoltés contre moi (v. 24). Son idée centrale n'est plus d'aller vers les nations, mais que toutes les nations affluent vers Sion et Juda où il y aura la scène de la division entre l'adoration éternelle et la destruction éternelle[28].

---

[26] Voir aussi d'autres oeuvres de Childs: cf. B.S. CHILDS, *Isaiah*, 1-5; *The Struggle to Understand Isaiah*, 1-15. Au moins deux auteurs se sont intéressés à ces études à savoir: J. BARTON, *Reading the Old Testament*, 44-56; C. SEITZ, *Word without End*, 102-113; *The Bible as Scripture*, 37-85.

[27] Cf. C. WESTERMANN, *Isaiah 40−66*, 42: «Verses 18f and 21 are governed by the idea of the move out to the Gentiles throughout the world, a missionary move which is destined to reach them all».

[28] Cf. C. WESTERMANN, *Isaiah 40−66*, 423: «But vv. 20, 22f are governed by the idea of the move towards Zion and Judah, which are to be the scene where the division is made between eternal adoration and eternal annihilation».

Jusqu'ici, l'analyse de Westermann est descriptive, mais il continue en disant que la proximité des vv. 18-19.21 d'une part et 20.22-24 d'autre part montre qu'il n'y avait pas unanimité dans la période postexilique sur l'attitude du Seigneur envers Israël et les nations païennes. Ce qui explique les deux versions citées plus haut dont la seconde (vv. 20.22-24) amende la première (vv. 18-19.21). Mais Westermann ne se limite pas là. Il ajoute qu'à la lumière du Nouveau Testament, notre seule issue est d'être d'accord avec la première version (vv. 18-19.21), qui proclame une action missionnaire vers les nations païennes et d'être critique envers la seconde (vv. 20.22-24), qui proclame plutôt un afflux des nations vers Sion et Juda. Cette référence au Nouveau Testament qui devient le critère d'interprétation de ces versets est une claire approche confessionnelle de la théologie du livre de la part de Westermann[29]. Il s'agit plus précisément d'une approche, à la lumière de la foi chrétienne. D'autre part, en privilégiant la version ancienne dans son analyse de Is 66,22-24, son approche devient confessionnelle et focalisée vers la source dans ce cas précis. Cela dit, tout le commentaire de Westermann n'est pas confessionnel. Cet exemple sert seulement à illustrer une approche confessionnelle focalisée sur la source et non à évaluer tout le commentaire de Westermann.

1.3.4 L'approche confessionnelle focalisée sur le discours

L'on pourrait citer une dizaine d'auteurs qui ont fait usage de cette approche dans leur étude du livre d'Isaïe, mais le plus éloquent parmi eux est sans nul doute Christopher R. Seitz qui insiste beaucoup sur la forme finale du texte dans le message théologique[30]. Dans ses œuvres, il fait une lecture des thèmes de l'Ancien Testament à la lumière de la foi fondée sur le Nouveau Testament. Dans «*Figured out: Typology and Providence in Christian Scripture*», par exemple, il traite des thèmes de la bénédiction et de la mission dans l'Ancien Testamant, mais en relation avec la bénédiction du vieillard Siméon

---

[29] Cf. C. WESTERMANN, *Isaiah 40–66*, 429: «These two passages show both of them, the second being obviously designed to amend the first. In the light of the New Testament our only course is to agree with the first, the one which proclaims the great missionary move out to the nations. This means, then that we must be critical of vv. 20, 22f».

[30] Nous vous renvoyons aux études suivantes de l'auteur en question pour les détails et les approfondissements sur ce sujet: cf. C. SEITZ, *Isaiah 1–39*, 26-28; *Word without End*, 102-215; «The Book of Isaiah 40–66», 309-552; *Figured out*, 3-81; *Prophecy and Hermeneutics*, 5-27, 55-253.

en Lc 2,34[31]. La même approche se retrouve dans l'ouvrage «*Prophecy and Hermeneutics: Toward a New Introduction to the Prophets*» où Seitz parle du rôle de l'Esprit Saint dans l'élection et la mission. Dans son analyse, il présente Jésus comme le modèle de l'élection et de l'onction de l'Esprit dont les prophètes ne sont qu'une préfiguration[32]. Enfin, dans «*Word without End: The Old Testament as Abiding Theological Witness*», Seitz fait une lecture du Nouvel Israël à la lumière de l'Eglise du Christ, nouveau peuple de Dieu[33]. Sans renier les aspects historiques du livre, il s'intéresse essentiellement au sens du texte final qui nous est parvenu. Par ailleurs, Seitz insiste sur le rôle central du texte final dans la compréhension de la théologie du livre et de la relation entre les deux testaments (Ancien Testament et Nouveau Testament) qui ont une autorité en tant que Saintes Ecritures dans l'Eglise.

George F. Kight peut être aussi classé parmi les partisans de l'approche confessionnelle focalisée sur le discours. En effet, dans son commentaire sur le Trito-Isaïe, il fait une lecture du prophète à la lumière de la foi chrétienne en partant du texte final. Ainsi, il voit dans le jugement dernier de Is 66, la même théologie que Mt 25,31-46. Il trouve dans ce même passage d'Isaïe une théologie du règne de Dieu identique à celle proclamée par Jésus[34]. Plus loin dans le même commentaire, Knight, qualifiera Is 62,2-11 de *premier Magnificat*[35], mettant ainsi en parallèle ce passage avec Lc 1,46-55. Il s'agit dans les deux passages d'une action de grâce en réponse à une élection de la part du Seigneur. Dans le texte d'Isaïe, Jérusalem et en particulier Sion est choisie comme lieu de la rencontre de toutes les nations avec le Seigneur. Il aura un nouveau nom (62,2), signe d'une nouvelle identité et d'une nouvelle mission qui fait l'objet de la reconnaissance de tous les peuples (62,12). Chez Luc, les mêmes thèmes apparaissent avec Marie comme personnage central. Tout comme Sion, elle est choisie comme celle qui donnera le sauveur à toutes les nations. Elle a implicitement un nouveau nom qui est «la mère du Sauveur». Sa mission est

---

[31] Cf. C. SEITZ, *Figured out*, 150.
[32] Cf. C. SEITZ, *Prophecy and Hermeneutics*, 243
[33] Cf. C. SEITZ, *Word without End*, 215.
[34] Cf. G.A.F. KNIGHT, *The New Israel*, XVII: «TI's theology is thus in conformity with that of Jesus. In Jesus parable of the great judgment (Matt. 25,31-41) or, perhaps better, by means of his simple pictoral theology such as we hear from his lips at 18,10, we see the total relationship between events in history and eternal reality. Thus the apocalyptic we meet with in TI is an illustration in parable form of the essence of eschatology».
[35] Cf. G.A.F. KNIGHT, *The New Israel*, 59.

semblable à celle de Sion, car celui à qui elle donnera naissance rassemblera toutes les nations en un seul peuple. Enfin, tous les âges la diront bienheureuse et lui seront reconnaissants comme ce fut le cas pour Sion chez le prophète Isaïe. Une telle lecture est clairement confessionnelle et centrée sur le discours. Elle s'appuie sur le texte final et la foi du lecteur pour proposer une théologie du texte.

Ce genre d'approche diffère de celle de Westermann qui n'hésite pas à privilégier une version antérieure au texte final[36] en la considérant théologiquement plus déterminante à la lumière du Nouveau Testament.

1.4 *Notre choix*

Les approches présentées ci-dessus peuvent être indépendantes ou combinées selon les cas pour plus d'efficacité dans une analyse de texte. Lorsqu'elles sont combinées, elles deviennent complémentaires et plus perspicaces. En considérant les exemples cités dans la description des approches et leurs différentes permutations possibles, nous nous penchons plus sur l'approche confessionnelle focalisée sur le discours. Cette dernière est plus cohérente avec l'objectif de notre travail qui recherche l'unité du livre en partant de la forme finale du texte[37]. La pauvreté des sources historiques du texte ne permettant pas une re-

---

[36] Cf. 1.3.3.

[37] Cette étude serait incomplète si elle ne prenait pas en compte les considérations théologiques du texte final, car le premier objectif des rédacteurs est de nous transmettre un «discours sur Dieu». Il est donc très judicieux d'aborder ici la question de l'unité théologique du livre après avoir relevé ses continuités thématiques. Nous partageons sur ce point les convictions de R. Clements selon lesquelles l'unité d'un livre de la Bible se reflète forcément dans son unité théologique: «It is my conviction that whatever may be the conclusions to which one comes on the issues of authorship and composition, failure to interpret the book as a whole is to fracture a theological unity which depends upon every part of the whole for its full vitality. It is as though one could interpret a great painting by studying its parts in isolation» (R. CLEMENTS, «The Unity», 117). D'autre part, tout texte biblique est porteur d'un message théologique. Ainsi G.A.F. Knight affirme que l'œuvre du Deutéro-Isaïe est avant tout une œuvre théologique. Ce qu'il dit de ce dernier est valide pour l'ensemble des chaps. 1–66: «The main theme is the revelation DI makes of the nature and the purpose of God in His immanence in Israel as the Servant of the universe…Thus, the work of DI is essentially theology» (G.A.F. KNIGHT, *Servant Theology*, 5). J.N. Oswalt, quant à lui, va plus loin en disant que seul le contenu théologique du livre d'Isaïe lui donne une valeur: «Unless the book of Isaiah is a great theological document, it is nothing. Whatever may be its strengths as a piece of literature, they pale by comparison to the breath and sweep of the book's theological insights» (J.N. OSWALT, *Isaiah 1–39*, 31).

cherche précise de l'histoire rédactionnelle du livre[38], une focalisation sur la source serait complexe et hasardeuse. D'autre part, une approche purement descriptive du livre nous semble plus une histoire de la religion d'Israël qu'une théologie du livre. Comme chrétien, notre lecture de l'Ancien Testament reste orientée vers l'accomplissement des Ecritures qui se réalise dans le Nouveau Testament. Notre interprétation de l'Ancien Testament ne peut se faire sans impliquer notre foi qui devrait être la lumière qui nous guide dans ce labeur complexe et délicat. Ainsi la théologie et la foi marchent de pair, la première nourrissant la seconde, et la seconde éclairant la première. Ces considérations justifient notre intérêt pour l'approche confessionnelle focalisée sur le discours. Cela dit, nous ne renions pas l'importance des sources et de l'approche descriptive qui dans certains cas s'avèrent plus efficace pour la compréhension du texte. Nous ne pourrons pas par ailleurs nous passer complètement de ces approches dans l'étude du livre d'Isaïe. Bien que nous ayons choisi de privilégier l'approche confessionnelle focalisée sur le discours, nous ferons parfois usage de l'approche descriptive et de la focalisation sur les sources si le texte l'exige.

2. Quel visage de Dieu? Les principaux attributs de Dieu

Toute théologie est fondée sur l'image et le concept que l'on se fait de Dieu: son être, sa relation avec la créature et la création. Mais de manière concrète, le concept et l'image de Dieu sont véhiculés par ses attributs. Dans cette seconde partie du chapitre, nous tenterons de présenter de façon synthétique les principaux attributs de Dieu communs aux trois parties du livre d'Isaïe et contribuant à un message théologique unifié. Une étude détaillée de tous les textes n'étant pas réaliste, nos arguments reposeront sur des exemples choisis de chaque partie du livre pour justifier les affirmations ou les hypothèses que nous proposons.

2.1 *Dieu est saint et exige la sainteté*

Un des attributs les plus frappants du livre d'Isaïe est la sainteté de YHWH que nul être humain ne peut atteindre[39]. Dans le Proto-Isaïe, cette

---

[38] Cf. J. VERMEYLEN, *Du prophète*, 1-31; «Des rédactions», 145-187; J. STROMBERG, *Isaiah after Exile*, 77; J.-D. MACCHI, «Deutéro-Isaïe: enjeu et recherches», 189-200; C. NIHAN, «L'histoire rédactionnelle du "Trito-Isaïe"», 201-228; J.-D. MACCHI et C. NIHAN, «Isaïe 54–55», 229-251.

[39] Notons que cet attribut de Dieu n'est une particularité unique au livre d'Isaïe. Lev 1,19 déclare: דבר אל-כל-עדת בני-ישראל ואמרת אלהם קדשים תהיו כי קדוש אני יהוה אלהיכם,

CHAP. V : L'UNITE THEOLOGIQUE DU LIVRE D'ISAÏE 263

image de Dieu se manifeste surtout dans la célèbre vision du récit de la vocation du prophète qui contemple la majesté et la sainteté de YHWH assis sur son trône (chap. 6)[40]. Plus que la description majestueuse du Seigneur, c'est la proclamation de sa sainteté par les séraphins qui est au centre de son portrait: קָדוֹשׁ קָדוֹשׁ קָדוֹשׁ יהוה צבאות, *saint, saint, saint, le Seigneur des armées* (6,3). Cette sainteté fait partie intégrante de son être et est son second nom: le Saint d'Israël, le Saint de Jacob (1,4; 29,23 et 30,11). Cependant cette sainteté constitue en même temps un obstacle pour tout être impur pour en relation avec lui. La sainteté de Dieu devient ainsi une exigence de sainteté pour celui qui veut

---

parle à toute la communauté des fils d'Israël; tu leur diras: Soyez saints, car je suis saint, moi, le Seigneur, votre Dieu.

[40] Selon J.A. Motyer, la sainteté de YHWH est le point central de la vocation du prophète Isaïe: «The focal point of the call of Isaiah is the holiness of God. It's the only thing capable of filling all the earth and the only quality in the whole Old Testament which has to be cubed in order adequately to express its worth magnitude» (J.A. MOTYER, *Prophecy*, 17). J.N. Oswalt va dans le même sens en soulignant la sainteté comme une caratéristique propre à YHWH. Cette sainteté de Dieu est non seulement ontologique mais éthique et morale: «But God is not merely great and majestic; he is also holy. It cannot be an accident that Isaiah's favorite appellation for God is "The Holy One of Israel"...But it was not merely God's ontological otherness which captured Isaiah's thinking. In fact, the primary characteristic that set this God apart from humanity, made him holy, was his moral and ethical perfection. Thus Isaiah's response to his vision of God was "I am unclean" (6,5)» (J.N. OSWALT, *Isaiah 1–39*, 33). J. Barton, pour sa part, insiste sur le nombre de fois que revient le mot "saint" chez Isaïe tout soulignant également sa dimension éthique: «Most readers notice the phrase "The Holy One of Israel", but may not realize how specific this is to Isaiah. It occurs twelve times in 1–39 and eleven in 40–55 (only twice in 56–66), but hardly at all elsewhere in the Old Testament ...Whatever the original meaning of "holy" may have been, Isaiah 6 treats it as implying the exaltedness of Yahweh above the created world, and his total "cleanness" ...his abhorrence of all pollution, both ritual and moral. Iniquity and corruption constitute "despising the Holy One of Israel" ...Thus the essence of holiness for Isaiah seems to have been God's supremacy over everything, coupled with his total freedom from contamination with anything unclean or sinful: absolute power and absolute purity» (J. BARTON, *Isaiah 1–39*, 110). J.J.M. Roberts va dans la le même sens en considérant le thème de la sainteté comme le concept central du livre d'Isaïe: «If there is any one concept central to the whole Book of Isaiah, it is the vision of Yahweh as the Holy One of Israel. Isaiah's inaugural vision of the awesome majesty of Yahweh with the seraphs' thundering, three-fold proclamation of Yahweh's holiness, left a lasting impression on the eighth century prophet's whole ministry» (J.J.M. ROBERTS, «Isaiah in Old Testament Theology», 131). Divers autres commentateurs le soulignent aussi: cf. L.J. RONDELEUX, *Isaie et le prophétisme*, 40-41; E.J. YOUNG, *The Book of Isaiah*, 231-264; G.A.F. KNIGHT, *The New Israel*, 11-39; J.D.W. WATTS, *Isaiah 34–66*, 98-111; S.H. WIDYAPRANAWA, *Isaiah 1–39*, 30-36; D. STACEY, *Isaiah 1–39*, 43-48; C. SEITZ, *Isaiah 1–39*, 26-28.

l'approcher. Cette exigence prend même la forme d'une menace en Is 6,5, où le prophète exprime son malheur d'avoir vu Dieu qui est Saint, étant lui-même un être impur. Cela est confirmé par le rite de purification du prophète par les séraphins (6,6-7). C'est seulement après cette purification que le prophète pouvait communiquer et entrer réellement en relation avec Dieu. C'est cette exigence de la sainteté qui explique les accusations et dénonciations des crimes du peuple dans les autres chapitres et particulièrement au chap. 1. Dieu qui est Saint ne peut pas être en communion avec une nation pécheresse, chargée de crimes, une race de malfaisants et de fils corrompus (1,4). En ce sens, la fidélité au Seigneur est une participation à sa sainteté[41].

Dans divers passages du Deutéro-Isaïe, le Seigneur prend également le titre de saint. C'est le cas dans la description de la transcendance de YHWH au chap. 40, où il est nommé «le Saint» confirmant que la sainteté est l'essence de Dieu et que cet attribut est l'autre nom de Dieu: קָדוֹשׁ יֹאמַר, *dit le Saint* (40,25). L'auto-présentation de Dieu en 41,14, où le Seigneur veut rassurer le peuple de son aide, reprend la même idée en nommant YHWH le Saint d'Israël (קְדוֹשׁ יִשְׂרָאֵל, le Saint d'Israël). Le chap. 43 commence par une confirmation du Seigneur de l'élection d'Israël qui désormais lui appartient et continue avec la promesse du Seigneur de le sauver au nom de cette dernière. Dans une triple présentation de soi au v. 3, le Seigneur déclare au peuple qu'il est son Dieu, son Sauveur mais aussi le Saint d'Israël. Ici aussi, l'attribut est pris pour le nom du Seigneur allant dans la même lignée que les passages précédents. Plus loin, notamment en 45,11, nous retrouvons sous une autre forme la confirmation que la sainteté est l'autre nom de YHWH[42]. Il est présenté comme celui qui a formé Israël et qui en est le Saint (יהוה קְדוֹשׁ יִשְׂרָאֵל, le Seigneur le Saint d'Israël). Dans l'annonce de sa vengeance contre Babylone ainsi que dans le reproche de l'endurcissement du cœur en

---

[41] Dans ce sens, la fidélité à l'alliance est une invitation à participer à la sainteté à travers l'observation des commandements (Ex 20,3-17).

[42] Notons aussi que dans le Deutero-Isaïe, la sainteté de Dieu se manifeste surtout par sa justice. Il agit avec justice et pour une cause juste. Ainsi, la conquête par Cyrus est interprétée comme une manifestation de la justice de Dieu: cf. P.-É. BONNARD, *Le Second Isaïe*, 155-163: «... Il le peut puisqu'il est le créateur et maître de l'univers et de l'humanité. C'est selon la justice, en vue de manifester sa justice et de la faire partager aux hommes, qu'il a fait surgir Cyrus. Le roi perse rebâtira Jérusalem et renverra les israélites sans paiement ni commission». Sur ce thème de la sainteté et la justice de Dieu voir aussi: J.N. OSWALT, *Isaiah 40–66*, 186-197; B.S. CHILDS, *Isaiah*, 344-355; J. BLENKINSOPP, *Isaiah 40–55*, 234-262; P.D. MISCALL, *Isaiah,* 108-110.

48,17 YHWH apparaît encore une fois comme le saint du peuple d'Israël. Enfin, dans l'invitation à l'explosion de joie faite à Jérusalem en 54,5 YHWH, cause de cette joie est qualifié non seulement de sauveur mais de Saint d'Israël. Notons dans les passages relevés la relation intrinsèque entre cet attribut et la rédemption. L'expression «le Saint d'Israël» est souvent accompagnée du verbe «גאל, racheter» comme en 41,14. Cela montre que la Sainteté de YHWH est un facteur de ses actes de salut en faveur du peuple. L'on pourrait aussi conclure que Dieu sauve parce qu'il est Saint.

Dans le Deutéro-Isaïe, l'exigence de la sainteté n'est pas explicite comme dans le Proto-Isaïe, mais certaines accusations et dénonciations insinuent un appel à la conversion et à la sainteté. En 46,12-13 le Seigneur traite le peuple de gens aux cœurs indomptables, et éloignés de la justice. Par ailleurs, il reproche au peuple son manque de sincérité et de droiture en 48,1. Le Dieu Saint attend de son peuple la sainteté, qui consistera à vivre selon la loi du Seigneur, résumé souvent par l'expression «vivre selon la justice». Le champ sémantique de cette expression dont nous parlerons plus loin est équivalent à la volonté de Dieu pour emprunter le langage du Nouveau Testament.

Contrairement au Proto-Isaïe et au Deutéro-Isaïe qui ont mis l'accent particulier sur la Sainteté de Dieu, le Trito-Isaïe insiste plutôt sur l'appel de YHWH à la sainteté à travers la critique du culte en particulier dans le chap. 58. En effet, nous y retrouvons seulement deux fois la fameuse expression «Saint d'Israël» (qui est le second nom du Seigneur YHWH), notamment en 60,9 (לקדוש ישראל, au Saint d'Israël) et 60,14 (לקדוש ישראל, le Saint d'Israël). Cela peut être inscrit dans la logique de complémentarité des trois parties du livre. La première et la seconde partie s'étendent sur la Sainteté de Dieu, la troisième veut approfondir le sujet de l'appel à la Sainteté. Ainsi tout le chap. 57 dénonce les persécutions du juste et de l'homme de bien par les méchants ainsi que l'indifférence du peuple face à ces actes (57,1-2). Le v. 4 en particulier traite le peuple de descendants de la révolte. Ici, l'accusation touche directement l'appel à la sainteté qui consiste à vivre selon les préceptes de Dieu, ce qui est l'équivalent de «faire la volonté de Dieu» dans le langage chrétien. Un peuple révolté est un peuple qui ne reconnaît pas la volonté de Dieu et ne vit pas selon cette dernière. Quant aux vv. 6-7, ils dénoncent l'idolâtrie qui consiste à faire des sacrifices, offrandes et libations à de faux dieux.

Mais ce sont surtout les chaps. 58 et 59 qui vont développer amplement ce sujet de l'appel à la sainteté allant même jusqu'à lier le salut du peuple à sa conversion[43]. Ces chapitres reprennent surtout l'idée de l'exigence de la sainteté pour entrer en communion avec Dieu qui est saint. En d'autres termes, la relation avec Dieu est impossible sans une vie conforme à sa volonté. Cela explique le rejet du culte du peuple en 58,1-5. Plus loin, le Seigneur dictera clairement au peuple les conditions nécessaires pour que son culte soit agréé ou que ses prières soient exaucées (58,6-14). En effet, l'injustice, la révolte et l'oppression des faibles, tout ce qui n'est pas conforme à la volonté de Dieu, éloigne l'homme de YHWH et rompt toute communion avec lui. Ainsi, la conversion du peuple est sa part de collaboration à son salut. L'on comprend alors pourquoi les vv. 6-8 présentent clairement la restauration comme conséquence de l'observation authentique du jeûne et du sabbat. Il est important de noter que dans cette critique du culte, le sabbat apparaît comme le jour par excellence de l'appel à la sainteté. C'est le saint jour du Seigneur comme Lui-même le déclare en 58,13: יוֹם קׇדְשִׁי, *mon Saint jour*. Le sujet parlant va plus loin en appelant à une confession de foi reconnaissant le sabbat comme un jour consacré au Seigneur: וְקָרָאתָ לַשַּׁבָּת לִקְדוֹשׁ יהוה, *si tu appelles le sabbat le saint jour du Seigneur*. Ce qui implique un mode vie conforme aux exigences de la sainteté ce jour en particulier. En d'autres termes, le Seigneur offre à l'homme le sabbat comme moyen de sanctification et non de jouissance, d'exploituation d'autrui et d'oppression du plus faible. Dieu est saint et son saint jour doit être sanctifié et servir de sanctification.

Ce discours s'étend jusqu'au chap. 59, où le prophète déclare explicitement au peuple la rupture de la communication avec Dieu à cause des crimes (v. 3), des perversités (vv. 2-3) et des injustices du peuple (vv. 4.14). Ici, ressort l'idée de l'incompatibilité entre la sainteté et le mal. Les mauvais actes du peuple éloignent le Saint d'Israël de ces derniers. Leurs cris et lamentations laissant YHWH indifférent, leur salut est compromis et la seule issue reste leur conversion qui rétablira leur communion avec YHWH le sauveur. S'il est vrai qu'ici, dans le contexte

---

[43] Il faut souligner que dans le Trito-Isaïe, la sainteté de Dieu se manifeste aussi dans la gloire et dans la lumière qu'il réflète: cf. J. BLENKINSOPP, *Isaiah 55–66*, 210-211: «God who comes is announced throughout chs: 56–66, as the source of the light. The poet is therefore thinking of Zion reflecting the light ...the contrast between light and darkness is also Trito-Isaianic, and perhaps can be traced back to the old idea of the "Day of YHWH" ...Light is often associated to the glory of God, and in respect 60,1-3 is the fulfillment of the promise made at the beginning of the second major section of the book "the glory of YHWH will be revealed", 40,5». Sur le même sujet, voir aussi: D. HANSON, *Isaiah 40–66*, 204-206; J.L. KOOLE, *Isaiah*, 116-122, 164-170; J.N. OSWALT, *Isaiah 40–66*, 492-516.

spécifique de la restauration le salut est presque réduit à la reconstruction matérielle, le salut prend aussi une connotation spirituelle qui est surtout la réconciliation avec YHWH et la restauration de la justice (cf. 58,6-14).

2.2 *Dieu est gouverneur de l'univers et maître de l'histoire*

Une des caractéristiques de la théologie du prophète Isaïe est la présence active de YHWH dans tous les évènements de l'histoire, pas seulement en tant que créateur mais aussi comme le maître de l'histoire. Ces attributs de Dieu (gouverneur et maître de l'histoire) transcendent déjà les frontières d'Israël et touchent toutes les nations ainsi que l'univers[44]. Nous le notons dans le Proto-Isaïe avec la série des malheurs et malédictions des nations qui sont attribués à Dieu. Cela trahit une conviction de foi que rien ne se passe sans la permission de Dieu[45]. C'est dans ce sens que dès le premier chapitre, les malheurs d'Israël sont interprétés comme un châtiment de YHWH pour l'infidélité du peuple (1,5-9). Dans ce cas précis, le Seigneur apparaît comme l'auteur du malheur du peuple en personne. Le verbe «נכה, frapper» au v. 5 (תכו) qui est un verbe d'action dénote le rôle actif de YHWH dans la misère

---

[44] Pour J.N. Oswalt, le livre d'Isaïe est un des livres qui manifestent le plus la majesté et la souveraineté de Dieu comme créateur, gouverneur et maître de l'histoire: «Perhaps in no other biblical book are the wonder and the grandeur of the biblical God so ably displayed. This should not be surprising when we think of the vision which was vouchsafed to Isaiah at the opening of his ministry. Certainly throughout this book which bears his name God is "high and lifted up"... This awareness of divine majesty shapes every presentation of God... The nations of the earth, great and small, are but tinder in his hand, a drop in a bucket...» (J.N. OSWALT, *Isaiah 1-39*, 32). Pour M.P. Shalom, la souveraineté de Dieu se manifeste de diverses manières: ses interventions en faveur de son peuple, ses victoires sur ses ennemis et son jugement juste envers son propre peuple: «The lord is Israel helper, their Creator, their Shepherd and their King :.. He is a warrior ...He triumphs over his enemies... and He exacts His revenge from His adversaries, in the present and in the future... However... He shall also contend against His people when they are in wrong and even against all of humanity (66,16)» (M.P. SHALOM, *Isaiah 40-66*, 23). Ce sujet est également souligné chez Sérafino M. Gozzo: cf. S.M. GOZZO, *La dottrina teologica del libro di Isaia*, 141-143.

[45] Cf. J. BARTON, *Isaiah 1-39*, 55-56: «Thus there is a considerable coherence in Isaiah's message in both political and ethical sphere. Central to both is the idea that Yahweh, the God of Israel, is also the ruler of the world, and occupies by right the supreme position over all that he has made». D'autres auteurs comme: J. HOGENHAVEN, *Gott und Volk bei Jesaja*, 198; S.H. WIDYAPRANAWA, *Isaiah 1-39*, 38-38; D. STACEY, *Isaiah 1-39*, 98-118; C.R. SEITZ, *Isaiah, 1-39*, 127-154, vont dans le même sens.

que vit le peuple. L'allusion aux dévastations et aux villes brûlées (v. 7) nous situe dans le contexte historique du passage. Il s'agit de la destruction de Jérusalem et de la déportation en exil. Le petit reste qui est exempt des malheurs (v. 9) est aussi l'œuvre de YHWH qui n'a pas voulu la destruction totale de son peuple. Rien donc n'échappe à son contrôle. La grande section des oracles de malédictions sur les nations (chaps. 10–24) présente aussi les désastres prédits (contre l'Assyrie, la Babylonie, Moab, Damas, Egypte, Edom, Arabie, Sidon) comme l'œuvre de YHWH qui maîtrise l'histoire et ses évènements. A travers ces derniers, le Seigneur manifeste d'autre part ses projets, ses accords et désaccords avec les projets des peuples et leurs comportements, et guide le monde vers une destinée bien précise qui correspondra à sa volonté. Le jugement universel présenté dans les chaps. 33–35 où YHWH s'impose en maître non seulement sur la terre, mais aussi dans les cieux et sur la mer, en étant vainqueur de ses ennemis (chaps. 33–34) et, en instaurant un nouveau monde (chap. 35), va dans le même sens. Cela confirme que l'histoire de l'humanité est sous le contrôle de YHWH qui peut changer le cours des évènements selon sa bonne volonté pour le bien de ceux qui lui obéissent en faisant le bien (33,15), mais aussi pour le malheur de ceux qui se rebellent en étant complices du mal (33,14).

Dans le Deutéro-Isaïe, nous retrouvons cette présentation de YHWH comme gouverneur de l'univers, de l'histoire et de la destinée de son peuple. Cette assertion est très explicite en 44,26-28, où le Seigneur se déclare l'acteur principal des évènements tels qu'ils arrivent et tels qu'ils sont annoncés par ses serviteurs et ses messagers: מקים דבר עבדו, *j'accomplis la parole de mon serviteur*; ועצת מלאכיו ישלים, *et fais réussir le dessein de mes messagers* (v. 26). Ces déclarations vont dans le sens de l'affirmation que YHWH préside la destinée du peuple en accomplissant en personne tout ce que ses envoyés proclament au peuple. Il poursuit dans le même verset en s'attribuant les dévastations dont le peuple fut victime, mais aussi la restauration qui est annoncée par son prophète. Au v. 28, Cyrus apparaît comme l'instrument par lequel YHWH réalise son dessein[46]. En faisant référence à l'élection de ce dernier en

---

[46] Cf. R.N. WHYBRAY, *The Second Isaiah*, 45-46: «Cyrus is directly addressed and given his mission to carry out Yahweh's purpose. In all these passages Yahweh is the speaker. The meteoric military career of Cyrus, with the threat which this posed for Babylon, was a material fact of the first importance which Deutero-Isaiah put good use in his attempt to convince his hearers of the truth of this central message... But the purpose of them all was the same: to make the point that the future

45,1, le Seigneur met l'accent sur les faits qu'il va accomplir: abaisser les nations, déboucler les ceintures des rois, déboucler les battants…, prouvant encore une fois qu'il est l'acteur principal qui dirige les évènements qui ont lieu dans l'histoire. L'annonce de la chute de la Babylonie en 47,1 est grammaticalement construite comme un ordre de YHWH avec deux impératifs consécutifs (רדי, tombe; ושבי, et affale-toi). Autrement dit, cet évènement historique se réalise sur l'ordre du Seigneur et par sa volonté. Dans le même contexte, Is 50,2e-3 révèle la suprématie de YHWH comme gouverneur de l'univers qui dévaste les mers, réduit en désert les courants et revêt les cieux en noir. Ici, le Deutéro-Isaïe va plus loin en attribuant à YHWH des faits extraordinaires pour signifier qu'il a autorité non seulement sur tout l'univers mais aussi sur l'ordre de l'univers. La mer qui est supposée une étendue d'eau peut devenir un désert par la volonté de YHWH et le ciel de couleur bleue devenir noir. En un mot, le cours des évènements, l'ordre naturel et l'harmonie de toute la création sont l'œuvre de YHWH qui les gouverne et qui a aussi le pouvoir de les changer. Cela prépare aussi les esprits aux bouleversements et à l'inversion des positions et de la hiérarchie sociale que le Seigneur annonce à la restauration et qui verra les vainqueurs devenir vaincus, et les oppresseurs devenir serviteurs de ceux qu'ils opprimaient. Cette image de YHWH veut susciter la foi et l'espoir certain en la restauration. Le maître de l'histoire permettra le retour de l'exil et rendra possible la reconstruction de Jérusalem et du temple.

Dans le Trito-Isaïe, YHWH apparaît surtout comme le maître du destin de son peuple élu. Mais cette restriction au peuple d'Israël ne signifie pas que le Trito-Isaïe renie le caractère universel de la seigneurie de YHWH qui gouverne le monde et son histoire. Il s'agit d'une volonté du

---

lay in the hands of a great and irresistible conqueror who, however, was simply an instrument of Yahweh, created by him in order to carry out his good purpose towards Israel». P.D. HANSON, *Isaiah 40-66*, 119, le confirme ainsi: «The God who guides the historical destiny of nations chooses agents of divine purpose. They are his servants. They are commissioned for specific tasks», et F. RAMIS DARDER, *El triunfo de Yahvé*, 184, va dans le même sens en affirmant, «La perícopa 41,21-29 muestra el poder de Yahvé sobre la Historia a la vez que destaca la nulidad de los ídolos… de modo general, se anuncia el dominio de Yahvé sobre la Historia al relatar los acontecimientos pasados y anunciar los futuros; en contraposición, los ídolos son incapaces de cualquier predicción e inútiles para cualquier acción». Voir aussi: J.N. OSWALT, *Isaiah 40-66*, 40-63; B.S. CHILDS, *Isaiah*, 344-355; M.E.W. THOMPSON, *Isaiah 40-66*, 23-25; J. BLENKINSOPP, *Isaiah 40-55*, 234-262; P.D. MISCALL, *Isaiah*, 110-112.

rédacteur final de mettre un accent sur la restauration promise et sa réalisation prochaine. Les évènements de l'histoire se réduisent alors au retour prochain des exilés et à la reconstruction des villes. Mais cette restauration est possible seulement parce que le Seigneur a vaincu tous les ennemis du peuple et a dirigé le cours des évènements selon sa volonté. Ainsi, Is 60,4-9 annonce le joyeux retour d'exil comme un fait voulu et accompli par Dieu. D'autre part, la reconstruction et le renversement de la situation qui voit Israël servi par ses oppresseurs est l'œuvre de YHWH qui en a décidé ainsi (60,12-16). Avec l'inversion du rapport de forces, c'est aussi le cours de l'histoire qui change et Israël devient le dominateur. Cette suprématie du peuple de Dieu est reprise en Is 61,5-6, qui présente les étrangers comme serviteurs du peuple[47]. Mais c'est surtout en 62,1 que se note de façon explicite le rôle actif de YHWH dans la destinée historique de son peuple (למען ציון לא אחשה, pour la cause de Sion, je ne resterai pas inactif). A travers cette affirmation, YHWH démontre que le sort de Sion lui tient à cœur et qu'il interviendra personnellement en sa faveur, déterminant donc la destinée du peuple. Mais pour pouvoir réaliser son projet sur Sion, YHWH devra intervenir dans l'histoire et combattre tout ce qui s'oppose à ce projet. Le cours de l'histoire est ainsi conditionné par le projet de YHWH. Is 63,6 l'exprime bien en décrivant la colère du Seigneur en face des nations étrangères (ואבוס עמים באפי, et j'ai écrasé des peuples dans ma colère). Il s'agit des nations qui faisaient obstacle au projet de Dieu sur son peuple. Enfin, le Seigneur se présente comme acteur principal du rassemblement de toutes les nations à Jérusalem promis au peuple (66,18). Ces observations montrent que le Dieu du Trito-Isaïe est aussi gouverneur de l'univers et maître l'histoire.

2.3 *Dieu est unique et universel*

Si le monothéisme a toujours été le fondement et la particularité de la religion juive parmi les religions du Moyen-Orient et des peuples alen-

---

[47] Ces peuples, comme Cyrus dans le Deutéro-Isaïe, peuvent être instruments de la volonté de Dieu: cf. J.N. OSWALT, *Isaiah 1–39*, 35: «What Isaiah was able to do was to demonstrate that God's purpose was much larger than short-term victory or defeat and that his control of human destiny extend even to those who would not acknowledge him. How can it be that violently pagan Assyria should destroy Samaria, the city of God's people, no matter how sinful? ...Is Assyria stronger than God? Oh no, Assyria is but a tool in the hand of God 10,15». Voir aussi: Y. KAUFMANN, *Universal Peace in Isaiah's Prophecy*, 17-20; BLENKINSOPP, *Isaiah 55–66*, 218-231; J. KAMINSKY – A. STEWART, «God of All the World», 139-163.

tour, YHWH est resté un Dieu national pendant un certain temps. Mais dans le livre d'Isaïe, l'universalité de YHWH est explicitement proclamée. Il est un Dieu universel. Le Seul Créateur de l'univers y compris des nations étrangères qui ne le connaissent pas. C'est ainsi qu'Israël devient missionnaire, envoyé de YHWH pour le faire connaître aux nations païennes.

En annonçant un culte universel proche en 2,2-3[48], le Proto-Isaïe affirme par le même fait que YHWH est non seulement l'unique vrai Dieu mais aussi universel. Il s'agit d'une reconnaissance de la suprématie de YHWH comme le seul digne de confiance, dont la loi et les instructions conduisent au bonheur et à la justice (2,3-4). Le chap. 24 qui décrit les bouleversements dus à la menace de YHWH et de ses adversaires, proclame dans les vv. 14-16, une glorification du Seigneur à l'orient, dans les îles jusqu'aux extrémités de la terre[49]. Dans ces versets, les frontières du Dieu national sont franchies et YHWH devient un Dieu universel reconnu et glorifié de tous. Les îles, l'orient et les extrémités de la terre désignent tous les habitants de la terre et confirment l'universalité du culte de YHWH sur toute la terre. Dans le même sens, Is 25,6-9 promet un festin, offert à tous les peuples par le Seigneur. La métaphore du festin qui fait allusion à la restauration du culte de YHWH sur sa sainte montagne de Sion, est désormais étendue à tous les peuples[50]. Cela est un autre signe que le Proto-Isaïe prêche un seul Dieu pour tous les peuples de la terre. Enfin dans le chap. 34 qui annonce le jugement universel, YHWH assume clairement son statut de Dieu universel en s'adressant à toutes les nations et à toute la terre ainsi que tout ce qu'elle

---

[48] והלכו עמים רבים ואמרו לכו ונעלה אל־הר־יהוה, et des peuples nombreux se mettront en marche et diront: «Venez, montons à la montagne du Seigneur...» (Is 2,3).

[49] על כן בארים כבדו יהוה באיי הים שם יהוה אלהי ישראל, ainsi, on glorifie le Seigneur à l'Orient, le nom du Seigneur, Dieu d'Israël, dans les îles de la mer (24,15). Nous le retrouvons un peu plus loin: מכנף הארץ זמרת שמענו צבי לצדיק, des extrémités de la terre, nous entendons chanter: «Honneur au Juste!» (24,16).

[50] ועשה יהוה צבאות לכל־העמים, et le Seigneur, le tout-puissant, va donner sur cette montagne un festin pour tous les peuples (25,6). Dans son analyse de Is 25,6-8, A. Chester interprète la métaphore du festin comme le salut universel offert par Yahweh, le Dieu unique et universel: «25,8 could then also be understood as a graphic metaphorical portrayal of Yahweh bringing revival and restoration from a desperate and afflicted condition. In this case, however, the scope of the deliverance and revival that Yahweh brings about appears to be *universal*. Thus the context, in 25,6-8, is that of a magnificent feast that Yahweh will provide for all people» (A. CHESTER, *Future Hope and Present Reality*, 289).

contient[51]. Sans devoir multiplier les exemples, ces passages du Proto-Isaïe sont une claire expression du monothéisme universel qui présente YHWH non seulement comme l'unique Dieu d'Israël, mais celui de toutes les nations, voire de toute la création[52].

Le Deutéro-Isaïe reste dans la même ligne théologique dans plus d'un de ses passages. En défiant tous les faux dieux et en se présentant comme le premier et le dernier, le Seigneur affirme sa suprématie comme le seul vrai Dieu (44,6-7)[53]. Ces faux dieux sont tous les dieux étrangers et toutes les idoles des nations païennes qu'Israël est tenté de suivre. En dénonçant leur fausseté, YHWH se réclame Dieu unique et universel. L'élection de Cyrus en 45,1 peut aussi être considérée comme une profession de foi du monothéisme universel. Cyrus qui est un roi païen est l'instrument choisi par YHWH pour commencer son projet de restauration du peuple. Cette élection est une innovation théologique très importante dans l'histoire du salut où les élus de YHWH étaient toujours des fils d'Israël. Cette nouveauté marque en même temps le passage du monothéisme national au monothéisme universel qui est désormais intégré dans la foi du peuple élu. Le discours du serviteur en 49,1, s'adressant non seulement à Israël mais aussi aux îles et aux populations lointaines, va dans le même sens. En effet, le serviteur élu et envoyé par YHWH parle en son nom. Son auditoire s'étendant à toutes les nations montre que le Dieu d'Israël est également celui de toutes les nations qui sont les populations lointaines[54]. Toujours dans le Deutéro-Isaïe, l'exaltation du serviteur souffrant[55] déclenche en 52,15

---

[51] קרבו גוים לשמע ולאמים הקשיבו תשמע הארץ ומלאה תבל וכל־צאצאיה, approchez, nations, pour écouter, peuples, soyez attentifs; que la terre écoute, avec tout ce qu'elle contient, le monde, avec tout ce qui en procède (34,1).

[52] Cet aspect est clairement souligné chez J.N. OSWALT, *Isaiah 1–39*, 34: «Because God alone is great, and because he alone is holy, the worship of other gods is sheerest folly. Above everything else, it's stupid. Nowhere else in Scripture is the stupidity of idolatry subjected to such exquisite sarcasm as in the book of Isaiah» et chez D. STACEY, *Isaiah 1–39*, 19: «The God of Jacob is not Israel's possession, but the One, True, Holy God who upholds all creation, on whom all people depend, from whom all truth and faith derive, and to whom all worship is due». Voir aussi: J.D.W. WATTS, *Isaiah 34–66*, 503-510; S.H. WIDYAPRANAWA, *Isaiah 1–39*, 203-221.

[53] ראשון ואני אחרון ומבלעדי אין אלהים, c'est moi le premier, c'est moi le dernier, en dehors de moi, pas de dieu (44,6; voir aussi 44,24).

[54] שמעו איים אלי והקשיבו לאמים מרחוק, écoutez-moi, vous les îles, soyez attentives, populations du lointain (49,1).

[55] Sur l'exaltation du serviteur souffrant et ses conséquences sur le culte universel divers auteurs sont concordants: cf. H.H. ROWLEY, «Servant Mission», 259-272; P. WILCOX – D. PATON-WILLIAMS, «The Servant Songs», 79-102; A.R. CERESKO,

l'émerveillement et la conversion non seulement du peuple élu, mais aussi des foules de toutes les nations et des rois étrangers confirmant que la souveraineté de YHWH comme Dieu unique est désormais universelle et reconnue par toutes les nations[56].

Le Trito-Isaïe s'ouvre dès le premier chapitre avec le monothéisme universel. En effet, le chap. 56 qui prône le culte universel implique un Dieu universel. L'auditoire du Seigneur change. Au v. 2, il ne s'adresse plus seulement aux fils d'Israël mais à l'homme en général nommé encore le fils d'Adam (בן־אדם). Les vrais adorateurs sont tous les hommes qui gardent le droit, pratiquent la justice et honorent le jour du sabbat (vv. 1-2). Au v. 6, YHWH accepte explicitement le culte des étrangers qui s'attachent à lui et les déclare ses serviteurs. Le culte national est dépassé, et par conséquent YHWH devient un Dieu unique pour Israël et tous les peuples étrangers, soit un Dieu universel. Les chaps. 60–62 qui célèbrent la restauration eschatologique de Jérusalem professent aussi implicitement que le Seigneur Dieu universel. En effet, 60,2 (עליך יזרח יהוה, sur toi brillera le Seigneur) affirme l'afflux des nations vers la lumière de Jérusalem, laquelle est illuminée par Dieu. Cet afflux vers la ville sainte avec des offrandes et des louanges (60,6-7) est la manifestation de la foi en YHWH de la part des peuples étrangers qui reconnaissent enfin en YHWH l'unique Dieu de l'univers. La référence au culte est explicite en 60,7 (מזבחי, mon autel) qui parle de l'autel de YHWH et en 60,9 (לשם יהוה, en hommage au Seigneur) où les étrangers rendent hommage au nom du Seigneur soit le Saint d'Israël. Dans le même sens, 61,6 évoque la fortune des nations (חיל גוים) apportées pour le culte dont bénéficiera le peuple élu. Il s'agit encore là d'un culte universel rendu à YHWH. Par ailleurs, 62,2 en proclamant la gloire (כבודך, ta gloire) et la justice (צדקך, ta justice) de la Jérusalem restaurée qui suscite l'attraction de toutes les nations, implique une reconnaissance des œuvres de YHWH de la part des peuples étrangers qui désormais confesseront leur foi en lui. Plus loin, en 65,13-16, le Seigneur

---

«Fourth Servant Song», 42-55; M.L. BARRÉ, «Last Servant Song», 1-25; G. GREENBERG, «Servant Songs», 175-192.

[56] Dans ce contexte, U. Berges voit l'universalisme dans le sens d'un nouvel Israël composé de tous ceux qui mettent leur foi en YHWH. Il s'agit pour lui d'une redéfinition du concept d'Israël: «That the limits of the people of God at the beginning and the end of Isa. 56–66 are enlarged to the favor of all those who accept YHWH as their only God constitutes the outright logical consequence of the preaching found in Isa 40–55. The servants as the offspring of the suffering Servant were in favor of a re-definition of the post-exilic concept of Israel» (U. BERGES, «Who Are the Servants», 4).

appelle ses serviteurs, tous ceux qui invoquent son nom sans distinction entre les nations. Toute bénédiction et tout bien sur tout homme viendra de lui (65,16)[57]. Enfin, le jugement universel prononcé en 66,23-24 est la confirmation que le Trito-Isaïe proclame un Dieu unique et universel. Dans ce jugement eschatologique de tout l'univers, il n'y aura qu'un seul juge: YHWH devant qui tout être se prosternera (v. 23) tandis que ceux qui ne reconnaîtront pas YHWH comme Dieu unique et universel seront définitivement exterminés (v. 24).

2.4 *Dieu est le seul sauveur*

Le salut du peuple étant l'une des préoccupations majeures du livre d'Isaïe, un des attributs les plus importants de YHWH dans ce livre est qu'il est l'unique sauveur crédible. Nombreux sont les textes qui relèvent cet aspect de la théologie du livre, mais pour une question de réalisme et d'espace, nous nous limiterons à quelques exemples pour illustrer cette affirmation.

Dans le Proto-Isaïe, ce sont surtout les textes messianiques et leurs dérivés qui expriment la conviction de foi que YHWH est le seul sauveur. Nous le remarquons déjà en Is 4,2-6 qui prédit la gloire future des rescapés d'Israël. Cette renaissance du peuple sera l'œuvre du Seigneur qui purifiera Jérusalem et l'illuminera de sa gloire (vv. 5-6, la gloire du Seigneur sera un dais....). Le signe de l'Emmanuel en Is 7,10-17 est une révélation implicite du salut prochain programmé par le Seigneur et qui sera concrétisé par la naissance du messie (vv. 14-16). Au v. 17, le nom du Seigneur est évoqué montrant que le salut est l'œuvre de YHWH. Cette annonce messianique est reprise plus explicitement en Is 9,1-6 à travers la métaphore de la lumière qui dénote la venue du messie. Mais la description de ce dernier et du bonheur qu'il apportera au peuple est attribuée à l'ardeur du Seigneur Dieu (קנאת יהוה), le Tout-Puissant qui est le sauveur d'Israël (v. 6). Dans la même lignée de pen-

---

[57] Cf. P.-É. BONNARD, *Le Second Isaïe*, 347: «Les étrangers, même ceux qui n'étaient que des *nokim* (de passage), trouvent donc leur place au sein du peuple de Dieu. Ils y entrent par le fait même qu'ils se joignent à Yahweh, avec le désir de faire son office, de l'aimer et agir comme ses serviteurs, de garder le sabbat et de se tenir dans l'alliance... A ces conditions, Dieu prendra lui-même l'initiative de les faire venir à la sainte montagne de Sion, de les faire jubiler dans le Temple, car le culte authentique est explosion de joie... en devenant universelle, la religion ne cesse pas d'être rituelle...». Bien d'autres auteurs le soulignent à savoir P.D. HANSON, *Isaiah 40–66*, 193-197; J.F.A. SAWYER, *The Fifth Gospel*, 21; J.L. KOOLE, *Isaiah 56–66*, 207-268; J.N. OSWALT, *Isaiah 40–66*, 449-483; B.S. CHILDS, *Isaiah*, 459-468; P.D. MISCALL, *Isaiah*, 128-130.

sée, Is 11, dans son annonce du messie venant de la souche de Jessé et sa belle métaphore du paradis retrouvé, attribue ces évènements heureux au Seigneur, vrai auteur du salut au v. 15. Par ailleurs, l'action de grâce qui suit cette annonce d'un bonheur futur en Is 12 ne manque pas de célébrer le Seigneur comme le sauveur du peuple: ויהי־לי לישועה, car il est pour moi le salut (12,2). En reprenant la métaphore de la vigne, le chap. 27 présente le Seigneur comme le gardien de cette dernière, celui qui l'arrose et la garde, nuit et jour (27,3). Cette métaphore n'est rien d'autre qu'une confession de foi en YHWH comme le sauveur de son peuple. En outre, les oracles de malheurs contre les oppresseurs du peuple sont aussi un signe de la libération du peuple par YHWH son sauveur[58]. Le chap. 31 qui profère des menaces contre l'Egypte présente explicitement le Seigneur comme le protecteur et le sauveur du peuple (31,5), tandis que le chap. 32 attribue implicitement le royaume idéal qu'il décrit à l'œuvre de YHWH (32,18). Dans le même sens, le grand jugement universel des chaps. 33–34 ne manque pas de révéler que Jérusalem sera délivrée par le Seigneur. Ce jugement qui est une condamnation des nations païennes et des oppresseurs d'Israël, sera en même temps délivrance pour le peuple opprimé. La métaphore du désert qui refleurit en Is 35 reprend explicitement cette idée en présentant le Seigneur comme l'acteur principal de cette transfiguration par laquelle il vient rétribuer et sauver son peuple opprimé (35,4.10)[59]. Il faut cependant reconnaître que YHWH reste en général un sauveur national dans le Proto-Isaïe. Son salut est avant tout attribué au peuple élu.

Le Deutéro-Isaïe (ou Livre de la Consolation) est en toute logique fortement marqué par le portrait de YHWH comme consolateur et sauveur. Dès le premier chapitre, le prophète tout en réconfortant le peuple présente le Seigneur comme un berger qui rassemble ses agneaux, les porte sur son sein et procure la fraîcheur aux brebis qui allaitent (40,11). Cette métaphore qualifie implicitement YHWH de sauveur du peuple. Celui sans qui le peuple périt comme un troupeau de brebis sans berger. En Is 41,13, le Seigneur parle à la première personne et

---

[58] Cest dans ce contexte que C.R. Seitz présente les événements de l'histoire comme manifestation de la puissance de Dieu sur toutes les nations: «Israel's God rules the destinies of nations and theirs kings and their wise counselors. There can be no judgment of Israel unless Yahweh wills it, acting through the agency of foreign nations. So too there is no display of human pride or military strength that stands outside God's final soverignty» (C.R. SEITZ, *Isaiah, 1–39*, 124). Voir dans le même contexte: E.J. YOUNG, *The Book of Isaiah*, 428-445; W.A.M. BEUKEN, *Isaiah*, 305-314; G.A.F. KNIGHT, *The New Israel*, 101-124.

[59] Cf. J.D.W. WATTS, *Isaiah 34–66*, 503-510 et P.D. MISCALL, *Isaiah*, 82-85.

rassure son peuple à l'invitant à ne rien craindre car il le tient par la main. L'expression מחזיק ימינך, *celui qui te tient par la main droite*, dénote en soi l'idée du secours dans une situation difficile. Dans ce contexte YHWH est le sauveur du peuple devant la menace de l'ennemi et de ses faux dieux. Mais c'est surtout en Is 43,1-14, qui est une longue profession de foi dans le Seigneur, que le prophète présente comme le sauveur qui a choisi Israël et qui lui fait passer tous les obstacles rendus par les métaphores des eaux et du feu (v. 2). Dans les vv. 3 (מושיעך, ton sauveur) et 4 (ואני אהבתיך, car moi je t'aime), le Seigneur se révèle explicitement comme le sauveur du peuple qu'il aime. Plus loin, 45,22 reprend la même idée, mais dans un contexte plus large en incluant tous les confins de la terre[60]. Le Deutéro-Isaïe dépasse donc le concept du sauveur national en proclamant YHWH sauveur de toutes les nations et seul digne de foi (ואין עוד, car il n'y en a pas d'autre). Nous retrouverons cette idée du sauveur universel plus loin dans le quatrième chant du serviteur (52,13-15). Mais 46,13 et 48,17 reviennent sur ce concept de sauveur national où YHWH se présente comme celui qui rachète Israël et lui donne le salut. Le chap. 49 par contre, dans sa présentation de la mission du serviteur, rejoint 45,22 dans son concept de YHWH comme sauveur universel[61]. Le v. 6 l'exprime de façon explicite en qualifiant le serviteur de lumière des nations, envoyé pour porter le salut non seulement aux tribus de Jacob mais jusqu'aux extrémités de la terre (הארץ עד־קצה). Certains passages comme Is 50,2 et Is 51,1, qui sont des exhortations à la foi dans la puissance salvatrice de YHWH, peuvent aussi être cités comme exemples de textes proclamant YHWH comme unique sauveur. Reconnaissons cependant que dans le Deutéro-Isaïe, c'est surtout le dernier chant du serviteur souffrant (52,13–53,12) qui confirme le

---

[60] Cf. C. WESTERMANN, *Isaiah 40–66*, 425: «The "suvivors of the nation"... invited to be participants in the salvation and to realize that Yahweh, the God of Israel, is the only true God, are here made into his ambassadors, missionaries sent to the far islands in order to proclaim God's glory among them». Voir aussi: P.-É. BONNARD, *Le Second Isaïe*, 155-163; R.N. WHYBRAY, *The Second Isaiah*, 43-81; G.A.F. KNIGHT, *Isaiah 40–55*, 115-149.

[61] Cf. F.D. LINDSEY, «The Career of the Servant», 36: «Isaiah 52,13–53,12 presents the details and purpose of the Servant's sufferings and death, particularly as they relate to His exaltation and the ultimate success of His mission. The message of the song is clear. Yahweh announces the exaltation of His Servant because of His satisfactory substitutionary death for the sins of both His guilty people and gentiles». Voir aussi: J.D.W. WATTS, *Isaiah 34–66*, 730-790; B.S. CHILDS, *Isaiah*, 344-355; J. BLENKINSOPP, *Isaiah 40–55*, 234-262; M.E.W. THOMPSON, *Isaiah 40–66*, 59-69; P.D. MISCALL, *Isaiah*, 122-125.

concept du sauveur universel attribué à YHWH à travers la conversion et le salut apporté par la mort et l'exaltation du serviteur souffrant (52,15). Les rois et tous les peuples, émerveillés devant l'exaltation du serviteur, reconnaissent désormais YHWH comme seul sauveur de toutes les nations[62].

Dans le Trito-Isaïe les premières présentations explicites de YHWH comme le sauveur du peuple apparaissent au chap. 58, en particulier dans les instructions sur le culte authentique. Le Seigneur en exigeant du peuple un culte qui lui plaise promet en récompense de venir à son secours dans sa détresse. Dans ce contexte, les aspirations du peuple sont la délivrance des oppresseurs et la reconstruction. Ainsi, dans les vv. 9 et 14, YHWH en personne exprime sa disposition à donner une réponse positive au peuple et à lui procurer le bonheur recherché[63]. Notons cependant que ce sont encore une fois les chaps. 60-62 qui concentrent en eux seuls l'essentiel des passages proclamant la foi en YHWH comme unique sauveur[64]. En présentant la nouvelle Jérusalem comme la lumière du monde, le chap. 60 ne manque pas de préciser que cette transfiguration eschatologique de Jérusalem est l'œuvre du Seigneur. C'est en ce sens que le v. 1 attribue la lumière de Jérusalem à la gloire du Seigneur. La ville sainte devient lumière parce que la gloire du Seigneur s'est levée sur elle. Par ailleurs, après la longue description d'un prochain renversement de la situation dans lequel Israël sera servi par ses oppresseurs (vv. 10-21), le Seigneur se déclare auteur de tous ces évènements en faveur du peuple (v. 22). Dans ce sens, l'on pourrait affirmer avec raison que tout le chap. 60 est une proclamation de YHWH sauveur du peuple. Cette proclamation continue en 61,1-3 à travers la présentation du messie et de sa mission, laquelle n'est rien d'autre que l'œuvre salvatrice de YHWH à travers son envoyé. Quant au chap. 62, il met l'accent sur l'action salvatrice de YHWH qui ne restera pas inactif mais interviendra pour libérer le peuple (v. 1). Il assurera désormais sa

---

[62] Diverses études sur les chants du serviteur sont concordantes sur ce point: cf. H.H. ROWLEY, «Servant Mission», 259-272; J.M. WARD, «The Servant Songs», 433-440; P. WILCOX – D. PATON-WILLIAMS, «The Servant Songs», 79-102; A.R. CERESKO, «Fourth Servant Song», 42-55; G. GREENBERG, «Servant Songs», 175-192.

[63] תשוע ויאמר הנני, tu crieras et il dira: me voici (v. 9) et תתענג על־יהוה והרכבתיך, tu trouveras dans le Seigneur tes délices (v. 14).

[64] Dans son commentaire des chaps. 60-66, R.N. Whybray l'exprime clairment en ces termes: «Chapters 60-62 form the centerpiece of chs. 56-66. They show Israel's final destiny as the restored people of God in whom the reality of God's salvation is displayed to all the earth» (R.N. WHYBRAY, *The Second Isaiah*, 534). J.N. OSWALT, *Isaiah 40-66*, 532-55 et B.S. CHILDS, *Isaiah*, 519-526 sont du même avis.

sécurité face à ses agresseurs (v. 6) et sera son bonheur (v. 8). C'est dans la même lignée de pensée que le chapitre suivant (63,1) révèle un Dieu qui se querelle et se venge mais dans l'intention de sauver. Notons pour terminer 65,13 qui décrit le bonheur des serviteurs de Dieu et 66,13 où le Seigneur en personne promet le réconfort au peuple. Tous ces passages montrent que le Trito-Isaïe, de façon implicite ou explicite selon les passages, proclame que YHWH est le seul sauveur. Précisons cependant que le Trito-Isaïe, étant essentiellement centré sur le destin de Jérusalem et sa restauration, nous présente YHWH comme un Dieu ou un Sauveur national. Cependant, le culte universel proclamé dans le Trito-Isaïe vient pallier cette insuffisance, car un culte universel est une confession implicite d'un sauveur universel.

3. La justice et sa portée théologique

La justice est un des concepts clés du livre d'Isaïe au point qu'on peut dire sans exagérer qu'il est impossible de comprendre la théologie du prophète sans une interprétation adéquate de ce dernier. Cette partie du travail sera particulièrement consacrée aux diverses significations et interprétations de ce concept dans le message du livre[65].

3.1 *Bref parcours historique du terme*

3.1.1 Origine du terme

La racine צדק n'est pas propre au contexte biblique, elle était aussi utilisée dans les autres langues sémites. Elle existait par exemple en arabe et signifiait «vérité». En araméen, la même racine signifiait «charité ou aumône». Plusieurs mots dérivés de cette racine sont entrés dans le langage juridique des peuples sémites[66]. Mais en araméen prébiblique, le substantif et l'adjectif dérivant de cette racine signifient

---

[65] Nous partageons dans ce sens l'opinion de J. Ferry qui retient la justice comme un des thèmes importants du livre Isaïe, bien que commun à tous les prophètes. En effet, Isaïe comme chaque prophète a sa vision particulière de la justice, laquelle aura une incidence majeure ou mineure selon les cas sur sa théologie: «Le deuxième thème retenu est celui de la justice..., apparemment moins original: l'appel à l'observer n'est-il pas un lieu commun de la prédication prophétique? Nous verrons que le déploiement de cette thématique au long des soixante-six chapitres du livre d'Isaïe révèle des accents nouveaux et significatifs de la théologie du livre» (J. FERRY, *Isaïe*, 119).

[66] Cf. H.H. SCHMID, *Gerechtigkeit*, 69; J. SCULLION «Sedeq-Sedaqah», 335-348; *Isaiah 40–66*, 138-140; C.F. WHITLEY, «Deutero-Isaiah's Interpretation of sedeq»; A. HO, *Sedeq and Sedaqah*, 13-154.

«loyauté à un dieu ou à un Roi»⁶⁷. En arabe antique, la même racine pouvait aussi être un nom propre théophorique désignant la déesse du bien⁶⁸. Cette déesse allait de pair avec son frère, un autre dieu qui était le dieu de la droiture ou de la justice et dont le nom dérivait d'une racine d'origine arabe traduite משר en hébreu. Notons en passant qu'un concept semblable existait en Egypte avec la déesse «Maat» qui était la déesse de la vérité et de la droiture ou justice⁶⁹. Lorsque ces deux racines entrent dans le langage biblique, elles sont hébraïsées et deviennent respectivement⁷⁰ משפט ת צדקה

Pour revenir à la racine צדק, elle se trouve cinq cents vingt-trois fois dans l'Ancien Testament dont cent trente-neuf fois dans les Psaumes, quatre-vingt-quatorze fois dans le livre des Proverbes et quatre-vingt-un fois chez le prophète Isaïe. Cette racine et ses dérivés dominent surtout dans le contexte du culte, hymnique et sapiential⁷¹.

3.1.2 Le défi de l'interprétation

La racine צדק a subi une évolution sémantique⁷² dans la Bible. Le grec et le latin l'ont traduite par «justice ou droiture», mais son champ sémantique était beaucoup plus large. Cette racine qualifiait ou évaluait positivement un comportement humain ou divin dans un contexte précis. Dans le contexte politique par exemple, צדק désignait la fidélité et la loyauté réciproque entre le roi et ses sujets. A un sujet fidèle, le roi garantissait un privilège légal. Aussi longtemps qu'un sujet est fidèle, il reçoit en récompense la protection ou les faveurs du roi (2Sam 19,29).

Dans le contexte social, elle se référait à la fidélité réciproque entre un patron et son serviteur. Cette fidélité implique parfois un excès de zèle de la part du serviteur qui fait plus que son devoir (Gn 30,33). Par la suite, le sens s'est élargi à tout citoyen de bonne réputation qui combat les mauvaises actions (2Sam 4,11). En cas de combat entre deux parties, une tierce partie était appelée à rétablir la justice (צדק). Cela consistait à déterminer qui avait tort et qui était innocent. Les innocents

---

⁶⁷ Cf. W.W. BAUDISSIN, *Kyrios*, 379-428.
⁶⁸ Cf. H.H. SCHMID, *Gerechtigkeit*, 70.
⁶⁹ Cf. H. BONNET, *Reallexikon*, 430-434; «Gerechtigkeit», 426-428; S. MORENZ, *Egyptian Religion*, 120; *Gott und Mensch*, 122.
⁷⁰ C'est justement parce que צדקה et משפט dérivent de deux mots qui désignaient respectivement une déesse et un dieu que ces racines en hébreu sont restées au féminin pour צדקה, qui désignait la déesse et au masculin pour משפט, qui désignait un dieu.
⁷¹ Cf. E. JENNI – C. WESTERMANN, *Lexicon*, 1048-1049.
⁷² Cf. E. JENNI – C. WESTERMANN, *Lexicon*, 1049-1051.

étaient qualifiés d'hommes justes. C'est dans ce contexte que le peuple d'Israël en cas de conflit invoquait le Seigneur pour rétablir la justice (צדק) (Jg 5,11). Enfin, c'était aussi une forme d'institution préexilique pour garantir la paix et l'ordre social. Cette institution comportait aussi des normes religieuses à respecter. L'assemblée judiciaire avait pour objectif principal de rétablir la relation entre l'accusé et l'accusateur. Mais ici, juger signifiait acquitter l'innocent et punir le coupable (Dt 19,1-3). L'intégrité du juge n'était pas le point central. Un juge צדיק ne signifiait pas un juge impartial, mais un juge qui restaure les relations sociales en acquittant l'innocent et en désarmant le coupable.

3.1.3 Une diversité d'interprétations

L'interprétation de la racine צדק et ses implications théologiques ont toujours créé des problèmes aux exégètes au fil de l'histoire. La traduction classique est «justice ou acte juste» par rapport à une norme d'origine divine. Les exégètes modernes que nous citerons plus loin, soutiennent qu'un acte est צדיק par rapport à une certaine norme. Cependant, les opinions divergent sur la nature de cette norme. Certains soutiennent qu'il s'agit d'une norme divine, mais d'autres prétendent que cette affirmation est seulement valable pour l'époque préexilique. Ces derniers clament que dans les textes post-exilique, cette norme n'était pas forcément une norme divine. Elle pouvait aussi être d'ordre social.

Parmi les interprétations les plus répandues au fil de l'histoire, citons Hermann Cremer[73] qui fut le premier à interpréter le substantif צדק comme un terme fonctionnel qualifiant une conduite sociale appréciable. Cette interprétation eut un grand succès. L'adjectif צדיק qualifie ainsi une action qui préserve ou respecte les institutions ou relations sociales. Précisons qu'ici on entend par société une communauté locale dont les relations fondamentales sont constituées de rapports réciproques entre les seigneurs et leurs servants, les rois et leurs sujets, les patrons et leurs protégés, les maîtres de maison et les invités ou hôtes (Gn 44,16). Ces relations ne concernaient ni le commerce ni les relations internationales. Hans Heinrich Schmid[74] suggère une solution originale. Il s'appuie sur un ancien concept de l'Orient selon lequel il existerait un ordre dans l'univers établi par les dieux. Le plus grand des dieux garantit l'ordre du monde à travers son représentant sur la terre

---

[73] Pour plus de précisions sur l'auteur et sa pensée, cf. E. JENNI – C. WESTERMANN, *Lexicon*, 1051.
[74] Cf. H. SCHMID, *Gerechtigkeit*, 92.

qui est le roi. Toutes les personnes sont appelées à participer à cet ordre. Un acte est ainsi un acte צדיק s'il respecte cet ordre. Cette théorie est cependant difficile à appliquer au monde biblique. Johannes Pedersen[75] définit le terme צדק comme une affirmation de soi de l'âme humaine inclinée vers le bien selon la mentalité du peuple d'Israël. Gerhard von Rad[76] conçoit cette racine comme une sphère dans laquelle l'homme peut s'incorporer pour poser certains actes particulièrement positifs[77].

3.2 *Le contexte biblique: le Psautier*

Nous avions vu plus haut que la racine צדק est plus fréquente dans le Psautier que dans tous les autres livres de l'Ancien Testament (139 fois). Il faudrait donc partir des Psaumes pour découvrir les diverses interprétations probables de cette racine et ses implications théologiques.

Dans les Psaumes, on distingue deux substantifs[78]: צדק au masculin et צדקה au féminin. Ces deux substantifs n'ont apparemment pas le même sens. Par exemple, le Ps 72 demande pour le Roi la צדקה, laquelle lui permettra de gouverner le peuple dans le צדק. D'autre part, le Ps 119,142 en proclamant que la צדקה du Seigneur est צדק confirme que les deux termes ont des significations bien distinctes. Les Ps 89,17 et 97,2, quant à eux, proclament un צדקה/צדק qui règne au ciel.

Il est difficile de préciser la différence de sens entre ces deux termes. On remarque simplement que dans divers contextes ce couple va ensemble. Nous ne chercherons pas à trouver des définitions précises de ces termes, mais à comprendre leur portée théologique et si possible ce à quoi ils se réfèrent en général. Les principales conséquences de la צדקה et du צדק sur les hommes selon le Psautier (et d'autres textes bibliques) sont: la fertilité, la vie, la victoire sur les ennemis et la capacité de faire le bien (Ps 48,11; 65,6; 72,1; 99,4; 103,6; 129,4). Ce dernier point est très décisif en ce qui concerne la portée théologique du couple צדקה/צדק. En effet, cela implique que la capacité de faire le bien n'est pas innée à la nature humaine. L'homme a donc besoin du צדק pour le faire. Israël reconnaît ici que la nature humaine sans l'aide du צדק conduit à des impulsions égoïstes destructives. Seule une expérience qui va au-delà de la nature humaine peut éveiller constamment en l'homme la conscience et la volonté de faire le bien. Et cette expérience pour Israël

---

[75] Cf. J. PEDERSEN, «Die Behauptung der Gerechtigkeit», 8-43.
[76] Cf. G. VON RAD, *Theology*, 376.
[77] Pour d'autres informations, cf. E. JENNI – C. WESTERMANN, *Lexicon*, 1050-1054.
[78] Cf. E. JENNI – C. WESTERMANN, *Lexicon*, 1054-1057.

est une expérience entre Dieu et l'homme. Elle peut être de l'ordre de la théophanie, du culte ou d'autres actes religieux. L'homme devient ainsi conscient d'être sous l'influence d'une sphère divine en ce qui concerne ses capacités morales dans la société. Cette sphère se réfère au couple צדק/צדקה. L'homme à son tour est appelé à donner une réponse positive à cette sphère; c'est-à-dire: réagir positivement à l'influence de cette sphère. En agissant ainsi, l'homme devient צדיק et pose des actes justes devant Dieu et devant les hommes. Plus l'homme est צדיק, plus il reçoit la צדק et la bénédiction d'auprès de Dieu. C'est dans ce sens que le Ps 68,4 déclare: «Mais les צדיקים se réjouissent, ils triomphent devant Dieu».

Notre צדק qui nous rend צדיק a besoin d'être constamment renouvelée par la צדקה de Dieu. L'initiative vient de Dieu qui donne aux hommes le צדק. L'homme pour sa part doit agir de façon צדיק pour recevoir encore plus la צדקה (Ps 18,21)[79]. Ici, on a l'impression que notre צדק dépend de la צדקה de Dieu. Mais comme nous l'avons dit plus haut, ce couple va de pair et il est vraiment très difficile de définir de façon précise la différence entre ces termes qui se réfèrent tous les deux à une sphère divine qui influence positivement l'homme dans sa vie morale et sociale.

Certains psaumes, comme le Ps 112 montrent que le צדק de l'homme ne concerne pas seulement ses actes, mais aussi les résultats de ses actes, car l'homme prépare son destin par ses propres actes. Ainsi l'homme צדיק récolte le fruit de ses actes. La צדקה de l'homme צדיק demeure dans sa maison et lui confère le bien-être (Ps 112,3)[80]. Cette conversion des actes צדק en un résultat צדק pour le bien de la personne צדיק est l'œuvre de Dieu. Cette dernière est une œuvre צדיק. Dieu est ainsi le modèle du צדיק, soit le צדיק par excellence qui rend le bien aux hommes justes. Il ne s'agit pas ici d'une pure justice distributive qui consiste à rendre le bien pour le bien et le mal pour le mal, car la צדקה de Dieu veut avant tout établir, maintenir et renouveler en l'homme la capacité de poser ses actes justes.

Dans les psaumes royaux, le roi qui est le médiateur entre Israël et son Dieu est le premier bénéficiaire de la צדקה. Celle-ci lui permet non seulement d'établir et maintenir le צדק dans le peuple mais aussi d'obtenir la fertilité צדקה/צדק du sol. Lorsque le roi va en guerre, il est accompagné de la צדקה de Dieu. Il faut cependant noter que cette צדקה n'est pas un acquis. Le roi n'en bénéficie que s'il respecte et garde la loi de YHWH, et s'il a les mains pures de tout mal. La fidélité du roi à la loi et à la צדקה de

---

[79] YHWH m'a traité selon ma justice (כצדקי).
[80] Il a dans sa maison bien-être et richesse, et sa justice (וצדקתו) subsiste à jamais.

Dieu se manifeste concrètement par des actes justes que Dieu convertit en bien au bénéfice du roi et du peuple (Ps 18). Dans cette catégorie de psaumes, le couple צדק/צדקה reste toujours une sphère divine qui accompagne et influence positivement l'homme dans sa vie morale.

Nous pouvons donc conclure que dans les Psaumes, le couple צדקה/צדק va de pair et se réfère à une sphère d'origine divine qui est un don gratuit de Dieu. Cette sphère a une conséquence double sur l'homme. Elle le porte d'une part à poser des actes moralement bons, et d'autre part elle permet à ceux qui lui sont fidèles de recevoir des bénédictions de Dieu qui convertit les actes de l'homme צדיק en un résultat positif pour l'homme[81].

3.3 *Portée théologique dans le livre d'Isaïe*[82]

Le prophète Isaïe est celui qui a le concept du couple צדקה/צדק le plus proche du Psautier, plus particulièrement dans le Deutéro et dans le

---

[81] Bien que l'exemple du Psautier soit le plus significatif dans le contexte biblique, notons que les livres sapientiaux et les livres prophétiques ont aussi développé leur concept du couple צדקה/צדק avec des nuances qui leur sont propres Dans le livre des Proverbes par exemple, le couple צדקה/צדק ne semble pas avoir le même sens que dans les Psaumes. En effet, la צדקה de l'homme est le résultat de sa propre conduite. L'on obtient la צדקה à travers une conduite sage. Cela n'exclut pas totalement la participation de Dieu qui est toujours actif dans la vie de l'homme צדיק (Pr 3,33; 18,10). En outre, la littérature sapientiale affirme que le צדק n'est pas inné ni une donnée quelconque. Elle est le fruit de l'instruction et de la perspicacité de la personne (Pr 1,3; 2,9). La sagesse et la conduite morale ne sont pas évidentes non plus. Pour pouvoir reconnaître le bien et le mal dans une situation spécifique, l'on a besoin d'être éclairé par la sagesse vitale et formative d'une doctrine sage ayant pour origine Dieu. Le point important ici est que la sagesse devient la médiatrice de la צדקה divine et non le culte comme dans les Psaumes. La personnification de la sagesse en Pr 8, a permis d'universaliser ce concept de Sagesse Médiatrice de la צדק. Soulignons aussi que les livres sapientiaux mettent beaucoup l'accent sur les conséquences d'une conduite צדק dans la vie de la personne en question. L'objectif principal de la Sagesse serait de tracer pour l'homme une ligne de conduite qui mène au bonheur comme le montre très bien Pr 11,30. Parmi les prophètes, Amos, Osée, Ezéchiel, Jérémie et Isaïe sont ceux qui touchent le plus le thème צדקה/צדק. En effet, Amos et Isaïe font de la conduite צדק, le centre de leur critique sociale. Amos se plaint des offenses contre la צדקה et sa corruption (Am 5,7; 6,12). Jérémie déplore la disparition de la צדקה en Israël et appelle le peuple à rechercher le צדק par sa conversion et sa fidélité (Jr 4,1). Ezéchiel déclare qu'une conduite צדיק mène à la vie (Ez 14,14; 18,5-9.20). Chez Osée et Jérémie, il y a aussi une relation entre le צדק et le salut futur (Os 2,20-25; Jer 23,5; 31,23).

[82] Cf. F. ROSENTHAL, «Sedaka, Charity», 411-430; K. KOCH, «Die Entstehung», 249-257; E. JENNI – C. WESTERMANN, *Lexicon*, 1057-1058; R. BULTMAN, *Theology*, I, 270-287; H. SEEBASS – C. BROWN, «Righteouness», 352-377.

Trito-Isaïe. Le Deutéro-Isaïe décrit le peuple comme un peuple distant et éloigné de la צדקה (Is 46,12; 48,1; 51,1.7), mais qui est à la recherche du צדק et espère son arrivée dans un futur immédiat (Is 46,13; 51,15). Le Trito-Isaïe, quant à lui, suggère la venue d'une צדקה eschatologique car le peuple n'est pas צדיק (Is 59,14). Il y a ainsi une relation entre la צדקה de Dieu source de bénédiction et la conduite צדק des hommes.

Mais la connexion la plus significative entre Isaïe et le Psautier est que tous deux présentent le couple צדקה/צדק comme une substance ou une sphère de puissance divine et non comme une caractéristique divine abstraite.

3.3.1 Le Proto-Isaïe

Dans le Proto-Isaïe, la justice se réfère surtout à un comportement ou un mode de vie conforme à la loi de YHWH, symbole de la fidélité à l'alliance[83]. L'homme est le principal protagoniste de la justice qu'il est appelé non seulement à proclamer mais à vivre[84]. Toute la critique du culte au chap. 1 du livre se fonde sur la justice et sa pratique dans la vie sociale et dans les relations humaines[85]. La justice englobe tout ce qui est bien aux yeux de YHWH, en d'autres termes, tout ce qu'il commande et tout ce qu'il interdit. C'est ce qui ressort clairement en Is 1,17 qui est une exhortation à la recherche de la justice et du bien: היטב דרשו משפט למדו, *apprenez à faire le bien, recherchez la justice*. La sévère condamnation du peuple en Is 5,7 est surtout liée à son injustice. La vigne (symbole du peuple) posait des actes contraires aux attentes du Seigneur. Le messie davidique promis en Is 11 est le prototype de l'homme juste et exemplifie la justice que YHWH attend de son peuple comme l'illustrent clairement les vv. 4-5: ושפט בצדק דלים, *et il jugera le pauvre dans la justice* (v. 4); והיה צדק אזור מתניו, *et la justice sera sa ceinture* (v. 5). Cette pratique de la justice n'est pas sans conséquence sur le salut du peuple et prend une dimension eschatologique dans les

---

[83] Pour des considérations plus générales sur la justice, cf. B.S. CHILDS, *Biblical Theology*, 487-493; E. ACHTEMEIER, «Righteousness in the Old Testament», *IDB* 4, 80-85; O. BETZ, «Rechtfertigung», 17-36; A. DAHL, «Doctrine of Justification», 95-120; L. DIESTEL, «Die Idee der Gerechtigkeit», 173-253; A. JEPSON, «צדק und צדקה im Alten Testament», 78-89.

[84] Pour des études plus approfondies sur la justice chez le prophète Isaïe, voir: J. OLLEY, *"Righteousness" in the Septuagint of Isaiah*; G.J. POLAN, *The Ways of Justice towards Salvation*; K. KOENEN, *Ethik und Eschatologie im Tritojesajabuch*; J.N. OSWALT, «Righteousness in Isaiah»; B. HROBON, *Ethical Dimension of the Cult in the Book of Isaiah*.

[85] Cf. chap IV du travail.

chaps. 32–33. Le monde idéal promis et décrit dans le chap. 32 se distingue par la justice du roi: לְצֶדֶק יִמְלָךְ־מֶלֶךְ, *le roi régnera selon la justice*. Au chap. 33, seuls les justes échapperont au jugement ou à la vengeance du Seigneur qui s'abattra sur les pécheurs, les impies et les idolâtres, tous appartenant à la catégorie des injustes. Ici, la pratique de la justice, comme nous le verrons bientôt dans le Trito-Isaïe, devient une voie de salut pour l'homme. En effet, Is 33,14 présente le jugement du Seigneur comme un jour de châtiment et de terreur caractérisé par un feu dévorant et une fournaise sans fin. Mais à la question: מִי־יָגוּר לָנוּ, *qui de nous pourra tenir?*, Is 33,15 répond en affirmant: הֹלֵךְ צְדָקוֹת, celui qui se conduit selon la justice. Ainsi le paradis retrouvé dans le chap. 35 et présenté à travers la métaphore de la route dans le désert, est implicitement réservé à ceux qui sont justes, car l'impur[86] n'y passera pas, nous dit Is 35,8 (לֹא־יַעַבְרֶנּוּ טָמֵא).

3.3.2 Le Deutéro-Isaïe

Le Deutéro-Isaïe décrit la צדקה et son influence sur le peuple à travers des images concrètes (Is 45,24; 48,18; 54,14). Ainsi, la portée théologique du couple צדקה/צדק est plutôt implicite dans le Deutéro-Isaïe et se réfère à toute l'œuvre de la restauration que Dieu entreprend en faveur de son peuple. Contrairement au Proto-Isaïe, le principal protagoniste de la justice devient ici le Seigneur en qui tout acte de justice trouve son fondement[87]. C'est ce que veut insinuer Is 45,24 en qualifiant de justes et de puissants les actes du Seigneur Dieu: אָמַר צְדָקוֹת וָעֹז אַךְ בַּיהוה לִי, *seul dans le Seigneur, dira-t-on de moi, la justice et la puissance*. Le Deutéro-Isaïe n'exclut cependant pas l'appel de l'homme à pratiquer la justice comme nous le notons en 46,12, où le Seigneur reproche explicitement au peuple de s'être éloigné de la justice (מִצְּדָקָה הָרְחוֹקִים). D'autre part, Is 48,18 souligne que la justice du peuple est inséparable de l'observance des commandements du Seigneur. La justice du peuple serait comme un fleuve s'il gardait les préceptes du Seigneur. Ici, YHWH tout en restant le principale protagoniste de la justice ne manque pas de rappeler à l'homme sa part de collaboration: לוּא הִקְשַׁבְתָּ לְמִצְוֹתָי וַיְהִי כַנָּהָר...וְצִדְקָתֶךָ, *si tu avais été attentif à mes commandements, ta justice serait comme un fleuve*.

---

[86] Précisons, que le mot "impur" ici a un sens très large englobant toute action contraire à la volonté de Dieu.
[87] Cf. J. SCULLION «Sedeq-Sedaqah», 335-348; *Isaiah 40–66*, 138-140; A. HO, *Sedeq and Sedaqah*, 13-154; J. STROMBERG, *Isaiah after Exile*, 75.

Dans la même lignée de pensée, Is 51,1 invite tous les êtres humains qui sont en quête de la justice à écouter le Seigneur qui en est l'unique source: שמעו אלי רדפי צדק. L'idée centrale ici est que toute justice vient du Seigneur et que l'homme à lui seul ne peut ni la connaître, ni l'accomplir. D'ailleurs, la suite du verset met en parallèle la recherche de la justice et celle du Seigneur comme pour confirmer que nul ne peut atteindre la justice sans chercher le Seigneur: מבקשי יהוה, *vous qui cherchez le Seigneur*. Ce parallélisme est implicite, car la première partie de l'exhortation (שמעו אלי, écoutez moi) est sous-entendue. Mais le lecteur avisé peut entrevoir sans difficulté que la recherche de la justice est inséparable de celle du Seigneur. Plus loin dans le même chapitre et plus précisément au verset 5, l'accent est encore une fois mis sur l'action du Seigneur qui accomplit la justice en portant lui-même au peuple le salut: קרוב צדקי יצא ישעי וזרעי עמים ישפטו, *elle est proche, ma justice, il sort mon salut et mes bras vont juger les peuples*. En d'autres termes, la justice devient l'œuvre de salut de YHWH qui se manifestera à travers la restauration et un jugement condamnant les injustes oppresseurs et délivrant les justes opprimés. Is 51,7, pour sa part, revient sur la relation intrinsèque entre la recherche de la justice et celle du Seigneur. Seuls ceux qui connaissent YHWH pour l'avoir cherché et gardé sa loi, connaissent la justice: שמעו אלי ידעי צדק עם תורתי בלבם, *écoutez-moi, vous qui connaissez la justice, peuple de ceux qui ont ma loi dans le cœur*. Notons qu'ici la justice englobe plutôt tout acte conforme à la volonté de Dieu. Connaître la justice, c'est donc agir selon les attentes du Seigneur. Tout compte fait, nous pouvons dire que le Deutéro-Isaïe insiste plus sur la justice comme œuvre du salut de YHWH à laquelle l'homme est appelé à collaborer. Il reste l'acteur principal de la justice, contrairement au Proto-Isaïe où l'homme semble être au centre de la conquête et de la pratique de la justice. Dans le Deutéro-Isaïe, l'annonce du salut futur est une manifestation de la צדקה de Dieu (Is 45,23).

Pour finir, disons que dans le Deutéro-Isaïe le serviteur est le prototype du juste qui apparaît surtout dans les chants du serviteur. Dans le premier chant, il exemplifie la non-violence et la défense du faible (42,2-4). Le second chant nous révèle un serviteur actif dans le plan du salut de Dieu[88]. Il est l'instrument de Dieu pour relever et restaurer le peuple sur le plan matériel et spirituel. Mais l'acteur principal reste YHWH qui agit à travers son serviteur (49,6). La persécution du serviteur dans le troisième chant met en relief sa fidélité à la volonté de Dieu

---

[88] Cf. P.-É. BONNARD, *Le Second Isaïe*, 123-130; F.D. LINDSEY, «The Commission of the Servant», 129-143.

et sa détermination à l'accomplir. Ici aussi, le serviteur tire toute sa force du Seigneur qui le rend fort et résistant face aux persécutions (50,4-7). Enfin, le martyre du serviteur dans le quatrième chant est la justice idéale que peut accomplir un serviteur.

Ces considérations nous permettent de confirmer que la justice dans le Deutéro-Isaïe se réfère essentiellement à l'œuvre du salut de Dieu pour son peuple. A ce projet de salut, l'homme est appelé à collaborer fidèlement à l'image du serviteur souffrant qui est resté fidèle jusqu'à la mort (52,13–53,12).

3.3.3 Le Trito-Isaïe

Le Trito-Isaïe présente un concept encore plus substantiel de la צדקה. Elle est décrite comme une illumination, une clarté dans une théophanie eschatologique: Is 58,8; 59,9; 62,1. Elle gouverne l'Israël eschatologique: Is 60,17; 63,1-6.

Rappelons que dans le Deutéro-Isaïe, la figure humaine ou messianique qui est annoncée pour porter le salut futur est aussi dotée du צדק. Ce mystérieux serviteur de YHWH devient צדיק après avoir passé par l'humiliation et l'abaissement (50,8). YHWH le prend par la main et il devient le médiateur de la nouvelle alliance. Par ses souffrances, il rend la multitude צדק (53,11). La même idée se retrouve en 61,1-3 avec celui sur qui l'Esprit se pose.

Selon R. Rendtorff et ses partisans[89], la racine צדק a deux significations distinctes dans le Proto-Isaïe et dans le Deutéro-Isaïe. Mais toutes deux se retrouvent dans le Trito-Isaïe qui devient ainsi une sorte de synthèse du sens de la racine en question dans tout le livre. En considérant Is 56,1,

שִׁמְרוּ מִשְׁפָּט וַעֲשׂוּ צְדָקָה	Observez le droit et faite ce qui est juste,
כִּי־קְרוֹבָה יְשׁוּעָתִי לָבוֹא	car mon salut va arriver
וְצִדְקָתִי לְהִגָּלוֹת	et ma justice va se révéler.

Rendtorff fait remarquer que la racine צדק a deux sens différents dans ce verset. Dans la première stique, il est mis en parallèle avec משפט et dans la seconde avec ישועה. Or, continue Rendtorff, la combinaison משפט/צדקה, est fréquente dans le Proto-Isaïe et absente dans le Deutéro-

---

[89] Cf. R. RENDTORFF, «Isaiah 56», 182-191; U. BERGES, *Das Buch Jesaja*, 510-511; J. GÄRTNER, *Jesaja 66*, 56; J.N. OSWALT, «Righteousness», 182-191; M.A. SWEENEY, «The Reconceptualization», 48.

Isaïe. Par contre, la combinaison ישועה/צדקה se retrouve plusieurs fois dans le Deutéro-Isaïe et nulle part dans le Proto-Isaïe. De ces observations, il déduit que le livre d'Isaïe contient deux concepts distincts de la racine צדקה. Dans le Proto-Isaïe, elle dénote la justice que les humains doivent vivre, d'où sa combinaison avec משפט qui signifie la droiture dans le comportement au sens éthique et religieux. La même racine prend une autre connotation dans le Deutéro-Isaïe où elle fait plutôt allusion à la justice de Dieu qui englobe tout son projet de salut[90]. Ce qui explique aussi sa combinaison avec ישועה qui signifie le salut en général.

Rendtorff[91] va plus loin en déduisant que l'auteur du Trito-Isaïe, qui avait bien remarqué ces deux concepts distincts, a fait une relecture des deux premières parties du livre avec l'intention de créer une unité théologique du livre. D'où cette synthèse des deux concepts dans le Trito-Isaïe. L'on pourrait faire les mêmes observations des chaps. 58–59, ajoute-t-il. En reprenant ces arguments, J. Stromberg[92] présente le texte final du Trito-Isaïe comme une relecture du livre, dans laquelle l'auteur ou le rédacteur ne se limite pas à une herméneutique critique des deux premières parties du livre, mais devient lui-même auteur inspiré à travers d'autres textes inspirés. Sa relecture de la parole de Dieu devient ainsi parole de Dieu. En effet 56,1, premier verset du Trito-Isaïe, commence par l'expression: כה אמר יהוה, *ainsi parle le Seigneur*. Par ailleurs, en reprenant les deux concepts de צדקה, le Trito-Isaïe veut aussi établir une complémentarité entre le Deutéro-Isaïe et le Proto-Isaïe.

En 56,1b, la combinaison ישועה/צדקה (que l'on retrouve dans le Deutéro-Isaïe) annonce un salut et une délivrance prochaine. Cette assurance rejoint la proclamation de la consolation du Deutéro-Isaïe et exprime

---

[90] Sur ce sujet voir aussi: J. SCULLION «Sedeq-Sedaqah», 335-348; *Isaiah 40–66*, 138-140; C.F. WHITLEY, «Deutero-Isaiah's Interpretation of sedeq», 496-475; A. HO, *Sedeq and Sedaqah*, 13-154.

[91] Cf. R. RENDTORFF, «Isaiah 56», 182-191.

[92] Stromberg montre de façon convaincante que Is 56,1 développe à la fois le concept de *la justice* selon le Deutéro-Isaïe et celui selon le Proto-Isaïe: «Beyond this, Isaiah 56,1 shows that he developped Isaiah's צדק in two directions: The first is couched in terminology drawn from DI's salvation, and is found in the assurance of v.1b that, "soon my salvation (ישע) will come, and my deliverance (צדקה) be revealed". Such an assurance obviously assumes that DI's salvation had not yet come, and that it was still anticipated ...the second point of development to note is that 56,1 now makes the enjoyment of that salvation announced in DI, a salvation to which this verse alludes, conditional upon obedience to PI's call to righteousness, a call taken up here with the imperative in 1a, "Keep justice (משפט) and do righteousness" (צדקה)» (J. STROMBERG, *Isaiah after Exile*, 75).

aussi l'impatience du peuple devant les promesses du salut qui semble tarder. Cette dernière s'illustre en 59,9 comme le note bien J. Stromberg[93]: «la justice (משפט) est loin de nous et la délivrance (צדקה) ne nous parvient pas». Nous retrouvons la même impatience en 59,11b: «nous attendions la justice (משפט), mais elle n'y est pas, le salut (ישע), mais il est loin de nous». Mais 56,1a répond à l'impatience du peuple à travers la combinaison משפט/צדקה, qui rappelle au peuple que la justice et la droiture exigées dans le Proto-Isaïe, doivent précéder le salut promis.

Ainsi, le Trito-Isaïe conditionne la venue du salut promis par le Deutéro-Isaïe, à la justice du peuple (cf. Is 58–59) exigée dans le Proto-Isaïe. Il contribue par ce fait à l'unité et à la complémentarité deux parties du livre[94]. Notons que c'est surtout le contexte qui permet d'établir cette relation, la syntaxe grammaticale n'étant pas évidente. Dans ce sens B. Schramm[95] trouve plus juste de traduire, en 56,1b, la particelle «כי» comme une conjonction introduisant une causale (parce que, puisque). Ce qui donnera: כי־קרובה ישועתי לבוא, parce que mon salut va arriver.

Cela se justifie dans le v. 2 (אשרי אנוש יעשה־זאת, heureux l'homme qui fait cela) qui déclare bénis ceux qui observent le droit et la justice. En d'autres termes, seuls ceux-là bénéficieront du salut et de la délivrance qui arrive. D'ailleurs, le Trito-Isaïe se conclura par l'extermination des ennemis du Seigneur confirmant ainsi que seuls les justes verront le salut. K. Koenen va dans le même sens en affirmant que la participation du peuple à la venue du salut par l'obéissance à la loi est requise[96]. En résumé, Is 56,1 met en évidence l'intention de l'auteur d'unir théologiquement les deux parties du livre à travers un message de salut et d'espérance.

3.3.4 Brève synthèse

Tout compte fait, chez Isaïe le couple צדקה/צדק inclut tous les dons de Dieu, passés, présents et futurs dans son projet de salut[97]. Nous arrivons ici à un point décisif. Si nous sommes d'accord avec ce concept du couple צדקה/צדק, cela signifie que la traduction courante de ce couple

---

[93] Cf. J. STROMBERG, *Isaiah after Exile*, 75.
[94] Pour une étude plus approfondie de ce sujet, cf. H.G.M. WILLIAMSON, *Variation*, 190-192.
[95] Cf. B. SCHRAMM, *The Opponent*, 118-119.
[96] Cf. K. KOENEN, *Ethik*, 14-15.
[97] W. Olley va dans la même direction. Cf. J. OLLEY, *"Righteousness" in the Septuagint of Isaiah*, 79-85.

par «justice» est très limitée. Ce couple couvre un champ sémantique beaucoup plus vaste et inclut tous les actes et toutes les œuvres de Dieu dans l'histoire du salut: grâce, miséricorde, pardon, amour selon les contextes. Le צדק des hommes entre dans ce projet et Dieu donne la צדקה à l'homme pour son salut. En ce sens, l'homme צדיק participe à son propre salut et à celui des autres. Il accélère par des actes justes la venue du salut tandis que l'homme רשע la ralentit. Cette hypothèse semble bien convenir à Is 58 où le prophète pose pour condition du salut[98], des actes justes.

4. Un projet de salut par YHWH

Il va sans dire que le livre d'Isaïe, comme tout autre livre sacré, présente avant tout un message de salut. Mais il a aussi sa particularité et sa théologie du salut si l'on peut parler ainsi. Il s'agit ici de relever quelques aspects frappants du projet de salut de YHWH qui contribue à l'unité du livre. Nous distinguerons ainsi deux dimensions dans ce projet, à savoir la dimension sociale qui est historique et la dimension eschatologique qui transcende les réalités sociales et historiques, sans oublier l'accent mis sur l'espérance dans l'attente du salut. Outre les attributs de Dieu qui sont universaux et actuels, le livre d'Isaïe nous offre un concept du salut et une exhortation à l'espérance répondant aux aspirations des hommes de tous les temps.

4.1 *La dimension sociale et historique*

Le contexte historique du livre étant dominé par les époques préexiliques exiliques et postexiliques, le concept de salut est fortement marqué par la délivrance des oppresseurs et la restauration des villes et surtout du temple. D'où une dimension sociale et historique du salut très prononcée dans le livre[99]. Cet aspect apparaît plus clairement dans

---

[98] J. Ferry développe plus en détail cette relation «justice-salut». Cf. J. FERRY, *Isaïe*, 155-180.

[99] Dans une analyse des chaps. 24–27, A. Chester ne manque pas de souligner ces implications historiques et sociales du salut: «On this view, and in context of the devasting destruction, and "death", the nation has suffered, 26,29 should be read metaphorically, portraying the nations "resurrection" (that is, full restoration) from the "death" that the disaster of 587 has brought on them. Specifically, then, on this interpretation of the passage, 26,19-21 represents an "oracle of salvation", set in direct response to the (national or communal) lament of 26,7-18. This preceding lament makes it clear that the reviving of the nation and its fortunes will involve the complete overthrow and destruction of their enemies, and bringing the people back to prosperi-

le Trito-Isaïe et dans le Deutéro-Isaïe, dont les contextes historiques sont plus en relation avec l'exil et ses conséquences que le Proto-Isaïe.

Divers passages du Trito-Isaïe conçoivent le salut comme une renaissance matérielle du peuple. Is 58,12 en faisant la liste des conséquences positives du jeûne qui plaît à Dieu, parle de la reconstruction des dévastations du passé et des fondations abandonnées, de la réparation des brèches et des ruelles. D'autre part, la métaphore du jardin saturé en 58,11 dénote également un bien-être social au sens matériel du terme[100]. Les chaps. 60-61, qui dépeignent la nouvelle Jérusalem, ne sont pas dépourvus de cette dimension historique et sociale. L'afflux des nations vers Jérusalem est accompagné des richesses de ces peuples. Is 60,5-7 parle des fortunes des peuples, de l'or, de l'encens et du bétail de tout genre. D'autre part, 60,10 mentionne la reconstruction des murs par les étrangers. Ainsi est décrite la Jérusalem restaurée et illuminée. Plus loin, 61,4 revient sur la reconstruction des dévastations, en affirmant que les villes seront reconstruites et rénovées et les murs relevés. Dans le même contexte, 61,6 déclare que le peuple élu se nourrira de la fortune des nations. L'on peut aussi mentionner 65,13 qui présente la consolation des serviteurs en termes de satiété physique. Les serviteurs de YHWH mangeront, boiront et jubileront tandis que les infidèles mourront de faim et de soif. Tous ces passages témoignent d'un concept historique et social du salut, qui consiste essentiellement en la restauration physique et matérielle des villes, des murs et du temple et en un bonheur matériel caractérisé par la fortune que le peuple recevra des nations étrangères. Une mentalité de domination des autres nations accompagne ce concept du salut (60,5).

Nous retrouvons ce concept sous d'autres formes dans le Deutéro-Isaïe. Le salut consistera surtout en un rassemblement des fils d'Israël dispersés en exil et en leur retour sur leur terre. C'est ce que Is 40,9-11 illustre à travers la métaphore affectueuse de YHWH comme le berger qui vient rassembler ses agneaux en les portant sur son sein. Mais c'est surtout la présentation du Cyrus au chap. 45 comme l'élu de YHWH pour

---

ty in their own land, and will thus serve to demonstrate Yahweh's faithfulness and power» (A. CHESTER, *Future Hope and Present Reality*, 289).

[100] J.L. Koole relève cette dimension historique et matérielle du salut en ces termes: «Again, God swears that his people will eat and drink from their own labour in their on land. He affirms this by the strength of his arm, which created heaven and earth and led his people to the promised land» (J.L. KOOLE, *Isaiah 56-66*, 298). W.A.M. BEUKEN, *Isaiah*, 116-122 et M.P. SHALOM, *Isaiah 40-66*, 335-336, partagent ce point de vue.

libérer son peuple qui donne une dimension historique et sociale au salut dans le Deutéro-Isaïe. Le salut est physique et matériel. Il se manifeste par la fin d'exil sous la conduite de Cyrus[101]. Le v. 13 le dit de façon explicite en présentant Cyrus comme celui qui rebâtira la ville du Seigneur et renverra les déportés sans qu'il ne leur coûte ni paiement, ni commission. Dans le même sens, 52,1-12 invite le peuple à sortir de la captivité dans la sérénité et sans panique, car c'est YHWH qui vient le délivrer. Enfin le chap. 54, à travers la métaphore de l'épouse retrouvée, annonce une délivrance définitive et une nouvelle alliance qui ne s'ébranlera plus (54,5-10). Cette délivrance dénote toujours la libération de l'exil et le retour définitif du peuple sur son territoire.

Le Proto-Isaïe qui est en grande partie préexilique n'échappe pas à cette tendance. Le salut dans ce contexte s'annonce comme une purification du peuple des infidèles et des injustes (ceux qui font le mal). En effet, les malheurs et menaces annoncés s'inscrivent dans le projet du salut de YHWH. Les assauts des oppresseurs, la destruction des villes et la déportation en exil sont permis par le Seigneur (5,26-30) en représailles aux infidélités et au manque de foi du peuple en YHWH (7,9). Dans le récit de la vocation du prophète au chap. 6 apparaît clairement l'annonce de la dévastation des villes et des maisons (vv. 9-13). De cette dévastation surgira un petit reste de fidèles préservés par le Seigneur (v. 13b) et qui sera le nouvel élu par qui le Seigneur YHWH restaurera et instaurera le nouvel Israël (10,20). Le malheur annoncé ne sera rien d'autre qu'un châtiment planifié en vue de susciter chez le peuple une conversion et une foi unique en YHWH. Dans un tel contexte, le salut se manifestera par la fin de la domination des oppresseurs et surtout par un renversement de la situation qui verra les dominateurs s'effondrer et perdre leur pouvoir. Les malédictions sur les nations des chaps. 13-28 s'inscrivent dans cette lignée de pensée[102].

---

[101] J.N. Oswalt nous rappelle en ce sens que le salut du peuple est avant tout sa libération de ses oppresseurs par le Seigneur Dieu d'Israël: «It is not the Persian, Cyrus, who will deliver Israel by his mighty arm, but the Lord. However many intermediate causes he may use to accomplish his purposes, it is God alone who is the deliver …God himself speaks of his battle for his people. It is not just a promise that God will fight for his people; it is God's own promise» (J.N. OSWALT, *Isaiah 40–66*, 125). B.S. CHILDS, *Isaiah*, 344-355 et M.E.W. THOMPSON, *Isaiah 40–66*, 16-18, vont dans le même sens.

[102] Y. Maréchal souligne la dimension humaine et sociale du salut dans son analyse d'Is 25–26: «Au coeur de l'apocalypse d'Isaïe, Is 25,1–26,6 expose le salut offert par Dieu à l'humanité dans la ville forte, en réponse à l'espérance des pauvres: la mort est supprimée grâce à un festin qui fait passer d'une action de grâce à une autre» (Y.

Dans 30,23-25, le salut est un bien-être social caractérisé par la fertilité des sols, l'abondance des récoltes et la prolifération du bétail. Bien que moins explicite que dans le Trito-Isaïe et le Deutéro-Isaïe, le salut a aussi dans le Proto-Isaïe une dimension historique et sociale non négligeable consistant surtout en une restauration physique et matérielle ainsi qu'en la fin de la domination des grandes nations qui connaîtront leur apogée et leur chute.

4.2 *La dimension eschatologique*

Au-delà de l'histoire et des réalités sociales de l'époque, Isaïe va plus loin dans son concept du salut qui prend des dimensions surnaturelles et eschatologiques[103]. Le salut n'est pas seulement physique et matériel mais spirituel, transcendant à l'homme et fondé sur la foi et la fidélité en YHWH. Cette dimension est fortement présente dans les trois parties du livre et contribue à son unité.

Cet aspect est très prononcé dans le Trito-Isaïe qui dès le chap. 58 évoque à travers la métaphore de la lumière et des ténèbres (vv. 8-10) un salut qui surpasse la reconstruction matérielle des dévastations. Les ténèbres qui sont le symbole du mal et des péchés en général seront vaincues par la lumière, symbole de la présence de Dieu et de sa justice. Cette métaphore est reprise de façon plus intense au chap. 60 où la lumière est le reflet de la gloire de Dieu (60,1-3). Le renversement de la situation décrit en 60,14 a une connotation eschatologique qui dépasse les réalités historiques de la restauration. Par ailleurs, 60,17 mentionne la paix, la justice et la louange comme signes caractéristiques du salut qui ne sont plus une réalité matérielle, tandis que 60,19-21 présente une dimension eschatologique plus explicite en affirmant que le Seigneur sera la lumière du peuple, lequel ne connaîtra plus ni nuit, ni deuil et ne sera constitué que de justes. Ici, le salut se résume en un monde idéal bien au-delà des réalités historiques et sociales du peuple. Dans le même contexte, l'onction du messie et l'annonce de sa mission en Is 61 finissent par une action de grâce mettant en parallèle le salut, la justice et la louange et confirmant que le salut prend désormais une dimension

---

MARÉCHAL, *Le livre d'Isaïe*, 188). Elle est également reprise de façon plus brève, mais perspicace avec une focalisation particulière sur le jugement et les promesses chez: F. MONTAGNIGNI, *Il libro di Isaia*, 151-198; FEKKES, *Isaiah and Prophetic Traditions*, 78-79; J.S. CROATTO, *Imaginar el futuro*, 391-436; L.-S. TIEMEYER, «The "Way of the Lord"», 275-277.

[103] A. Chester développe amplement cet aspect en relation avec les promesses messianiques, cf. A. CHESTER, *Future Hope and Present Reality*, 211-333.

religieuse impliquant la foi et la fidélité, allant au-delà du matériel. Nous retrouvons ce concept du salut en 62,11-12 qui identifie le salut à la venue du Seigneur pour récompenser les justes. Ces derniers seront rachetés et deviendront un peuple de saints. Mais notons que ce sont surtout les chaps. 65–66 qui illustrent très clairement cette dimension eschatologique du salut dans le Trito-Isaïe[104]. Le chap. 65 fait une description simultanée de la joie des serviteurs et des justes par opposition aux malheurs des infidèles, description qui finit par la fameuse métaphore du loup et de l'agneau (65,25), une image forte du paradis retrouvé qui n'est ni historique, ni matériel. La salut ici est la participation en un monde nouveau et parfait réservé aux serviteurs fidèles. C'est dans cette ligne de pensée que Is 66 nous présente le salut comme un jugement universel (66,24) qui consistera en l'élimination des tous les ennemis de Dieu[105]. Seuls les adorateurs du vrai Dieu survivront et loueront le Seigneur sans fin. Il s'agira d'une sorte de nouvelle création dans laquelle tous seront des fidèles adorateurs de YHWH. Ces exemples suffisent pour montrer que le Trito-Isaïe, loin de réduire le salut à la construction des villes et des dévastations, présente également un concept du salut plus profond et transcendant aux réalités humaines.

Le Deutéro-Isaïe de par son contexte historique a une forte propension à la consolation immédiate du peuple. Cependant, le salut prend une connotation eschatologique dans les chants du serviteur[106]. Dans

---

[104] Selon P.D. Hanson, le but, l'objectif final du salut eschatologique est la gloire de Dieu: «The prophet sees more than the restoration of a human community in the transformation to come. For this particular community exists for a purpose beyond its own pleasure; it exists... The glory that will be restored to Israel will redound ultimately to the glory of God» (P.D. HANSON, *Isaiah 40–66*, 221). Stephen Lee, pour sa part, considère l'eschatologie comme une manifestation de la souveraineté absolue de YHWH: «Oracles promise salvation as a radical reversal of Israel's fortune from defeat to victory, weakness to strength, and sterility to fertility... The predominant of the oracles of salvation is once again that of YHWH's supreme authority and absolute sovereignty» (S. LEE, *Creation and Redemption*, 126). Voir aussi: M.E.W. THOMPSON, *Isaiah 40–66*, 156-158; J. BLENKINSOPP, *Isaiah 55–66*, 266-317; P.D. MISCALL, *Isaiah*, 143-146.

[105] J.N. Oswalt mentionne ce jugement eschatologique dans son analyse de ce verset. La restauration eschatologique ne pourrait se faire sans l'extirpation des rebelles du peuple de Dieu: «The final verse of the book (66,24) suggests another point. Even in a setting where "all flesh" is said to join together in worshiping God, there are rebels whose ultimate fate is destruction» (J.N. OSWALT, «The Nations in Isaiah», 51). E.U. Dim ira dans le même sens dans son analyse du chap. 66: cf. E.U. DIM, *Eschatological*, 166.

[106] Des études sur les chants du serviteur le soulignent explicitement: cf. H.H. ROWLEY, «Servant Mission», 259-272; J.M. WARD, «The Servant Songs», 443-444;

les quatre chants, le salut parviendra au peuple et à toutes les nations par l'intermédiaire du serviteur élu par YHWH. Ce salut consistera essentiellement en une conversion de toutes les nations qui ne reconnaîtront toutes qu'un seul Dieu et Seigneur, YHWH. Le serviteur souffrant (Is 52,13−53,12) est l'exemple type du concept de salut que porte YHWH à son peuple. Sa souffrance, sa mort et son exaltation ont suscité la conversion de ses propres persécuteurs qui reconnaissent être sauvés par la souffrance et les blessures de ce dernier[107]. Ce concept de salut unique dans tout l'Ancien Testament fait de la théologie du Deutéro-Isaïe une des plus profondes et spirituelles de la Bible. La salut n'est ni une reconstruction matérielle, ni une consolation immédiate du peuple, mais un don gratuit reçu de Dieu à travers son serviteur, lequel est exalté pour sa fidélité à sa mission. Ceux qui en bénéficient le reçoivent gratuitement malgré leur rejet du serviteur. On comprend alors pourquoi ce texte est cher au christianisme qui voit en lui une préfiguration de la passion du Christ. L'on pourrait même déduire que pour le Deutéro-Isaïe le salut reste avant tout une réalité eschatologique.

L'histoire rédactionnelle complexe du Proto-Isaïe, qui a connu des relectures et ajouts tardifs contribuant à l'enrichissement progressif de la théologie du texte final, explique la présence du salut eschatologique dans ce dernier. Comme le Trito-Isaïe et plus que le Deutéro-Isaïe, nombreux sont les passages du Proto-Isaïe qui illustrent bien la dimension eschatologique du salut. Déjà au chap. 2, le salut se manifeste par un jugement des nations et une instauration de la paix durant laquelle les épées seront transformées en socs et les lances en serpes (2,3-5). Les textes de l'Emmanuel[108] en Is 7,14-16 et Is 9,1-6 n'annoncent pas

---

P. WILCOX − D. PATON-WILLIAMS, «The Servant Songs», 79-102; F.D. LINDSEY, «The Call of the Servant», (part 1), 12-30; «The Commission of the Servant», (part 2), 129-143; «The Commitment», (part 3), 216-227; «The Career of the Servant», (part 4), 312-327; «The Career of the Servant», (part 5), 21-39; A.R. CERESKO, «Fourth Servant Song», 42-55; M.L. BARRE, «Last Servant Song», 1-25; G. GREENBERG, «Servant Songs», 175-192.

[107] J. Barton souligne fortement la dimension eschatologique du salut dans le Proto-Isaïe en ces termes: «What cannot be doubted is that Isaiah 1−39 as it now stands does have an eschatology in the strong sense. This was produced by adding passsages as 11,1-9 and the other oracles... together with blicks such as 24−27. In its present form, the book is as much an eschatological prophecy as any later apocalypse» (J. BARTON, Isaiah 1−39, 81). M.E.W. THOMPSON, Isaiah 40−66, 74-89 et J. BLENKINSOPP, Isaiah 40−55, 344-356 sont de la même opinion.

[108] Pour une analyse plus approfondie de ces textes, cf. J. BARTON, Isaiah 1−39, 115-121.

une restauration matérielle par le messie mais plutôt la justice et le droit. Ce messie saura choisir entre le bien et le mal (7,15) et établira la paix et affermira la justice et la droiture (9,5-6). Le salut promis au peuple n'a ici rien d'historique ou de social, mais plutôt un sens religieux et transcendant, allant bien au-delà de la reconstruction des dévastations. Le portrait du messie descendant de David en Is 11,1-9 reprend la métaphore du loup et de l'agneau (11,6-9)[109] présentant le salut comme une création nouvelle, un monde nouveau dans lequel le mal n'existera plus. Is 25,6-9 va dans le même sens en caractérisant le salut comme un festin pour toutes les nations et dans lequel toute larme sera essuyée et la mort éliminée. Ces deux derniers textes nous présentent une dimension eschatologique très explicite du salut que nous retrouvons d'ailleurs plus loin dans les chaps. 32–35. En effet Is 32 décrit un royaume idéal dans lequel régneront enfin la justice et la paix (32,15-18). En 33,14-15, le salut se manifeste par un jugement dans lequel seuls les justes seront sauvés, tandis que 35,8 identifie le salut à la vengeance du Seigneur dans laquelle les ennemis de YHWH et de son peuple seront détruits (34,9-10). Enfin, la fameuse métaphore du désert qui refleurit de Is 35,1-10 est une illustration très claire de la dimension eschatologique du salut dans le Proto-Isaïe. Il s'agit d'une transfiguration de toute la création avec un ordre naturel nouveau dans lequel aucun être vivant ne fera le mal, où la joie et l'allégresse seront sans limites tandis que la tristesse et les plaintes s'enfuiront pour toujours (35,9-10)[110].

---

[109] A. Chester interprète cette métaphore en relation avec le messie Roi qui régnera dans la justice et déduit qu'au chap. 11 le salut eschatologique implique non seulement une harmonie parfaite de la création mais aussi une justice idéale: «The "utopian" description that follows, of all nature at harmony with itself, and with all traces of violence removed, may seem to represent an originally separate, disconnected prophecy. But it can nevertheless be seen to belong integrally, in one sens at least, with what precedes. That is the ideal future king, who will help restore the human condition to wholeness, will guarantee the world order as well, and bring about peace and wholeness over all the earth... The paradisal mythical picture in this part of the vision serves as a prophetic proclamation of the radical overcoming of evil and injustice... it looks that is, to a new creation and new order that God will bring into being» (A. CHESTER, *Future Hope and Present Reality*, 321).

[110] J.D.W. Watts présente cette nouvelle creation comme le règne de Dieu: «...In the new city are clearly depicted: YHWH's creative power, direction, and presence with the humble worshipers who are hungry of YHWH's Word in the city open to all who want to come ... in YHWH's new creation...» (J.D.W. WATTS, *Isaiah 34–66*, 932). Cf. aussi: E.J. YOUNG, *The Book of Isaiah*, 428-445; W.A.M. BEUKEN, *Isaiah*, 305-314 et G.A.F. KNIGHT, *The New Israel*, 101-124.

Ces deux dimensions, historique et sociale du salut d'une part, et eschatologique d'autre part, s'échelonnent comme nous l'avons vu à travers les différents textes des trois parties du livre et constituent un élément important de son unité.

4.3 *L'espérance eschatologique dans l'attente du salut*

S'il est vrai que les promesses de consolation et de salut constituent l'essentiel du message du prophète pour les hommes de son temps, l'espérance qui est l'attente de ces promesses devient la réponse à ce message qu'il rend plus significatif et plus actuel. Dans le livre d'Isaïe, l'espérance eschatologique apparaît surtout comme une réponse à l'impatience, voire aux doutes de l'homme par rapport au salut proche annoncé par le prophète. Cette espérance n'est pas passive, mais appelle à une conversion et à une collaboration à la venue du salut.

Dans le Trito-Isaïe, l'appel à l'espérance eschatologique se note déjà aux chaps. 58–59. Face aux lamentations du peuple qui accuse le Seigneur de passivité et lenteur à agir, ce dernier l'invite à la participation active de son propre salut à travers la justice et la droiture ainsi que la fidélité à la volonté de Dieu. Les péchés et les crimes du peuple sont un obstacle à la venue de YHWH, porteur du salut (58,1-6; 59,1-4). Pour espérer donc le salut, le Seigneur invite le peuple à une conversion, condition nécessaire pour obtenir une réponse positive de sa part et source de salut (58,7-14). Le renversement eschatologique prédit dans le chap. 60, en particulier dans les vv. 10-22, veut rallumer l'espérance du peuple en une libération prochaine. Nous retrouverons cette stratégie très fréquente dans divers passages du Trito-Isaïe (61,4-10; 62,8-12; 65,13-16; 66,18-24)[111]. Il s'agit de maintenir la flamme de l'espérance qui pourrait s'éteindre face à l'impatience du peuple de voir s'accomplir les promesses de la restauration. La vengeance du Seigneur en 63,1-6 et le jugement universel en 66,23-24, s'inscrivent dans la même optique. Le Trito-Isaïe dans son ensemble est une forte exhortation à l'espérance dans un salut proche, adressée à une communauté opprimée et désorien-

---

[111] P.-É. Bonnard l'exprime bien dans son analyse du chap. 61: «…Retenons simplement ici que le deuil de Jérusalem est en effet révolu, puisque ses endeuillés se voient réconfortés, que ses enfants deviendront justes au point d'être appelés térébinthes de justice, et qu'ils apparaîtront effectivement comme une plantation de Yahweh, un reflet de sa splendeur, face à toutes les nations, dont ils hériteront la fortune et qu'ils verront se prosterner à leur service…» (P.-É. BONNARD, *Le Second Isaïe*, 415). Cf. aussi: J.L. KOOLE, *Isaiah 56–66*, 506-509; J.N. OSWALT, *Isaiah 40–66*, 652-680 et J. BLENKINSOPP, *Isaiah 55–66*, 266-317.

tée qui cherche encore ses repères. C'est dans ce contexte que Emmanuel U. Dim[112] et Miguel A. Garzón Moreno[113] développent amplement la dimension eschatologique du salut dans leurs études des chaps. 65-66.

Le Deutéro-Isaïe, de par son contexte historique, prône et crée une espérance immédiate en un salut immédiat. La chute de la Babylonie et le règne de Cyrus ne pouvaient que susciter un message d'espérance de la part du prophète. Ainsi, le Deutéro-Isaïe s'ouvre par un appel plein d'espérance en 40,1 (נחמו נחמו עמי, consolez, consolez mon peuple) qui peut être qualifié de verset programmatique. Mais c'est surtout à travers l'élection du serviteur et sa mission que le Deutéro-Isaïe maintient l'espérance du peuple. Sans revenir sur les divers connotations du terme «serviteur», nous rappelons qu'il désigne dans diverses contextes le peuple d'Israël (42,8; 43,1.10; 44,2; 49,3). La victoire du serviteur sur ses oppresseurs et ses persécuteurs implique aussi celle du peuple d'Israël. Les chants du serviteur, en particulier celui du serviteur souffrant, proclament de façon très subtile la libération inévitable du peuple même dans le contexte d'un échec apparent ou d'une mort apparente[114]. Un tel message bien compris fait naître une espérance inébranlable dans les cœurs. L'insistance sur l'élection dans les chants veut mettre l'accent sur la présence de Dieu et son action en faveur du serviteur[115]. Ce dernier ne peut donc faiblir ni reculer car la force du Seigneur est avec lui (50,4-9). L'explosion de joie et la métaphore de l'épouse retrouvée en

---

[112] Cf. E.U. DIM, *The Eschatological Implications*, 309-364.

[113] Cf. M.A. GARZÓN MORENO, *La alegría de Isaías*, 181-245. Voir dans le même contexte, J. CAMPOS SANTIAGO, «El tercer Isaías», 25-32.

[114] J.L. Mckenzie souligne bien l'espérance eschatologique que suscite le prophète dans les premiers chapitres du Deutéro-Isaïe: «Yahweh is always active, and any time is his time. What the prophet means is that Yahweh communicates some of the unfailing strength of his eternity to those who believe in him. As Yahweh always acts with full vigor, so those who trust in him find their vigor renewed to perpetual fullness. They receive the power to do what they must do; they can live in a hope which is as strong as he in whom they hope. Israel must face its future with the conviction that the promises of Yahweh are not dimmed or frustrated. The creator has not yield his sovereignty to another» (J.L. MCKENZIE, *Second Isaih*, 25). Voir aussi: R.N. WHYBRAY, *The Second Isaiah*, 43-81; G.A.F. KNIGHT, *Isaiah 40-55*, 161-201; J.D.W. WATTS, *Isaiah 34-66*, 730-794; P.D. HANSON, *Isaiah 40-66*, 104-177.

[115] Des études sur le quatrième chant en particulier le soulignent clairement: cf. H.H. Rowley, «Servant Mission», 259-272; P.WILCOX – D. PATON-WILLIAMS, «The Servant Songs», 79-102; F.D. LINDSEY, «The Call of the Servant», (part 1), 12-30; «The Commission of the Servant», (part 2), 129-143; «The Commitment», (part 3), 216-227; «The Career of the Servant», (part 4), 312-327; «The Career of the Servant», (part 5), 21-39; M.L. BARRE, «Last Servant Song», 1-25; A.R. CERESKO, «Fourth Servant Song», 42-55; G. GREENBERG, «Servant Songs», 175-192.

54,1-8 ne font que confirmer l'élection d'Israël comme peuple de Dieu et de Jérusalem comme ville sainte à qui il ne refusera jamais le salut. Ici en particulier, l'exil et la déportation sont présentés comme un châtiment passager qui ne durera pas longtemps. Tous ces passages du Deutéro-Isaïe suscitent chez le peuple et, en particulier les opprimés, l'espérance d'une libération voire d'une rédemption prochaine.

Dans le Proto-Isaïe ce sont les textes messianiques et les métaphores du royaume idéal qui créent et maintiennent l'espérance du peuple. En effet, ces textes projettent le peuple dans un futur proche radieux semblable à un paradis sur terre. Dans les textes messianiques (Is 7,14-17; 9,1-6; 11,1-9), c'est le messie attendu qui suscite l'espérance par son portrait moral et spirituel qui répond parfaitement aux aspirations du peuple dans son contexte historique précis. Ce messie leur apportera la paix, la justice et défendra la cause des faibles et des opprimés. L'invitation à l'action de grâce, aux cris de joie et d'allégresse au chap. 12 est en réalité un appel à l'espérance en un futur meilleur. Les malédictions prononcées contre les nations étrangères ennemies d'Israël (chaps. 13−23) font aussi naître l'espoir d'une libération prochaine. Le royaume idéal annoncé au chap. 32 où le roi régnera et gouvernera selon la justice et le droit, dans la paix et la sécurité, crée et maintient l'espérance du salut proche[116]. Le jugement universel, soit la vengeance du Seigneur qui consistera essentiellement en la dévastation des ennemis de Dieu et de son peuple (33,1-16; 34,1-15) est aussi une raison pour le peuple d'espérer en une rédemption prochaine comme promis en 33,17-24. Par ailleurs, les métaphores du loup et de l'agneau (11, 6-9) et celle du désert qui refleurit (35,1-10), ont également pour objectif de susciter une espérance eschatologique. Cette dernière ne se limite pas à une attente d'un salut social et matériel, mais transcende notre terre et projette le peuple dans un nouveau monde à venir, avec un nouvel ordre parfait que Dieu prépare pour ceux qui sont ses fidèles serviteurs. Ces derniers sont appelés à attendre ces avènements dans la patience mais aussi dans la foi et la fidélité en YHWH[117].

---

[116] W. Brueggemann, résume bien cette espérance à la fois historique et eschatologique en opposant les plans de Dieu à ceux de ses ennemis: «Thus Yahweh's plan and design is to overcome the plan and design of anti-Yahweh forces in the world that exploit and destroy in opposition to Yahweh's good intention. We are able to see hope, which begins here in the book of Isaiah ...historical hope and transcendental hope» (W. BRUGGEMANN, «Planned People», 31).

[117] J. Blenkinsopp dans son analyse de Is 11 conçoit l'espérance eschatologique dans le Proto-Isaïe comme l'attente d'une transfiguration future du monde: «This splendid poem annonces the emergence from David's family line of a ruler divinely

4.4 Brève synthèse

L'espérance eschatologique est le message le plus actuel du livre d'Isaïe. Dans notre monde où régne l'insécurité, et où sévissent des crises, l'homme a eu, de tout temps, du mal à voir la présence et l'action de Dieu. Pour le croyant, Dieu est non seulement le Créateur de l'univers, mais aussi le Maître de l'histoire et le gouverneur de l'univers. Des doutes, des plaintes, voire même des révoltes peuvent facilement surgir du cœur du croyant qui attend impatiemment une intervention visible et soudaine de Dieu. Mais l'expérience montre que cette intervention semble tarder et crée la désolation et le désespoir chez ceux qui se fiaient à elle. C'est ainsi que l'espérance eschatologique d'Isaïe devient la réponse la plus adéquate à cette situation de désolation et de désespoir en appelant le fidèle à transcender le monde matériel et à rechercher le salut dans sa dimension eschatologique qui implique une transfiguration de notre monde en son temps mais un temps choisi par YHWH: c'est le jour de sa vengeance et de la rétribution (66,23-24). Ce jour-là, toutes les aspirations des justes seront comblées éternellement.

5. Conclusion

Contrairement aux deux chapitres précédents (III et IV) qui se sont limités à la continuité entre le Trito-Isaïe et le Deutéro-Isaïe d'une part, et la complémentarité entre le Trito-Isaïe et la Proto-Isaïe d'autre part, ce chapitre V, en proposant une théologie essentiellement descriptive et confessionnelle des trois parties du livre, veut confirmer son unité à travers un message théologique qui leur est commun[118], concentré sur

---

endowed with all charismatic attributes required to fulfill the ideal, often proclaimed but rarely if ever realized, of bringing about a just order in which the poor and powerless can enjoy equal rights with the wealthy and powerful. At his coming, war and all manifestations of violence will be abolished... not only in human society but in the animal world as well. Whithin the tradition of a future golden age, often in the form of a restoration of the first creation the political order and the order of creation... are connected...» (J. BLENKINSOPP, *Isaiah 1–39*, 263). W.A.M. BEUKEN, *Isaiah*, 305-314; G.A.F. KNIGHT, *The New Israel*, 101-124 et S.H. WIDYAPRANAWA, *Isaiah 1–39*, 140-148 se situent dans la même lignée de pensée.

[118] Nous partageons en ce sens l'affirmation de J.J.M. Roberts, selon laquelle les trois parties du livre d'Isaïe reposent sur une tradition théologique commune: «There is a certain inner consistency in the growth of the Isaianic tradition over against the apparently more mechanical expansion of Zechariah, for instance which together with its canonical form justifies an attempt to sketch a theology of the Book of Isaiah.

le salut et l'espérance. Ce message répond aux inquiétudes des hommes de l'époque du prophète mais aussi des hommes de notre temps. En effet, en concevant et présentant un salut à deux dimensions (une dimension historico-sociale et une dimension eschatologique), le prophète a pu susciter une espérance non seulement immédiate en un salut proche, mais aussi une espérance en un monde et un ordre nouveaux que Dieu établira en un temps qu'il a fixé. Ce monde sera parfait et correspondra à la volonté de Dieu. Le mal sera totalement éradiqué. Cette transfiguration touchera toute la création et les créatures qui vivront désormais en pleine harmonie les unes avec les autres.

Cette synthèse théologique du livre constitue en même l'actualisation du livre pour notre temps. L'espérance eschatologique du livre d'Isaïe est également celle proclamée par la foi chrétienne face aux épreuves et aux grandes crises sociales et personnelles de la vie en général. Bien d'autres aspects de la théologie du livre, tels que le motif de l'endurcissement du cœur[119], la figure de Sion[120], la miséricorde et l'amour de Dieu[121] mériteraient aussi d'être étudiés, mais nous nous sommes limités aux traits communs les plus frappants contribuant à l'unité théologique du livre.

Even the latest additions to the book owe a great deal to the earlier Isaianic theology. All, or almost all, the components of the Isaianic corpus move in the same stream of tradition. It should be possible, therefore, to delineate the central core of Isaianic theology, while not ignoring the different accents placed on that core in the different stages of the book» (J.J.M. ROBERTS, «Isaiah in Old Testament Theology», 130).

[119] Cf. J. FERRY, *Isaïe*, 121-154.
[120] Cf. J. FERRY, *Isaïe*, 215-235.
[121] Cf. P.-É. BONNARD, *Le second Isaïe*, 66-67.

CONCLUSION GÉNÉRALE

Nul ne peut contester l'importance du livre d'Isaïe dans la littérature biblique en général et prophétique en particulier. Ceci explique le nombre croissant d'études et de recherches sur différentes thématiques concernant le prophète et ses écrits. Une des récentes préoccupations des chercheurs concernant le livre est l'unité et la complémentarité des trois parties du livre. L'histoire rédactionnelle du livre ayant montré que les 66 chapitres proviennent de différentes époques et donc d'auteurs et rédacteurs divers, il y a lieu de se demander ce qui unifie leurs écrits et leur message. Divers auteurs[1] se sont penchés sur cette question en proposant chacun selon ses expériences et ses compétences une réponse.

A la suite de ses grands penseurs[2], nous avons voulu apporter une modeste contribution à la recherche de cette unité du livre. Inspiré surtout par les études de M.A. Sweeney[3] qui voit dans les chaps. 1–4, une préface de tout le livre, nous avons plutôt trouvé dans le Trito-Isaïe, une sorte de synthèse thématique et théologique de tout le livre. Notre intuition est partagée par un certain nombre d'auteurs[4] qui voient eux aussi

---

[1] Cf. Introduction du travail.

[2] Pour plus de détail sur les recherches récentes, cf. L.-S. TIEMEYER, *Continuity and Discontinuity*, 7-13.

[3] Cf. M.A. SWEENEY, *Isaiah 1–4*.

[4] C. Nihan confirme la délimitation de Is 56–66 comme unité littéraire indépendante tout en soulignant la fonction de 56,1-8 comme introduction programmatique de toute l'unité et son rôle dans la formation de tout le livre: cf. C. NIHAN, «L'histoire rédactionnelle», 201-203. Dans le même contexte, J. Ferry appelle les chaps. 1 et 65–66, l'encadrement du livre. Pour lui, le premier chapitre du Proto-Isaïe introduit tout le livre et les deux derniers chapitres du Trito-Isaïe servent de conclusion non seulement à ce dernier mais également à tout le livre: «Dans une lecture synchronique du livre d'Isaïe, comme de tout livre, certains passages ont un intérêt particulier: le début, la fin, les chapitres et passages charnières. Alors que la critique littéraire diachronique avait tendance à considérer que les écrits les plus anciens avaient plus de

dans le Trito-Isaïe un point d'intersection du Proto-Isaïe et du Deutéro-Isaïe. Notre particularité se situe dans l'approche proposée. Pour y parvenir, nous sommes partis de l'étude de la structure[5] et de la théologie dans le Trito-Isaïe, en vue d'en dégager les principaux thèmes (chap. 1 et 2). Deux binômes dominants se sont dégagés de cette étude, à savoir le binôme «élection-mission» et le binôme «justice-alliance». Un parcours synthétique des différents thèmes présents dans le Deutéro-Isaïe d'une part et dans le Proto-Isaïe d'autre part, à travers une étude de textes choisis, nous a fait découvrir la présence du binôme «élection-mission» dans le Deutéro-Isaïe et du binôme «justice-alliance» dans le Proto-Isaïe. De ces observations, nous avons déduit que le Trito-Isaïe

---

poids théologique et que les ajouts successifs n'étaient que des additions mineures, il importe de voir que, dans une lecture globale du livre, les passages des rédacteurs finaux sont particulièrement porteurs de théologie, d'une théologie vitale pour les communautés destinataires. ...» (J. FERRY, *Isaïe*, 39). Plus loin il ajoute: «Mettre en valeur la fonction d'ouverture de Is 1 et de clôture de Is 65–66 revient à souligner l'unité du livre. Le chapitre 1, telle l'ouverture ou le prélude d'une symphonie, indique les thèmes majeurs qui seront développés au cours de l'œuvre. Cette introduction programmatique met particulièrement en valeur la nature rebelle d'Israël face à la volonté de Dieu qui l'appelle à la conversion. Le leitmotiv, division du peuple entre impies et fidèles, met le lecteur en demeure de choisir: de quel bord va-t-il être? Les chaps. 65–66, dans une conclusion ouverte, confirment que le livre peut bien être lu comme une totalité. D'où le grand intérêt de la recherche de l'unité de l'ouvrage...» (J. FERRY, *Isaïe*, 64). J.N. Oswalt est plus explicite en affirmant que le Trito-Isaïe est écrit pour concilier le Proto-Isaïe et le Deutéro-Isaïe qui seraient en conflit sans ce dernier «I believe the reason chaps. 56–66 of Isaiah have been included with the rest of the book, despite their different focus and context, is not that they are a reflection on chaps 40–55, which are in turn a reflection on chaps. 1–39, but chaps. 56–66 are written in the full knowledge of the entire preceding corpus and function to unify that corpus. Without these materials, chaps. 1–39 and chaps 40–55 stand in very serious conflict» (J.N. OSWALT, «Righteousness in Isaiah», 178).

[5] La structure étant souvent l'œuvre du rédacteur du texte final, elle fait percevoir les grandes orientations théologiques, comme le souligne J. Ferry: «Le travail des rédacteurs du livre d'Isaïe comprend la construction d'une architecture de l'ensemble de l'œuvre, reprenant des éléments antérieurs et leur donnant un ordre et une place signifiante. Car l'architecture d'un livre donne à voir quelque chose de la théologie de l'œuvre et esquisse un itinéraire à parcourir...» (J. FERRY, *Isaïe*, 38). Dans le même sens J.N. Oswalt privilégie la forme finale qui est plus qu'une addition des parties, une unité de sens: «But even those who accept neither conservatives's views on the book's origin nor the suggestions of Childs as to the final form of the book being the fullest form of the revelation ought, in my view, to give more credence to the axion "the whole is more than the sum of parts". To analyze the physical components of human being is not to understand humanity. Nor can the message of Isaiah be understood by mean of such analysis» (J.N. OSWALT, *The Book of Isaiah*, 45).

est relié au Deutéro-Isaïe par le premier binôme «élection-mission» (chap. 3) et au Proto-Isaïe par le second binôme «justice-alliance» (chap. 4). En d'autres termes, il est le point d'intersection du livre. En effet, en embrassant les deux binômes en question, le Trito-Isaïe relie en même temps le Proto-Isaïe et le Deutéro-Isaïe et garantit leur continuité thématique. Le chap. 5 vient confirmer l'hypothèse en relevant l'unité théologique du livre d'Isaïe à travers les attributs de Dieu dominants communs, la notion de la justice et sa contribution à cette unité, ainsi qu'un message théologique unifié et centré sur le salut et l'espérance eschatologique.

On pourrait se demander à ce stade, quel est donc l'apport concret de la recherche de l'unité de l'œuvre isaïenne à la théologie biblique. Comme nous l'avons signalé dans l'introduction, la subdivision traditionnelle de l'œuvre en trois parties a conduit à une attribution d'un message théologique plus ou moins autonome à chaque partie. La recherche de l'unité du livre nous ouvre la voie à une lecture plus continue et plus unifiée. Une telle lecture est plus riche et plus complète pouvant modifier profondément le message de certains passages. Trois thèmes importants peuvent nous servir d'exemples, à savoir les thèmes du serviteur, de la consolation et l'espérance eschatologique

1. L'exemple le plus signifiant, illustrant bien cette lecture unifiée est son application aux chants du serviteur. S'il est vrai que chaque chant constitue en soi une unité littéraire indépendante avec un message qui lui est propre, une lecture continue des quatre chants est possible attribuant au serviteur une mission qui s'étend du premier chant (Is 42,1-9) au quatrième (Is 52,13−53,12). De ce point de vue, ces textes présentent un message unifié et continu autour du personnage central. Ainsi, Is 42,1-9 nous fait le portrait moral et spirituel du serviteur. Il est l'élu de Dieu, l'oint de Dieu, il portera la justice aux nations (vv. 1-2), il n'élèvera pas la voix, il n'écrasera pas le plus faible (vv. 3-4), il ouvrira les yeux des aveugles et libérera les prisonniers (v. 7). Le second chant (Is 49,1-6) nous relate une prise de conscience par le serviteur de son élection et de sa mission (vv. 1-3). Il confesse humblement ses doutes sur l'efficacité de cette mission (v. 4) et reconnaît la présence réconfortante de Dieu qui l'a choisi et qui l'envoie auprès des nations (vv. 5-6). Le troisième chant (Is 50,4-10) nous décrit explicitement les violentes persécutions subies par le serviteur qui pourtant reste fidèle et persévérant à sa mission. Le sujet parlant qui est le serviteur rappelle sa formation à cette mission par le Seigneur (vv. 4-5) et sa résistance face à ses

ennemis (v. 6). Il renouvelle sa confiance dans le Seigneur qui vient à son aide (vv. 7-9) et défie tous ses détracteurs à comparaître devant lui pour un jugement. Les persécutions subies en 50,4-10 aboutissent à la souffrance et à la mort du serviteur en 52,13−53,12. C'est le point culminant de la mission du serviteur qui persévère jusqu'à la mort. Mais cette mort par laquelle les persécuteurs pensaient mettre un terme à la mission du serviteur contribuera plutôt au succès de cette dernière. Ainsi les bourreaux du serviteur reconnaissent et confessent leur erreur (52,3-6) et surtout l'innocence du serviteur (53,7-9). Le Seigneur élève son serviteur et lui donne une descendance en récompense (53,11-12). Toujours dans le contexte d'une lecture continue et plus unifiée des textes de l'œuvre, Is 61,1-11 peut faire figure de cinquième chant du serviteur. Ses parallélismes littéraires avec le premier chant ne font que confirmer cette hypothèse. Dans ce passage, l'élection du serviteur et son envoi en mission apparaissent au centre du message comme dans les chants précédents. Le passage du singulier au pluriel du v. 3 au v. 4 fait penser à la descendance attribuée au serviteur souffrant en 52,13−53,12. En 61,1-11, s'agit de tout individu qui restera fidèle à l'alliance, à l'image du serviteur souffrant et participe fidèlement à la reconstruction matérielle et surtout spirituelle de la communauté postexilique. Comme nous le voyons, une lecture continue des quatre chants et Is 61,1-11 est possible ouvrant d'autres voies d'interprétation et d'actualisation au message de ces textes.

Pour rester toujours dans le contexte des «cinq chants», un second apport d'une lecture unifiée du livre d'Isaïe pourrait être mentionné. En effet, la relecture christologique du serviteur devient plus facile et plus pertinente. En appliquant à ces textes une approche théologique confessionnelle focalisée sur le discours, nous pouvant facilement voir dans le serviteur des cinq chants un individu ou une collectivité idéale répondant parfaitement à la volonté de Dieu. La vie et la mission du Christ ayant des traits communs avec le serviteur décrit dans les chants (persécutions, souffrance, mort et résurrection), l'application de ces passages à Jésus dans la tradition chrétienne, est justifiée. Cependant, elle ne devrait pas se limiter au serviteur souffrant de 52,13−53,12, mais à tous les cinq chants qui forment ensemble une unité théologique continue, unifiée, plus complète et plus pertinente.

2. La redécouverte de l'unité de livre d'Isaïe nous éclaire plus sur sa mission et le message de l'ensemble de l'œuvre. Une observation attentive des différentes unités littéraires et de l'histoire rédactionnelle de l'œuvre nous permet de déduire que le titre longtemps attribué aux

seuls chaps. 40–55, à savoir le Livre de la Consolation, peut être étendu à tout livre. En effet le message d'Isaïe est celui de la consolation et du réconfort. Cela se vérifie par la teneur et le contenu des discours à la fin de chaque partie de l'œuvre. Presque tous les commentateurs sont unanimes sur le fait que les chaps. 36–39 sont un ajout tardif servant de transition entre le Proto et le Deutéro-Isaïe. S'il en est ainsi, le Proto-Isaïe se conclut avec le chap. 35. Or ce dernier est un appel à une exultation adressée non seulement aux êtres vivants mais aussi à la nature. Le désert, la steppe et les champs sont invités à se joindre à cette grande allégresse (vv. 1-2). Le motif d'une telle joie est la manifestation prochaine de la gloire de Dieu en faveur des plus faibles (v. 5). Le Seigneur vient pour venger et pour sauver (v. 4). Pour cela, les plus vulnérables doivent être réconfortés. L'on pourrait se demander par qui. Ici, nous pouvons sous-entendre par le (s) ou serviteur (s) au sens décrit plus haut: c'est-à-dire tout individu ou groupe d'individus qui est fidèle à l'alliance et qui s'efforce en tout d'accomplir la volonté de Dieu. D'ailleurs les versets suivants (vv. 5-6) confirment l'hypothèse du serviteur en reprenant un des motifs de sa mission dans les cinq chants, à savoir ouvrir les yeux des aveugles. La suite du message du chap. 35 est l'affirmation d'une restauration eschatologique prochaine consistant non seulement en un retour des exilés, mais aussi en une transfiguration de la nature et du milieu de vie de l'homme. Ainsi des eaux jailliront dans le désert, et des torrents dans la steppe; la région de la soif se transformera en sources jaillissantes (v. 7). Mais comme dans tous les messages eschatologiques du livre, ce nouveau monde est réservé aux justes. Le mal et ses auteurs sont exclus. Tandis que dans les autres passages, les auteurs du mal sont éliminés par leur extermination (cf. 66,24), ces derniers sont ici exclus par une route sacrée que seuls les purs pourront passer (v. 8). Même les bêtes féroces, symbole de la violence et de l'oppression, n'y passeront pas (v. 9). Seuls les fidèles au Seigneur prendront cette route (v. 10). Le Proto-Isaïe termine donc avec un message de consolation et de réconfort pour un peuple abattu et désespéré, attendant impatiemment le jour de sa libération.

Le Deutéro-Isaïe reprend ce thème de la consolation et le développe dans tout le livre. Cependant certains passages dont les trois derniers chapitres (53–55) l'expriment de façon plus explicite. Le chap. 53 comme nous l'avons souligné plus haut se conclut avec l'exaltation du serviteur et une descendance en héritage (53,10-12). Dans le même sens, le chap. 54 s'ouvre par une invitation à des acclamations. L'image de la femme stérile qui retrouve sa fécondité (54,1-5) et celle de la femme abandonnée qui retrouve son amour (54,6-8) sont une expression concrète de la consolation que veut porter le prophète au peuple. Ici aussi cette restauration prochaine est le fruit de la justice et de la fidélité de Dieu envers son peuple lequel deviendra son fidèle disciple (54,13-14). Dans la même lignée de pensée, le contenu essentiel du message du chap. 55 est un appel au réconfort, à la confiance et à la foi en Dieu. Is 55 commence en effet avec un appel de tous les assoiffés et affamés à venir boire et à manger gratuitement (55,1-3). A travers des images et des métaphores, le prophète veut susciter chez le peuple le courage, l'espérance d'une restauration prochaine et d'un monde nouveau. Le Seigneur promet une nouvelle alliance qui sera perpétuelle et toutes les nations viendront vers Israël qui rayonnera de la splendeur du Seigneur (55,4-5). Comme dans le Proto-Isaïe, les méchants et malfaisants seront exclus de ce nouvel Israël. D'où l'appel à la conversion et à un retour vers le Seigneur qui est tendresse et pardon (55,6-7). Le retour de l'exil qui est le prélude de ce nouveau monde prend le caractère d'un retour triomphal avec une dimension eschatologique impliquant la nature: les montagnes explosent en acclamations et les arbres battent des mains au passage des exilés qui sont de retour (55,12-13).

Tout comme le Proto et le Deutéro-Isaïe, le Trito-Isaïe se conclut avec une restauration eschatologique, confirmant ainsi l'hypothèse que toute l'œuvre isaïenne est un livre de la consolation. Selon Vermeylen[6], le Trito-Isaïe est le point culminant de la consolation et de la restauration annoncées dans le Deutéro-Isaïe. Cela se vérifie surtout dans les deux derniers chapitres (65–66) où le Seigneur vient juger et récompenser ses fidèles, tandis que les idolâtres et les rebelles seront exterminés. Ici, la consolation semble adressée plus particulièrement aux serviteurs du Seigneur. Par serviteurs, nous pouvons entendre sans risquer de nous tromper l'ensemble des descendants du serviteur exalté en 53,12, à savoir tous ceux qui sont restés fidèles à l'alliance et à la mission que leur a confiée le Seigneur. Ce sont bien ces serviteurs qui jouiront de la restauration eschatologique préparée par le Seigneur. Ainsi, le chap. 65 oppose la joie des serviteurs à la souffrance des impies. Tandis que les serviteurs mangeront, boiront, jubileront et pousseront des cris de joie et d'acclamation, les impies endureront la faim et la soif, auront honte, hurleront de malaise et pousseront des cris de malheur (65,12-14). Un monde nouveau et plus concrètement une nouvelle

---

[6] Cf. J. VERMEYLEN, *Le livre d'Isaïe*, 49-50.

Jérusalem sera créée par le Seigneur. Il y régnera un enthousiasme et une exaltation perpétuels. On n'y entendra ni pleurs ni cris (65,17-20). Mais l'éradication totale du mal et la dimension eschatologique de la restauration apparaissent surtout dans l'image du loup et de l'agneau qui broutent ensemble, du lion et du bœuf qui mangent du fourrage. Le serpent, symbole du mal, se nourrira de la poussière, signe qu'il est vaincu et qu'il ne pourra ni détruire ni faire le mal dans cette nouvelle Jérusalem (65,25).

Au chap. 66, la restauration prend le caractère d'une rétribution dans laquelle les justes sont récompensés et les méchants châtiés. Tout en insistant encore plus sur le bonheur, la paix et la jubilation de ses serviteurs dans la nouvelle Jérusalem (66,10-14), ce chapitre ne manque pas de souligner la colère et la fureur du Seigneur contre les impies et surtout les idolâtres (66,16-17). En effet, les cieux nouveaux et la terre nouvelle que promet le Seigneur seront caractérisés par l'adoration unique du Dieu d'Israël par toutes les nations (66,20-23). Toute révolte contre le Seigneur sera détruite ainsi que ses auteurs (66,24).

Cette recherche de l'unité du livre nous donne ainsi de nouvelles clés de lecture des textes d'Isaïe et un regard plus unitaire et plus complet du message du livre. Vu la teneur très positive, réconfortante et consolatrice des derniers chapitres de chaque section (chaps. 35; 54–55 et 65–66), il ne sera pas exagéré de nommer l'ensemble de l'œuvre: le Livre de la Consolation, titre jusqu'alors réservé qu'aux seuls chaps 40–55.

3. L'œuvre d'Isaïe nous présente en 11,6-9 et 65,25 une des eschatologies les plus profondes et les plus actuelles de la théologie contemporaine. Dans ces passages, il ne s'agit ni de vengeance, ni de châtiment, ni de renversement de la situation où le riche devient pauvre et le pauvre devient riche, mais d'un retour à l'harmonie parfaite de la création avant le péché originel. L'image du loup et l'agneau qui broutent ensemble renvoie au paradis d'Eden où Dieu donna comme nourriture l'herbe à tous les êtres créés (Gn 1,29-30). Une harmonie totale régnait entre les êtres vivants d'une part et entre ces derniers et toute la création d'autre part. Aucun être n'avait besoin de tuer ni de faire du mal pour se nourrir. C'est à cette harmonie originelle du jardin d'Eden que nous renvoient Is 11,6-9 et Is 65,25. Ces textes expriment une eschatologie plus profonde que divers passages du Nouveau Testament où domine le ton de la vengeance, de la répression et du châtiment au détriment de l'harmonie paradisiaque (Mt 25,30-46; Lc 13,25-29; Ap

16,1-11). Isaïe peut ainsi être qualifié de prophète de la consolation et de l'espérance eschatologique par excellence[7].

Ce message très pertinent reste actuel et constitue une réponse aux grandes interrogations des croyants de tous les temps sur le salut promis et son avènement qui semble tarder ou même ne jamais arriver. Une unité thématique et théologique se vérifie donc dans le livre d'Isaïe. Nous sommes conscients que plusieurs autres approches de l'unité du livre sont possibles comme le témoignent diverses recherches contemporaines[8]. Mais nous espérons par cette approche thématique et synchronique apporter une modeste contribution dans cette vaste et complexe entreprise de la recherche de l'unité de l'œuvre d'Isaïe qui restera toujours un défi pour l'exégèse et la théologie contemporaines.

---

[7] A cet sujet nous sommes d'accord avec J. VERMEYLEN, *Le livre d'Isaïe*, 131: «Dans ses discours les plus noirs, Isaïe reste un homme d'espérance: c'est parce qu'il croit possible le bonheur et que ce bonheur a du prix aux yeux de YHWH, que la situation de péché prend à ses yeux une telle gravité et qu'il ne peut pas s'empêcher de la dénoncer. C'est pourquoi le prophète invite sans cesse, par l'invective s'il le faut, à mettre sa confiance en YHWH, lui qui, seul, peut assurer le salut de son peuple».

[8] L.D. JEFFREYS, *The Unity of the Book of Isaiah*; A. KAMINKA, *Nouvelles recherches*; O.T. ALLIS, *The Unity of Isaiah*; W. KESSLER, *Gott geht es um das Ganze*; J.B. PAYNE, «The Unity of Isaiah», 50-56; J. VERMEYLEN, *The Book of Isaiah-Le livre d'Isaïe*; R.E. CLEMENTS, «The Unity of the Book of Isaiah»; «Isaiah: A Book Without an Ending?»; R. RENDTORFF, «Zur Komposition des Buches Jesaja»; «The Book of Isaiah»; J.C. BASTIAENS, *Trito-Isaiah*; C.R. SEITZ, «Isaiah 1–66»; M.A. SWEENEY, *Isaiah 1–4*; W.A.M. BEUKEN, «Isaiah Chapters LXV-LXVI»; «The Unity of the Book of Isaiah»; A. LAATO, *"About Zion I Will not Be Silent"*; B. GOSSE, «Isaïe 1 dans la rédaction du livre d'Isaïe»; D.M. CARR, «Reaching for Unity in Isaiah»; «Reading Isaiah from Beginning (Isaiah 1) to End (Isaiah 65–66)»; A.J. TOMASINO, «Isaiah 1.1–2.4 and 63–66»; P. HÖFFKEN, *Jesaja*, 40-81; J. HOLMAN, «De kernboodschap van Jesaja»; W. BRUEGGEMANN, «Unity and Dynamic in the Isaiah Tradition»; «Planned People/Planned Book?»; D. JANTHIAL, *L'oracle de Nathan et l'unité du livre d'Isaïe*; E. LANZ, *Der ungeteilte Jesaja*; R.R. LESSING, *Interpreting Discontinuity*; A.L.H.M. WIERINGEN van, *The Reader-Oriented Unity of the Book Isaiah*; *Analogies in Isaiah*; M.A. GARZÓN, *La alegría como unidad*.

LISTE DES ABRÉVIATIONS

ABD	*Anchor Bible Dictionary*
ABE	Asociación Bíblica Española
ACEB.S	Amsterdamse Cahiers voor Exegese van de Bijbel en zijn tradities. Supplement Series
AIL	Ancient Israel and Its Literature
AnBib	Analecta Biblica
AncB	Anchor Bible
ANET	Ancient Near Eastern Texts
Ang	*Angelicum*
AS	*Aramaic Studies*
AsSeign	*Assemblées du Seigneur*
ATD	Das Alte Testament Deutsch
ATDE	Das Alte Testament Deutsch. Ergänzungsreihe
AUS	American University Studies
BAd	Biblioteca Adelphi
BAT	Die Botschaft des Alten Testaments
BAT.EAS	Die Botschaft des Alten Testaments. Erläuterungen Alttestamentlicher Schriften
BBR	*Bulletin for Biblical Research*
BEATAJ	Beiträge zur Erforschung des Alten Testaments und des Antiken Judentums
BETL	Bibliotheca Ephemeridum Theologicarum Lovaniensium
BETS	*Bulletin of the Evangelical Theological Society*
BG	Biblische Gestalten
BHS	Biblia Hebraica Stuttgartensia
BHT	Beiträge zur Historischen Theologie
Bib	*Biblica*
BibInt	*Biblical Interpretation*
BibRev	*Bible Review*
BibSa	*Biblioteca Sacra*
BibTod	*Bible Today*

BiHi	Bible in History
BInt	Biblical Interpretation Series
BJRL	Bulletin of the John Rylands Library
BKAT	Biblischer Kommentar: Altes Testament
BK	*Bibel und Kirche*
BLi	Bible and Literature
BM	Bibelwissenschaftliche Monographien
BN	*Biblische Notizen*
BPAA	Bibliotheca Pontificii Athenaei Antoniani
BR	*Biblical Research*
BRA	Beiträge zur Religionsgeschichte des Altertums
BRev	*Bible Review*
BRS	The Biblical Resource Series
BS	Bibliotheca Sacra
BSNA/SBL	Biblical Scholarship in North America / Society of Biblical Literature
BT	*Bible Translator*
BTh	*Black Theology*
BTB	*Biblical Theology Bulletin*
BV	*Biblical Viewpoint*
BW	BibleWorld
BWANT	Beitrage zur Wissenschaft vom Alten und Neuen Testament
BZ	*Biblische Zeitschrift*
BZAW	Beihefte zur Zeitschrift fur die Alttestamentliche Wissenschaft
CAT	Commentaire de l'Ancien Testament
CBC	Cambridge Bible Commentary
CBE	Collège des Bernardins. Essai
CB.OT	Coniectanea biblica. Old Testament Series
CBQ	*Catholic Biblical Quarterly*
CJo	Contraversions Jews and other differences
CoJo	*Concordia Journal*
CoVi	*Communio Viatorum*
CSP	Collectània Sant Pacià
CQR	*Church Quarterly Review*
CR:BS	*Currents in Research: Biblical Studies*
CTJ	*Calvin Theological Journal*
CTM	*Currents in Theology and Mission*
CTMo	Calwer Theologische Monographien
CTR	*Concordia Theological Review*
Cute	*Cuadernos de Teología*
DATD	Das Alte Testament Deutsch
DiLe	The Didsbury Lectures

DJud	Das Judentum
DSD	*Dead Sea Discoveries*
EBC	*Expositor's Bible Commentary*
EBib	Esegesi Biblica
EBS	Encountering Biblical Studies
ECC	The Eerdmans Critical Commentary
EF	*Erträge der Forschung*
ENC	*Encounter*
EpCo	Epworth Commentaries
EstB	*Estudios Bíblicos*
ES.N.F.	Eichstätter Studien. Neue Folge
EtB	Études Bibliques
ETL	*Ephemerides Theologicae Lovanienses*
ETR	*Etudes Théologiques et Religieuses*
EvQ	*Evangelical Quarterly*
ExpT	*Expository Times*
FAT	Forchungen zum Alten Testament
FzB	Forschung zur Bibel
FCB	The Feminist Companion to the Bible
FOTL	The Forms of the Old Testament Literature
FRLANT	Forschungen zur Religion und Literatur des Alten und Neuen Testaments
GAT	Guía espiritual del Antiguo Testamento
Greg	*Gregorianum*
GS	Geistliche Schriftlesung
HAR	*Hebrew Annual Review*
HAT	Handbuch zum Alten Testament
HB.HSL	Herders Bibelkommentar. Die Heilige Schrift für das Leben erklärt
HBS	Herders Biblische Studien
HBT	*Horizons in Biblical Theology*
HBV	The Hebrew Bible and Its Versions
Hen	*Henoch*
HS	*Hebrew Studies*
HKAT	Handkommentar zum Alten Testament
HOT	Historical Commentary on the Old Testament
HTR	*Harvard Theological Review*
HThKAT	Herders Theologischer Kommentar zum Alten Testament
HUCA	*Hebrew Union College Annual*
IB	*Interpreter's Bible*
IBCo	Interpretation, a Bible Commentary for teaching and preaching

ICCHSONT	The International Critical Commentary on the Holy Scriptures of the Old and New Testaments
IDB	*Interpreter's Dictionary of the Bible*
Int	*Interpretation*
ISBL	Indiana Studies in Biblical Literature
ITC	International Theological Commentary
JBL	*Journal of Biblical Literature*
JBQ	*Jewish Bible Quarterly*
JDTh	*Jahrbücher für Deutsche Theologie*
JETS	*Journal of Evangelical Theological Society*
JQR	*Jewish Quarterly Review*
JQR.S	Jewish Quarterly Review. Supplement
JSNT.S	Journal for the Study of the New Testament. Supplement Series
JSOT	*Journal for the Study of the Old Testament*
JSOT.S	Supplements to Journal of the Study of the Old Testament
JSQ	*Jewish Studies Quarterly*
JSS	*Journal of Semitic Studies*
JTS	*Journal of Theological Studies*
JTI	*Journal of Theological Interpretation*
Jud	*Judaism*
KAT	Kommentar zum Alten Testament
KBB	Kleine Biblische Bibliothek
KEHAT	Kurzgefasstes Exegetisches Handbuch zum Alten Testament
KHCAT	Kurzer Hand-Commentar zum Alten Testament
KST	Kohlhammer Studienbücher Theologie
LCBI	Literary Currents in Biblical Interpretation
LeDiv	Lectio divina
LHB/OTS	Library of Hebrew Bible/Old Testament Studies
LoB	Leggere oggi la Bibbia
LTQ	*Lexington Theological Quarterly*
MDMJ	Miscellanea Dahood, Mitchell J.
MHA	Methuen's Handbooks of Archaeology
MLP	Miscellanea Libri Prophetici
MPr	Miscellanea Profeti
MPrB	Miscellanea Profeti B
Misc.R.H.H.	Miscellanea Rowley, H.H.
MIV	Miscellanea Isaiah. Varia
MoBi	Monde de la Bible
MOT	Mastering the Old Testament
MSp	Maîtres spirituels
NEBAT	Die Neue Echter Bibel. Altes Testament
NCBC	New Century Bible Commentary

NIB	*The New Interpreter's Bible*
NICOT	New International Commentary on Old Testament
NICOTT	New International Dictionary of Old Testament Theology
NIDNTT	New International Dictionary of New Testament Theology
NKZ	*Neue Kirchliche Zeitschrift*
NLCHB	*New Literary Criticism and the Hebrew Bible*
NSK.AT	Neuer Stuttgarter Kommentar. Altes Testament
OBO	Orbis Biblicus et Orientalis
OS	Oudtestamentische Studiën
OTB	Ouvertures to Biblical Theology
OTE	*Old Testament Essays*
OTG	Old Testament Guides
OTL	Old Testament Library Commentary Series
OTM	Old Testament Message
PCo	Proclamation Commentaries
PEQ	*Palestine Exploration Quarterly*
PIBA	*Proceedings of the Irish Biblical Association*
QR	*Quarterly Review*
RB	*Revue Biblique*
RBi	Retorica biblica
RE	*Review and Expositor*
RevSR	*Revue des Sciences Religieuses*
RGG	*Religion in Geschichte und Gegenwart*
RiTe	Ricerche Teologiche
RivB	*Rivista Biblica*
RNBC	Readings, a New Biblical Commentary
RRBS	Recent Research in Biblical Studies
RSB	Ricerche Storico-Bibliche
RTL	*Revue Théologique de Louvain*
SBB	Stuttgarter Biblische Beiträge
SBLDS	Society for Biblical Literature. Dissertation Series
SBLMS	Society for Biblical Literature. Monograph Series
SBLSP	Society of Biblical Literature. Seminar Papers
SBS	Stuttgarter Bibelstudien
SBT	Studies in Biblical Theology/Studien zur biblischen Theologie
SBTS	Sources for Biblical and Theological Study
SBTSS	Studies in Biblical Theology. Second Series
SBVT	La Sacra Bibbia (Garofalo). Vecchio Testamento
SC	Sources Chrétiennes
ScrHier	*Scripta Hierosolymitana*
ScEs	*Science et Esprit*
SCSt	Septuagint and Cognate Studies

SHBC	Smyth and Helwys Bible Commentary
SJud	Studies in Judaism
SJT	*Scottish Journal of Theology*
SKB	Stuttgart: Katholisches Bibelwerk
SKK.AT	Stuttgarter Kleiner Kommentar. Altes Testament
SLBA	The Schweich Lectures of the British Academy
SLTAT	Skripten des Lehrstuhls für Theologie des Alten Testaments
SOTSM	Society for Old Testament Study Monographs
SSN	Studia Semitica Neerlandica
TB	*Tyndale Bulletin*
Tbi	Teologia biblica
TBST	The Bible Speaks Today
TBT	*The Bible Today*
TDo	Thesis ad Doctoratum
THAT	Theologisches Handwörterbuch zum Alten Testament
ThE	*Theological Educator*
ThT	*Theology Today*
ThWAT	*Theologisches Wörterbuch zum Alten Testament*
TLOT	*Theological Lexicon of the Old Testament*
TOTC	The Tyndale Old Testament Commentaries
TR	Theology and Religion
TRE	*Theologische Realenzyklopädie*
TTC	T&T Clark Approaches to Biblical Studies
TTZ	*Trierer Theologische Zeitschrift*
TZ	*Theologische Zeitschrift*
UF	*Ugarit Forschungen*
VSp	*La Vie Spirituelle*
VT	*Vetus Testamentum*
VT.S	Vetus Testamentum. Supplements
WBC	Word Biblical Commentary
WMANT	Wissenschaftliche Monographien zum Alten und Neuen Testament
WTJ	*Westminster Theological Journal*
WUNT	Wissenschaftliche Untersuchungen zum Neuen Testament
ZAW	*Zeitschrift fur die Alttestamentliche Wissenschaft*
ZBib	Zürcher Bibelkommentare
ZTK	*Zeitschrift für Theologie und Kirche*

BIBLIOGRAPHIE

ACHTEMEIER, E., *The Community and Message of Isaiah 56–66: A Theological Commentary*, Minneapolis 1982.

———, «Righteousness in the Old Testament», *IDB* 4, 80-85.

ACKROYD, P.R., «Isaiah I–XII: Presentation of the Prophet», dans W. ZIMMERLI, ed., *Congress Volume*, VT.S 29, Leiden 1978, 16-48.

———, «Isaiah 36–39: Structure and Function», dans R.P. GORDON, ed., *"The Place is too Small for Us": The Israelite Prophets in Recent Scholarship*, SBTS 5, Winona Lake 1995, 478-494.

ADAMS, J.W., *The Performative Nature and Function of Isaiah 40–55*, LHB/OTS 448, New York 2006.

ANDERSON, W., *The Eighth Century Prophets: Amos, Hosea, Isaiah, Micah*, [s.l.] 1978.

AHUI, F., *Der klagende Gerichtsprophet. Studien zur Klage in der Überlieferung von den alttestamentlichen Gerichtspropheten*, CTM A/12, Stuttgart 1982.

ALLEN, L.C., «Isaiah 53,2 again», *VT* 21 (1971) 490.

ALLIS, O.T., *The Unity of Isaiah: A Study in Prophecy*, Philadelphia 1950.

AUSÍN, S., «El Espíritu Santo en la comunidad escatológica (Is 61,1-11)», *EstB* 57 (1999) 97-124.

BÄCHERSTEN, O., *Isaiah's Political Message: An Appraisal of His Alleged Social Critique*, FAT 29, Tübingen 2008.

BAILEY, L.R., «Isaiah 14,24-27», *Int* 36 (1982) 171-176.

BALTZER, K., «Zur formgeschichtlichen Bestimmung der Texte vom Gottesknecht im Deuterojesaja-Buch», dans H.W. WOLFF, ed., *Probleme biblischer Theologie: Gerhard von Rad zum 70. Geburtstag*, München 1971, 27-43.

BARACK, N.A., *A History of the Sabbath*, New York 1965.

BAR-EFRAT, S., *Narrative Art in the Bible*, BLS 7, Sheffield 1989.

BARRE, M.L., «Last Servant», *CBQ* 62 (2000) 1-27.

BARNES, M.C., «The Spirit of the Lord is upon Me: A Meditation on Isaiah 61», *CTJ* 39 (2004) 396-399.

BARTH, H., *Die Jesaja-Worte in der Josiazeit: Israel und Assur also Thema einer produktiven Neuinterpretation der Jesajaüberlieferung*, WMANT 48, Neukirchen-Vluyn 1977.

BARTHEL, J., *Prophetenwort und Geschichte: Die Jesajaüberlieferung in Jes 6-8 und 28-31*, FAT 19, Tübingen 1997.

BARTHÉLEMY, D., *Critique textuelle de l'Ancien Testament*, OBO 50/1-4, Göttingen, 1982-2005.

BARTLETT, J.R., «Edom and the Fall of Jerusalem, 587 BC», *PEQ* 114 (1983) 13-24.

BARTON, J., «The Unity of Isaiah: Evidence From Chapters 36-39», *BETS* 6 (1963) 50-56.

———, *Reading the Old Testament: Method in Biblical Study*, London 1984.

———, *Isaiah 1-39*, OTG 18, Sheffield 1995.

———, *The Nature of Biblical Criticism*, Louisville 2007.

———, *The Old Testament: Canon, Literature and Theology: Collected Essays of John Barton*, SOTSM, Ashgate 2007.

BASTIAENS, J.C., *Trito-Isaiah: An Exhaustive Concordance of Isa. 56–66, Especially with Reference to Deutero-Isaiah: An Example of Computer Assisted Research*, Applicatio 4, Amsterdam 1984.

BATTENFIELD, J.R., «Isaiah 53,10: Taking an "if" out of the Sacrifice of the Servant», *VT* 32 (1982) 485.

BAUDISSIN, W.W., *Kyrios als Gottesname im Judentum und seine Stelle in der Religionsgeschichte*, Giessen 1928-1929.

BEALE, G.K., «Isaiah 6,9-13: A Retributive Taunt Against Idolatry», *VT* 41 (1991) 257-278.

BEAUCHAMP, P., «Lecture et relecture du quatrième chant du serviteur. D'Isaïe à Jean», dans J. VERMEYLEN, ed., *The Book of Isaiah-Le livre d'Isaïe: les oracles et leurs relecteurs: unité et complexité de l'ouvrage*, BETL 81, Louvain 1989, 325-355.

BECKER, J., *Isaias. Der Prophet und sein Buch*, SBS 30, Stuttgart 1968.

BECKER, U., *Jesaja: von der Botschaft zum Buch*, FRLANT 178, Göttingen 1997.

BEGG, C.T., «Foreigners in Third Isaiah», *TBT* 23 (1985) 90-108.

———, «Babylon in the Book of Isaiah», dans J. VERMEYLEN, ed., *The Book of Isaiah-Le livre d'Isaïe: les oracles et leurs relecteurs: unité et complexité de l'ouvrage*, BETL 81, Louvain 1989, 121-125.

BEGRICH, J., *Studien zu Deuterojesaja*, BWANT 77, Stuttgart 1938.

BEHLER, G.M., «Le deuxième chant du serviteur, Is. 49,1-9a», *VSp* 121 (1969) 113-144.

BERG, W., «Jes 42,1-7: Der Gottesknecht, Freudenbote für Jerusalem», dans J. SCHARBERT, ed., *Ausgewählte Themen der Theologie des Alten Testaments*, III. Teil: *Der Messias im Alten Testament*, SLTAT 7, München 1984, 103-121.

BERGES, U., *Das Buch Jesaja: Komposition und Endgestalt*, HBS 16, Freiburg 1998.

———, «Who Were the Servants? A Comparative Inquiry in the Book of Isaiah and the Psalms», dans J.C. MOOR – H.F. VAN ROOY, ed., *Old Testament Society of South Africa; Oudtestamentisch Werkgezelschap in Nederland en België*, OS 44, Leiden 2000.

———, *Jesaja 40–48*, HThKAT, Freiburg i. B. 2008.

———, «The Literary Construction of the Servant in Isaiah 40-55: A Discussion about Individual and Collective Identities», *SJOT* 24 (2010) 28-38.

———, *Jesaja: Der Prophet und das Buch*, BG 22, Leipzig 2010.

———, «Das vierte Lied vom Gottesknecht (Jesaja 52,13-53,12): Überlegungen zur aktuellen Debatte um die Symbolik des Kreuzes aus alttestamentlicher Perspektive», *ZKT* 133 (2011) 159-174.

BERLIN, A., *The Dynamics of Biblical Parallelism*, Grand Rapids 2008.

BERTRAM, R.W., «A Baptismal Crossing, Isaiah 42,1-9», *CTM* 9 (1982) 344-353.

BETZ, O., «Rechtfertigung in Qumran», dans J. FRIEDRICH – W. PÖHLMANN – P. STUHLMACHER, ed., *Rechtfertigung: Fs. E. Käsemann*, Tübingen 1976, 17-37.

BEUKEN, W.A.M., «Mišpāṭ: the First Servant Song and Its Context», *VT* 22 (1972) 1-30.

———, «Jes 50,10-11, eine kultische Paranese zur dritten Ebed-prophetie», *ZAW* 85 (1973) 168-182.

———, *Isaiah LIV: The Multiple Identity of the Person Addressed*, MIV 2, Leiden 1974.

———, «Servant and Herald of Good Tidings: Isaiah 61 as an Interpretation of Isaiah 40–55», dans J. VERMEYLEN, ed., *The Book of Isaiah-Le livre d'Isaïe: les oracles et leurs relecteurs: unité et complexité de l'ouvrage*, BETL 81, Louvain 1989, 441-442.

———, «The Main Theme of Trito-Isaiah: 'The Servants of YHWH'», *JSOT* 47 (1990) 67-87.

BEUKEN, W.A.M., «Isaiah Chapters LXV-LXVI: Trito-Isaiah and the Closure of the Book of Isaiah», dans J.A. EMERTON, ed., *Congress Volume Leuven* 1989, VT.S 43, Leiden 1991, 204-221.

———, «Isaiah 30: A Prophetic Oracle Transmitted in two Successive Paradigms», dans C.C. BROYLES – C.A. EVANS, ed., *Writing and Reading the Scroll of Isaiah: Studies of an Interpretive Tradition*, VT.S 70.1, Leiden 1997, 369-397.

———, «The Unity of the Book of Isaiah: Another Attempt at Bridging the Gorge Between Its Two Main Parts», dans J.C. EXUM – H.G.M. WILLIAMSON, ed., *Reading from Right to Left: Essays on the Hebrew Bible in Honour of David J. A. Clines*, JSOT.S 373, London 2003, 50-62.

———, *Jesaja 1-12*, HThKAT, Freiburg i. B. 2003.

———, *Jesaja 13-27*, HThKAT, Freiburg i. B. 2007.

———, *Jesaja 28-39*, HThKAT, Freiburg i. B., 2010.

———, «Woe to Powers in Israel that Vie to Replace YHWH's Rule on Mount Zion! Isaiah chapters 28-31 from the Perspective of Isaiah chapters 24-27», dans M.N. van der MEER – P.S.F. van KEULEN – W. van PEURSEN – R.B. ter HAAR ROMENY, ed., *Isaiah in Context*: Fs. A. van der Kooij, VT.S 138, Leiden 2010, 25-43.

———, «The King Diseased and Healed (Isaiah 38), the King Embarrassed and Comforted (Isaiah 39): What do These Figures Add to the King Beleaguered and Rescued (Isaiah 36-37)», *ETL* 86 (2010) 379-391.

BEYER, B., *Encountering the Book of Isaiah: A Historical and Theological Survey*, EBS, Grand Rapids, MI 2007.

BICKERT, R., «König Ahas und der Prophet Jesaja: Ein Beitrag zum Problem des syrich-ephraimitischen Kreiges», *ZAW* 99 (1987) 361-384.

BLANK, S.H., *Prophetic Faith in Isaiah*, Cincinnati 1977.

BLENKINSOPP, J., «The Servant of the Lord in Third Isaiah», *PIBA* 7 (1983) 392-412.

———, «The Servant and the Servants in Isaiah and the Formation of the Book», dans C.C. BROYLES – C.A. EVANS, ed., *Writing and Reading the Scroll of Isaiah: Studies of an Interpretive Tradition* VT.S 70.1, Leiden 1997, 155-175.

———, *Isaiah 1–39: A New Translation with Introduction and Commentary*, AncB 19, New York 2000.

———, *Isaiah 40–55: A New Translation with Introduction and Commentary*, AncB 19A, New York 2002.

———, *Isaiah 56–66: A New Translation with Introduction and Commentary*, AncB 19B, New York 2003.

BLENKINSOPP, J., *Opening the Sealed Book: Interpretation of the Book of Isaiah in the Late Antiquity*, Grand Rapids, MI – Cambridge, UK 2006.

BLYTHIN, I., «A Consideration of Difficulties in the Hebrew Text of Isaiah 53,11», *BT* 17 (1966) 27-31.

BOER, R., *Secularism and Biblical Studies*, BW, London 2010.

BONNARD, P.-É., *Le second Isaïe. Son disciple et leurs éditeurs: Isaïe 40–66*, EtB, Paris 1972.

BONNET, H., *Reallexikon der ägyptischen Religionsgeschichte*, Berlin 1952.

BONORA, A., *Isaia 40–66. Israele: servo di Dio, popolo liberato*, LoB 1/19, Brescia 1988.

BRADLEY, G.C., «The Postexilic Exile in Third Isaiah: Isaiah 61:1-3 in Light of Second Temple Hermeneutics», *JBL* 126 (2007) 475-496.

BRATCHER, M.D., «Salvation Achieved (Isaiah 61,1-7; 62,1-7; 65,17–66,2)», *RE* 88 (1991) 177-188.

BRENNER, A., «Identifying the Speaker-in-the-Text and the Reader's Location in Prophetic Texts: The Case of Isaiah 50», dans A. BRENNER – C. FONTAINE, ed., *A Feminist Companion to Reading the Bible. Approaches, Methods and Strategies*, FCB, Sheffield 1997, 136-150.

BRESLAUER, S.D., «Power, Compassion and the Servant of the Lord in Second Isaiah», *Enc* 48 (1987) 163-178.

BRIGHT, J., *A History of Israel*, London 1986.

BRUEGGEMANN, W., «Unity and Dynamic in the Isaiah Tradition», *JSOT* 29 (1984) 89-107.

———, «Planned People/Planned Book?», dans C.C. BROYLES – C.A. EVANS, ed., *Writing and Reading the Scroll of Isaiah: Studies of an Interpretive Tradition*, VT.S 70.1, Leiden 1997, 19-37.

———, *Isaiah*, WBC, Louisville 1998.

BRUNET, G., *Essai sur l'Isaïe de l'histoire: étude de quelques textes notamment dans Isa. VII, VIII et XXII*, Paris 1975.

BUDDE, K., «Über die Schranken, die Jesajas prophetischer Botschaft zu setzen sind», *ZAW* 41 (1923) 154-203.

———, «Das Immanuelzeichen und die Ahaz-Begegnung Jesaja 7», *JBL* 52 (1933) 22-54.

BULTMAN, R., *Theologie als Kritik: ausgewählte Rezensionen und Forschungsberichte*, Tübingen 2002.

BURGHART, W.J., «Isaiah 60,1-7», *Int* 44 (1990) 396-400.

CAMPOS SANTIAGO, J., «El tercer Isaías», *Reseña Bíblica* 25 (2000) 25-32.

CANNON, W.W., «Isaiah 61,1-3: An Ebed-Jahweh Poem», *ZAW* 47 (1929) 284-288.

CARLSON, R.A., «Anti-Assyrian Character of the Oracle in Is 9,1-6», *VT* 24 (1974) 130-135.

CARR, D.M., «Reaching for Unity in Isaiah», *JSOT* 57 (1993) 61-80.

——, «Reading Isaiah from Beginning (Isaiah 1) to End (Isaiah 65-66): Multiple Modern Possibilities», dans R.F. MELUGIN – M.A. SWEENEY ed., *New Visions of Isaiah*, JSOT.S 214, Sheffield 1996, 188-218.

CASPARI, W., «Jesaja 34 und 35», *ZAW* 49 (1931) 67-86.

CATE, R.L., «We Need to Be Saved (Isaiah 1,1-20, 5,1-12, 6,1-13)», *RE* 88 (1991) 137-151.

CAZELLES, H., «La vocation d'Isaïe (chap. 6) et les rites royaux», dans L.V. ALVAREZ VERDES – E.J. ALONSO HERNÁNDEZ, ed., *Homenaje a Juan Prado: miscelánea de estudios bíblicos y hebraicos*, Madrid 1975, 89-108.

——, «Qui aurait visé, à l'origine, Isaïe 2,2-5?», *VT* 30 (1980) 409-420.

CERESKO, A.R., «The Rhetorical Strategy of the Fourth Servant Song (Isaiah 52:13-53:12): Poetry and the Exodus-New Exodus», *CBQ* 56 (1994) 42-55.

CHARPENTIER, É., *Jeunesse du Vieux Testament*, La Bible retrouvée 1, Paris 1963.

CHAVASSE, C.L., «Suffering Servant and Moses», *CQR* 165 (1964) 152-163.

CHESTER, A., *Future Hope and Present Reality*, WUNT 293, Tübingen 2012.

CHEYNE, T.K., *The Book of Isaiah Chronologically Arranged: An Amended Version with Historical and Critical Introductions and Explanatory Notes*, London 1870.

——, *The Prophecies of Isaiah: A New Translation With Commentary and Appendices*, London 1886.

——, *Einleitung in das Buch Jesaja*, Giessen 1897.

——, *The Mines of Isaiah Re-explored*, London 1912.

CHILDS, B.S., *Isaiah and the Assyrian Crisis*, SBTSS 3, London 1967.

——, *Biblical Theology of the Old and New Testaments: Theological Reflection on the Christian Bible*, Minneapolis 1992.

——, *Isaiah*, OTL, Louisville 2000.

——, *The Struggle to Understand Isaiah as Christian Scripture*, Grand Rapids, MI 2004.

CHISHOLM, R.B., «The Christological Fulfillment of Isaiah's Servant Songs», *BibSa* 163 (2006) 387-404.

CHILTON, B., *The Glory of Israel: The Theology and Provenience of Isaiah Targum*, JSOT.S 23, Sheffield 1983.

CLEMENTS, R.E., «The Burden of Babylon: A Study of Isaiah 13,2–14,23», *SJT* 24 (1971) 491-493.

———, *Isaiah and the Deliverance of Jerusalem: A Study of the Interpretation of Prophecy in the Old Testament*, JSOT.S 13, Sheffield 1980.

———, *Isaiah 1-39: Based on the Revised Standard Version*, NCBC, Grand Rapids, MI 1982.

———, «The Unity of the Book of Isaiah», *Int* 36 (1982) 117-129.

———, «Beyond Tradition-History: Deutero-Isaianic Development of First Isaiah's Themes», *JSOT* 31 (1985) 95-113.

———, «Isaiah 14,22-27: a Central Passage Reconsidered», dans J. VERMEYLEN, ed., *The Book of Isaiah-Le livre d'Isaïe: les oracles et leurs relectures: unité et complexité de l'ouvrage*, BETL 81, Louvain 1989, 253-262.

CLEMENTS, R.E., «The Prophecies of Isaiah to Hezekiah Concerning Sennacherib 2 Kings 19,21-34//Isa 37,22-35», dans R. LIWAK – S. WAGNER, ed., *Prophetie und geschichtliche Wirklichkeit im alten Israel: Festschrift für Siegfried Herrmann zum 65. Geburtstag*, Stuttgart 1991, 65-78.

———, «A Light to the Nations: A Central Theme of the Book of Isaiah», dans J.W. WATTS – P.R. HOUSE, ed., *Forming Prophetic Literature: Essays on Isaiah and the Twelve in Honor of John D. W. Watts*, Sheffield 1996, 57-69.

———, «Isaiah: A Book without an Ending?», *JSOT* 97 (2002) 109-126.

CLINES, D.J.A., *I, He, We and They: A Literary Approach to Isaiah 53*, Sheffield 1975.

CONRAD, E.W., «The Royal Narratives and the Structure of the Book of Isaiah», *JSOT* 41 (1988) 67-81.

———, *Reading Isaiah*, OBT 27, Minneapolis 1991.

CONROY, C., «The Four Servant Poems in Second Isaiah in the Light of Recent Redaction-Historical Studies», dans C. MCCARTHY – J.F. HEALY ed., *Biblical and Near Eastern Essays. Fs. K. J. Cathcart*, JSOT.S 375, London 2004, 80-90.

CORNEY, R.W., «Isaiah L, 10», *VT* 26 (1976) 497-498.

CORTESE, E., «Il "servo di JHWH"», *RSB* 14 (2002) 81-98.

CREMER, H., *Die paulinische Rechlfertigungslehre im Zusammenhang ihrer geschichtlichen Voraussetzungen*, [s.l.]1898.

CROATTO, J.S., *Imaginar el futuro. Estructura, retórica y querigma del Tercer Isaías (Isaías 56–66)*, Buenos Aires 2001.

CULVER, R.D., «Isaiah 1,18: Declaration, Exclamation or Interrogation?», *JETS* 12 (1969) 133-141.

CYRENSIS, T., *Commentaire sur Isaïe*, SC 276.295.315, Paris 1980-84.

DAHL, N.A., «The Doctrine of Justification: Its Social Function and Implications», dans IDEM, ed., *Studies in Paul*, Minneapolis 1977, 95-120.

DAHOOD, M.J., «Some Ambiguous Texts in Isaiah: (30,15; 52,2; 33,2; 40,5; 45,1)», *CBQ* 20 (1958) 41-49.

———, «Textual Problems in Isaiah», *CBQ* 22 (1960) 400-409.

———, *The Chiastic Breakup in Isaiah 58,7*, MDMJ 2.51, Roma 1976.

———, «Isaiah 53,8-12 and Massoretic Misconstructions», *Bib* 63 (1982) 566-570.

DAVIES, A., *Double Standards in Isaiah: Re-evaluating Prophetic Ethics and Divine Justice*, BInt 46, Leiden 2000.

DAVIES, E.W., *Prophecy and Ethics: Isaiah and the Ethical Traditions of Israel*, JSOT.S 16, Sheffield 1981.

DAVIES, G.I., «The Destiny of the Nations in the Book of Isaiah», dans J. VERMEYLEN, ed., *The Book of Isaiah-Le livre d'Isaïe: les oracles et leurs relecteurs: unité et complexité de l'ouvrage*, BETL 81, Louvain 1989, 93-120.

DE BOER, P.A.H., *Second-Isaiah's Message*, OS 11, Leiden 1956.

DE JONG, M., *Isaiah Among the Ancient Near Eastern Prophets: Comparison of the Earliest Stages of the Isaiah Tradition and the Neo-Assyrian Prophecies*, VT.S 117, Leiden 2007.

DELITZSCH, F.J., *Jesaja*, BCAT 3.1, Leipzig 1984.

DE SOUSA, R.F., *Eschatology and Messianism in LXX Isaiah 1–12*, LHB/OTS 516, London 2010.

DEVANESAN, J.C.S., «Sin and Colour: A Critical Evaluation of the Western Scholarly Exegesis of Isaiah 1,18», *BTh* 2 (2004) 188-194.

DIESTEL, L., «Die Idee der Gerechtigkeit vorzuglich im Altes Testament», *JDTh* 5 (1860) 173-253.

DIM, E.U., *The Eschatological Implication of Isa 65 and 66 as the Conclusion of the Book of Isaiah*, BiHi 3, Bern 2005.

DION, P.-É, «Les chants du serviteur de Yahweh et quelques passages apparentés d'Is 40-55. Un essai sur leurs limites précises et sur leurs origines respectives», *Bib* 51 (1970) 17-38.

DONNER, H., *Geschichte des Volkes Israel und seiner Nachbarn in Grundzügen*, ATDE 4, Göttingen 1984.

DOORLY, W.J., *Isaiah of Jerusalem: An Introduction*, New York 1992.

DRAY, P., «Isaiah 52,13–53,12: Isaiah on the Suffering Servant», *Evangel* 26 (2008) 33-36.

DRIVER, G.R., «Isaiah 52,13–53,12: the Servant of the Lord», dans M. BLACK – G. FOHRER, ed., *In memoriam Paul Kahle*, BZAW 103, Berlin 1968, 90-105.

DUHM, B.L., *Das Buch Jesaja übersetzt und erklärt*, HKAT 3.1, Göttingen 1922.

DUMBRELL, W.J., *Covenant and Creation: An Old Testament Covenantal Theology*, Exeter 1984.

———, «The Purpose of the Book of Isaiah», *TB* 36 (1985) 111-128.

EISSFELDT, O.W.H., *Der Gottesknecht bei Deuterojesaja (Jes. 40-55) im Lichte der israelitischen Anschauung von Gemeinschaft und Individuum*, BRA 2, Halle 1933.

———, *The Old Testament: An Introduction; Including the Apocrypha and Pseudepigrapha, and also the Works of Similar Type from Qumran*, Oxford 1974.

ELLIGER, K., *Die Einheit des Tritojesaia (Jesaia 56–66)*, BWANT 45, Stuttgart 1928.

———, «Der Prophet Tritojesaja», *ZAW* 49 (1931) 112-141.

———, *Deuterojesaja in seinem Verhältnis zu Tritojesaja*, BWANT 63, Stuttgart 1933.

———, «Textkritisches zu Deuterojesaja», dans H. GOEDICKE, ed., *Near Eastern Studies in Honor of W. F. Albright*, Baltimore 1971, 113-119.

———, «Nochmals Textkritisches zu Jes 53», dans J. SCHREINER, ed., *Wort, Lied und Gottesspruch*, Fs. J. Ziegler, FzB 2, Würzburg 1972, 137-144.

ELLIS, R.R., «The Remarkable Suffering Servant of Isaiah 40-55», *SJT* 34 (1991) 20-30.

EMMERSON, G., *Isaiah 56–66*, OTG, Sheffied 1992.

ENGNELL, I., *The Ebed Yahweh Songs and the Suffering Messiah in "Deutero-Isaiah"*, BJRL 31.1, Manchester 1948.

EVERSON, A.J., «Isaiah 61,1-6: To Give Them a Garland Instead of Ashes: Exposition», *Int* 32 (1978) 69-73.

EXUM, J.C., «Isaiah 28–32: A Literary Approach», dans P.J. ACHTEMEIER, ed., *Seminar Papers*, SBLSP 18, Missoula 1979, 123-151.

FEKKES, J., *Isaiah and Prophetic Traditions in the Book of Revelation: Visionary Antecedents and Their Development*, JSNT.S 93, Sheffield 1994.

FERRY, J., *Isaïe: «comme un livre scellé...» (Is 29,11)*, LeDiv 221, Paris 2008.

FEUILLET, A., «Introduction au livre d'Isaïe. Les chapitres 56–66: étude littéraire et doctrinale», dans A. FEUILLET, ed., *Etudes d'exégèse et de théologie biblique. Ancien Testament*, Paris 1975, 181-197.

FITZGERALD, C.W., *Rhetorical Analysis of Isaiah 56–66*, http://digitalcom mons.liberty.edu/cgi/viewcontent.cgi?article=1097&context=fac_dis

FOHRER, G., «Jesaja 1 als Zusammenfassun der Verkündigung Jesajas», *ZAW* 74 (1962) 251-268.

———, *Das Buch Jesaja: I, Kapitel 1–23; II, Kapitel 24–39; III, Kapitel 40–66*, Zürich 1964-67.

———, *Jesaja 40–66: Deuterojesaja/Tritojesaja*, ZBib 19.3, Zürich 1986.

FREZZA, F., «Annotazioni sperimentali su Is. 42,1-4», *RivB* 19 (1971) 307-320.

GARCÍA FERNÁNDEZ, M., *"Consolad, consolad a mi pueblo": el tema de la consolación en Deuteroisaías*, AnBib 181, Roma 2010.

GARZÓN MORENO, M.A., *La alegría en Isaías: la alegría como unidad y estructura del libro a partir de su epílogo (Is 65-66)*, ABE 55, Estella (Navarra) 2011.

GÄRTNER, J., *Jesaja 66 und Sacharia 14 als Summe der Prophetie: eine traditions-und redaktionsgeschichtliche Untersuchung zum Abschluss des Jesaja-und des Zwölfprophetenbuches*, WMANT 114, Neukirchen-Vluyn 2006.

GELSTON, A., «Some Notes on Second Isaiah», *VT* 21 (1971) 517-527.

GENESIUS, W., *Philologisch-Kritischer und historiker Commentar über den Jesaia*, I, Leipzig 1821.

GIBLIN, C.H., «A Note on the Composition of Isaias 49,1-6 (9a)», *CBQ* 21 (1959) 207-212.

GITAY, Y., «Reflections on the Study of the Prophetic Discourse: The Question of Isaiah 1,2-20», *VT* 33 (1983) 207-221.

———, «Isaiah and His Audience», *Prooftexs* 3 (1983) 223-230.

———, *Isaiah and His Audience: The Structure and Meaning of Isaiah 1–12*, SSN 30, Assen 1991.

———, «Isaiah 1–39 with an Introduction to Prophetic Literature», *HS* 40 (1999) 315-320.

GOLDENSTEIN, J., *Das Gebet der Gottesknechte: Jesaja 63,7–64,11 im Jesajabuch*, WMANT 92, Neukirchen-Vluyn 2001.

GOLDINGAY, J., *The Message of Isaiah 40-55: A Literary-Theological Commentary*, London 2005.

GOSSE, B., «Un texte pré-apocalyptique du règne de Darius: Isaïe 13,1– 14,23», *RB* 92 (1985) 200-222.

GOSSE, B., «Le "moi" prophétique de l'oracle contre Babylone d'Isaïe 21,1-10», *RB* 93 (1986) 70-84.

———, «L'alliance d'Isaïe 59,21», *ZAW* 101 (1989) 116-118.

———, «Isaïe 21,11-12 et Isaïe 60–62», *BN* 53 (1990) 21-22.

———, «Isaïe 34–35: Le châtiment d'Edom et des nations, salut pour Sion», *ZAW* 102 (1990) 396-404.

———, «Isaïe 17,12-14 dans la rédaction du livre d'Isaïe», *BN* 58 (1991) 20-23.

———, «Isaïe 52,13–53,12 et Isaïe 6», *RB* 98 (1991) 537-543.

———, «Isaïe 1 dans la rédaction du livre d'Isaïe», *ZAW* 104 (1992) 52-66.

———, «Isaïe 28–32 et la rédaction d'ensemble du livre d'Isaïe», *JSOT* 9 (1995) 75-82.

———, «Isaiah 8,23b and the Three Great Parts of the Book of Isaiah», *JSOT* 70 (1996) 57-62.

———, *Structure des grands ensembles bibliques et intertextualité à l'époque perse. De la rédaction sacerdotale du livre d'Isaïe à la contestation de la Sagesse*, BZAW 246, Berlin 1997.

———, «Isaïe 6, la mort des rois de Juda dans le livre d'Isaïe et la royauté de Yahvé», *BN* 125 (2005) 5-10.

GOTTWALD, N.K., *The Hebrew Bible: A Socioliterary Introduction*, Philadelphia 1985.

GOWAN, D.E., «Isaiah 61,1-3.10-11», *Int* 35 (1981) 404-409.

GOZZO, S.M., *La dottrina teologica del libro di Isaia: studio critico-esegetico*, BPAA 11, Roma 1962.

GRAF, E., *De l'unité des chapitres XL-LXVI d'Esaïe*, Paris 1895.

GRAY, G.B., *A Critical and Exegetical Commentary on the Book of Isaiah*, ICCHSONT, Edinburgh 1912.

GRAY, M., *Rhetoric and Social Justice in Isaiah*, LHB/OTS 432, New York 2006.

GRAZIANO, F., «Is 42,1-9: l'annuncio del Servo. Alleanza del popolo e luce delle nazioni», dans R. MEYNET – J. ONISZCZUK, ed., *Retorica biblica e semitica 2. Atti del secondo convegno*, RB 16, Bologna 2011, 47-66.

GREENBERG, G., «Indications of the Faith of the Translator in the Peshitta to the "Servant Songs" of Deutero-Isaiah», *AS* 2 (2004) 175-192.

GREENSTEIN, E.L., «"How Does Parallelism Mean?"», dans E.L GREENSTEIN – al., ed., *A Sense of Text: The Art of Language and the Study of Biblical Literature*, JQR.S, Winona Lake, IN 1983, 41-70.

GREGORY, B.C., «The Postexilic Exile in Third Isaiah: Isaiah 61,1-3 in Light of Second Temple Hermeneutics», *JBL* 126 (2007) 479-496.

GRELOT, P., *Les poèmes du Serviteur: De la lecture critique à l'herméneutique*, Paris 1981.

GRIMM, W., «Er nicht! Der Gottesknect als Verweigerer des Heiligen Kriegs: ein neues Verständnis von Jes 42,1-4», *BZ* 138 (2008) 47-61.

GRIVER, G.R., «Isaiah 1–39: Textual and Linguistic Problems», *JSS* 13 (1968) 36-57.

———, «Linguistic and Textual Problems, Isaiah 1–39», *JTS* 38 (1937) 36-50.

HAAG, E., «Bund fur das Volk und Licht fur die Heiden», *Didaskalia* 7 (1977) 3-14.

———, «Das Opfer des Gottesknechts», *TTZ* 86 (1977) 81-98.

HAAG, H., «Ebed Jahwe-Forchung 1948-1958», *BZ* (1959) 174-204.

———, *Der Gottesknecht bei Deuterojesaja*, EF 233, Darmstadt 1985.

HAGELIA, H., *Coram Deo: Spirituality in the Book of Isaiah, with Particular Attention of Faith in Yahweh*, CB.OT 49, Stockholm 2001.

HALLER, M., «Die Kyros-lieder Deuterojesajas», dans H. SCHMIDT, ed., *Eucharisterion: Studien zur Religion und Literatur des Alten und Neuen Testaments*, Fs. H. Gunkel, Göttingen 1923, 261-277.

HANSON, P.D., *The Dawn of Apocalyptic: The Historical and Sociological Roots of Jewish Apocalyptic Eschatology*, Philadelphia 1975, 1979.

———, *Isaiah 40–66*, IBCo, Louisville, KY 1996.

HARVEY, J., *Le plaidoyer prophétique contre Israel après la rupture de l'Alliance*, Bruge 1967.

HAYES, E., «The One Who Brings Justice: Conceptualizing the Role of "The Servant" in Isaiah 42:1-4 and Matthew 12:15-21», dans I. PROVAN – M. BODA, ed., *Let Us Go up to Zion,* Fs. H.G.M. Williamson, VT.S 153 Leiden 2012, 143-151.

HAYES, J.H., *Isaiah, the Eight-Century Prophet: His Times and His Preaching*, Nashville, NT 1987.

HAYS, C.B., «The Covenant with Mut: A New Interpretation of Isaiah 28,1-22», *VT* 60 (2010) 212-240.

———, «Echoes of the Ancient Near East? Intertextuality and the Comparative Study of the Old Testament», dans J.R. WAGNER – C.K. ROWE – A.K. GRIEB, ed., *The Word Leaps the Gap*, Fs. R.B. Hays, Grand Rapids, MI 2008, 20-43.

HELFMEYER, F.J., *Der Heilige Israel – dein Erlöser: das Buch Jesaja*, SKK.AT 9-10, Stuttgart 1981.

HERMISSON, H.-J., «Israel und der Gottesknecht bei Deuterojesja», *ZTK* (1982) 1-24.

HERMISSON, H.-J., «Gottesknecht und Gottes Knechte: zur ältesten Deutung eines deuterojesajanischen Themas», dans P. SCHÄFER, ed., *Geschichte—Tradition–Reflexion,* Fs. M. Hengel, Tübingen 1996, 43-68.

———, «Der verborgene Gott im Buch Jesaja», dans IDEM, *Studien zu Prophetie und Weisheit. Gesammelte Aufsätze,* FAT 23, Tübingen 1998, 105-116.

———, *Studien zu Prophetie und Weisheit: Gesammelte Aufsätze,* FAT 23, Tübingen 1998.

HERRMANN, S., *A History of Israel in Old Testament Times,* Philadelphia 1981.

HILLERS, D.R., «Berit 'am: "Emancipation of the People"», *JBL* 97 (1978) 175-182.

HO, A., *Sedeq and Sedaqah in the Hebrew Bible,* AUS 7, New York 1996.

HÖFFKEN, P., *Das Buch Jesaja,* NSK.AT 18/1-2, Stuttgart 1993.

———, *Jesaja. Der Stand der theologischen Diskussion,* Darmstadt 2004.

HOGENHAVEN, J., *Gott und Volk bei Jesaja: eine Untersuchung zur biblischen Theologie,* ATD 24, Leiden 1988.

HOLLADAY, W.L., «Was Trito-Isaiah Deutero-Isaiah after All?», dans C.C. BROYLES – C.A. EVANS, ed., *Writing and Reading the Scroll of Isaiah: Studies of an Interpretive Tradition,* VT.S 70.1, Leiden 1997, 193-217.

HOLMGREN, F.C., *With Wings as Eagles: Isaiah 40/55,* New York 1973.

———, «The Servant: Responding to Violence» *CTM* 31 (2004) 352-358.

HOLMAN, J., «De kernboodschap van Jesaja. Omvang en betekenis van de inclusie van Jes. 1-2,4 met 65–66», *Tijdschrift voor Theologie* 36 (1996) 3-17.

HONEYMAN, A.M., «Isaiah 1,16 - hizzakku», *VT* 1 (1951) 63-65.

HOPPE, L.J., «Isaiah 58, 1-12: Fasting and Idolatry», *BTB* 13 (1983) 44-47.

HROBON, B., *Ethical Dimension of Cult in the Book of Isaiah,* BZAW 418, Berlin – New York 2010.

HUMBERT, P. – al., *La Bible du centenaire. Troisième livraison,* Paris 1919.

HUROWITZ, V.A., «A Forgotten Meaning of Nepeš in Isaiah LVIII 10», *VT* 47 (1997) 43-52.

IRVINE, S.A., *Isaiah, Ahaz, and the Syro-Ephraimitic Crisis,* SBLDS 123, Atlanta 1990.

JANOWSKI, B., «Er trug unsere Sünden. Jesaja 53 und die Dramatik der Stellvertretung», *ZTK* 90 (1993) 1-24.

JANOWSKI, B., *Stellvertretung. Alttestamentliche Studien zu einem theologischen Grundbegriff*, SBS 165, Stuttgart 1997.

JANOWSKI, B. – STUHLMACHER, P., ed., *Der leidende Gottesknecht. Jesaja 53 und seine Wirkungsgeschichte, mit einer Bibliographie zu Jes 53*, FAT 14, Tübingen 1996.

JANOWSKI, B. – STUHLMACHER, P., *The Suffering Servant: Isaiah 53 in Jewish and Christian Sources*, Grand Rapids 2004.

JANTHIAL, D., *L'oracle de Nathan et l'unité du livre d'Isaïe*, BZAW 343, Berlin 2004.

JEFFREYS, L.D., *The Unity of the Book of Isaiah: Linguistic and Other Evidence of the Undivided Authorship*, Cambridge 1899.

JENNI, E. – WESTERMANN, C., *Theological Lexicon of the Old Testament*, Peabody 1997.

JEPPESEN, K., «From "You, My Servant" to "The Hand of the Lord is with My Servants": A Discussion of Is 40–66», *SJOT* (1990) 101-111.

———, «Mother Zion, Father Servant: A Reading of Isaiah 49-55», dans H.A. MCKAY – D.J.A. CLINES, ed., *Of Prophets' Visions and the Wisdom of Sages. Essays in Honour of R. Norman Whybray on his Seventieth Birthday*, JSOT.S 162, Sheffield 1993, 109-125.

JEPSON, A. «צדק und צדקה im Alten Testament», dans H.G. REVENTLOW, ed., *Gottes Wort und Gottes Land,* Fs. H.W. Hertzberg, Göttingen 1965, 78-89.

JEREMIAS, J., «Mišpāt im ersten Gottesknechtslied (Jes 42,1-4)», *VT* 22 (1972) 31-42.

JONES, B.C., «Isaiah 8,11 and Isaiah's Vision of Yahweh», dans M.P. GRAHAM – W.P. BROWN – J.K. KUAN, ed., *History and Interpretation: Essays in Honour of John H. Hayes*, Sheffield 1993, 145-159.

KAISER, O., *Der Königliche Knecht: Eine traditionsgeschichtlich-exegetische Studie über die Ebed-Jahwe-Lieder bei Deuterojesaja*, FRLANT 70, Göttingen 1959.

———, *Introduction to the Old Testament: A Presentation of Its Results and Problems*, Oxford 1975.

KAMINKA, A., *Le prophète Isaïe: nouvelles recherches sur le développement de ses idées et l'unité de son livre*, Paris 1925.

KAMINSKY, J. – STEWART, A., «God of All the World: Universalism and Developing Monotheism in Isaiah 40–66», *HTR* 99 (2006) 139-163.

KAUFMANN, Y., *Universal Peace in Isaiah's Prophecy*, MPr 1, Jerusalem 1966.

KENNEDY, J.M., «Consider the Source: A Reading of the Servant's Identity and Task in Isaiah 42,1-9», dans A.J. EVERSON – H.C.P. KIM, ed.,

The Desert Will Bloom: Poetic Visions in Isaiah, AIL 4, Leiden 2009, 181-196.

KENNETT, R.H., *The Composition of the Book of Isaiah in the Light of History and Archaeology*, SLBA 1909, London 1910.

———, *The "Servant of the Lord"*, London 1911.

KESSLER, W., *Gott geht es um das Ganze: Jesaja 55–66 und 24–27*, BAT.EAS 19, Stuttgart 1960.

KIESOW, K., *Exodustexte im Jesajabuch: literarkritische und motivgeschichtliche Analysen*, OBO 24, Göttigen 1979.

KILIAN, R., *Jesaja*, NEBAT 17/32/36/37, Würzburg 1986-2006.

———, «Anmerkungen zur Bedeutung von "משפט" im ersten Gottesknechtslied», dans J.J. DEGENHARDT, ed., *Die Freude und Gott-unsere Kraft*, Fs. O.B. Knoch, Stuttgart, 1991, 81-88.

KIM, H.C.P., «An Intertextual Reading of "A Crushed Reed" and "A Dim Wick" in Isaiah 42.3», *JSOT* 83 (1999) 113-124.

KINNAMON, M., «Ministry in a Time of Exile: Isaiah 42,1-9», *LTQ* 35 (2000) 15-21.

KNIGHT, G.A.F., *Servant Theology: A Commentary on the Book of Isaiah 40–55*, ITC, Edinburgh 1984.

———, *The New Israel: A Commentary of the Book of Isaiah 56–66*, ITC, Grand Rapids, MI 1985.

KOCH, R., «Der Gottesgeist und der Messias», *Bib* 27 (1946) 241-268; 376-403.

———, *La théologie de l'Esprit de Yahvé dans le livre d'Isaïe*, MI 1.4, BETL 12-13, Paris 1959.

KOENEN, K., *Ethik und Eschatologie im Tritojesajabuch: eine literarkritische und redaktionsgeschichtliche Studie*, WMANT 62, Neukirchen-Vluyn 1990.

KOENIG, J., «Allusion inexpliquée au roseau et à la mèche (Isaïe 42,3)», *VT* 18 (1968) 159-172.

KOENIG, J., *L'herméneutique analogique du Judaïsme antique d'après les témoins textuels d'Isaïe*, VT.S 33, Leiden 1982.

KÖNIG, E., *Das Buch Jesaja*, Gütersloh 1926.

KOOLE, J.L., *Isaiah. Part III*, HOT, Kampen 1997.

KRATZ, R.G., «Der Anfang der Zweiten Jesaja in Jes 40,1 und das Jeremiabuch», *ZAW* 106 (1994) 243-261.

———, «Tritojesaja», *TRE* 34 (2002) 124-130.

———, «Rewriting Isaiah: The Case of Isaiah 28–31», dans J. DAY, *Prophecy and Prophets in Ancient Israel: Proceedings of the Oxford Old Testament Seminar*, LHB/OTS 531, New York 2010, 245-266.

KRAUS, H.J., *Das Evangelium der unbekannten Propheten: Jesaja 40–66*, KBB, Neukirchen-Vluyn 1990.

———, *How to Read the Bible: A Guide to Scripture, then and now*, New York 2007.

KRUSE, C.C., «The Servant Songs: Interpretive Trends since C.R. North», *SBT* 8 (1978) 3-27.

KUGEL, J.L., *Traditions of the Bible: A Guide to the Bible as It Was at the Start of the Common Era*, Cambridge 1998.

KUMMEROW, D., «Re-examining the Referent(s) of Isaiah 49:1-13», [hiphil.org/index.php/hiphil/article/view/15].

KUSTÁR, Z., *"Durch seine Wunden sind wir geheilt": eine Untersuchung zur Metaphorik von Israels Krankheit und Heilung im Jesajabuch*, BWANT 154, Stuttgart 2002.

LAATO, A.J., *Who is Immanuel? The Rise and the Foundering of Isaiah's Messianic Expectations*, Åbo 1988.

———, *"About Zion I Will not Be Silent": The Book of Isaiah as an Ideological Unity*, CB.OT 44, Stockholm 1998.

LACK, R., *La symbolique du livre d'Isaïe: essai sur l'image littéraire comme élément de structuration*, AnBib 59, Rome 1973.

———, *Letture strutturaliste dell'Antico Testamento*, RiTe, Roma 1978.

LANDY, F., «The Construction of the Subject and the Symbolic Order: A Reading of the Last Three Suffering Servant Songs», dans P.R. DAVIES – D.J.A. CLINES, ed., *Among the Prophets. Language, Image and Structure in the Prophetic Writings*, JSOT.S 144, Sheffield 1993, 60-71.

———, «Tracing the Voice of the Other: Isaiah 28 and the Covenant with Death», *NLCHB*, 140-162.

———, «Torah and anti-Torah: Isaiah 2,2-4 and 1,10-26», *BibInt* 11 (2003) 317-134.

LANZ, E., *Der ungeteilte Jesaja: neues Licht auf alte Streitfrage*, BM 13, Wuppertal 2004.

LAPOINT, E., «Le serviteur de Yahvé du Deutéro-Isaïe: essai d'identification», *ScEs* 62 (2006) 61-89.

LAU, W., *Schriftgelehrte, Prophetie in Jes 56–66: eine Untersuchung zu den literarischen Bezügen in den letzten elf Kapiteln des Jesajabuches*, BZAW 225, Berlin 1994.

LAUHA, A., «Der Bund des Volkes: ein Aspekt der Deuterojesajanischen Missionstheologie», dans H. DONNER – R. HANHART – R. SMEND, ed., *Beiträge zur alttestamentlichen Theologie*, Fs. W. Zimmerli, Göttingen 1977, 257-261.

LECLERC, T.L., *Yahweh is Exalted in Justice: Solidarity and Conflict in Isaiah*, Minneapolis 2005.

LEE, S., *Creation and Redemption in Isaiah 40–55*, BLi 2, Hong Kong 1995.

LEEUW, V. DE, *De Ebed Jahweh-Profetieen: historisch-kritisch onderzoek naar hun onstaan en hun betekenis: avec un résumé en français. Les chants de l'Ébed Yahvé, leur interprétation et leur portée prophétique*, Assen 1956.

LENNOX, R., «The Servant of Yahweh in the Old Testament», *ThT* 15 (1958) 315-320.

LESCOW, T., «Jesajas Denkschrift aus der Zeit des syro-ephraimitischen Krieges», *ZAW* 85 (1973) 315-331.

LESSING, R.R., *Interpreting Discontinuity: Isaiah's Tyre Oracle*, Winona Lake, IN 2004.

———, «Isaiah's Servants in Chapters 40–55: Clearing up the Confusion», *CoJo* 37 (2011) 130-134.

LINDHAGEN, C., «Important Hypotheses Reconsidered: Servant of the Lord», *ExpT* 67 (1956) 300-302.

LINDSEY, F.D., «Isaiah's Songs of the Servant (1)», *BibSa* 139 (1982) 12-31; 129-145; 216-229; 312-329.

———, «Isaiah's Songs of the Servant (5): The career of the servant in Isaiah 52:13-53:12», *BibSa* 140 (1983) 21-39.

LOEWENSTAMM, S.E., «Isaiah 1,31», *VT* 22 (1972) 246-248.

LOHFINK, N., «"Israel" in Jes 49,3», dans J. SCHREINER, ed., *Wort, Lied und Gottesspruch: Beiträge zu Psalmen und Propheten,* Fs. J. Ziegler, FzB 2, Würzburg 1972, 217-229.

LORETZ, O., *Das Reich Gottes nach dem Buche Isaias*, Innsbruck 1960.

MACCHI, J.-D., «Deutéro-Isaïe: enjeu et recherche», dans IDEM, ed., *Les recueils prophétiques de la Bible: origines, milieux et contexte proche-oriental*, MoBi 64, Paris 2012, 189-200.

MACCHI, J.-D. – NIHAN, C., «Isaïe 54–55», dans J.-D. MACCHI, ed., *Les recueils prophétiques de la Bible: origines, milieux et contexte proche-oriental*, MoBi 64, Paris 2012, 229-251.

MACRAE, A.A., «The Servant of the Lord in Isaiah», *BibSa* 121 (1964) 218-227.

MAGGIONI, B., «Le troisième chant du Serviteur de Yahvé, Is 50,4-9a», *AsSeign* 19 (1971) 28-37.

MALLER, A.S., «Isaiah's Suffering Servant: A New View», *JBQ* 39 (2009) 243-249.

MARCONCINI, B., *Il libro di Isaia (40–66)*, GAT, Roma 1996.

MARCUS, R., «The "plain meaning" of Isaiah 42,1-4», *HTR* 30 (1937) 250-259.

MARÉCHAL, Y., *Le livre d'Isaïe ou l'expérience du salut*, CBE 13, Paris 2011.

MARTENS, E.A., «Impulses to Mission in Isaiah: An Intertextual Exploration», *BBR* 17 (2007) 216-239.

MARTI, K., *Das Buch Jesaja*, KHCAT 10, Tübingen 1900.

MARTIN-ACHARD, R., *Israël et les nations: la perspective missionnaire de l'Ancien Testament*, Tbi 2.4, Neuchâtel 1959.

MAY, H.G., «The Righteous Servant in Second Isaiah's Songs», *ZAW* 66 (1954) 236-244.

MCKENNA, D.L., *Isaiah*, MOT 16 A-B, Dallas, TX 1994.

MCKENZIE, J.L., *Second Isaiah: Introduction, Translation, and Notes*, AncB 20, Garden City, NY 1968.

MEINHOLD, J., *Sabbat und Woche im Alten Testament*, FRLANT 5, Göttingen 1905.

MELUGIN, R.F., *The Formation of Isaiah 40–55*, BZAW 141, Berlin 1976.

———, «Figurative Speech and the Reading of Isaiah 1 as Scripture», dans R.F. MELUGIN – M.A. SWEENEY, ed., *New Visions of Isaiah*, JSOT.S 214, Sheffield 1996, 282-305.

———, «The Book of Isaiah and the Construction of Meaning», dans C.C. BROYLES – C.A. EVANS, ed., *Writing and Reading the Scroll of Isaiah: Studies of an Interpretive Tradition*, VT.S 70.1, Leiden 1997, 39-55.

———, «Israel and the Nations in Isaiah 40-55», dans H.T.C. SUN – K.L. EADES – J.M. ROBINSON – G.I. MOLLER, ed., *Problems in Biblical Theology: Essays in Honor of Rolf Knierim*, Grand Rapids, MI 1997, 249-264.

———, «Isaiah 40–66 in Recent Research: the "Unity" Movement», dans A.J. HAUSER, ed., *Recent Research on the Major Prophets*, RRBS 1, Sheffield 2008, 42-94.

MERENDINO, R.P., «Jes 49,1-6: ein Gottesknechtslied?», *ZAW* 92 (1980) 236-248.

———, «Jes 50,1-3 (9b-11): Jahwes immerwährende Huld zum erprobten Volk», *BZ* 29 (1985) 221-244.

MERENDINO, R.P., «Allein und einzig Gottes prophetisches Wort: Israels Erbe und Auftrag für alle Zukunft (Jesaja 50:4-9a,10)», *ZAW* 97 (1985) 344-366.

MEYNET, R., *L'analyse rhétorique: une nouvelle méthode pour comprendre la Bible*, Initiations, Paris 1989.

MEYNET, R., «Le quatrième chant du serviteur: Is 52,13–53,12», *Greg* 80 (1999) 407-440.

———, *Lire la Bible*, Champs 537, Paris 2003.

MILLER, J.M. – HAYES, J.H., *A History of Ancient Israel and Judah*, Louisville 2006.

MILLER, P.D., *The Way of the Lord: Essays in Old Testament Theology*, FAT 39, Tübingen 2004.

MISCALL, P.D., «Isaiah: New Heavens, New Earth, New Book», dans D. NOLAN FEWELL, ed., *Reading Between Texts. Intertextuality and the Hebrew Bible*, LCBI, Louisville, KY 1992, 41-56.

———, *Isaiah*, RNBC, Sheffield 2006.

MOBERLY, R.W.L., «What is Theological Interpretation of Scripture?», *JTI* 3 (2009) 161-178.

MONTAGNIGNI, F., *Il libro di Isaia*, EBib 1, Brescia 1966.

MORENZ, S., *Egyptian Religion*, MHA, London 1973.

———, *Gott und Mensch im Alten Ägypten*, Darmstadt 1984.

MORGENSTERN, J., «Isaiah 50,4-9a», *HUCA* 31 (1960) 20-22.

———, «Suffering Servant, a New Solution», *VT* 11 (1961) 292-320; 406-431.

———, «Two Additional Notes to "The Suffering Servant, a New Solution"», *VT* 13 (1963) 321-332.

———, «Isaiah 61», *HUCA* 40-41 (1969-1970) 109-121.

MOTYER, J.A., *The Prophecy of Isaiah*, Leicester 1993.

———, *Isaiah: An Introduction and Commentary*, TOTC, Leicester 1999.

MOWINCKEL, S., «Die Komposition des deuterojesajanischen Buches», *ZAW* 49 (1931) 87-112; 242-260.

———, *He That Cometh: The Messiah Concept in the Old Testament and Later Judaism*, BRS, Grand Rapids, MI 2005.

MUILENBURG, J., «Isaiah: Chapters 40–66», *IB* V (1956) 381-773.

———, «Form Criticism and Beyond», *JBL* 88 (1969) 1-18.

NEYREY, J.H., «The Thematic Use of Isaiah 42,1-4 in Matthew 12», *Bib* 63 (1982) 457-473.

NIDITCH, S., «The Composition of Isaiah 1», *Bib* 61 (1980) 509-529.

NIHAN, C., «L'histoire rédactionnelle du "Trito-Isaïe": un essai de synthèse», dans J.-D. MACCHI et al., ed., *Les recueils prophétiques de la Bible: origines, milieux et contexte proche-oriental*, MoBi 64, Paris 2012, 201-228.

NIELSON, K., *There is Hope for a Tree: The Tree as Metaphor in Isaiah*, JSOT.S 65, Sheffield 1989.

NORTH, C.R., *The Suffering Servant in Deutero-Isaiah: A Historical and Critical Study*, Oxford 1948.

———, *The History of Israel*, JSOT.S 182, London 1960.

———, *The Second Isaiah: Introduction, Translation and Commentary to Chapters 40–55*, Oxford 1964.

NURMELA, R., *The Mouth of the Lord Has Spoken: Inner-Biblical Allusions in Second and Third Isaiah*, SJud, Lanham 2006.

OBARA, E.M., *Le strategie di Dio: dinamiche comunicative nei discorsi divini del Trito-Isaia*, AnBib 188, Roma 2010.

O'CONNELL, R.H., *Concentricity and Continuity: The Literary Structure of Isaiah*, JSOT.S 188, Sheffield 1994.

OLLEY, J., *"Righteousness" in the Septuagint of Isaiah: A Contextual Study*, SCSt 8, Missoula 1979.

ORLINSKY, H.M., *The so-called "Suffering Servant" in Isaiah 53*, MPr 1, Cincinnati 1964.

———, «Israel in Isa. XLIX, 3: A Problem of Methodology of Textual Criticism», dans N. AVIGAD – M. AVI-YONAH – H. Z. HIRSCHBERG – B. MAZAR, ed., *E. L. Sukenik Memorial Volume 1889-1953*, Eretz-Israel 8, Jerusalem 1967, 42-45.

———, *Studies on the Second Part of the Book of Isaiah: The so-called "Servant of The Lord" and "Suffering Servant" in Second Isaiah*, VT.S 14, Leiden 1977.

ORTLUNG, R.C.J., *Isaiah: God Saves Sinners*, Preaching the Word, Wheaton, IL 2005.

ÖSTBORN, G., *Tora in the Old Testament: A Semantic Study*, Lund 1945.

OSWALT, J.N., *The Book of Isaiah: Chapters 1–39*, NICOT, Grand Rapids, MI 1986.

———, «Righteousness in Isaiah: A Study of the Function of Chapters 55–66 in the Present Structure of the Book», dans C.C. BROYLES – C.A. EVANS, ed., *Writing and Reading the Scroll of Isaiah: Studies of an Interpretive Tradition*, VT.S 70.1, Leiden 1997, 177-191.

———, *The Book of Isaiah: Chapters 40–66*, NICOT, Grand Rapids, MI 1998.

———, «Isaiah 60–62: The Glory of the Lord», *CTJ* 40 (2005) 95-103.

———, «Isaiah 52,13–53,12: Servant of All», *CTJ* 40 (2005) 85-94.

———, «The Nations in Isaiah: Friend or Foe; Servant or Partner», *BBR* 16 (2006) 41-51.

PARK, K.C., *Die Gerechtigkeit Israels und das Heil der Völker: Kultus, Tempel, Eschatologie und Gerechtigkeit in der Endgestalt des Jesajabuches (Jes 56,1-8; 58,1-14; 65,17-66,24)*, BEATAJ 52, Frankfurt am Main 2003.

PASSIONI DELL'ACQUA, A., «"Come una tarma": Immagini di fragilità e/o di distruzione nell'Antico Testamento», *RivB* 41 (1993) 393-428.

PAUL, S.M., *Isaiah 40–66: Translation and Commentary*, ECC, Grand Rapids, MI 2012.

PAURITSCH, K., *Die neue Gemeinde: Gott sammelt Ausgestossene und Arme (Jesaia 56–66): die Botschaft des Tritojesaja-Buches literar-formgattungskritisch und redaktionsgeschichtlich untersucht*, AnBib 47, Rom 1971.

PAYNE, J.B., «The Unity of Isaiah: Evidence from Chapters 36–39», *BETS* 6 (1963) 50-56.

PEAKE, A.S., *The Servant of Yahweh*, Manchester 1931.

PEDERSEN, J., «Die Behauptung der Gerechtigkeit», dans KOCH, K., ed., *Um das Prinzip der Vergeltung in Religion und Recht des Altes Testaments*, Darmstatt 1972, 8-43.

PENNA, A., *Isaia*, SBVT, Torino 1958.

PERLITT, L., «Jesaja und die Deuteronomisten», dans V. FRITZ – K.-F. POHLMANN – H.-C. SCHMITT, ed., *Prophet und Prophetenbuch,* Fs. O. Kaiser, Berlin 1989, 133-149.

PFEIFFER, R.H., *Introduction to the Old Testament*, London 1953.

PÍPAL, B., «Lord's Ebed in the Exile», *CoVi* 13 (1970) 177-180.

PLANTINGA, A., *Warranted Christian Belief*, New York 2000.

POLAN, G.J., *The Ways of Justice towards Salvation: A Rhetorical Analysis of Isaiah 56–59*, AUS 7, New York 1986.

POPPER, W., *Studies in Biblical Parallelism: Parallelism in Isaiah*, Berkeley, CA 1923.

PORÚBCAN, S., *Il patto nuovo in Is. 40–66*, AnBib 8, Romae 1958.

PRITCHARD, J.B., ed., *Ancient Near Eastern Texts Relating to the Old Testament*, (ANETS), Princeton, NJ 1955, 307-308.

PROCKSCH, O., *Jesaja I*, KAT 9/1, Leipzig 1930.

RAABE, P.R., «The Effect of Repetition in the Suffering Servant Song», *JBL* 103 (1984) 77-81.

RAD, G. VON, *Das formgeschichtliche Problem des Hexateuchs*, BZWANT 78, Stuttgart 1938.

———, *Theologie des Alten Testaments I-II*, München 1957-1962.

RAINER, A., *A History of Israelite Religion in the Old Testament Period*, I-II, London, 1994.

RAMIS DARDER, F., *El triunfo de Yahvé sobre los ídolos (Is 40,12-44, 23): "En vez de zarzas crecerá el ciprés"*, CSP 75, Barcelona 2002.

RAVENNA, A., «Osservazioni sul testo di Isaia», *RivB* 4 (1958) 364-367.

REHM, M., *Der königliche Messias im Licht der Immanuel-Weissagungen des Buches Jesaja*, ES.N.F. 1, Kevelaer 1968.

REMBAUM, J.E., «The Development of a Jewish Exegetical Tradition Regarding Isaiah 53», *HTR* 75 (1982) 289-311.

RENAUD, B., «La mission du serviteur en Is 42,1-4», *RevSR* 64 (1990) 101-113.

RENDTORFF, R., «Zur Komposition des Buches Jesaja», *VT* 34 (1984) 41-56.

———, «Jesaja 6 im Rahmen der Komposition des Jesajabuches», dans J. VERMEYLEN, ed., *The Book of Isaiah-Le livre d'Isaïe: les oracles et leurs relecteurs: unité et complexité de l'ouvrage*, BETL 81, Louvain 1989, 72-82.

———, «The Book of Isaiah: A Complex Unity. Synchronic and Diachronic Reading», dans R.F. MELUGIN – M.A. SWEENEY ed., *New Visions of Isaiah*, JSOT.S 214, Sheffield 1996, 32-49.

———, *Das Alte Testament: eine Einführung*, Neukirchen-Vluyn 1988.

———, *Kanon und Theologie. Vorarbeiten zu einer Theologie des Alten Testaments*, Neukirchen-Vluyn 1991.

RICCARDI, A., «Los cantos del siervo de Yavé», *Cute* 4 (1976) 124-128.

RIGNELL, L.G., *Study of Isaiah, Ch 40–55*, Lunds 1956.

RIMBACH, J.M., «Model Servant/Servant Model», *CoJo* 10 (1984) 12-20.

ROBERTS, J.M., «Isaiah in Old Testament Theology», *Int* 36 (1982) 130-143.

ROBINSON, H.W., «The Hebrew Conception of Corporate Personality», dans P. VOLZ – al., ed., *Werden und Wessen des Altes Testaments*, BZAW 66, Berlin 1936.

ROFÉ, A., «The Extent of Trito-Isaiah According to Kuenen and Elliger: Chaps. 54–66», *Henoch* 26 (2004) 128-135.

RONDELEUX, L.-J., *Isaïe et le prophétisme*, MSp, Bourges 1961.

ROSENTHAL, F., «Sedaka, Charity», *HUCA* 23 (1950-1951) 411-430.

ROWLEY, H.H., *The Suffering Servant and the Davidic Messiah*, Misc. R.H.H. 2. 8, Leiden 1950.

———, «The Servant Mission: The Servant Songs and Evangelism», *Int* 8 (1954) 259-272.

———, *The Servant of the Lord, and Other Essays on the Old Testament*, Oxford 1965.

RUBENSTEIN, R.E., *Thus Said the Lord: The Revolutionary Moral Vision of Isaiah and Jeremiah*, Orlando 2006.

RUDOLPH, W., «Der exilischer Messias. Ein Beitrag zur Ebed-Jahwe-Frage», *ZAW* 43 (1925) 90-114.

———, «Die Ebed-Jahwe-Lieder als geschichtliche Wirklichkeit», *ZAW* 46 (1928) 156-166.

RUITEN, J. VAN, «The Intertextual Relationship Between Isa 11,6-9 and Isa 65,25», dans F. GARCÍA MARTÍNEZ – A. HIHORST – C.J. LABUSCHAGNE, ed., *The Scriptures and the Scrolls*, Fs. A. van der Woude, VT.S 49, Leiden 1992, 31-42.

RUPPERT, L., «"Mein Knecht, der Gerechte macht die Vielen gerecht und ihre Verschuldungen er trägt sie" (Jes 53,11): Universales Heil durch das stellvertretende Strafleiden des Gottesknechtes?», *BZ* 49 (1996) 1-17.

RUSZKOWSKI, L., *Volk und Gemeinde im Wandel: eine Untersuchung zu Jesaja 56–66*, FRLANT 191, Göttingen 2000.

SAILHAMER, J., *Introduction to Old Testament Theology*, Grand Rapids, MI 1995.

SANDERS, P., «Pausal Forms and the Delimitation of Cola in Biblical Hebrew Poetry», dans M.C.A. KORPEL – J.M. OESCH, ed., *Unit Delimitation in Biblical Hebrew and Northwest Semitic Literature*, Assen 2003, 264-276.

SAWYER, J.F.A., «Daughter of Zion and Servant of the Lord in Isaiah: A Comparison», *JSOT* 44 (1989) 89-107.

———, *The Fifth Gospel: Isaiah in the History of Christianity*, Cambridge, UK 1996.

SCHARBERT, J., «Stellvertretendes Sühneleiden in den Ebed-Jahwe Liedern in altorientalischen Ritualtexten», *BZ* 2 (1958) 190-213.

———, *Das Entstehen der prophetischen Bücher*, MLP, s.l. 1965.

SCHENKER, A., *Knecht und Lamm Gottes (Jesaja 53). Übernahme von Schuld im Horizont der Gottesknechtslieder*, SBS 190, Stuttgart 2001.

———, «Versöhnung durch Abwälzen von Strafe auf Unschuldige? Ist eine solche Stellvertretung im sog. vierten Lied des Gottesknechtes in Jesaja 53 gemeint?», dans B. ACKLIN ZIMMERMANN – F. ANNEN, ed., *Versöhnt durch den Opfertod Christi? Die christliche Sühnopfertheologie auf der Anklagebank* (part 4), Zürich 2009, 15-25.

SCHENKER, A. – HUGO, P., «Histoire du texte et critique textuelle de l'Ancien Testament dans la recherche récente», dans IDEM ed., *L'enfance de la Bible hébraïque. L'histoire du texte* de *l'Ancien Testament à la lumière des recherches recentes*, MoBi 52, Genève 2005, 11-33.

SCHERRER, S., *A Commentary on the Book of Isaiah: Isaiah as Sacred Scripture*, Maryknoll, N.Y. 1993.

SCHEUER, B., *The Return of YHWH: The Tension between Deliverance and Repentance in Isaiah 40–55*, BZAW 377, Berlin – New York 2008.

SCHMID, H.H., *Gerechtigkeit als Weltordnung: Hintergrund und Geschichte des alttestamentlichen Gerechtigkeitsbegriffes*, BHT 40, Tübingen 1968.

SCHMITT, J.J., *Isaiah and His Interpreters*, New York 1986.

SCHOORS, A., «Les choses antérieures et les choses nouvelles dans les oracles Deutéro-Isaïens», *ETL* 40 (1964) 19-47.

SCHOTTROFF, W., «"Unrechtmässige Fesseln auftun, Jochstricke lösen" Jesaja 58,1-2, ein Textbeispiel zum Thema "Bibel und Ökonomie», *BInt* 5 (1997) 263-278.

SCHRAMM, B., *The Opponents of Third Isaiah: Reconstructing the Cultic History of the Restoration*, JSOT.S 193, Sheffield 1995.

SCHROEDER, C.O., *History, Justice, and the Agency of God: A Hermeneutical and Exegetical Investigation on Isaiah and Psalms*, BInt 52, Leiden 2001.

SCOTT, R.B.Y., «The Book of Isaiah, Chapters 1–39: Introduction and Exegesis», *IB* V, 165-381.

SCULLION J.J., «Approach to the Understanding of Isaiah 7,10-17», *JBL* 87 (1968) 288-300.

———, «Ṣedeq-Ṣedaqah in Isaiah 40–66 with Special Reference to the Continuity in Meaning Between Second and Third Isaiah», *UF* 3 (1971) 335-348.

———, *Isaiah 40–66*, OTM 12, Wilmington, DE 1982.

SEEBASS, H. – BROWN, C., «Righteousness», *NIDNTT*, III, 358-377.

SEELIGMANN, I.L., «Voraussetzungen der Midraschexegese», dans *Congress Volume, Copenhagen, 1953: International Organization for the Study of the Old Testament*, VT.S 1, Leiden 1953, 150-181.

SHEPHERD, J.E., «Holocaust, Hiroshima, the Book of Isaiah, and the Suffering Servant of the Lord», *Didaskalia* 17 (2005) 59-80.

SEITZ, C.R., ed., *Reading and Preaching the Book of Isaiah*, Philadelphia 1988.

———, «Isaiah 1–66: Making Sense of the Whole», dans IDEM, ed., *Reading and Preaching the Book of Isaiah*, Philadelphia 1988, 105-126.

———, *Zion's Final Destiny: The Development of the Book of Isaiah: A Reassessment of Isaiah 36–39*, Minneapolis 1991.

———, «Isaiah, Book of (Third Isaiah)», *ABD* III (1992) 501-507.

SEITZ, C.R., *Isaiah 1–39*, IBCo, Louisville 1993.

―――, «How Is the Prophet Isaiah Present in the Latter Half of the Book? The Logic of Chapters 40–66 within the Book of Isaiah», *JBL* 115 (1996) 219-240.

―――, *Word without End: The Old Testament as Abiding Theological Witness*, Grand Rapids, MI 1998.

―――, *Figured out: Typology and Providence in Christian Scripture*, Louisville 2001.

―――, «The Book of Isaiah 40–66», dans L.E. KECK, ed., *NIB* 6, Nashville 2001, 309-552.

―――, «"You Are My Servant, You Are the Israel in Whom I Will Be Glorified": The Servant Songs and the Effect of Literary Context in Isaiah», *CTJ* 39 (2004) 117-134.

SEITZ, C.R., ed., *Prophecy and Hermeneutics: Toward a New Introduction to the Prophets*, Grand Rapids 2007.

―――, *The Bible as Scripture: The Work of Brevard S. Childs*, BSNA/SBL 25, Atlanta 2013.

SEKINE, S., *Die tritojesajanische Sammlung (Jes 56–66) redaktions-geschichtlich untersucht*, BZAW 175, Berlin – New York 1989.

SELLIN, E., «Tritojesaja, Deuterojesaja und das Gottesknechtsproblem», *NKZ* 41 (1930) 73-93; 145-173.

SICRE, J.L., *Con los pobres de la tierra: la justicia social en los profetas de Israel*, Madrid 1984.

SILVA DA, V., «Eis meu servo. Leitura do primeiro canto do Servo do Senhor, segundo Is 42,1-7», *EstB* 89 (2006) 44-59.

SIMIAN-YOFRE, H., «נחם», *ThWAT* V, 366-384.

SKINNER, J., *The Book of the Prophet Isaiah, Chapters XL-LXVI*, Cambridge 1951.

SMART, J.D., *History and Theology in Second Isaiah: A Commentary on Isaiah 35, 40–66*, Philadephia 1965.

SMILLIE, G.R., «Isaiah 42,1-4 in Its Rhetorical Context», *BibSa* 162 (2005) 50-65.

SMITH, M.S., «Běrît 'am/běrît 'ôlām: A New Proposal for the Crux of Isa 42,6», *JBL* 100 (1981) 241-243.

―――, *The Origins of Biblical Monotheism: Israel's Polytheistic Background and the Ugaritic Texts*, New York 2001.

SMITH, P.A., *Rhetoric and Redaction in Trito-Isaiah: The Structure, Growth and Authorship of Isaiah 56–66*, VT.S 62, Leiden 1995.

SMITH, S., *Isaiah Chapters XL–LV: Literary Criticism and History*, London 1944.

SMOTHERS, T.G., «Isaiah 15–16», dans J.W. WATTS – P.R. HOUSE, ed., *Forming Prophetic Literature: Essays on Isaiah and the Twelve in Honor of John D.W. Watts*, JSOT.S 235, Sheffield 1996, 70-84.

SNAITH, H.N., «The Servant of the Lord in Deutero-Isaiah», dans H.H. ROWLEY, ed., *Studies in Old Testament Prophecy*, Fs. T.H. Robinson, Edinburgh 1950, 187-200.

SOGGIN, J.A., «Tod und Auferstehung des leidenden Gottesknechtes, Jesaja 53:8-10», *ZAW* 87 (1975) 346-355.

———, *Storia d'Israele dalle origini a Bar Kochbà*, Brescia 1984.

SOMMER, B.D., «Allusions and Illusions: The Unity of the Book of Isaiah in Light of Deutero-Isaiah's Use of Prophetic Tradition», dans R.F. MELUGIN – M.A. SWEENEY, eds., *New Visions of Isaiah*, JSOT.S 214, Sheffield 1997, 156-186.

———, *A Prophet Reads Scripture: Allusion in Isaiah 40–66*, CJo, Stanford, CA 1998.

SONNET, J.-P., «Le motif de l'endurcissement (Is 6,9-10) et la lecture d'"Isaïe"», *Bib* 73 (1992) 208-239.

SPIER, E., *Der Sabbat*, DJud 1, Berlin 1989.

SPYKERBOER, H.C., *The Structure and Composition of Deutero-Isaiah: with Special Reference to the Polemics against Idolatry*, Meppel 1976.

STACEY, D., *Isaiah: Chapters 1-39*, EpCo, London 1993.

STANSELL, G., «Isaiah 28–33: Blest Be the Tie that Binds (Isaiah together)», dans R.F. MELUIGIN – M.A. SWEENEY, ed., *New Visions of Isaiah*, JSOT.S 214, Sheffield 1996, 68-103.

STENDAHL, K., «Biblical Theology», dans *IDB* I, 418-432.

STECK, O.H., *Bereitete Heimkehr: Jesaja 35 als redaktionelle Brücke zwischen dem Ersten und dem Zweiten Jesaja*, SBS 121, Stuttgart 1985.

———, «Aspekte des Gottesknechts in Jes 52:13-53:12», *ZAW* 97 (1985) 36-58.

———, «Der Rachetag in Jesaja 61,2: ein Kapitel Redaktionsgeschichtlicher Kleinarbeit», *VT* 36 (1986) 323-338.

———, «Beobachtungen zur Anlage von Jes 65-66», *BN* 38-39 (1987) 103-116.

———, «Beobachtungen zur Anlage Jes 54,1-8», *ZAW* 101 (1989) 282-285.

———, «Beobachtungen zu den Zion-Texten in Jesaja 51–54: Ein Redaktions-geschichtlicher Versuch», *BN* 46 (1989) 58-90.

STECK, O.H., «Tritojesaja im Jesajabuch», dans J. VERMEYLEN, ed., *The Book of Isaiah-Le livre d'Isaïe: les oracles et leurs relecteurs: unité et complexité de l'ouvrage*, BETL 81, Louvain 1989, 361-406.

———, *Studien zu Tritojesaja*, BZAW 203, Berlin 1991.

———, «Zu jungsten Untersuchungen von Jes 56,1-8; 63,7–66,24», dans IDEM, ed., *Studien zu Tritojesaja*, BZAW 203, New York 1991, 229-265.

———, «Israel und Zion: Zum Problem konzeptioneller Einheit und literarischer Schichtung in Deuterojesaja», dans IDEM, ed., *Gottesknecht und Zion: Gesammelte Aufsätze zu Deuterojesaja*, Tübingen 1992, 173-207.

———, «Autor und/oder Redaktor in Jesaja 56–66», dans C.C. BROYLES – C.A. EVANS, ed., *Writing and Reading the Scroll of Isaiah: Studies of an Interpretive Tradition*, VT.S 70.1, Leiden 1997, 219-259.

STERNBERG, M., *The Poetics of Biblical Narrative: Ideological Literature and the Drama of Reading*, ISBL 453, Bloomington (IN) 1987.

STOEBE, J., «נחם», *THAT* II, 59-66.

STROMBERG, J., «The Role of Redaction Criticism in the Evaluation of a Textual Variant: Another Look at 1QIsaa XXXII 14 (38:21–22)», *DSD* 16 (2009) 155-189.

———, *An Introduction to the Studies of Isaiah*, TTC, London 2011.

———, *Isaiah After Exile: The Author of Third Isaiah as Reader and Redactor of the Book*, OTM, Oxford 2011.

STUHLMULLER, C., «Deutero-Isaiah: A Theological Commentary on Isaiah 40–55», *CBQ* 28 (1966) 74-75.

———, *Creative Redemption in Deutero-Isaiah*, AnBib 43, Rome 1970.

SWEENEY, M.A., *Isaiah 1–4 and the Post-exilic Understanding of the Isaianic Tradition*, BZAW 171, Berlin 1988.

———, «Textual Citations in Isaiah 24–27: Toward an Understanding of the Redactional Function of Chapters 24–27 in the Book of Isaiah», *JBL* 107 (1988) 39-52.

———, *Isaiah 1-39: With an Introduction to Prophetic Literature*, FOTL 16, Grand Rapids, MI 1996.

———, «The Reconceptualization of the Davidic Covenant in Isaiah», dans J. VAN RUITEN – M. VERVENNE, ed., *Studies in the Book of Isaiah: Fs. Willen A.M. Beuken*, BETL 132, Louvain 1997, 41-61.

———, «Prophetic Exegesis in Isaiah 65–66», dans C.C BROYLES – C.A. EVANS, ed., *Writing and Reading the Scroll of Isaiah: Studies of an Interpretive Tradition* VT.S 70.1, Leiden 1997, 455-474.

SWEENEY, M.A., *Form and Intertextuality in Prophetic and Apocalyptic Literature*, FAT 45, Tübingen 2005.

———, «The Book of Isaiah in Recent Research», dans A.J. HAUSER, ed., *Recent Research on the Major Prophets*, RRBS 1, Sheffield 2008, 78-98.

TANGHE, V., «Dichtung und Ekel in Jesaja xxviii, 7-13», *VT* 43 (1993) 235-260.

TATE, M.E., «The Book of Isaiah in Recent Study», dans J.W. WATTS – P.R. HOUSE, ed., *Forming Prophetic Literature*, JSOT.S 235, Sheffield 1996, 22-56.

TEETER, D.A., «"You Shall not Seethe a Kid in its Mother's Milk": The Text and the Law in the Light of Early Witnesses», *Textus* 24 (2009) 36-63.

THOMPSON, M.E.W., «Isaiah's Ideal King», *JSOT* 24 (1982) 79-88.

———, *Isaiah: Chapters 40–66*, EpCo, Peterborough 2001.

TIEMEYER, L.-S., «The "Way of the Lord" in the Book of Isaiah», *JTS* 62 (2011) 275-277.

———, *Continuity and Discontinuity: Chronological and thematic development in Isaiah 40–66*, FRLANT 255, Göttingen 2014.

TOMASINO, A.J., «Isaiah 1.1–2.4 and 63–66, and the Composition of the Isaianic Corpus», *JSOT* 57 (1993) 81-98.

TORREY, C.C., *The Second Isaiah: A New Interpretation*, Edinburgh 1928.

TORREY, C.C., «The Influence of Second Isaiah in the Gospels and Acts», *JBL* 48 (1929) 24-36.

———, «Some Important Editorial Operations in the Book of Isaiah», *JBL* 57 (1938) 109-139.

TOURNAY, R., «Bulletin: Livres prophétiques», *RB* 74 (1967) 120-121.

TOV, E., «Textual Criticism of the Hebrew Bible 1947-1997», dans F. GARCÍA-MARTÍNEZ – E. NOORT, ed., *Perspectives in the Study of the Old Testament and the Early Judaism,* Fs. A. van der Woude, VT.S 73, Leiden 1998, 61-81.

TUCKER, G.M., «The Book of Isaiah, Chapters 1–39», *NIB* VI, 25-305.

TULL, P.K., «Torah and Anti-Torah: Isaiah 2,2-4 and 1,10-26», *BibInt* 11 (2003) 317-134.

———, *Isaiah 1-39*, SHBC 14a, Macon, GA 2010.

TUR-SINAI, N.H., «Contribution to the Understanding of Isaiah 1–12», *ScrHier* 8 (1961) 154-188.

ULRICH, E.S., *A Theology of Salvation: A Commentary on Isaiah 40-55*, London 1953.

ULRICH, E., «The Developmental Composition of the Book of Isaiah: Light from 1QIsa^a on Additions in the MT», *DSD* 8 (2001) 288-305.

VAN DER KOOIJ, A., *Die alten Textzeugen des Jesajabuches: ein Beitrag zur Textgeschichte des Alten Testament*, OBO 35, Göttingen 1981.

———, «The Servant of the Lord: A Particular Group of Jews in Egypt According to the Old Greek of Isaiah. Some Comments on LXX Isa 49,1-6 and Related Passages», dans J. VAN RUITEN – M. VERVENNE, ed., *Studies in the Book of Isaiah*, Fs. W.A.M. Beuken, BETL 132, Leuven 1997, 383-396.

VAN DER PLOEG, J.S., *Les chants du serviteur de Jahvé dans la second partie du Livre d'Isaïe (Chap. 40-55)*, Paris 1936.

VANHOOZER, K., *Is There a Meaning in This Text?: The Bible, the Reader, and the Morality of Literary Knowledge*, Leicester 1998.

VANHORN, W.W., «The Use of Imagery in Isaiah 1–12», *ThE* 44 (1991) 93-113.

VARO, F., *Los cantos del siervo en la exégesis hispano-hebrea*, Córdoba 1993.

VAWTER, B., *"Social Justice" in the Prophet Isaiah*, MLP 4, Denver 1958.

VERMEYLEN, J., *Du prophète Isaïe à l'Apocalyptique, Isaïe I–XXXV, miroir d'un demi-millénaire d'expérience religieuse en Israël*, I-II, EtB, Paris 1977-1978.

———, «L'unité du livre Isaïe», dans IDEM, ed., *The Book of Isaiah. Les oracles et leurs relecture; unité et complexité de l'ouvrage*, BETL 81, Leuven 1989, 11-53.

———, «Hypothèses sur l'origine d'Isaïe 36–39», dans J. VAN RUITEN – M. VERVENNE, ed., *Studies in the Book of Isaiah:* Fs. W.A.M. Beuken, BETL 132, Louvain 1997, 95-118.

———, «Gottesknecht und Zion: gesammelte Aufsätze zu Deuterojesaja», *RTL* 31 (2000) 64-65.

———, «Esaïe», dans T. RÖMER – J.D. MACCHI – C. NIHAN, ed., *Introduction à l'Ancien Testament*, MoBi 49, Genève 2004, 329-344.

———, «Des rédactions deutéronomistes dans le livre d'Isaïe?», dans J.-D. MACCHI, ed., *Les recueils prophétiques de la Bible: origines, milieux et contexte proche-oriental*, MoBi 64, Paris 2012, 145-187.

———, *Le livre d'Isaïe: une cathédrale littéraire*, LeDiv 264, Paris 2014.

VIRGULIN, S., «Il significato della pietra di fondazione in Is 28,16», *RivB* 7 (1959) 208-220.

VOGT, E., «Hat "sabbat" im A.T. den Sinn von "Woche"?», *Bib* 40 (1959) 1008-1011.

VOLZ, P., *Jesaia II*, KAT 9/2, Leipzig 1932.

WALSH, J.T., *Style and Structure in Biblical Hebrew Narrative*, Collegeville, MN 2001.

WARD, J.M., «Servant Songs in Isaiah», *RE* 65 (1968) 433-446.

WATSON, W., *Classical Hebrew Poetry: A Guide to Its Techniques*, JSOT.S 26, Sheffield 1984.

WATTS, J.D.W., *Isaiah 34–66*, WBC 25, Waco, TX 1987.

WEBB, B.G., *The Message of Isaiah: On Eagles' Wings*, TBST, Leicester 1996.

WEGNER, P.D., «Another Look at Isaiah 8,23b», *VT* 41 (1991) 481-484.

WELCH, J.W. – MCKINLAY, D.B., ed., *Chiasmus Bibliography*, Provo 1999.

WESTERMANN C., *Isaiah 40–66: A Commentary*, OTL, London 1971.

———, *Das Buch Jesaja: Kapitel 40–66*, DATD 19, Göttingen 1966.

WHITLEY, C.F., «Deutero-Isaiah's Interpretation of Sedeq», *VT* 22 (1972) 469-475.

WHYBRAY, R.N., *Isaiah 40–66*, NCBC, London 1975.

WIDYAPRANAWA, S.H., *The Lord is Savior: Faith in National Crisis: A Commentary on the Book of Isaiah 1–39*, ITC, Grand Rapids, MI 1990.

WIERINGEN, A.L.H.M. VAN – VAN DER WOUDE, A., ed., *"Enlarge the site of your tent": The City as Unifying Theme in Isaiah: The Isaiah Workshop = De Jesaja Werkplaats*, OS 58, Leiden 2011.

WIERINGEN, A.L.H.M. VAN, *Analogies in Isaiah. Volume A: Computerized Analysis of Parallel Texts Between Isaiah 56–66 and Isaiah 40–66*, Applicatio 10A, Amsterdam 1993.

———, *Analogies in Isaiah. Volume B: Computerized Concordance of Analogies between Isaiah 56–66 and Isaiah 40–66*, Applicatio 10B, Amsterdam 1993.

———, *The Reader-Oriented Unity of the Book Isaiah*, ACEB.S 6, Vught 2006.

WIERINGEN, A.L.H.M. VAN, «The Diseased King and the Diseased City (Isaiah 36–39) as a Reader-Oriented Link Between Isaiah 1–39 and Isaiah 40–66», dans A.L.H.M. VAN WIERINGEN – A. VAN DER WOUDE, ed., *"Enlarge the site of your tent": The City as Unifying Theme in Isaiah: The Isaiah Workshop = De Jesaja Werkplaats*, OS 58, Leiden 2011, 81-93.

WILCOX, P. – PATON-WILLIAMS, D., «The Servant Songs in Deutero-Isaiah», *JSOT* 42 (1988) 79-102.

WILDBERGER, H., *Jesaja*, I-III, BKAT 10, Neukirchen-Vluyn 1972-82.

WILKS, J.G.F., «The Prophet as Incompetent Dramatist», *VT* 53 (2003) 530-543.

WILLIAMSON, H.G.M., «Da'at in Isaiah 53,11», *VT* 28 (1978) 118-122.

———, «Synchronic and Diachronic in Isaian Perspective», dans J.C. MOOR, ed., *Synchronic or Diachronic?: A Debate on Method in Old Testament Exegesis*, Leiden 1995, 211-226.

———, «The Messianic Texts in Isaiah 1–39», dans J. DAY, ed., *King and Messiah in Israel and the Ancient Near East: Proceedings of the Oxford Old Testament Seminar*, JSOT.S 270, Sheffield 1998, 238-270.

———, *Variations on a Theme: King, Messiah and Servant in the Book of Isaiah*, DiLe 1997, Carliste 1998.

———, «Promises, Promises! Some Exegetical Reflections on Isaiah 58», *WW* 19 (1999) 153-160.

———, «Isaiah 62,4 and the Problem of Inner-Biblical Allusions», *JBL* 119 (2000) 734-739.

———, *The Book Called Isaiah: Deutero-Isaiah's Role in Composition and Redaction*, Oxford 2005.

———, *A Critical and Exegetical Commentary on Isaiah 1–27. vol 1, Isaiah 1–5,* ICCHS, London 2006.

WILLIAMSON, H.G.M. – FIRTH, D.G., *Interpreting Isaiah: Issues and Approaches*, Nottingham 2009.

WILLIS, J.T., «On the Interpretation of Isaiah 1,18», *JSOT* 25 (1983) 35-54.

———, «The First Pericope in the Book of Isaiah», *VT* 34 (1984) 63-77.

WILSHIRE, L.E., «Servant-City: A New Interpretation of the Servant of the Lord in the Servant Songs of Deutero-Isaiah», *JBL* 94 (1975) 356-367.

WOUDE, A. VAN DER, «Can Zion Do without the Servant in Isaiah 40-55?», *CTJ* 39 (2004) 109-116.

WYNGAARDEN, M.J., «The Servant of Jehovah in Isaiah and the Dead Sea Scrolls», *BETS* 1 (1958) 20-24.

YOUNG, E.J., *The Book of Isaiah: The English Text, with Introduction, Exposition, and Notes*, NICOT, Grand Rapids 1972.

ZAPFF, B.M., *Jesaja 40–55*, NEBAT 36, Würzburg 2001.

———, *Jesaja 56–66*, NEBAT 37, Würzburg 2006.

ZEHNDER, M., «Phonological Subtext: A Short Note on Isa 42,1-9», *BN* 123 (2004) 35-40.

ZERAFA, P., «Il resto d'Israele nei profeti preesilici», *Angelicum* 49 (1972) 3-29.

ZIMMERLI, W., *Gottes Offenbarung: gesammelte Aufsätze zum Alten Testament*, München 1963.

ZIMMERLI, W. – JEREMIAS, J., *The Servant of God*, SBT 20, Naperville 1957.

INDEX DES AUTEURS

Achtemeier: 26, 42, 70, 96, 100, 102, 105, 107, 109, 218, 233, 284
Ackroyd: 200, 208, 214, 253
Adams: 158
Ahui: 158, 160
Allen: 172
Allis: 310
Anderson: 188
Ausín: 84
Bächersten: 117
Bailey: 203
Baltzer: 152
Barack: 110
Bar-Efrat: 22
Barnes: 88, 89, 238
Barré: 106, 167, 170, 273
Barth: 198, 199
Barthel: 253
Barthélemy: 77
Bartlett: 117, 203, 216
Barton: 188, 189, 191, 208, 210, 251, 258, 263, 267, 295
Bastiaens: 310
Battenfield: 172
Baudissin: 279
Beale: 200, 214
Beauchamp: 122, 124, 136, 165, 170
Becker J.: 198, 199, 248
Becker U.: 200
Begg: 66, 203, 216
Begrich: 146, 149, 150, 163
Behler: 152
Berg: 145
Berges: 14, 33, 42, 48, 79, 122, 126, 136, 141, 248, 273, 287
Bertram: 149
Betz: 284
Beuken: 71, 76, 141, 142, 148, 150, 151, 162, 163, 164, 173, 175, 180, 184, 200, 205, 208, 217, 248, 275, 291, 296, 300, 310
Beyer: 226
Bickert: 189
Blank: 168
Blenkinsopp: 26, 42, 50, 54, 67, 73, 77, 81, 95, 96, 100, 104, 108, 117, 119, 123, 126, 127, 128, 131, 132, 134, 135, 136, 144, 145, 147, 153, 159, 163, 172, 179, 184, 188, 190, 191, 204, 205, 206, 208, 209, 210, 218, 221, 224, 239, 248, 264, 266, 269, 270, 276, 294, 295, 297, 299
Blythin: 172
Boer: 251
Bonnard: 26, 28, 30, 40, 47, 48, 50, 51, 52, 53, 54, 58, 60, 62, 67, 77, 80, 86, 90, 100, 106, 120, 124, 125, 126, 136, 144, 145, 146, 148, 152, 153, 155, 157, 161, 165, 180, 215, 218, 264, 274, 276, 286, 297, 301
Bonnet: 279

Bonora: 136
Bradley: 74, 83, 238
Bratcher: 84, 88, 238, 242
Brenner: 161
Breslauer: 144, 148, 150
Bright: 117, 188
Brown: 283
Brueggemann: 203, 211, 216, 224, 226, 227, 231, 299, 310
Brunet: 188
Budde: 195, 196, 200, 237
Bultman: 283
Burghart: 243
Campos Santiago: 298
Cannon: 179
Carlson: 200, 214
Carr: 42, 214, 220, 224, 239, 242, 310
Caspari: 205, 206, 217, 241
Cate: 224, 225
Cazelles: 200, 214
Ceresko: 165, 167, 168, 170, 180, 272, 277, 295, 298
Charpentier: 26, 27, 28, 29, 30, 31, 35, 47, 48, 50, 51, 52, 54, 58, 60, 62, 215
Chavasse: 172
Chester: 271, 290, 293, 296
Cheyne: 125, 195, 196, 225
Childs: 10, 11, 15, 16, 100, 103, 109, 121, 213, 214, 224, 226, 231, 253, 256, 257, 258, 264, 269, 274, 276, 277, 284, 292, 304
Chisholm: 150, 168, 175
Clements: 12, 15, 16, 147, 149, 188, 190, 191, 193, 200, 203, 216, 225, 229, 261, 310
Clines: 165
Conrad: 200, 214
Conroy: 5, 122, 145
Corney: 162, 163
Cortese: 149
Cremer: 280
Croatto: 293

Culver: 229
Cyrensis: 244
Dahl: 284
Dahood: 77, 144, 153, 172, 220
Davies A.: 107, 227
Davies E.: 227
Davies G.: 203, 216
De Boer: 147
De Jong: 253
De Sousa: 237
Delitzsch: 160
Devanesan: 229
Diestel: 284
Dim: 42, 131, 132, 134, 135, 294, 298
Dion: 124, 136
Donner: 188
Doorly: 117, 188
Dray: 165, 168, 169
Driver: 165
Duhm: 9, 36, 39, 40, 122, 138, 192, 193, 194, 195, 196, 197, 204
Dumbrell: 85, 208
Eissfeldt: 126, 165
Elliger: 10, 12, 13, 121, 124, 163
Ellis: 144, 148, 149, 152, 155, 158, 160, 165, 168
Emmerson: 26, 32, 35, 50, 52, 53, 54, 60, 62, 215
Engnell: 139
Everson: 68, 74, 87, 92
Exum: 205, 206, 207, 217
Fekkes: 293
Ferry: 141, 199, 210, 241, 242, 278, 290, 301, 303, 304
Feuillet: 79
Fitzgerald: 26, 36, 37, 38, 39, 42, 48, 50, 56, 79, 215
Fohrer: 147, 169, 194, 200, 210, 214, 224, 234
Frezza: 149
García Fernández: 170
Gärtner: 287
Garzón: 298, 310

INDEX DES AUTEURS

Gelston: 172
Gesenius: 144, 220
Giblin: 152, 153, 155
Gitay: 224, 227, 234
Goldenstein: 180
Goldingay: 133
Gosse: 168, 200, 203, 205, 206, 207, 216, 217, 224, 241, 310
Gottwald: 26, 34, 35, 50, 52, 53, 54, 59, 60, 62, 215
Gowan: 70, 218
Gozzo: 267
Graf: 180
Gray: 107, 194, 234
Graziano: 145
Greenberg: 155, 158, 168, 170, 180, 273, 277, 295, 298
Greenstein: 22
Gregory: 27, 70, 100, 218
Grelot: 75, 122, 124, 136, 137, 145
Grimm: 147
Griver: 220
Haag E.: 145, 146, 158
Haag H.: 169
Hagelia: 149
Haller: 138
Hanson: 10, 40, 74, 75, 79, 83, 84, 107, 117, 134, 266, 269, 274, 294, 298
Harvey: 225
Hayes E.: 147, 149
Hayes J.: 116, 188, 189
Hays: 252
Helfmeyer: 225
Hermisson: 120, 126, 146, 153, 156
Herrmann: 189
Hillers: 146
Ho: 278, 285, 288
Höffken: 310
Hogenhaven: 267
Holladay: 10
Holman: 310
Holmgren: 134, 163
Honeyman: 229

Hoppe: 106, 107
Hrobon: 111, 284
Hugo: 77, 144, 221
Humbert: 147
Hurowitz: 108
Irvine: 188, 189
Janthial: 310
Jeffreys: 310
Jenni: 279, 280, 281, 283
Jeppesen: 140, 155
Jepson: 284
Jeremias: 145, 146, 149, 169
Jones: 200, 203, 214, 237
Kaiser: 145, 150, 165
Kaminka: 310
Kaminsky: 270
Kaufmann: 270
Kennedy: 145
Kennett: 118, 145
Kessler: 310
Kiesow: 126
Kilian: 149, 227
Kim: 149
Kinnamon: 145, 149
Knight: 80, 84, 93, 100, 102, 103, 117, 218, 260, 261, 263, 275, 276, 296, 298, 300
Koch: 84, 283
Koenen: 13, 14, 48, 76, 93, 96, 105, 233, 248, 284, 289
Koenig: 148, 254
König: 188, 189, 200
Koole: 14, 48, 266, 274, 291, 297
Kratz: 121
Kraus: 133, 134, 244
Kruse: 152
Kugel: 251, 252
Kummerow: 152
Kustár: 180
Laato: 237, 310
Lack: 26, 31, 32, 35, 50, 53, 54, 56, 62, 194, 215
Landy: 156, 161, 205, 208, 217, 224

Lanz: 310
Lapoint: 122, 145
Lau: 14, 48, 79, 248
Lauha: 146
Leclerc: 107, 227, 234
Lee: 133, 294
Leeuw: 150
Lennox: 145, 149, 175
Lescow: 210
Lessing: 149, 175, 310
Lindhagen: 169
Lindsey: 122, 136, 139, 145, 146, 147, 150, 152, 153, 155, 157, 160, 163, 165, 168, 169, 170, 179, 180, 276, 286, 295, 298
Loewenstamm: 231
Lohfink: 153
Loretz: 237
Macchi: 180, 182, 245, 262
MacRae: 130, 144
Maggioni: 158
Maller: 136
Marconcini: 117, 128, 179
Marcus: 144, 147, 148
Maréchal: 237, 292
Martens: 70, 83, 150, 153, 160, 179, 183, 218, 238
Marti: 193, 194
Martin-Achard: 147
May: 147
Mckenna: 225
Mckenzie: 116, 117, 118, 120, 122, 123, 124, 126, 128, 131, 133, 134, 136, 140, 179, 185, 298
Meinhold: 110
Melugin: 39, 40, 63, 120, 121, 122, 125, 129, 136, 145, 146, 147, 163, 179, 214, 220, 224, 239
Merendino: 153, 163
Meynet: 5, 22, 26, 122, 139, 168
Miller: 188, 189
Miscall: 84, 102, 103, 213, 214, 224, 226, 231, 264, 269, 274, 275, 276, 294

Moberly: 251, 252
Montagnigni: 293
Morenz: 279
Morgenstern: 77, 158, 169
Motyer: 40, 81, 121, 128, 179, 263
Mowinckel: 119, 125, 127, 138, 147, 169, 196
Muilenburg: 80, 87, 104, 106, 160, 168, 169
Neyrey: 146
Niditch: 234
Nielson: 231
Nihan: 180, 181, 182, 245, 262, 303
North: 143, 147, 150, 157, 165, 168, 169
Nurmela: 103
Obara: 233
Olley: 172, 284, 289
Orlinsky: 169
Ortlung: 233
Östborn: 147
Oswalt: 26, 32, 33, 35, 40, 50, 53, 54, 62, 69, 73, 81, 83, 90, 105, 126, 130, 144, 155, 165, 168, 188, 210, 215, 226, 230, 243, 244, 261, 263, 264, 266, 267, 269, 270, 272, 274, 277, 284, 287, 292, 294, 297, 304
Park: 109
Paton-Williams: 137, 139, 145, 147, 152, 153, 158, 165, 175, 180, 272, 277, 295, 298
Pauritsch: 14, 42, 48, 56, 80
Payne: 310
Peake: 152
Pedersen: 281
Penna: 147
Perlitt: 191, 210
Pfeiffer: 194
Pípal: 149, 175
Plantinga: 251
Polan: 26, 27, 30, 48, 50, 51, 52, 54, 58, 60, 62, 84, 99, 100, 102, 104, 106, 215, 218, 284

Popper: 22
Procksch: 196
Raabe: 165, 168, 169, 171, 180
Rainer: 117
Ramis Darder: 269
Ravenna: 77, 144, 220
Rehm: 237
Rembaum: 172
Renaud,: 150
Rendtorff: 12, 14, 15, 16, 200, 214, 247, 257, 287, 288, 310
Riccardi: 149, 175
Rignell: 147, 150
Rimbach: 136, 145, 152, 158, 165, 170, 174, 180
Roberts: 263, 300
Robinson: 139
Rofé: 40
Rondeleux: 263
Rosenthal: 283
Rowley: 139, 146, 147, 148, 149, 152, 155, 169, 172, 180, 272, 277, 294, 298
Rubenstein: 105, 233
Rudolph: 165
Ruiten: 200, 201
Ruppert: 170
Ruszkowski: 14, 26
Sailhamer: 250
Sanders: 22
Sawyer: 168, 274
Scharbert: 165, 197
Schenker: 77, 144, 221
Scherrer: 155
Scheuer: 233, 234
Schmid: 278, 279, 280
Schmitt: 231, 233, 234
Schoors: 146
Schottroff: 102
Schramm: 76, 96, 102, 103, 289
Schroeder: 233, 234
Scott: 194, 200
Scullion: 84, 93, 200, 201, 214, 278, 285, 288

Seebass: 283
Seeligmann: 251
Seitz: 9, 11, 15, 16, 152, 153, 156, 158, 161, 165, 180, 188, 209, 214, 224, 231, 242, 251, 253, 258, 259, 260, 263, 267, 275, 310
Sekine: 13, 14, 42, 48, 74, 96
Sellin: 124
Shalom: 144, 267, 291
Shepherd: 170, 267
Sicre: 233, 234
Simian-Yofre: 87
Skinner: 160
Smart: 9, 75, 83, 105, 106, 205, 207, 217, 233
Smillie: 148, 150
Smith M.: 255, 256
Smith P.: 13, 16, 75, 76, 83, 96, 100, 102, 104, 106, 107, 218, 248
Smith S.: 146
Smothers: 203, 216
Snaith: 152, 153, 165
Soggin: 165, 188
Sommer: 147
Sonnet: 200, 201
Spier: 110
Spykerboer: 40
Stacey: 213, 214, 224, 231, 263, 267, 272
Stansell: 205, 207, 208, 217
Steck: 33, 35, 42, 50, 52, 54, 59, 62, 68, 74, 75, 83, 87, 92, 102, 104, 120, 153, 172, 248
Stendahl: 251
Sternberg: 252, 253
Stewart: 270
Stoebe: 87
Stromberg: 180, 182, 199, 245, 246, 248, 249, 250, 252, 254, 255, 262, 285, 288, 289
Stuhlmacher: 171
Stuhlmuller: 126

Sweeney: 14, 15, 26, 40, 69, 147, 188, 200, 203, 216, 234, 242, 248, 287, 303, 310
Tanghe: 205, 208, 217
Tate: 200
Teeter: 254
Thompson: 132, 200, 201, 269, 276, 292, 294, 295
Tiemeyer: 293, 303
Tomasino: 200, 201, 224, 248, 310
Torrey: 9, 85, 117, 119, 121, 136, 179, 200
Tournay: 26, 29, 30, 47, 48, 50, 52, 53, 54, 56, 60, 62, 215
Tov: 77, 144, 221
Tucker: 188, 189, 190, 191, 192
Tull: 188, 225, 227, 236, 242
Tur-Sinai: 220
Ulrich E: 255
Ulrich E.S.: 134, 145
Van der Ploeg: 138, 145, 161
Van der Woude: 144
Vanhoozer: 251
Vanhorn: 224
Varo: 122, 145
Vawter: 234, 243
Vermeylen: 11, 12, 74, 75, 96, 190, 191, 195, 199, 200, 208, 210, 225, 240, 247, 262, 308, 310
Virgulin: 205, 217
Vogt: 110, 147, 149
Volz: 10, 96, 121, 138
Walsh: 22, 24, 26
Ward: 143, 152, 157, 165, 168, 170, 171, 180, 277, 294
Watson: 87

Watts: 100, 101, 102, 105, 107, 108, 117, 179, 214, 231, 233, 263, 272, 275, 276, 296, 298
Webb: 105, 233
Wegner: 200, 201
Welch: 22
Westermann: 12, 13, 40, 76, 80, 95, 99, 106, 117, 121, 129, 152, 153, 160, 165, 168, 179, 258, 259, 261, 276, 279, 280, 281, 283
Whitley: 278, 288
Whybray: 76, 83, 95, 99, 103, 117, 120, 121, 128, 129, 152, 153, 179, 268, 276, 277, 298
Widyapranawa: 235, 263, 267, 272, 300
Wieringen: 208, 310
Wilcox: 137, 139, 145, 147, 152, 153, 158, 165, 175, 180, 272, 277, 295, 298
Wilks: 180
Williamson: 109, 111, 121, 172, 179, 205, 209, 217, 232, 244, 248, 254, 289
Willis: 200, 201, 214, 229, 234
Wilshire: 136, 137, 139, 152, 155, 157, 165, 168, 180
Wyngaarden: 144
Young: 153, 165, 194, 263, 275, 296
Zapff: 145, 244
Zehnder: 145
Zerafa: 197
Zimmerli: 10, 169

TABLE DES MATIERES

PRELIMINAIRES	5
INTRODUCTION GÉNÉRALE..	7
1. Motivation	8
2. Etat de la question	9
2.1 Hypothèse de Bernhard L. Duhm, et les critiques à son hypothèse ..	9
2.2 Débats relatifs à la division du livre en trois unités	9
2.3 La problématique de l'unité du livre	10
2.4 La redécouverte du rédacteur comme théologien	11
2.5 Les apports de la critique rédactionnelle	12
2.6 Le consensus sur les chaps. 60–62	13
2.7 Les apports de Marvin Alan Sweeney	14
2.8 Hypothèse possible	15
3. Méthode de recherche	16
4. Organisation du travail...	17
5. Observations critiques	20
CHAPITRE I : *Structure du Trito-Isaïe*	21
1. La structure dans la composition littéraire	21
1.1 Généralités...	22
1.1.1 Indices définissant une structure dans la Bible	22
1.1.2 Disjonctions et jonctions dans la structure	23
1.2 Structure concentrique	24
2. Les structures concentriques du Trito-Isaïe................................	26
2.1 Étienne Charpentier et ses partisans	27
2.1.1 Étienne Charpentier...	27
2.1.2 Pierre-Émile Bonnard	28
2.1.3 Raymond Tournay	29
2.1.4 Observations critiques..	30
2.2 Rémy Lack et ses partisans	31
2.2.1 Rémy Lack	31
2.2.2 Grace I. Emmerson	32

2.2.3 John N. Oswalt	32
2.2.4 Odil H. Steck	33
2.2.5 Norman K. Gottwald	34
2.2.6 Observations critiques	35
2.3 Robert H. O'Connell et Curtis W. Fitzgerald	36
2.3.1 Robert H. O'Connell	36
2.3.2 Curtis W. Fitzgerald	37
2.3.3 Observations critiques	38
3. Considérations littéraires et thématiques	39
3.1 Considérations littéraires	39
3.1.1 Délimitation du Trito-Isaïe	39
3.1.2 La structure tripartite et ses apports	42
3.1.3 La structure concentrique et ses apports	46
3.2 Considérations thématiques	47
3.2.1 Les refrains thématiques	49
3.2.2 Les sous-unités thématiques	50
3.2.3 Les thèmes dans la structure tripartite	50
3.2.4 Les thèmes et les symétries	51
4. Complémentarité des structures tripartite et concentrique	54
4.1 Observations générales	54
4.2 Structure synthétique	55
4.3 Considérations du chap. 61	56
4.3.1 Une structure tripartite dans le chap. 61	56
4.3.2 Une structure concentrique dans le chap. 61	57
4.4 Proposition de structure pour Is 56–66	59
5. Conclusion	61
CHAPITRE II : *Thèmes fondamentaux du Trito-Isaïe*	63
1. Les binômes «alliance-justice» et «élection-mission»	64
1.1 Le binôme «alliance-justice»	65
1.1.1 Dans les chaps. 56–59	66
1.1.2 Dans les chaps. 63–66	67
1.1.3 Dans les chaps. 60–62	68
1.2 Le binôme «élection-mission»	69
1.2.1 Dans les chaps. 60–62	70
1.2.2 Dans les chaps. 56–59 et 63–66	72
2. Texte d'illustration: Is 61, l'envoie en mission	73
2.1 Justification du texte choisi	73
2.2 Considérations diachroniques	74
2.3 Texte et traduction	77
2.4 Délimitation	79

2.5 Structure 79
  2.5.1 Les structures connues 79
  2.5.2 Notre proposition 81
2.6 Analyse de Is 61 82
  2.6.1 Le messager (vv. 1-3) 82
  2.6.2 La reconstruction (vv. 4-9) 88
  2.6.3 L'exultation de joie du messager (vv. 10-11) 92
  2.6.4 Conclusion de l'analyse 94
3. La justice et le culte dans Is 58 94
  3.1 Considérations diachroniques 95
  3.2 Texte et traduction 96
  3.3 Délimitation 98
  3.4 Structure 99
    3.4.1 Les structures selon les thèmes 99
    3.4.2 Les structures concentriques 100
  3.5 Analyse de Is 58 102
    3.5.1 La lamentation du peuple (vv. 1-3) 102
    3.5.2 Le jeûne qui plaît au Seigneur (vv. 4-7) 105
    3.5.3 Les fruits du jeûne qui plaît à Dieu (vv. 8-12) 107
    3.5.4 Les fruits du sabbat qui plaît au Seigneur (vv. 13-14) 110
    3.5.5 Conclusion de l'analyse 111
4. Conclusion 112

CHAPITRE III: *Rapports thématiques entre le Trito-Isaïe et le Deutéro-Isaïe* 115

1. Contexte historique du Deutéro-Isaïe 116
  1.1 La chute de Jérusalem 116
  1.2 La chute de la Babylonie et le règne de Cyrus 117
  1.3 Composition 119
    1.3.1 Hypothèses sur le lieu de la composition du livre ... 119
    1.3.2 Les étapes de la composition 120
    1.3.3 Auteur ou rédacteur? 121
  1.4 Hypothèses sur les chants du Serviteur 122
    1.4.1 Relation avec le contexte du Deutéro-Isaïe 122
    1.4.2 Controverses sur l'auteur des chants 124
2. Structure et organisation des unités thématiques de Is 40–55 ... 125
  2.1 Deux grandes parties 126
    2.1.1 Les chaps. 40–48 126
    2.1.2 Les chaps. 49–55 127
  2.2 Thèmes dominants 127
    2.2.1 Le salut 128

2.2.2 YHWH le vrai Dieu créateur de l'univers	128
2.2.3 Le binôme «élection-mission»	129
3. Thèmes communs au Trito et au Deutéro-Isaïe	130
3.1 La venue du Seigneur	131
3.2 La souveraineté de YHWH	132
3.3 L'universalité du culte à YHWH	134
3.4 L'élection et la mission	135
3.5 Le serviteur et sa mission dans Is 40–66	136
3.5.1 Le serviteur comme collectivité	136
3.5.2 Le serviteur comme individu	137
3.5.3 Le serviteur comme figure idéale	139
3.5.4 Le messager du Trito-Isaïe	140
3.5.5 Du serviteur aux serviteurs	141
4. Textes illustratifs	142
4.1 Choix et justification des textes	143
4.2. Le serviteur, envoyé de YHWH: Is 42,1-9	144
4.2.1 Texte et délimitation	144
4.2.2 Structure et analyse	146
4.2.3 Echo de Is 42,1-9 dans Is 61,1-11	151
4.3 Le serviteur, lumière des nations: Is 49,1-6	151
4.3.1 Texte et délimitation	152
4.3.2 Structure et analyse	153
4.3.3 Echo de Is 49,1-6 dans Is 60 et Is 62	156
4.4 Le serviteur persécuté: Is 50,4-11	157
4.4.1 Texte et délimitation	157
4.4.2 Structure et analyse	159
4.4.3 Echo de Is 50,4-11 dans Is 57	163
4.5 Une mission particulière: Is 52,13–53,12	164
4.5.1 Texte et délimitation	165
4.5.2 Structure et analyse	167
4.5.3 Echo de Is 52,13–53,12 dans Is 65–66	172
5. Continuité et complémentarité entre les chants du serviteur et Is 61	174
5.1 L'élection	174
5.2 La mission	176
5.3. Le message	179
5.4 Autres thématiques	180
6. Conclusion	183
CHAPITRE IV: *Rapports thématiques entre le Trito-Isaïeet le Proto-Isaïe*	187
1. Contexte historique du Proto-Isaïe	187
1.1 Le Proto-Isaïe et son époque	188

    1.2 Les traditions religieuses 190
    1.3 La formation du Proto-Isaïe 192
        1.3.1 Des collections indépendantes 193
        1.3.2 L'hypothèse d'un noyau central enrichi progressivement..... 195
        1.3.3 L'histoire rédactionnelle du Proto-Isaïe 198
2. Structure et grandes unités thématiques de Is 1–39 200
    2.1 Les chaps. 1–12 200
    2.2 Les chaps. 13–27 203
    2.3 Les chaps. 28–35 205
    2.4 Les chaps. 36–39 208
3. Thèmes communs au trito et au Proto-Isaïe 210
    3.1 Le binôme «alliance-justice» 211
    3.2 Plaintes et accusations 214
    3.3 Malheurs et consolations 216
    3.4 Observations conclusives 219
4. Texte illustratif: Is 1,2-31, jugement et restauration 220
    4.1 Justification du passage choisi 220
    4.2. Texte et traduction... 220
    4.3 Délimitation 224
    4.4 Structure 224
    4.5 Analyse de Is 1,2-31 225
        4.5.1 La dénonciation: un peuple infidèle (vv. 2-9) 225
        4.5.2 Le rejet du culte: un culte souillé (vv. 10-20)................ 227
        4.5.3 La vengeance de YHWH: restauration de la justice (vv. 21-31).. 230
    4.6 Les échos de Is 1,2-31 dans le Trito-Isaïe 232
        4.6.1 Le Seigneur n'agrée pas la prière de l'injuste 232
        4.6.2 Signes précurseurs de la restauration 236
        4.6.3 La restauration eschatologique 239
        4.6.4 Autres thématiques 245
5. Conclusion 247

CHAPITRE V : *L'unité théologique du livre d'Isaïe* 249

1. Les principaux modes d'approches théologiques 249
    1.1 L'approche descriptive et l'approche confessionnelle 250
    1.2 La focalisation sur les sources et la focalisation sur le discours 252
    1.3 Les combinaisons méthodologiques 255
        1.3.1 L'approche descriptive focalisée sur la source 255
        1.3.2 L'approche descriptive focalisée sur le discours 256
        1.3.3 L'approche confessionnelle focalisée sur la source 258
        1.3.4 L'approche confessionnelle focalisée sur le discours 259
    1.4 Notre choix... 261

2. Quel visage de dieu?: les principaux attributs de dieu 262
   2.1 Dieu est saint et exige la sainteté 262
   2.2 Dieu est gouverneur de l'univers et maître de l'histoire 267
   2.3 Dieu est unique et universel 270
   2.4 Dieu est le seul sauveur 274
3. La justice et sa portée théologique 278
   3.1 Bref parcours historique du terme 278
      3.1.1 Origine du terme 278
      3.1.2 Le défi de l'interprétation 279
      3.1.3 Une diversité d'interprétations 280
   3.2 Le contexte biblique: le Psautier 281
   3.3 Portée théologique dans le livre d'Isaïe 283
      3.3.1 Le Proto-Isaïe 284
      3.3.2 Le Deutéro-Isaïe 285
      3.3.3 Le Trito-Isaïe 287
      3.3.4 Brève synthèse 289
4. Un projet de salut par YHWH 290
   4.1 La dimension sociale et historique 290
   4.2 La dimension eschatologique 293
   4.3 L'espérance eschatologique dans l'attente du salut 297
   4.4 Brève synthèse 300
5. Conclusion 300

CONCLUSION GÉNÉRALE 303

LISTE DES ABRÉVIATIONS 311

BIBLIOGRAPHIE 317

INDEX DES AUTEURS 349

TABLE DES MATIERES 355

TESI GREGORIANA

Depuis 1995, la collection «Tesi Gregoriana» met à la disposition du public quelques-unes des meilleures thèses élaborées à l'Université Pontificale Grégorienne. La composition en est assurée par les auteurs eux-mêmes, selon les normes typographiques définies et contrôlées par l'Université.

Volumes Publiés [Série: Théologie]

[Vol. 1-150: cfr. *www.unigre.it/TG/Teologia/index.php*]

151. VARSALONA, Agnese, *Il dialogo e i suoi fondamenti. Aspetti di antropologia filosofica e teologica secondo Jörg Splett e Walter Kasper*, 2007, pp. 300.

152. GEORGE KOCHUTHARA, Shaji, *The Concept of Sexual Pleasure in the Catholic Moral Tradition*, 2007, pp. 518.

153. SCARDILLI, Pietro Damiano, *I nuclei ecclesiologici nella costituzione liturgica del Vaticano II*, 2007, pp. 418.

154. PALACHUVATTIL, Mathew, *«The One Who Does the Will of the Father». Distinguishing Character of Disciples According to Matthew. An Exegetical Theological Study*, 2007, pp. 404.

155. BARBOSA FILHO, Domingos, *A vontade salvífica e predestinante de Deus e a questão do cristocentrismo. Um estudo sobre a doutrina de João Duns Escoto e seus ecos na teologia contemporânea*, 2007, pp. 496.

156. ONWUKA, Chidolue Peter, *The Law, Redemption and Freedom in Christ. An Exegetical-Theological Study of Galatians 3,10-14 and Romans 7,1-6*, 2007, pp. 374.

157. JANÉ COCA, José M., *«Ser hallado en Él». La reciprocidad intersubjetiva entre Pablo y Cristo. Un estudio exegético-teológico de Flp 3*, 2007, pp. 608.

158. SHABANI, Louay, *Santificazione e valore salvifico del matrimonio. Studio esegetico-teologico di 1Cor 7,12-16 ed Ef 5,25-33*, 2008, pp. 325.

159. ABBATTISTA, Ester, *Origene legge Geremia. Analisi, commento e riflessioni di un biblista di oggi*, 2008, pp. 355.

160. SPRONCK, Joël, *La patience de Dieu. Justifications théologiques du délai de la Parousie,* 2008, pp. 356.

161. EDERLE, Rubén Alberto, *Discípulos y Apóstoles de Jesús. La relación entre los discípulos y los Doce según Marcos*, 2008, pp. 368.

162. CARIA, Roberto, *Lo stato nelle teorie politiche di I. Kant e J. Maritain. Una legittimazione tra razionalità e fede*, 2008, pp. 306.

163. MACALA, André, *A escatologia no livro do Apocalipse. Da sua realização no presente litúrgico à conslusão da história*, 2008, pp. 394.

164. TANTIONO, Paulus Toni, *Speaking the Truth in Christ. An Exegetico-Theological Study of Galatians 4,12-20 and Ephesians 4,12-16*, 2008, pp. 302.

165. ZICCARDI, Costantino Antonio, *The Relationship of Jesus and the Kingdom of God According to Luke-Acts*, 2008, pp. 584.

166. BRADY, Patrick J., *The Process of Sanctification in the Christian Life. An Exegetical-Theological Study of 1Thess 4,1-8 and Rom 6,15-23*, 2008, pp. 322.

167. ROCHETTE, Joël, *La rémission des péchés dans l'Apocalypse. Ébauche d'une sotériologie originale*, 2008, pp. 628.

168. SHENOSKY, Joseph T., *The Development of Late Twentieth Century Catholic Ecumenical Theology in the United States of America: A Comparison of the Contributions of Gustave Weigel, S.J., Carl J. Peter, John F. Hotchkin, and Avery Dulles, S.J.*, 2008, pp. 404.

169. IWUAMADI, Lawrence Oscar I., *«He Called unto Him the Twelve and Began to Send Them Forth». The Continuation of Jesus' Mission According to the Gospel of Mark*, 2008, pp. 308.

170. ASCENSO, Adelino, *Transcultural Theodicy in the Fiction of Shūsaku Endō*, 2009, pp. 354.

171. HODŽIĆ, Mislav, *La genesi della fede. La formazione della coscienza credente tra* essere riconosciuto *ed* essere riconoscente, 2009, pp. 276.

172. SHORTALL, Michael, *Human Rights and Moral Reasoning. A Comparative Iinvestigation by Way of Three Theorists and Their Respective Traditions of Enquiry: John Finnis, Ronald Dworkin and Jürgen Habermas*, 2009, pp. 438.

173. SÁNCHEZ CASTELBLANCO, Wilton Gerardo, *La voz como modo de revelación. Investigación exegético-teológica del término* φωνή *en el cuarto evangelio*, 2009, pp. 356.

174. RODRIGUES DE SOUSA, Mário José, *«Para que também vós acrediteis». Estudo exegético-teológico de Jo 19,31-37*, 2009, pp. 404.

175. RYAN, Dermot, *Method to Mission: The Ecclesial Vocation of the Theologian. As Exemplified in the Works of Francis A. Sullivan SJ in the Context of Method at the Gregorian University*, 2009, pp. 448.

176. SALMAN, Wasim, *La* Wirkungsgeschichte *de Hans-Georg Gadamer dans la théologie de Claude Geffré, David Tracy et Wolfhart Pannenberg*, 2010, pp. 244.

177. BRUTÉ DE RÉMUR, Guillaume, *La théologie trinitaire de Louis Bouyer*, 2010, pp. 382.

178. NSONGISA KIMESA, Chantal, *«L'agir puissant du Christ parmi les chrétiens».Une étude exégético-théologique de 2Co 13,1-4 et Rm 14,1-9*, 2010, pp. 290.

179. CORNIÉ Thomas, *La primauté de l'évêque de Rome dans la théologie catholique francophone du vingtième siècle. Les études de Pierre Batiffol, Charles Journet et Jean-Marie Roger Tillard*, 2010, pp. 352.

180. GIORDANO, Maria Teresa, *La parola della croce: l'itinerario paradossale della sapienza divina in 1Cor 1,18–3,4. Composizione retorica del testo. Implicazioni esegetico-teologiche e sua funzione in 1Cor 1–4*, 2010, pp. 302.

181. CAVICCHIA, Alessandro, *Le sorti e le vesti. La «Scrittura» alle radici del messianismo giovanneo tra re-interpretazione e adempimento: Sal 22(21) a Qumran e in Giovanni*, 2010, pp. 540.

182. COMPIANI, Maurizio, *Fuga, silenzio e paura. La conclusione del Vangelo di Marco. Studio di Mc 16,1-20*, 2011, pp. 296.

183. VILLAGRA CANTERO, César Nery, *«Poder» Y «Anti-Poder». Contraposición dialéctica entre ἐξουσία salvífica y ἐξουσία del sistema terrenal en el Apocalipsis*, 2011, pp. 494.

184. PATSCH, Ferenc, *Metafisica e religioni: strutturazioni proficue. Una teologia delle religioni sulla base dell'ermeneutica di Karl Rahner*, 2011, pp. 634.

185. SICHKARYK, Ivan, *Corpo (σῶμα) come punto focale nell'insegnamento paolino. Ricerca esegetica e teologico-biblica*, 2011, pp. 512.

186. PUCA, Bartolomeo, *Una periautologia paradossale. Analisi retorico-letteraria di Gal 1,13–2,21*, 2011, pp. 214.

187. PUNDA, Edvard, *La fede in Teresa d'Avila*, 2011, pp. 328.

188. SURLIS, Tomás, *The Presence of the Risen Christ in the Community of Disciples: An Examination of the Ecclesiological Significance of Matthew 18:20*, 2011, pp. 432.

189. QUISPE LÓPEZ, Ciro, *La nueva alianza durante las enseñanzas de Jesús en el Templo de Jerusalén. Análisis retórico bíblico y semítico de la secuencia de Mc 11,27–12,44*, 2012, pp. 394.

190. GARCÍA MORALES, Juan Jesús, *La inspiración bíblica a la luz del principio católico de la tradición. Convergencias entre la* Dei Verbum *y la Teología de P. Benoit, O.P.*, 2012, pp. 490.

191. MANZINGA AKONGA, Roger, *Le dernier cri de Jésus sur la croix (Mc 15,34). Fonction pragmatique de la citation du Ps 22,2a dans le contexte communicatif de Mc 15,33-41*, 2012, pp. 432.

192. FICCO, Fabrizio, *«Mio figlio sei tu» (Sal 2,7). La relazione Padre-figlio e il Salterio*, 2012, pp. 454.

193. JOJKO, Bernadeta, *Worshiping the Father in Spirit and Truth. An Exegetico-Theological Study of Jn 4:20-26 in the light of the Relationships among the Father, the Son and the Holy Spirit*, pp. 440.

194. SERRANO PENTINAT, Josep-Lluís, *Palabra, sacramento y carisma. La eclesiología de E. Corecco*, pp. 314.

195. SOLICHIN RUBIANTO, Vitus, *La figura del seme e il suo compimento. Analisi retorica del discorso parabolico in Mc 4,1-34*, 2012, pp. 220.

196. CAMPAGNANI FERREIRA, Eduardo, *«Impossibile erat sine Deo discere Deum». O problema teológico da afirmação de Deus, segundo o Cardeal Henri de Lubac (1896-1991)*, 2012, pp. 662.

197. COUTINHO LOPES DE BRITO PALMA, Alexandre, *L'esperienza della Trinità e la Trinità nell'esperienza. Modelli di una loro configurazione*, 2013, pp. 348.

198. EKE, Wilfred Onyema, *The Millennial Kingdom of Christ (Rev 20,1-10). A Critical History of Exegesis with an Interpretative Proposal*, 2013, pp. 322.
199. CORREA D'ALMEIDA, Bernardo, *Unidade segundo o quarto Evangelho. Testemunho do discípulo amado no contexto judaico e greco-romano do I CE*, 2013, pp. 378.
200. NIU, Zhixiong, *«The King Lifted up His Voice and Wept». David's Mourning in the Second Book of Samuel*, 2013, pp. 316.
201. SWAN, William Declan, *The Experience of God in the Writings of Saint Patrick: Reworking a Faith Received*, 2013, pp. 430.
202. FERMÍN VIVAS, Alfredo Raúl, *Jesús se rodea de su familia. Análisis retórico bíblico y semítico de Mc 3,7-35*, 2013, pp. 270.
203. ARTYUSHIN, Sergey, *Raccontare la salvezza attraverso lo sguardo. Portata teologica e implicazioni pragmatiche del «vedere Gesù» nel Vangelo di Luca*, 2013, pp. 624.
204. SAKOWSKI, Derek, *The Ecclesiological Reality of Reception Considered as a Solution to the Debate over the Ontological Priority of the Universal Church*, 2013, pp. 486.
205. ORDUÑA, César Javier, *Los principios interpretativos en Romano Guardini. El camino de la intuición*, 2014, pp. 540.
206. CESARALE, Enrichetta, *«Figli della luce e figli del giorno» (1Ts 5,5). Indagine biblico-teologica del «giorno» in Paolo*, 2014, pp. 620.
207. DEÁK, Viktória Hedvig, *«Consilia sapientis amici». Saint Thomas Aquinas on the Foundation of the Evangelical Counsels in Theological Anthropology*, 2014, pp. 447.
208. ABALODO Sebastien B., *Structure et théologie dans le Trito-Isaïe. Une contribution à l'unité du Livre*, 2014, pp. 364.

"Tesi Gregoriana" Teologia 206

CESARALE Enrichetta

«FIGLI DELLA LUCE E FIGLI DEL GIORNO» (1Ts 5,5)
Indagine biblico-teologica del «giorno» in Paolo

2014, pp. 624 - 978-88-7839-280-9

€ 37.00

L'Antico Testamento utilizza, a partire dal libro di Amos, l'espressione «giorno di Jhwh» per esprimere il profondo coinvolgimento divino nella storia d'Israele. Nel Nuovo Testamento, soltanto Paolo parla del «giorno del Signore», per indicare il «giorno del Signore risorto».
Attraverso un'originale e personale interpretazione teologica, questo lemma, il «giorno», che ricorre 50 volte nelle Lettere paoline, viene a identificarsi, nella predicazione dell'Apostolo, con il «terzo giorno» della resurrezione del Figlio di Dio che ha reso ogni giorno, anche quello più anonimo del lavoro manuale, lavato dal sangue della croce e illuminato dal «giorno ultimo», «quel giorno», che è il «giorno del Signore», in cui il battezzato è costituito «figlio della luce e figlio del giorno».
La presente ricerca, attraverso una puntuale analisi esegetica delle 50 ricorrenze paoline, offre al lettore una chiave interpretativa di un elemento originale e fondamentale della Cristologia dell'Apostolo delle genti ed evidenzia l'enorme portata dell'escatologia verticale realizzata. Ad una spiritualità antropocentrica, costruita sulla legge, Paolo sostituisce, dopo il «giorno» di Damasco, una spiritualità cristocentrica, radicata esclusivamente nella grazia salvifica, che ha reso il «giorno» qualitativamente divino e redento. L'approfondimento di un evento completamente al di fuori dell'ambito del patrimonio giudaico, «Cristo morto e risorto *per*», ha spostato completamente l'asse della riflessione e dell'azione di Paolo, ponendolo in un itinerario quotidiano di *cristificazione*.

"Tesi Gregoriana" Teologia 207

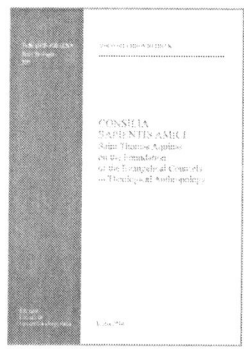

Deák Viktória Hedvig

CONSILIA SAPIENTIS AMICI
Saint Thomas Aquinas on the Foundation of the Evangelical Counsels in Theological Anthropology

2014, pp. 448 - 978-88-7839-281-6

€ 30.00

In modern theological discourse, and more particularly, in theological anthropology, the evangelical counsels are rarely presented as integral parts of the human person's vocation in grace. Rather, theology after the Council of Trent preferred to speak about the counsels as optional obligations, taken up over the commandments, as an area of the greater generosity of those who strive for more perfection. This is why the fundamental question this work poses is: how can we formulate an intrinsic bond between poverty, chastity and obedience, and the human person's vocation in grace? This is a question addressed to Saint Thomas Aquinas, as the first theologian to offer a systematic theology of religious life, whose theological vision predates the modern separation between human and divine, and between the different branches of the theological science.
The Angelic Doctor situates the counsels into the dynamism of the virtue of charity which is not a static entity but implies a spiritual development. The counsels are identified as a stage of spiritual generosity and a sign of growth in charity: in a certain way, they concern every Christian. Then, according to Aquinas, the proper context of the counsels is the New Law of graced freedom: the counsels arise from the wisdom and love of Christ, the wise friend, who invites everyone to the perfection of love. These two aspects allow for a remarkably different perception of the counsels than merely optional obligations.

Finito di stampare nel mese di luglio 2014
presso Mediagraf Spa - Noventa Padovana (PD)